U0576678

〔宋〕馬端臨　著
上海師範大學古籍研究所
華東師範大學古籍研究所　點校

文獻通考

第七册　樂

中華書局

然悚聽〔七〕。吾又奏之以陰陽之和，燭之以日月之明。所謂用天之道。其聲能短能長，能柔能剛，變化齊一，不主故常，齊一於變化，故不主故常。在谷滿谷，在阬滿阬。至樂之道，無不用也。阬，苦更反。爾雅云：「虚也。」塗郤守神，塞其兑也。郤，去逆反，與隙義同。兑，徒外反。以物爲量。大制不割。量，音亮。其聲揮綽，所謂闡諧〔八〕。其名高明。名當其實，則高明也。是故鬼神守其幽，不離其所。離，力智反。日月星辰行其紀。不失其度。吾止之於有窮〔九〕，常在極止住也〔一〇〕。流之於無止。隨變而往也。予欲慮之而不能知也，望之而不能見也，逐之而不能及也。故闇然恣使化去。儻然立於四虚之道，弘敞無偏之謂。儻，敕黨反，一音敞。倚於槁梧而吟，無所復爲也。倚，於綺反。槁，古老反〔一一〕。目知窮乎所欲見〔一二〕，力屈乎所欲逐，吾既不及已矣。言物之知力，各有所齊限。知音智。齊，才細反。夫形充空虚〔一三〕，乃至委蛇，故怠。夫形充空虚，無身也。無身故能委蛇。委蛇任性，而悚懼之情怠也。吾又奏之以無怠之聲，意既怠矣，乃復無怠，此其至也。調之以自然之命，命之所有者，非爲也，皆自然耳。故若混逐叢生，混然無係，隨叢而生。叢，才公反。林樂而無形，至樂者適而已。適在體中，故無所形。樂音洛，亦如字。布揮而不曳，自布耳。揮音輝，廣雅云：「振也。」幽昏而無聲，所謂至樂。動於無方，夫動者豈有方而後動哉？居於窈冥，所謂寧極。窈，烏了反。或謂之死，或謂之生，或謂之實，或謂之榮，行流散徙，不主常聲。隨物變也。世疑之，稽於聖人。明聖人應非世唱也。稽，古兮反。聖也者，達於情而遂於命也。故有情有命者莫不資焉。天機不張，而五官皆備，此之謂天樂，忘樂而樂足，非張而後備。無言而心説。心説在適不在言也。故有焱氏爲之頌曰，聽之不聞其聲，視之不見其形，充滿天地，苞裹六極。汝欲聽之，而無接焉，而故惑也。此乃無樂之樂〔一四〕，樂之至也。焱，必遥反，本亦作猋〔一五〕。苞，音包，本或作包。樂也者，始於懼，懼故祟；瞿然竦聽，故其祟耳，未大和也。祟，雖遂反〔一六〕。吾次之以怠，怠故遁；迹稍減也〔一七〕。卒之於惑，惑故愚；愚故道，道可載而與之俱也。』」以無知而愚，愚乃至也。

少皞作大淵。見帝王世紀。

顓頊作六莖〔一八〕。莖，根也，謂澤及下也。

帝嚳作六英〔一九〕。英，謂華茂也。

唐堯作大章。章，明也，言堯德章明也。

虞舜作大韶。韶，繼也。言舜能繼堯之德。周禮曰大磬。帝曰：「夔，命汝典樂，教胄子。胄，長也。謂元子以下，至卿大夫子弟。以歌詩舞之蹈之，教長國子中、和、祇、庸、孝、友。王云〔二〇〕：胄子，國子也。直而温，寬而栗，正直而温和，寬弘而莊栗。剛而無虐，簡而無傲。剛失之虐，簡失之傲，教之以防其失。詩言志，歌永言，聲依永，律和聲，聲，五聲。律，六律六吕，十二月之音氣。言當依聲律以和樂。八音克諧，無相奪倫，倫，理也。八音能諧，理不錯奪。神人以和。夔曰：「戛擊鳴球，搏拊琴瑟以咏，祖考來格。此舜廟堂之樂，民悦其化，神歆其祀，禮備樂和，故以祖考來至明之。戛擊以下註，見樂器門。虞賓在位，群后德讓。下管鼗鼓，合止柷敔。堂下樂也。上下合止樂，各有柷敔。鳴球、絃、鐘、籥，各自互見。笙鏞以間，鳥獸蹌蹌。蹌蹌，舞貌。鳥獸化德，相率而舞。簫韶九成，鳳凰來儀。」韶，舜樂名，言簫，見細器之備。儀，有容儀。備樂九奏，而致鳳凰，則餘鳥獸不待九而率舞。夔曰：「於！予擊石拊石，百獸率舞。石，磬，聲之清者。舉清者和，則其餘皆從矣。樂感百獸率舞，則神人和可知。庶尹允諧。」尹，正也。衆正官之長，信皆和諧，言神人治〔二一〕。

子謂韶盡美矣，又盡善也。美者，音容之盛；善者，美之實也。

子在齊聞韶，三月不知肉味，曰：「不圖爲樂之至於斯也。」史記「三月」上有「學之」二字。不知肉味，蓋心一於是，而不及其他也。曰「不意舜之作樂，至於如此之美」，則有以見其情文之備，而不覺其嘆息之深也。蓋非聖人不足以及此耳！

夏禹作大夏。夏，大也。言禹能大堯、舜之德。禹命登扶氏爲承夏之樂，有鐘、鼓、磬、鐸、鞉。鐘所以記有德，鼓所以謀有道，磬所以待有憂，鞉所以察有説。理天下以五聲，爲銘於簨簴。

商湯作大濩。湯以寬理人而除邪惡，其德能使天下得其所，言盡護救於人也。猗與那與，置我鞉鼓。猗，嘆辭。那，多也。鞉鼓，樂之所成也。殷人置鼓。箋云：置讀曰植，植鞉鼓者爲楹，貫而樹之，美湯受命伐桀，定天下，而作濩樂，故嘆之。多其改夏之制，乃始植我殷家之樂鞉與鼓也。鞉雖不植，貫而搖之，亦植之類。奏鼓簡簡，衎我烈祖。湯孫奏假，綏我思成。衎，樂也。烈祖湯〔二二〕，有功烈之祖也。假，大也。箋云：奏鼓，奏堂下之樂也。假，升。綏，安也。以金奏堂下諸縣，其聲和大，簡簡然，以樂我功烈之祖成湯。湯孫太甲又奏升堂之樂絃歌之，乃安我心所思而成之，謂神明來格也。鞉鼓淵淵，嘒嘒管聲。既和且平，依我磬聲。嘒嘒，和也。平，正平也。依，倚也。磬，聲之清者也，以象萬物之成。周尚臭，殷尚聲。箋云：磬，玉磬也。堂下諸縣與諸管聲皆和平不相奪倫，又與玉磬之聲相依，亦謂和平也。玉磬尊，故異言之〔二三〕。於赫湯孫，穆穆厥聲。庸鼓有斁，萬舞有奕。言盛矣，湯爲人子孫也。大鐘曰庸。斁斁然，盛也〔二四〕。奕奕然，閑也。箋云：穆穆，美也。於，盛矣。湯孫，呼太甲也。此樂之美其聲，鐘鼓則斁斁然有次序，其於舞又閑習也。紂棄先祖之樂，迺作淫聲，書曰：「作奇伎淫巧，以悦婦人。」言紂廢至尊之敬，營卑褻惡事〔二五〕，過制伎巧，以恣耳目之娱〔二六〕。

周武王作大武。武，以武功定天下也。

子謂武盡美矣，未盡善也。美，善。解見上。舜紹堯致治，武王伐紂救民，其功一也，故其樂皆盡美。然舜之德，性之也，又以揖遜有天下，武王之德，反之也，又以征誅得天下，故其實有不同者。

賓牟賈侍坐於孔子，孔子與之言，及樂，曰：「夫武之備戒之已久，何也？」對曰：「病不得其衆也。」武謂周舞也。備戒，擊鼓警衆。病，猶憂也。以不得衆心爲憂，憂其難也。疏曰：孔子之問凡五，賓牟賈所答亦五，但三答是，二答非〔二七〕。今此答是也。言武王伐紂之時，憂病不得士衆之心，故先鳴鼓以戒士衆，久乃出戰。今武樂故令舞者久而不即出，象武王憂不得衆心故也〔二八〕。「詠嘆之，淫液之，何也？」對曰：「恐不逮事也。」詠嘆、淫液，歌遲之也。逮，及。事，戎事也。」「發揚蹈厲之已蚤，何也？」對曰：「及時事也。」時至，武事當施也。「武坐致右憲左，何也？」對曰：「非武坐也。」言武之事無坐也。致，謂膝至地也。憲，讀爲軒，聲之誤也。「聲淫及商，何也？」對曰：「非武音也。」言武歌在正其軍，不貪商也。時人或說其義爲貪商。子曰：「若非武音，則何音也？」對曰：「有司失其傳也。若非有司失其傳，則武王之志荒矣。」有司，典樂者也。傳猶說也。荒，老耄也。言典樂者失其說，而時人妄說也。子曰：「唯，丘之聞諸萇弘，亦若吾子之言是也〔二九〕。」萇弘，周大夫。疏曰：「恐不逮事者，言欲舞之前，有此詠嘆淫液之歌者，象武王伐紂，恐諸侯不至，不逮其戰事，故歌聲吟咏而歆羨。此答是也。初舞之時，手足發揚蹈地而猛厲。舞初則然，故云已蚤。及時事也，象武王及時伐紂戰事也〔三〇〕，故發揚象戰。此答非也。知非者，下云發揚蹈厲是太公之志，故知此答非也。致，至也。軒，起也。問武人何忽有時而跪，以右膝至地，而左足仰起〔三一〕，何故也？對曰：非武坐也。言致右軒左，非是武人之坐，言以舞法無坐也。此答亦非。知非者，以下云武亂皆坐，周、召之治，是武法有坐也。非武音也者，謂非是武樂之音。言武王應天順人，不得已而伐之，何容有貪商之聲？故言非武音，此答是。

賓牟賈起，免席而請曰：「夫武之備戒之已久，則既聞命矣。敢問遲之遲而又久，何也？」遲之遲謂久立於綴。疏曰：賀氏云：備戒已久，是遲久立於綴，亦是遲而久已。

子曰：「居，吾語汝。夫樂者，象成者也。總干而山立，武王之事也；發揚蹈厲，太公之志也；武亂皆坐，周召之治也。成，謂已成之事。總干，持盾也。山立，猶正立也。象武王持盾正立待諸侯也。發揚蹈厲，所以象威武時也。武舞，象戰鬬也。亂，謂失行列也。失行列，則皆坐。象周公、召公以文止武也。且夫武，始而北出，再成而滅商，三成而南，四成而南國是疆，五成而分陝〔三二〕，周公左，召公右，六成復綴，以崇。成，猶奏也。每奏武曲一終爲一成。始奏，象觀兵孟津時也；再奏，象克殷時也；三奏，象克殷有餘力而反也；四奏，象南方荆蠻之國侵畔者服也；五奏，象周公召公分職而治也；六奏，象兵還振旅也。復綴，反位止也。崇，充也。凡六奏以充武樂也。正義曰：成，謂曲之終成。每一曲終成，而更奏，故云。成猶奏也。云復綴反位止也者，謂最在南第一位，初舞之時，從此位入，比至六成，還反復此位〔三三〕。鄭註以充武樂者，充謂充備，言六奏其曲則舞樂充備者也。天子，夾振之而駟伐，盛威於中國也。夾振之者，王與大將夾舞者，振鐸以爲節也。駟，當爲四，聲之誤也。武舞，戰象也。每奏四伐，一擊一刺爲一伐。牧誓曰：「今日之事，不愆於四伐五伐，乃止齊焉。」分夾而進，事蚤濟也。分，猶部曲也。事，猶爲也。濟，成也。舞者各有部曲之列，又夾振之者，象用兵務於早成也。久立於綴，以待諸侯之至也。象武王伐紂待諸侯也。且女獨未聞牧野之語乎？欲語以作武樂之意。武王克殷反商，未及下車，而封黄帝之後於薊，封帝堯之後於祝，封帝舜之後於陳；下車而封夏后氏之後於杞，封殷之後於宋〔三四〕，封王子比干之墓，釋箕子之囚，使之行商容而復其位。庶民弛政，庶士倍禄。濟河而西，馬散之華山之陽而弗復乘；牛散之桃林之野而弗復服；車甲弢而藏之府庫而弗復用；倒載干戈，苞之以虎皮；將帥之士，使爲諸侯，名之曰『建櫜』：然後天下知武王之不復用兵也。散軍而郊射，左射貍首，右射騶虞，而貫革之射息也。裨冕搢笏，而虎賁之士税劍也；祀乎明堂，而民知孝；朝覲，然後諸侯知所以臣；耕籍，然後諸侯知所以敬；五者天下之大教也。食三老五更於太學，天子袒而割牲，執醬而饋，執爵而酳，冕而總干，所以教諸侯之弟也。若此，則周道四達，禮樂交通，則夫武之遲久，不亦宜乎？」言武遲久，爲重禮樂。

成王時，周公作勺。勺，言勺先祖之道。勺讀曰酌，勺，取也。又有房中之樂，歌以后妃之德。大司樂：以樂德教國子，公卿大夫之子弟。中、和、祗、庸、孝、友。中，猶忠。和，剛柔適也。祗，敬也。庸，有常也。以樂語教國子，興、道、諷、誦、言、語。興者，以善物喻善事。道，讀作導，言古以剴今也。倍文曰諷，以聲節之曰誦，發端曰言，答述曰語。以樂舞教國子，舞雲門大卷、大咸、大韶、大夏、大濩、大武。此周所存六代之樂。黄帝曰雲門大卷。黄帝能成名萬物，以明民共財，言其德如雲之所出，人得以有族類也。卷音其爰反。以六律、六呂、五聲、八音、六舞大合樂，以致鬼神祇，以和邦國，以諧萬民，以安賓客，以說遠人，以作動物。六律，合陽聲者。六呂，合陰聲者。此十二者，以銅爲管，轉而相生，黄鍾爲首，律長九寸，各因而三之，上生者三分益一分，下生者三分去一分焉。國語曰：「律所以立均出度也。古者，神瞽考中聲而量之以制〔三五〕；度律均鍾。」言以中聲定律，以律立鍾之均也。大合樂者，謂徧作六代之樂也，以冬日至作之，致天神、人鬼，以夏日至作之，致地祇、物魅、動物、羽贏之屬。虞書云：夔曰：「戛擊鳴球，搏拊琴瑟以咏，祖考來格。虞賓在位，群后德讓。下管鼗鼓，合止柷敔，笙鏞以間，鳥獸蹌蹌。簫韶九成，鳳凰來儀。」夔又曰：「於！予擊石拊石，百獸率舞，庶尹允諧。」此其於宗廟九奏而應之。乃分樂而序之，以祭，以饗，以祀；分，謂各用一代之樂。乃奏黄鍾，歌大呂，舞雲門，以祀天神；以黄鍾之鍾，大呂之聲，爲之均也。黄鍾，陽聲之首，大呂爲之合，奏之以祀天神，尊之也。天神，五帝及日月星辰。王者又各以夏正月，祀其所受命之帝於南郊，尊之。孝經說曰「王者祭天於南郊，就陽位」是也。乃奏太蔟，歌應鍾，舞咸池，以祭地祇；太蔟，陽聲第二者，應鍾爲之合。咸池，大咸。地祇，所祭於北郊，謂神州之神及社稷。乃奏姑洗，歌南呂，舞大韶，以祀四望；姑洗，陽聲第三者，南呂爲之合。四望，五嶽、四鎮、四瀆。此言祀者，司中、司命、風師、雨師或亦用此樂。乃奏蕤賓，歌函鍾，舞大夏，以祭山川；蕤賓，陽聲第四者，函鍾爲之合。函鍾亦名林鍾。函，户南反〔三六〕。乃奏夷則，歌小吕，舞大濩，以享先妣；夷則，陽聲第五，小吕爲之合〔三七〕。小吕，一名中吕。先妣，姜嫄也〔三八〕。姜嫄履大人迹，感神靈而生后稷，是周之先母。周立廟，自后稷爲始祖，而姜嫄無所配，是以特立廟而祭之，謂之閟宫。乃奏無射，歌夾鍾，舞大武，以享先祖。無射，陽聲之下者，夾鍾爲之合。夾鍾一名圜鍾。先祖，謂先公先王也。凡六樂者，文之以五聲，播之以八音。六者，言其均皆待五聲、八音乃成也。播之，言被也。凡六樂者，一變而致羽物及川澤之祇，再變而致嬴物及山林之祇，三變而致鱗物及邱陵之祇，四變而致毛物及墳衍之祇，五變而致介物及土祇，六變而致象物及天神。變，猶更也，樂成則更奏也。此謂大蜡索鬼神而致百物，六奏樂而禮畢。東方之祭，則用太蔟、姑洗；南方之祭，則用蕤賓；西方之祭，則用夷則、無射；北方之祭，則用黄鍾爲均焉。每奏有所感，致和以來之。凡物動敏疾者，地祇高下之甚者易致，羽物既飛又走，川澤有孔竅者，蛤蟹走則遲，墳衍孔竅則小矣，是其所以舒疾之分。土祇，原隰及平地之神也。象物，有象在天，禮運所謂四靈者，麟、鳳、龜、龍是也。天地之神，四靈之知，非德至和則不至〔三九〕。凡樂，圜鍾爲宫，黄鍾爲角，太蔟爲徵，姑洗爲羽，靁鼓靁鼗，孤竹之管，雲和之琴瑟，雲門之舞，冬日至，於地上之圜丘奏之。若樂六變，則天神皆降，可得而禮矣。凡樂，函鍾爲宫，太蔟爲角，姑洗爲徵，南吕爲羽，靈鼓靈鼗，孫竹之管，空桑之琴瑟，咸池之舞，夏日至，於澤中之方丘奏之。若樂八變，則地祇皆出，可得而禮矣。凡樂，黄鍾爲宫，大吕爲角，太蔟爲徵，應鍾爲羽，路鼓路鼗，陰竹之管，龍門之琴瑟，九德之歌，九磬之舞，於宗廟之中奏之。若樂九變，則人鬼可得而禮矣。此三者，皆禘大祭也。天神則主北辰，地祇則主崑崙，人鬼則主后稷。先奏是樂以致其神，禮之以玉而祼焉，乃後合樂而祭之。大傳曰：「王者必禘其祖之所自出。」祭法曰：「周人禘嚳而郊稷。」謂此祭天圜丘，以嚳配之。圜鍾，夾鍾也。夾鍾生於房、心之氣。房、心爲大辰，天帝之明堂。函鍾，林鍾也，林鍾生於未之氣。未，坤之位，或曰，天社在東井輿鬼之外。天社，地神也。黄鍾生於虚、危之氣，虚、危爲宗廟。以此三者爲宫，用聲類求之。天宫夾鍾，陰聲，其相生從陽數，其陽無射。無射上生中吕，中吕與地宫同位，不用也。中吕上生黄鍾，黄鍾下生林鍾，林鍾地宫，又不用。林鍾上生太蔟，太蔟下生南吕，南吕與無射同位，又不用。南吕上生姑洗。地宫林鍾，林鍾上生太蔟，太蔟下生南吕，南吕上生姑洗。人宫黄鍾，黄鍾下生林鍾，林鍾地宫，又辟之。林鍾上生太蔟，太蔟下生南吕，南吕與天宫之陽同位，又辟之。南吕上生姑洗，姑洗南吕之合，又辟之。姑洗下生應鍾，應鍾上生蕤賓，蕤賓地宫林鍾之陽也，又辟之。蕤賓上生大吕。凡五聲，宫之所生。濁者爲角，清者爲徵、羽。此樂無商者，祭尚柔，商堅剛也。鄭司農云：靁鼓、靁鼗，皆謂六面有革可擊者也。雲和，地名也。靈鼓、靈鼗四面，路鼓、路鼗二面。九德之歌，春秋傳所謂水、火、金、木、土、穀謂之六府，正德、利用、厚生謂之三事。六府三事，謂之九功。九功之德，皆可歌也，謂之九歌也。康成謂靁鼓、靁鼗八面，靈鼓、靈鼗六面，路鼓、路鼗四面。孤竹，竹特生者。孫竹，竹枝根之末生者。陰竹，生於山北者。雲和、空桑、龍門，皆山名。九磬，讀當爲大韶，字之誤也。凡樂事，大祭祀，宿縣，遂以聲展之。即聽其聲，具陳次之，以知完不。王出入，則令奏王夏；尸出入，則令奏肆夏；牲出入，則令奏昭夏。帥國子而舞。大饗不入牲，其他皆如祭祀。大射，王出入，令奏王夏。及射，令奏騶虞，詔諸侯以弓矢舞。王大食，三宥皆令奏鍾鼓。王師大獻，則令奏愷樂。凡日月食，四鎮五嶽崩，大傀異烖，諸侯薨，令去樂。大札，大凶，大烖，大臣死，凡國之大憂，令弛縣。凡建國，禁其淫聲、過聲、凶聲、慢聲。大喪，涖廞樂器；及葬，藏樂器，亦如之。

子曰：「吾自衛反魯，然後樂正。雅、頌各得其所。」魯哀公十一年冬，孔子自衛反魯，是時周禮在魯，然詩、樂亦頗殘闕失次。孔子周流四方，參互考訂，以知其說。晚知道終不行，故歸而正之。

子語魯太師樂曰：「樂其可知也，始作，翕如也；縱之，純如也，皦如也，繹如也，以成。」語，告也。太師，樂官名。時音樂廢缺，故孔子教之。翕，合也。縱，放也。純，和也。皦，明也。繹，相續不絕也。成，樂之一終也。謝氏曰：「五音六律不具，不足以爲樂。翕如，言其合也。五音合矣，清濁高下如五味相濟而後和，故曰純如。合而和矣，欲其無相奪倫，故曰皦如。然豈宮自宮而商自商乎？不相反而相連如貫珠可也，故曰繹如也，以成。」

子曰：「師摯之始，關雎之亂，洋洋乎盈耳哉。」師摯，魯樂師名摯也。亂，樂之卒章也。史記曰：「關雎之亂，以爲風始。」洋洋，美盛意。孔子自衛反魯而正樂，適師摯在官之初，故樂之美盛如此也。

太師摯適齊，太師，魯樂官之長。摯，其名也。亞飯干適楚，三飯繚適蔡，四飯缺適秦，亞飯以下，以樂侑食之官。白虎通曰：「王者平旦食，晝食，餔食，莫食，凡四食。諸侯三飯，大夫再飯。」故魯之樂官，自亞飯以下，蓋三飯也。干、繚、缺，皆名也。鼓方叔入於河，鼓，擊鼓者。方叔，名。河，河內。播鼗武入於漢，少師陽、擊磬襄入於海。少師，樂官之佐。陽、襄，二人名。襄即孔子所從學琴者。海，海島也。此記賢人之隱遁，以附前章。

張子曰：「周衰樂廢，夫子自衛反魯，一嘗治之，其後伶人賤工識樂之正。及魯益衰，三桓僭妄，自太師以下，皆散之四方，逾河蹈海以避亂。聖人俄頃之助，功化如此。『如有用我，期月而可』，豈虛語哉！」

鄭、衛之音，亂世之音也，比於慢矣。比，猶同也。桑間，濮上之音，亡國之音也，其政散，其民流，誣上行私而不可止也。濮水之上，地有桑間者，亡國之音於此水出也。昔殷紂使師延作靡靡之樂，已而自沉於濮水。後衛靈公將之晉，舍濮水之上，夜半聞鼓琴之聲，問左右，皆對曰「不聞」。乃召師涓聽而寫之。至晉，見平公，公享之，靈公曰：「今者聞新聲，請奏之。」即命師涓坐師曠之旁，援琴鼓之。未終，師曠止之曰：「此亡國之聲，昔師延所作也，與紂爲靡靡之樂。武王伐紂，師延東走，自投濮水之中，故聞此聲，必於濮水之上聞之也。」

右周室既衰，雅樂漸廢，淫聲迭起，夫子欲起而正之，而不得其位以行其志。然當時雖以優伶賤工猶有所守，而不輕爲流俗所移，如師曠止濮上之音，摯、干而下至適河蹈海以避世者，必以不能諧世俗之樂故也。

魏文侯問於子夏曰：「吾端冕而聽古樂則唯恐臥，聽鄭衛之音則不知倦。敢問古樂之如彼，何也？新樂之如此，何也？」魏文侯，晉大夫畢萬之後，僭諸侯者也。端，玄衣也。古樂，先王之正樂也。子夏對曰：「今夫古樂，進旅退旅，和正以廣；絃匏笙簧，會守拊鼓；始奏以文，復亂以武；治亂以相，訊疾以雅。君子於是語，於是道古，修身及家，平均天下。此古樂之發也。旅，猶俱也。俱進俱退，言其齊一也。和正以廣，無姦聲也。會，猶合也，皆也。言衆待擊鼓乃作。周禮太師職曰：「大祭祀，帥瞽登歌，令奏擊拊；下管播樂器，令奏鼓朄。」文，謂鼓也。武，謂金也。相，即拊也，亦以節樂。拊者以韋爲表，裝之以糠。糠一名相，因以名焉。今齊人或謂糠爲相。雅，亦樂器名也，狀如漆筩，中有椎。夫音扶，下同。廣，如字，舊古曠反。匏，白交反。笙，音生。簧，音黄。拊音撫，注同。復，音伏。相，息亮反，注同。節，拊也，以韋爲之，實之以糠。王云，輔相也。今夫新樂，進俯退俯；姦聲以濫，溺而不止；及優侏儒，獶雜子女，不知父子，樂終不可以語，不可以道古，此新樂之發也。俯，猶曲也，言不齊一也。濫，濫竊也。溺而不止，聲淫亂無以治之。獶，獼猴也，言舞者如獼猴戲也，亂男女之尊卑。獶，或爲優。獶，乃刀反。獼猴，依字亦作猱。今君之所問者樂也，所好者音也。夫樂者與音相近而不同。」言文侯好音而不知樂也。鏗鏘之類，皆爲音，應律乃爲樂。好，呼報反，注同。近，附近之近。與，如字。鏗，苦更反。鏘，七羊反，又士衡反。文侯曰：「敢問如何？」欲知音、樂異意。子夏對曰：「夫古者，天地順而四時當，民有德而五穀昌，疾疢不作，而無妖祥，此之爲大當。然後聖人作，爲父子君臣，以爲紀綱。

紀綱既正，天下大定。天下大定，然後正六律，和五聲，絃歌詩頌，此之謂德音，德音之謂樂。當謂樂不失其所。當，丁浪反。詩云：『莫其德音，其德克明。克明克類，克長克君。王此大邦，克順克俾。比于文王，其德靡悔。既受帝祉，施于孫子。』此之謂也。此有德之音所謂樂也。德正應和曰莫，照臨四方曰明，朝覲無私曰類，教誨不倦曰長，慶賞刑威曰君，慈和徧服曰順。俾，當爲比，聲之誤也。擇善從之曰比。施，延也，言文王之德，皆能如此，故受天福延於後世也。今君之所好者，其溺音乎！」言無文王之德，則所好非樂也。文侯曰：「敢問溺音何從出也？」玩習之久，不知所由出也。玩，又作翫，音五換反。子夏對曰：「鄭音好濫淫志，宋音燕女溺志，衛音趨數煩志，齊音敖辟喬志。此四者皆淫於色而害於德，是以祭祀弗用也。言四國皆出此溺音。濫，濫竊，姦聲也。燕，安也。春秋傳曰：「懷與安，實敗名。」趨數，讀爲促速，聲之誤也。煩，勞也。祭祀者不用淫樂。詩云『肅雍和鳴，先祖是聽』。夫肅肅，敬也；雍雍，和也。夫敬以和，何事不行？言古樂敬且和，故無事而不用，溺音無所施。爲人君者，謹其所好惡而已矣。君好之則臣爲之，上行之則民從之。詩云『誘民孔易』，此之謂也。誘，進也。孔，甚也。言民從君所好惡，進之於善無難。易，以豉反。然後聖人作爲鞉、鼓、椌、楬、壎、篪，此六者，德音之音也。六者爲本，以其聲質也。椌，楬，謂柷、敔也。壎篪，或爲「簨虡」。椌，苦江反，柷也。楬，苦瞎反，敔也。然後鐘、磬、竽、瑟以和之，干、戚、旄、狄以舞之。此所以祭先王之廟也，所以獻酬酳酢也，所以官序貴賤各得其宜也，所以示後世有尊卑長幼之序也。官序貴賤，謂尊卑樂器列數有差次。鐘聲鏗，鏗以立號，號以立橫，橫以立武。君子聽鐘聲則思武臣。號，號令所以警衆也。橫，充也，謂氣作充滿也。號，胡到反。橫，古擴反，充也。石聲磬，磬以立辨，辨以致死。君子聽磬聲則思死封疆之臣。石聲磬，磬當爲罄，字之誤也。辨，謂分明於節義。磬，口挺反，一音口定反。聽磬，口定反。疆，居良反，不是彊字。絲聲哀，哀以立廉，廉以立志。君子聽琴瑟之聲則思志義之臣。廉，廉介也。竹聲濫，濫以立會，會以聚衆。君子聽竽、笙、簫、管之聲則思畜聚之臣。濫之意，猶擥聚也。會，猶聚也。聚或爲最。濫，力敢反。鼓鼙之聲讙，讙以立動，動以進衆。君子聽鼓鼙之聲則思將帥之臣。聞讙囂則人意動作。讙，或爲歡。動，或爲勳。君子之聽音，非聽其鏗鏘而已也，彼亦有所合之也。」以聲合成己之意。

孟子見梁惠王曰：「王嘗語莊子以好樂，有諸？」王變乎色，曰：「寡人非能好先王之樂也，直好世俗之樂耳。」莊暴，齊臣。變色者，慚其好之不正也。曰：「王之好樂甚，則齊其庶幾乎！今之樂猶古之樂也。」庶幾，近辭也。今樂，世俗之樂；古樂，先王之樂。曰：「可得聞歟？」曰：「獨樂樂，與人樂樂，孰樂？」曰：「不若與人。」曰：「與少樂樂，與衆樂樂，孰樂？」曰：「不若與衆。」獨樂，不若與人。與少樂，不若與衆，亦人之常情。「臣請爲王言樂：此以下皆孟子之言。今王鼓樂於此，百姓聞王鐘鼓之聲，管籥之音，舉疾首蹙頞而相告曰：『吾王之好鼓樂，夫何使我至於此極也！父子不相見，兄弟妻子離散。』今王田獵於此，百姓聞王車馬之音，見羽旄之美，舉疾首蹙頞而相告曰：『吾王之好田獵，夫何使我至於此極也！父子不相見，兄弟妻子離散。』此無他，不與民同樂也。鐘、鼓、管、籥，皆樂器也。舉，皆也。疾首，頭痛也。蹙，聚也。頞，額也，人憂戚則蹙其額。極，窮也。羽旄，旌屬。不與民同樂，謂獨樂其身，而不恤其民，使之窮困也。今王鼓樂於此，百姓聞王鐘鼓之聲，管籥之音，舉欣欣然有喜色而相告曰：『吾王庶幾無疾病與！何以能鼓樂也。』今王田獵於此，百姓聞王車馬之音，見羽旄之美，舉欣欣然有喜色而相告曰：『吾王庶幾無疾病與！何以能田獵也。』此無他，與民同樂也。與民同樂者，推好樂之心以行仁政，使民各得其所也。今王與百姓同樂，則王矣。」好樂而能與百姓同之，則天下之民歸之矣，所謂齊其庶幾者如此。

范氏曰：「戰國時，民窮財盡，人君獨以南面之樂自奉其身。孟子切於救民，故因齊王之好樂，開導其善心，深勸其與民同樂，而謂今樂猶古樂，其實今樂古樂何可同也？但與民同樂之意，則無古今之異耳。若必欲禮樂治天下，當如孔子之言，必用韶、武以放鄭聲〔四〇〕。蓋孔子之言，爲邦之正道；孟子之言，救時之急務，所以不同。」楊氏曰：「樂以和爲主，使人聞鐘鼓、管籥之聲而疾首蹙頞，則雖奏以咸、英、韶、濩，無補於治也。故孟子告齊王以此，姑正其本而已。」

按：春秋時，雖伶官猶以姦聲淫樂爲可恥，而戰國之際，則時君直以世俗之樂爲可好，蓋世變於是愈下矣。然去之百世之後，先王之古樂絶響，而聖賢之格言猶存。深思而熟翫之，猶可以得流風遺韵之髣髴也。故以子夏、孟子之説，繼夫子論樂之後。

秦始皇平天下，六代廟樂唯韶、武存焉。二十六年，改周大武曰五行，房中曰壽人，衣服同五行樂之色。

二世尤以鄭、衛之音爲娱。丞相李斯進諫曰：「放棄詩、書，極意聲色，祖伊所以懼也；輕積細過，恣心長夜，紂所以亡也。」趙高曰：「五帝、三王〔四一〕，樂各殊名，示不相襲。上自朝廷〔四二〕，下至人民，得以接歡喜，合殷勤，非此和説不通，解澤不流，亦各一世之化，度時之樂，何必華山之騄耳而後行遠乎？」二世然之。

右太史公樂書所述如此。如李斯進諫之言，殊與其素論相反。蓋焚經滅籍者，李斯之説也；恣情縱欲者，趙高之説也。二論相須以相成。而始皇之所謂貽謀，二世之所謂善繼，同此一道耳。斯既進邪説以媚始皇，而復欲持正論以抗高，猶勸人以飲而復咎其醉也，豈不愚哉！

漢興，樂家有制氏，魯人，善樂事。以雅樂聲律，世世在太樂官，但能紀其鏗鏘鼓舞，而不能言其義。鏗鏘，金石之聲。

高祖時，叔孫通因秦樂人制宗廟樂。太祝迎神於廟門，奏嘉至，猶古降神之樂也。皇帝入廟門，奏永至，以爲行步之節，猶古采薺、肆夏也〔四三〕。歌樂在逸詩。乾豆上，奏登歌，乾豆，脯羞之屬。獨上歌，不以筦絃亂人聲，欲在位者徧聞之，猶古清廟之歌也。登歌再終，下奏休成之樂，叔孫通所奏作。美神明既饗也。皇帝就酒東廂，坐定，奏永安之樂，美禮已成也。又有房中祠樂，高祖唐山夫人所作也。高祖姬也，姓唐山。周有房中樂，至秦名曰壽人。凡樂，樂其所生，禮不忘本。高祖樂楚聲，故房中樂楚聲也。帝既定天下，過沛，與故人父老相樂，醉酒歡哀，作「風起」之詩，令沛中僮兒百二十人習而歌之。帝崩，令沛得以四時歌舞宗廟，令歌兒習吹以相和〔四四〕，嘗以百二十人爲員。

六年，又作昭容樂、禮容樂。昭容者，猶古之昭夏也，主出武德舞。言昭容樂生於武德舞也。禮容者，主出文始、五行舞。舞入無樂者，將至至尊之前不敢以樂也；出用樂者，言舞不失節，能以樂終也。大抵皆因秦舊事焉。

孝惠二年，使樂府令夏侯寬備其簫筦，更名曰安世樂〔四五〕。

孝景元年，詔高皇帝廟奏武德、文始、五行之舞，孝惠廟奏文始、五行之舞；孝文廟奏昭德、文始、四時、五行之舞〔四六〕；武德舞者，高祖四年作，以象天下樂己行武以除亂也。文始舞者，曰本舜招舞也，高祖六年更名曰文始，以示不相襲也。五行舞者，本周舞也〔四七〕，秦始皇二十六年更名曰五行也。四時舞者，孝文所作，以示天下之安和。蓋樂己所自作，明有制也；樂先王之樂，明有法也。孝景采武德舞以爲昭德，以尊太宗廟。武帝定郊祀之禮，乃立樂府，樂府之名始此，至哀帝而罷之。采詩夜誦，采詩，依古遒人徇路，采取百姓謳謠，以知政教得失也。夜誦者，其言辭或秘不可宣露，故於夜中歌誦也。有趙、代、秦、楚之謳。以李延年爲協律都尉，多舉司馬相如等數十人造爲詩賦，略論律呂，以合八音之調，作十九章之歌。以正月上辛用事甘泉圜丘，使童男女七十人俱歌，昏祠至明。

時嬖臣李延年以好音見，上善之，下公卿議，曰：「民間祠尚有鼓舞樂〔四八〕，今郊祀而無樂，豈稱乎？」公卿曰：「古者祠天地皆有樂，而神祇可得而禮。」或曰：「泰帝使素女鼓五十絃瑟，悲，帝禁不止，故破其瑟爲二十五絃。」於是塞南越，禱祠泰一、后土，始用樂舞，益召歌兒作二十五絃及空侯瑟自此起。

河間獻王有雅材，以爲治道非禮樂不成，因獻所集雅樂。天子下大樂官，常存肄之，歲時以備數，然不常御，常御及郊廟皆非雅聲。然詩、樂施於後嗣，猶得有所祖述。

班孟堅曰：「昔殷、周之雅、頌，迺上本有娀、姜嫄，卨、稷始生，玄王、公劉、古公、泰伯、王季、姜女〔四九〕、太任、太姒之德，乃及成湯、文、武受命，武丁、成、康、宣王中興，下及輔佐阿衡、周、召、太公、申伯、召虎、仲山甫之屬，君臣男女有功德者，靡不褒揚。功德既信美矣，褒揚之聲盈乎天地之間，是以光名著於當世，遺譽垂於無窮也。今漢郊廟詩歌〔五〇〕，未有祖宗之事，八音調均又不協於鍾律，而内有掖庭才人，外有上林樂府〔五一〕，皆以鄭聲施之於朝廷。」

孝宣采昭德舞爲盛德，詔：世宗孝武廟奏盛德、文始、四時、五行之舞。其後諸帝廟皆常奏文始、四時、五行之舞。本始四年，詔樂府減樂人。

神爵、五鳳之間，天下殷富，數有嘉應，上頗作歌詩，欲興協律之事。丞相魏相奏：「知音善鼓雅琴者，渤海趙定、梁國龔德。」皆召見待詔。

元帝多材藝，善史書，鼓琴瑟，吹洞簫，自度曲，被歌聲，分寸節度，窮極窈眇。

帝被疾，不親政事，留好音樂。或置鼙鼓殿下，天子自臨軒檻上，隤銅丸以擿鼓〔五二〕，聲中嚴鼓之節，後宫及左右習知音者莫能爲。而定陶王亦能之，上數稱其材。史丹進曰：「凡所謂材者，敏而好學，温故知新，皇太子是也。若乃器人於絲竹鼓鼙之間，則是陳惠、李微二人皆黄門鼓吹。高於匡衡，可相國也。」上笑。

成帝時，謁者常山王禹世受河間樂，能説其義，其弟子宋曄等上書言之，下大夫博士平當等考試。

當以爲：「漢承秦滅道之後，賴先帝聖德，博受兼聽，修廢官，立太學，河間獻王聘求幽隱，修興雅樂以助化。時大儒公孫弘、董仲舒等皆以爲音中正雅，立之大樂。春秋鄉射，作於學官，希闊不講。師古曰：「講謂論習也。」故自公卿大夫觀聽者，但聞鏗鎗，不曉其意，而欲以風諭衆庶，其道無由。師古曰：「風，化也。」是以行之百有餘年，德化至今未成。宋曄等守習孤學〔五三〕，大指歸於興助教化。衰微之學，興廢在人。宜領屬雅樂，以繼絶表微。師古曰：「表，顯也。」孔子曰：『人能弘道，非道弘人。』河間區區，小國藩臣，以好學修古，能有所存，師古曰：「存意於禮樂。」民到於今稱之，況於聖主廣被之資，師古曰：「被猶覆也，音皮義反。」修起舊文，放鄭近雅，述而不作，信而好古，於以風示海内，揚名後世，誠非小功小美也。」事下公卿，以爲久遠難分明，當議復寢。

哀帝時，詔罷樂府官。郊祭樂及古兵法武樂，在經非鄭、衛之樂者，條奏，别屬他官。

是時，鄭聲尤甚。黄門名倡丙彊、景武之屬富顯於世，貴戚五侯、定陵、富平外戚之家五侯，王鳳以下。定陵，淳于長。富平，張放。淫侈過度，至與人主争女樂。帝自爲定陶王時疾之，又性不好音，及即位，下詔曰：「惟世俗奢泰文巧，而鄭衛之聲興。夫奢泰則下不孫而國貧，師古曰：「孫，讀爲遜。」文巧則趨末背本者衆，師古曰：「趨讀曰趣。趣，嚮也。」鄭衛之聲興則淫辟之化流，而欲黎庶敦朴家給，猶濁其源而求其清流，豈不難哉！孔子不云乎，『放鄭聲，鄭聲淫』。其罷樂府官。郊祀樂及古兵法武樂，在經非鄭衛之樂者，條奏，别屬他官。」

丞相孔光、大司空何武奏：「郊祭樂人員六十二人，給祠南北郊。大樂鼓員六人，嘉至鼓員十人，邯鄲鼓員二人，騎吹鼓員三人，江南鼓員二人，淮南鼓員四人，巴渝鼓員三十六人，師古曰：「巴，巴人也。渝，渝人也。當高祖初爲漢王，得巴渝人，並趫捷善鬭，與之定三秦滅楚〔五四〕，因存其武樂也。巴俞之樂因此始也。巴即今之巴州，渝即今之渝州，各其本地。」歌鼓員二十四人，楚嚴鼓員一人，梁皇鼓員四人，臨淮鼓員三十五人，兹邡鼓員三人，晉灼曰：「邡，音方。」凡鼓十二，員百二十八人，朝賀置酒陳殿下，應古兵法。外郊祭員十三人〔五五〕，諸族樂人兼雲招給祠南郊用六十七人，師古曰：「招讀與翹同。」兼給事雅樂用四人，夜誦員五人，剛、別柎員二人，給盛德師古曰：「剛及別柎皆鼓名也。柎音膚。」主調篪員二人，師古曰：「篪以竹爲之，七孔，亦笛之類也，音池。」聽工以律知日冬夏至一人，鐘工、磬工、簫工員各一人，僕射二人主領諸樂人，皆不可罷。竽工員三人，一人可罷。師古曰：「竽，笙類也，三十六簧，音于。」琴工員五人，三人可罷。柱工員二人，一人可罷。師古曰：「柱工，主箏瑟之柱者。」繩絃工員六人，四人可罷。師古曰：「絃，琴瑟之絃。繩言主糾合作之也。」鄭四會員六十二人，一人給事雅樂，六十一人可罷。張瑟員八人，七人可罷。安世樂鼓員二十人，十九人可罷。沛吹鼓員十二人，族歌鼓員二十七人，陳吹鼓員十三人，商樂鼓員十四人，東海鼓員十六人，長樂鼓員十三人，縵樂鼓員十三人〔五六〕，師古曰：「縵樂，雜樂也，音漫。」凡鼓八，員一百二十八人，朝賀置酒，陳前殿房中，不應經法。治竽員五人，楚鼓員六人，常從倡三十人，常從象人四人，孟康曰：「象人，若今戲蝦魚獅子者也。」韋昭曰：「著假面者也。」師古曰：「孟說是。」詔隨常從倡十六人，秦倡員二十九人，秦倡象人員三人，詔隨秦倡一人，雅大人員九人，朝賀置酒爲樂。楚四會員十七人〔五七〕，巴四會員十二人，銚四會員十二人，李奇曰：「疑是豎。」韋昭曰：「銚，國名，音繇。」師古曰：「韋說是也。銚音姚。」齊四會員十九人，蔡謳員三人，齊謳員六人，竽瑟鐘磬員五人，皆鄭聲，可罷。師學百四十二人，其七十二人，給大官挏馬酒，李奇曰：「以馬乳爲酒，撞挏乃成也。」師古曰：「挏音動。馬酪味如酒，飲之亦醉，故呼馬酒。」其七十人可罷。大凡八百二十九人，其三百八十八人不可罷，可領屬大樂，其四百四十一人不應經法，或鄭衛之聲，皆可罷〔五八〕。」奏可。然百姓漸漬日久，又不制雅樂相變，豪富吏民湛沔自若。湛讀沈，又讀曰耽〔五九〕。

平帝元始元年，放鄭聲。

五年，召天下通知鍾律者。

世祖建武十三年四月，耿弇罷益州，傳送公孫述瞽師、郊廟樂器、葆車、輿輦，於是法物始備。隴、蜀平後，乃增廣郊祀，凡樂奏青陽、朱明、西皓、玄冥及雲翹、育命舞。其後登封泰山，北郊祀后土，用樂皆如南郊。

明帝永平三年，博士曹充上言漢再受命，宜興禮樂。引尚書璇璣鈐曰：「有帝漢出，德洽作樂，名予。」乃詔改大樂官曰大予樂，歌詩曲操〔六〇〕，以俟君子。自是樂凡四品：一曰大予樂，郊廟、上陵諸食舉之；二曰周頌雅樂，辟雍饗射、六宗、社稷用之；三曰黄門鼓吹樂，天子宴樂群臣用之；四曰短簫鐃歌樂〔六一〕，軍中用之。即凱歌也。又采百官詩頌，以爲登歌。其後章帝親著歌詩四章，列在食舉，又制雲臺十二門詩，各以其月祀而奏之。

熹平四年，中出雲臺十二門新詩，下大予樂官習誦被聲，與舊詩並行，撰録以成樂志。

大予樂令，掌伎樂。凡國祭祀，嘗請奏樂，及大饗用樂，掌其陳序。

十月，蒸祭光武廟。初奏文始、五行、武德之舞。光武草創，禮樂未備，今始奏之。既而公卿奏議世祖廟登歌八佾舞名〔六二〕。東平王蒼議，以爲漢制舊典，宗廟各奏其樂，不皆相襲，以明功德。高皇帝除殘賊有天下，作武德之舞。孝文躬行節儉，除刑施澤，景帝制昭德之舞。孝武開地置郡，威震海外，宣帝制盛德之舞。光武皇帝受命中興，撥亂反正，宇内治平，方外震服，修建三雍，肅穆典祀，功德巍巍，比隆前代。

樂名宜曰大武之舞。宗文始、五行、武德之舞爲之。

章帝即位，太尉趙熹奏：「孝明皇帝功德茂盛，宜上尊號曰顯宗，四時祫食於世祖廟，奏武德、文始、五行之舞。」東平王蒼上言：「昔孝文廟樂曰昭德之舞，孝武廟樂曰盛德之舞，今皆祫食於高廟，昭德、盛德之舞不進〔六三〕，與高廟同樂。今孝明皇帝主在世祖廟，當同樂〔六四〕，盛德之樂無所施；如自立廟，作武德之舞。」從之。

建初五年，始行十二月迎氣樂。立春之日，迎春於東郊，歌青陽，八佾舞雲翹之舞。立夏之日，迎夏於南郊，歌朱明，八佾舞雲翹之舞。先立秋十八日，迎黃靈於中兆，歌朱明，八佾舞雲翹、育命之舞。立秋之日，迎秋於西郊，歌西皓，八佾舞育命之舞。立冬之日，迎冬於北郊，歌玄冥，八佾舞育命之舞。祭祀志。又獻帝起居注曰〔六五〕：「建安八年，公卿迎氣北郊，始復用八佾。」皇覽曰：「迎禮春、夏、秋、冬之樂，又順天道。天子迎春於東堂，唱之以角，舞之以羽翟，此迎春之樂也。迎夏於南堂，唱之以徵，舞之以鼓鞉，此迎夏之樂也。迎秋於西堂，唱之以商，舞之以干戚，此迎秋之樂也。迎冬北堂，唱之以羽，舞之以干戈，此迎冬之樂也〔六六〕。」

馬防上言：「聖人作樂，所以宣氣致和，順陰陽也。臣愚以爲可因歲首發太蔟之律，奏雅頌之音，以迎和氣。」時以作樂器費多，遂獨行十二月迎氣樂也。

和帝即位，有司奏：「上尊章帝廟曰肅宗，共進武德之舞。」制曰可〔六七〕。

順帝陽嘉二年十月庚午，行禮辟雍，奏應鍾，始復黃鍾樂器隨月律。袁紀云：「初隨月律作應鍾。」

諸行出入皆鳴鐘作樂。其有災眚，有他故，若求雨、止雨，皆不鳴鐘，不作樂。行，謂乘輿出入也。

獻帝建安八年，公卿初迎冬於北郊，總章，始復備八佾舞。因亂久廢，今復見之。自東京大亂，絶無金石之樂，樂章亡缺，不可復知。

魏武帝平荆州，獲杜夔，善八音，常爲漢雅樂郎，尤悉樂事，於是使創定雅樂。時又有散騎郎鄧静、尹齊〔六八〕，善調雅樂，歌師尹胡能歌宗廟郊祀之曲〔六九〕，舞師馮肅能曉知先代諸舞，夔悉領之。遠考經籍，近采故事，考會古樂，始設軒懸鐘磬，復先代古樂，自夔始也。而柴玉、左延年之徒，妙善鄭聲被寵，唯夔好古存正。

文帝受禪後，改漢巴渝舞曰昭武舞，改安世樂曰正始樂〔七〇〕，嘉至樂曰迎靈樂，武德樂曰武頌樂，昭容樂曰昭業樂，雲翹舞曰鳳翔舞，育命舞曰靈應舞，武德舞曰武頌舞〔七一〕，文始舞曰大韶舞〔七二〕，五行舞曰大武舞。其衆歌詩，多則前代之舊，使王粲改作登歌、安世及巴渝詩而已。

明帝太和初，詔曰：「凡音樂以舞爲主，自黄帝雲門以下，至於周大武，皆太廟舞名也。然則其所司之官，皆曰大樂，所以總領諸物，不可以一物爲名。樂官自如故爲大樂。」大樂，漢舊名〔七三〕，後漢依讖改爲大予樂官，至是改復舊。於是公卿奏：「今請太祖武皇帝樂宜曰武始之舞。武，神武也。武，又迹也。言神武之始，又王迹所起也。高祖文皇帝宜曰咸熙之舞。咸，皆也。熙，興也。言應受命之運，天下由之皆興也。夫歌以咏德，舞以象事。於文，文武爲斌。臣等謹製樂舞名章斌之舞。所以章明聖德。今有事於天地宗廟，則此三舞宜並以薦享，及臨朝大享，並宜舞之。臣等思惟，三舞宜有總名〔七四〕，可名大鈞之樂。鈞，平也。言大魏三代同功，以至隆平也〔七五〕。」侍中繆襲又奏：「安世歌本漢時歌名。今詩非往歌之文〔七六〕，則宜變改。安世樂，猶周房中之樂也〔七七〕。往昔議者以房中歌后妃之德，以風天下，正夫婦焉，宜改安世之名而爲正始之樂。襲又省安世歌詩有后妃之義〔七八〕，方今享先祖，恐失禮意，可改安世歌曰享神歌。」奏可。文帝已改安世爲正始，而襲至是又改爲享神。王肅議：「高皇至高祖、文昭廟，皆宜兼用先代及武始、大鈞之舞。」

按漢時有短簫鐃歌之樂，其曲有朱鷺、思悲翁、艾如張、上之回、雍離〔七九〕、戰城南、巫山高、上陵、將進酒、君馬黄、芳樹、有所思、雉子班、聖人出、上邪〔八〇〕、臨高臺、遠如期、石留、務成、玄雲、黄雀、釣竿等曲，列於鼓吹，多序戰陣之事。及魏受命，改其十二曲，使繆襲爲詞，述以功德，言代漢之意。

校勘記

〔一〕亦曰立基　「基」原作「本」，據周禮大司徒疏、禮記樂記疏引孝經緯改。按「本」，通典避唐諱改，本書沿用通典之文，未曾回改。

〔二〕伏羲有網罟之咏伊耆有葦籥之音　按隋書卷一三音樂志上「伊耆有葦籥之音」在「伏羲有網罟之咏」句上。

〔三〕建之以太清　「太清」原作「大情」，據莊子天運改。

〔四〕流光其聲　「光」原作「充」，據莊子天運改。

〔五〕自然律吕　「律吕」二字原倒，據莊子天運注乙正。

〔六〕司馬云僕也　「僕」原作「敗」，據莊子天運疏改。

〔七〕故懼然悚聽　「懼」原作「瞿」，據元本、慎本、馮本改。

〔八〕所謂闡諧　「諧」原作「諧」，據莊子天運注改。

〔九〕吾止之於有窮　「於」原作「物」，據莊子天運改。

〔一〇〕常在極止住也　「止住」原作「上注」，據莊子天運注改。

〔一一〕古老反　「古」原作「梧」，據經典釋文卷二七改。

〔一二〕目知窮乎所欲見　「目」原作「月」，據元本、慎本、馮本及莊子天運改。

〔一三〕夫形充空虚　「夫」字原脱，據莊子天運補。

〔一四〕此乃無樂之樂　「此乃」原作「比之」，據莊子天運改。

〔一五〕本亦作焱　「焱」，元本、慎本、馮本及經典釋文卷二七作「猋」。

〔一六〕祟雖遂反　「雖」原作「蚩」，據經典釋文卷二七改。

〔一七〕迹稍減也　「減」，莊子天運注作「滅」。

〔一八〕顓頊作六莖　「六」，周禮大司徒疏、禮記樂記疏、隋書卷一三音樂志上作「五」。

〔一九〕帝嚳作六英　「六」，漢書卷二二禮樂志作「五」。

〔二〇〕王云　「云」原作「之」，據毛詩商頌那箋改。

〔二一〕言神人治　「治」，尚書益稷阮元校勘記謂古本、岳本、宋本皆作「洽」。

〔二二〕烈祖湯　「湯」字原脱，據毛詩商頌那箋補。

〔二三〕故異言之　「之」原作「也」，據毛詩商頌那箋改。

〔二四〕斁斁然盛也　「也」字原脱，據毛詩商頌那箋補。

〔二五〕營卑褻惡事　「惡」原作「之」，據尚書泰誓注改。

〔二六〕以恣耳目之娱　「恣」原作「資」，據尚書泰誓注改。

〔二七〕三答是二答非　禮記樂記同。史記卷二四樂書作「二答是，三答非」。

〔二八〕象武王憂不得衆心故也　「故」字原脱，據禮記樂記疏補。

〔二九〕丘之聞諸萇弘亦若吾子之言是也　「丘」下「之」字原作「也」，「是」字原脱，據禮記樂記、史記卷二四樂書改補。

〔三〇〕象武王及時伐紂戰事也　「象」原作「言」，據禮記樂記疏改。

〔三一〕而左足仰起　「起」原作「之」，據禮記樂記疏改。

〔三二〕五成而分陜　「陜」字原脱，據史記卷二四樂書補。

〔三三〕比至六成還反復此位　「比」原作「北」，「復」字原脱，據禮記樂記改補。

〔三四〕封殷之後於宋　「封」原作「投」，據禮記樂記改。

〔三五〕古者神瞽考中聲而量之以制　「以制」二字原脱，據國語周語下補。

〔三六〕户南反　「反」原作「及」，據周禮大司樂注改。

〔三七〕小吕爲之合　五字原脱，據周禮大司樂注補。

〔三八〕姜嫄也　三字原脱，據周禮大司樂注補。

〔三九〕非德至和則不至　「不」下原衍「能」字，據周禮大司樂注删。

〔四〇〕必用韶武以放鄭聲　「武」原作「舞」。按上文有「周武王作大武」，「子謂武盡美矣，未盡善也」，所言皆樂而非舞，此處亦言樂而非舞，「舞」顯爲「武」之誤，據改。

〔四一〕五帝三王　「三」原作「二」，據馮本、史記卷二四樂書改。

〔四二〕上自朝廷　「上自」二字原脱，據史記卷二四樂書補。

〔四三〕猶古采薺肆夏也　「薺」原作「齊」，據漢書卷二二禮樂志、通典卷一四一樂典一改。

〔四四〕令歌兒習吹以相和　「吹」字原脱，據漢書卷二二禮樂志補。

〔四五〕孝惠二年使樂府令夏侯寬備其簫筦更名曰安世樂　漢書卷二二禮樂志、通典卷一四一樂典一，此數句在上文「故房中樂楚聲也」句下。

〔四六〕孝文廟奏昭德文始四時五行之舞　「德」原作「武」，「四時」二字原脱，據漢書卷二二禮樂志、通典卷一四一樂典一、太平御覽卷五六六樂部四改補。

〔四七〕本周舞也　按上文，秦始皇「二十六年，改周大武曰五行」。疑此處「周」下脱「大武」二字。

〔四八〕民間祠尚有鼓舞樂　「尚」字原脱，據史記卷二八封禪書補。

〔四九〕姜女　「女」字原脱，據漢書卷二二禮樂志補。

〔五〇〕今漢郊廟詩歌　「歌」原作「樂」，據漢書卷二二禮樂志改。

〔五一〕外有上林樂府　「府」字原脱，據漢書卷二二禮樂志補。

〔五二〕隤銅丸以擿鼓　「丸」原作「圜」，據漢書卷八二史丹傳改。

〔五三〕宋曄等守習孤學　「守」字原脱，據漢書卷二二禮樂志補。

〔五四〕滅楚　原脱，據漢書卷二二禮樂志補。

〔五五〕外郊祭員十三人　「三」原作「二」，據元本、慎本及漢書卷二二禮樂志改。

〔五六〕縵樂鼓員十三人　七字原脱，據漢書卷二二禮樂志補。

〔五七〕朝賀置酒爲樂楚四會員十七人　「樂楚」二字原倒，據漢書卷二二禮樂志乙正。

〔五八〕或鄭衛之聲皆可罷　「皆」字原脱，據漢書卷二二禮樂志補。

〔五九〕又讀曰眈　「讀曰」二字原脱，據漢書卷二二禮樂志師古注補。

〔六〇〕歌詩曲操　「歌」字原脱，據後漢書卷三五曹褒傳補。

〔六一〕四曰短簫鐃歌樂　「歌」字原脱，據隋書卷一三音樂志上、通典卷一四一樂典一補。

〔六二〕登歌八佾舞名　「舞」下原衍「功」字，據盧文弨群書拾補校續漢書祭祀志下删。

〔六三〕昭德盛德之舞不進　「盛德」二字原脱，據後漢書祭祀志下注引東觀書補。

〔六四〕今孝明皇帝主在世祖廟當同樂　「主」字原脱，「同」原作「用」，據後漢書祭祀志下注引東觀書補改。

〔六五〕又獻帝起居注曰　「又」，後漢書祭祀志中注引獻帝起居注無此字。

〔六六〕此迎冬之樂也　「也」字原脱，據元本、慎本、馮本補。

〔六七〕制曰可　「曰」字原脱，據後漢書卷四和帝紀補。

〔六八〕尹齊　「齊」原作「商」，據三國志卷三九杜夔傳改。

〔六九〕歌師尹胡能歌宗廟郊祀之曲　「胡」原作「商」，據三國志卷三九杜夔傳、通典卷一四一樂典一改。

〔七〇〕改安世樂曰正始樂　「正始」，通典卷一四一樂典一作「正世」。

〔七一〕武德舞曰武頌舞　「武頌」原作「舜頌」，據宋書卷一九樂志一改。

〔七二〕文始舞曰大韶舞　「文」原作「正」，據通典卷一四一樂典一改。

〔七三〕漢舊名　「漢」下原衍「書」字，據宋書卷一九樂志一、通典卷一四一樂典一删。

〔七四〕三舞宜有總名　「三」原作「二」，據宋書卷一九樂志一改。

〔七五〕以至隆平也　「隆」原作「崇」，據宋書卷一九樂志一改。按「崇」，通典避唐諱改，本書沿用通典之文，未曾回改。

〔七六〕今詩非往歌之文　通典卷一四一樂典一同原刊。「歌」，宋書卷一九樂志一作「時」。

〔七七〕安世樂猶周房中之樂也　「周」原作「同」，據宋書卷一九樂志一改。

〔七八〕襲又省安世歌詩有后妃之義　按宋書卷一九樂志一載，襲有讀漢安世歌咏「無有二南后妃風化天下之言」。疑此處「有」上脱「無」字。

〔七九〕雍離　「雍」，宋書卷二二樂志四作「翁」。

〔八〇〕上邪　「邪」原作「雅」，據宋書卷二二樂志改。

卷一百二十九　樂考二

歷代樂制

晉武帝初，郊廟明堂禮樂權用魏儀，蓋遵周室肇稱殷禮之義，但改樂章而已，使傅玄爲詞。又令荀勖、張華、夏侯湛、成公綏等，各造郊廟諸樂歌詞。

九年，荀勖以杜夔所製律呂，校太樂、總章、鼓吹八音，與律呂乖錯，依古尺作新律呂，以調聲韻。律成，遂頒下太常，使太樂、總章、鼓吹、清商施用。隋平陳，獲宋、齊舊樂，詔於太常置清商署以管之，蓋采此爲名。求得陳太樂令蔡子元、于普明等復居其職。荀勖遂典知樂事，啓朝士解音者共掌之。使郭夏、宋識等造正德、大豫二舞〔一〕，其樂章亦張華所作〔二〕。又改魏昭武舞曰宣武舞，羽籥舞魏作武始、咸熙、章斌三舞，皆執羽籥。曰宣文舞。傅玄又作先農、先蠶歌詩。

咸寧元年，詔定祖宗之號，而廟樂同用正德、大悅之舞。

自武帝受禪，命傅玄改漢鼓吹鐃歌，還爲二十二曲，述以功德代魏。鼓角横吹曲，按周禮「以鼖鼓鼓軍事」，說者云蚩尤氏帥魑魅與黄帝戰於涿鹿，帝乃命吹角爲龍吟以禦之。其後魏武王北征烏丸，越沙漠，而軍士多思，於是減爲半鳴，而尤更悲矣。胡角者，本以應胡笳之聲〔三〕，後漸用之横吹，有雙角，即胡樂也。張騫入西域，傳其法於西京，唯得摩訶兜勒一曲。李延年因胡曲更造新聲二十八解，乘輿以爲武樂。後漢以給邊將，和帝時萬人將軍得用之〔四〕。魏晉以來，二十八解不復具存，用者有黃鵠〔五〕、隴頭、出關、入塞、折楊柳、黃覃子、赤之楊、望行人十曲〔六〕。

懷帝永嘉之末，伶官樂器皆没於劉、石。至江左初立宗廟，尚書下太常祭祀所用樂名，太常賀循答云：「魏氏增損漢樂，以爲一代之禮，未審大晉樂名所以爲異。遭離喪亂，舊典不存。然此諸樂，皆和之以鐘律，文之以五聲，咏之以歌詞，陳之於舞列，宮懸在庭，琴瑟在堂，八音迭奏，雅樂並作，登歌下管，各有常咏，周人之舊也。自漢以來，依於此禮〔七〕，自造新詩而已。舊京荒廢，今既散亡，音韵曲折，又無識者，張華表曰〔八〕：「漢氏所用，文句長短不齊。蓋以歌咏絃節，本因有循〔九〕，而識樂知音，足以制聲度曲。二代三京，襲而不變。」則於今難以意言。」於時以無雅樂器及伶人，省大樂并鼓吹令。是後頗得登歌、食舉之樂，猶有未備。

明帝大寧末，又詔阮孚等損益之。

成帝咸和中，乃復置太樂官，以戴綏爲令，鳩集遺逸，而尚未有金石也。

初，荀勖既以新律造二舞，又更修正鐘磬，未竟，而勖薨。惠帝元康三年，詔其子黃門郎藩修定金石，以施郊廟。尋遇喪亂，遺聲舊制，莫有記者。庾亮爲荆州，與謝尚共爲朝廷修復雅樂，亮尋薨。庾翼、桓温等專事軍旅〔一〇〕，樂器在庫，遂至朽壞焉。及慕容儁平冉閔，兵戈之際，而鄴下樂人頗有來者。謝尚時鎮壽陽，於是採拾樂人，以備太樂，並製石磬，雅樂始頗具。而王猛平鄴，慕容氏所得樂聲又入關右。孝武太元中，破苻堅，獲其樂工楊蜀等〔一一〕，閑習舊樂，於是四廂金石始備焉。乃使曹毗、王珣等增造宗廟歌詩，然郊祀遂不設樂。

宋武帝永初元年，有司奏：「皇朝肇建，廟祀應設雅樂〔一二〕，乃晉樂也，太常鄭鮮之等各撰立新歌。黄門侍郎王韶之撰歌辭七首，並合施用〔一三〕。」十二月，又奏：「依舊正旦設樂〔一四〕，改太樂諸歌舞詩〔一五〕。」王韶之又撰三十二章〔一六〕。改正德舞曰前舞，大悅舞曰後舞。

文帝元嘉九年，太樂令鍾宗之更調金石。至十四年，治書令史奚縱又改之。二十二年〔一七〕，南郊，始設登歌，詔顔延之造歌詩，廟舞猶闕。

孝武孝建二年〔一八〕，有司奏：「前殿中曹郎荀萬秋議，郊廟宜設樂。」於是使内外博議。竟陵王誕等並同萬秋議。建平王宏議：「以凱容爲韶舞，宣烈爲武舞。祖宗廟樂，總以德爲名。章皇太后廟惟奏文樂〔一九〕。永至等樂，仍舊。皇帝祠南郊及廟迎神、送神，並奏肆夏〔二〇〕。皇帝入廟門，奏永至。皇帝南郊初登壇，及廟門中詣東壁，奏登歌。其初獻，奏凱容、宣烈之舞。終獻，奏永安之樂。郊廟同。」孝武又使謝莊造郊廟舞樂、明堂諸樂歌辭。二年，有司又奏：「先郊廟舞樂〔二一〕，皇帝親奉，初登壇及入廟詣東壁，並奏登歌，不及三公行事。」左僕射建平王宏重議：「公卿行事，亦宜奏登歌。」有司又奏：「元會及二廟齋祠，登歌依舊並於殿庭設作。廟祠，依新儀注，登歌人上殿，絃管在下〔二二〕；今元會，登歌人亦上殿，絃管在下〔二三〕。」

按，廢帝元徽五年，大樂雅鄭共千餘人，後堂雜伎不在其數。

齊武帝建元二年，有司奏：郊廟雅樂歌辭，舊使學士博士撰，搜簡採用。參議，太廟登歌宜用司徒褚淵辭，餘悉用黄門郎謝超宗辭。超宗所撰，多删顔延之、謝莊辭以爲新曲。其太廟二室及郊配辭，並尚書令王儉所作。其祀南郊，群臣出入，奏肅咸之樂；牲出入，奏引牲之樂；薦籩豆，呈毛血，奏嘉薦之樂；迎送神，奏昭夏之樂；皇帝入壇東門，奏永至之樂；升壇，奏登歌；初獻，奏文德宣烈之樂，次奏武德宣烈之樂；太祖高皇帝配享〔二四〕，奏高德宣烈之樂；飲福酒，奏嘉胙之樂；就燎位，奏昭遠之樂；還便殿，奏休成之樂〔二五〕。北郊〔二六〕，初獻，奏地德凱容之樂，次奏昭德凱容之樂；瘞埋，奏隸幽之樂；餘樂並與南郊同。明堂，初獻，奏凱容宣烈之樂，賓出入及餘樂與南北郊同。祠廟，皇帝入廟門，奏永至之樂；太祝祼地，奏登歌；諸皇祖，各奏凱容；帝還東壁上福酒，奏永胙；送神，奏肆夏；其群臣出入、牲出入、薦毛血、迎神、詣便殿，並與兩郊、明堂同。太祖神室，奏高德宣烈之樂；穆后神室，奏穆德凱容之樂；高宗神室，奏明德凱容之樂〔二七〕。四年，籍田，詔驍騎將軍江淹造籍田歌二章。

六年，制：「位未登黄門郎，不得畜女妓。」黄門，班在五品。

明帝建武二年，雩祭、明堂，用謝朓造辭。

梁武帝思弘古樂，天監元年，下詔求學術通明者皆陳所見。時對樂者七十八家，咸言樂之宜改，不言改樂之法。帝素善音律，遂自製四器，名之爲通，以定雅樂，莫不和韵〔二八〕。語在製造篇中。

初，齊永明中，舞人所冠幘並簪筆，武帝曰：「筆笏蓋以記事受言，舞不受言，何事簪筆。豈有身服朝衣，而足綦躡履。」綦音忌。於是去筆。

乃定郊禋宗廟及三朝之雅樂，以武舞爲大壯舞，取易云「大者壯也」，正大而天地之情可見也。以文舞爲大觀舞，取易云「大觀在上〔二九〕」；觀天之神道而四時不忒也。國樂以「雅」爲稱，取詩序云：「言天下之事，形四方之風，謂之雅。雅者，正也。」止乎十二，則天數也。乃去階步之樂，增徹食之雅焉。皇帝出入，宋孝武孝建二年起居注奏永至，齊及梁初亦同。至是改爲皇雅，取詩「皇矣上帝，臨下有赫」也。二郊、太廟同用。皇太子出入，奏胤雅，取詩「君子萬年，永錫爾胤」也〔三〇〕。王公出入，奏寅雅，取尚書周官「貳公弘化，寅亮天地」也。上壽酒，奏介雅，取詩「君子萬年，介爾景福」也。食舉，奏需雅，取易「雲上於天，需，君子以飲食宴樂」也。徹饌，奏雍雅，取禮記「大饗客出以雍徹」也。並三朝用之。牲出入，宋廢帝元徽二年儀注奏引牲〔三一〕，齊及梁初亦同。至是改爲滌雅，取禮記「帝牛必在滌三月」也。薦毛血，宋元徽三年儀注奏嘉薦，至是改爲牷雅，取左氏傳「牲牷肥腯」也〔三二〕。北郊、明堂、太廟並同用。降神及迎送，宋元徽三年儀注奏昭夏，齊及梁初亦同。至是改爲諴雅，取尚書「至諴感神」也〔三三〕。皇帝飲福酒，宋元徽三年儀注奏嘉胙，至齊不改，梁初改爲永胙。至是改爲獻雅，取禮記祭統「尸飲五，君洗玉爵獻卿」〔三四〕。今之福酒，亦古獻之義也。北郊、明堂、太廟同用。就燎位，宋元徽三年儀注奏昭遠，齊及梁不改〔三五〕；就埋位，齊永明六年儀注奏隸幽。至是燎埋俱奏禋雅，取周禮大宗伯「以禋祀祀昊天上帝」也〔三六〕。衆官出入，宋元徽三年儀注奏肅咸，齊及梁初亦同。至是改爲俊雅，取禮記「司徒論選士之秀者而升之於學〔三七〕，曰俊士」也。二郊、太廟、明堂，三朝同用焉。其辭並沈約所製也。是時禮樂制度，粲然有序。

鼓吹，宋、齊並用漢制曲〔三八〕，又充庭用十六曲。武帝乃去其四曲，留其十二，合四時也。更製新歌，以述功德。天監七年，將有事於太廟。詔曰：「禮云『齋日不樂』，今親奉始出宮〔三九〕，振作鼓吹。外可詳議。」八座丞郎參議，請輿駕始出，鼓吹從而不作，還宮如常儀。帝從之，遂以定制。

初，武帝之在雍鎮，有童謡云：「襄陽白銅蹄，反縛揚州兒。」識者言，白銅謂金〔四〇〕，蹄謂馬也；白，金色。及義師之興，實以鐵騎，揚州之士皆面縛，果如謡言。故即位之後，更造新聲，帝自爲之詞三曲，又令沈約爲三曲，以被管絃。帝既篤敬佛法，又製善哉、大樂、大歡〔四一〕、天道、仙道、神王、龍王、滅過惡、除愛水、斷苦輪等十篇，名爲正樂，皆述佛法。又有法樂童子伎〔四二〕、童子倚歌梵唄，設無遮大會則爲之。其後臺城淪没，自此樂府不修，風雅咸盡矣。及王僧辨破侯景，諸樂並送荆州〔四三〕，經亂，工器頗闕。

元帝詔有司補綴纔備。荆州陷没，周人初不知採用，工人有音者並入關中，隨例多没爲奴婢。

陳初，武帝詔求宋、齊故事。太常卿周弘讓奏曰：「齊氏承宋，咸用元徽舊式〔四四〕，宗祀朝饗，奏樂俱同，唯北郊之禮，頗有增益。皇帝入壝門，奏永至；飲福酒，奏嘉胙；太尉亞獻，奏凱容；埋牲，奏隸幽；帝還便殿，奏休成；衆官入出，並奏肅咸。此乃元徽所闕，永明六年之所加也。唯送神之樂，宋孝建二年秋起居注云『奏肆夏』，齊永明中改奏昭夏。」帝遂依之。是時並用梁樂，唯改七室舞辭。

文帝天嘉元年，始定圜丘、明堂及宗廟樂。都官尚書到仲舉奏：「衆官入出，皆奏肅咸。牲入出，奏引牲，薦毛血，奏嘉薦。迎送神，奏昭夏。皇帝入壇，奏永至。皇帝升陛，奏登歌。皇帝初獻及太尉亞獻、光禄勳終獻，並奏宣烈。皇帝飲福酒，奏嘉胙；就燎位，奏昭遠；還便殿，奏休成。」

宣帝大建元年，定三朝之樂，採梁故事，奏相和五引，各隨王月。祠用宋曲，宴准梁樂，蓋取人神不雜也。五年，詔尚書左丞劉平〔四五〕、儀曹郎張崖，定南北郊及明堂儀注。改天嘉中所用齊樂，盡以「韶」爲名。工就位定，協律校尉舉麾，太樂令跪贊云：「奏懋韶之樂。」降神，奏通韶；牲入出，奏潔韶；帝入壇及還便殿，奏穆韶。帝初再拜，舞七德，工執干楯〔四六〕，曲終復綴。出就懸東，繼舞九序，工執羽籥。獻爵於天神及太祖之座，奏登歌。帝飲福酒，奏嘉韶；就燎位，奏報韶。至六年十一月，侍中尚書左僕射徐陵、儀曹郎中沈罕奏〔四七〕，來年元會儀注，先會一日，太樂展宮懸、高絙、五案於殿庭。客入，奏相和五引。帝出，黄門侍郎指麾於殿上，掌固應之，舉於階下，奏康韶之樂。詔延王公登〔四八〕，奏變韶〔四九〕。奉珪璧訖，初引下殿，奏亦如之。帝興，入便殿，奏穆韶。更衣又出，奏亦如之。帝舉酒，奏綏韶。進膳，奏侑韶。帝御茶果，太常丞跪請進舞七德，繼之九序。其鼓吹雜伎，取晉、宋之舊，微更附益。

後主嗣位，沉荒於酒〔五〇〕，視朝之外，多在宴筵。尤重聲樂，遣宮女習北方簫鼓，謂之代北，酒酣則奏之。又於清樂中造黄鸝留及玉樹後庭花、金釵兩臂垂等曲，與幸臣製其歌詞，綺艷相高，極於輕蕩。男女唱和，其音甚哀。

後魏道武皇帝定中山，獲其樂懸，未遑創改，因時而用之。代歷分崩，頗有遺失。

天興元年冬，詔尚書吏部郎鄧彥海定律呂，協音樂。及追尊曾祖、祖、考諸帝，樂用八佾，舞皇始舞。皇始舞，道武所作也，以明開大始祖之業。後更製宗廟。皇帝入廟門，奏王夏；太祝迎神於廟門，奏迎神曲，猶古降神之樂〔五一〕；乾豆上，奏登歌，猶古清廟之樂〔五二〕；曲終，下奏神祚，嘉神明之饗也；皇帝行禮七廟，奏陛步〔五三〕，以爲行止之節；皇帝出門，奏總章，次奏八佾舞，次奏送神曲。道武初，冬至祭天於南郊圜丘，樂用皇矣，奏雲和之舞；事訖，奏維皇，將燎。夏至祭地祇於北郊方澤，樂用神祚〔五四〕，奏大武之舞。正月上日，饗群臣，宣布政教，備列宮懸正樂，兼奏燕、趙、秦、吴之音，五方殊俗之曲。四時饗會亦用焉。又有掖庭中歌真人代歌，上叙祖宗開業所由，下及君臣廢興之迹，凡有百五十章。六年冬，詔太樂、總章、鼓吹增修雜伎，以備百戲，大饗設之於殿庭，如漢、晉之舊也。

明元帝初，又增修之，撰合大曲，更爲鐘鼓之節。

太武帝破赫連昌，獲古雅樂，及平凉州，破沮渠氏。得其伶人、器服，並擇而存之。後通西域，又以悦般國鼓舞設於樂署。其後古樂音制，罕復傳習，舊工更盡，聲曲多亡。

孝文帝太和初，司樂上書，陳樂章有闕，求集群官議定其事，並訪吏人有能體解古樂者，與之廣修器數，甄立名器〔五五〕，以諧八音。詔可。雖經衆議，卒無洞曉音律者〔五六〕，樂部不能立，其事彌有殘缺。然方樂之制及四夷歌舞，稍列於太樂，金石羽旄之飾，爲壯麗於往時矣。後又詔中書監高閭，令與太樂詳採古今，以備樂典。歷年未久而閭卒。

宣武帝正始中，詔太常卿劉芳主修營樂器。時揚州人張陽子、義陽人倪鳳凰〔五七〕、陳孝孫、戴當千、吴殿、陳文明〔五八〕、陳成等七人頗解雅樂正聲，八佾文武二舞，鐘磬、管絃、登歌聲調，芳皆令教習，參取是非。

初，御史中尉元匡與芳等競論鐘律。

孝明帝熙平二年冬，匡復上言其事〔五九〕，太師、高陽王雍等奏停之。先是，有陳仲儒者自江南歸國，頗閑樂事，請依京房立準，以調八音。神龜二年夏，有司及蕭寶寅等奏言：「仲儒輒持己心，輕欲製作，不可依許。」詔曰：「如所奏。」語在製造篇中。正光中，詔侍中、安豐王延明與其門生河間信都芳博採古今樂事，芳後乃選延明所集樂說並諸器物準圖二十餘事而註之〔六〇〕，不得在樂署考正聲律也。至普泰初，前廢帝詔尚書長孫稚、太常卿祖瑩理金石。

武帝永熙二年春〔六一〕，祖瑩復議曰：「按周兼六代之樂，聲律所施，咸有次第。自滅學以後，禮樂散亡，漢來所存，二舞而已。今請改韶舞爲崇德，武舞爲章烈，總名曰嘉成。漢樂章云：『高張四懸，神來讌饗。』宗廟所設，宮懸明矣。計五郊天神，尊於人鬼；六宮陰極，體同至尊。理無減降〔六二〕，宜皆用宮懸〔六三〕。其舞人冠服制裁咸同舊式。」詔曰：「以『成』爲號，良無間然。六代之舞，皆以大爲名，今可准古爲大成也。其舞但依舊爲文武而已。餘如議〔六四〕。」

後大樂令崔九龍言於太常卿祖瑩曰：「聲有七聲，調有七調，以今七調合之七律，起於黃鐘，終於中呂。古今雜曲，隨調舉之，將五百曲。恐諸曲名，後致亡失，今輒條記，存之於樂府。」瑩依而上之〔六五〕。九龍所録，或雅或鄭，至於謡俗、四夷雜歌，但說其聲折而已，不能知其本意。又名多舛謬，莫識所由，隨其淫正而取之。樂署悉令傳習，其中復有所遺，至於古雅，尤多亡失。

初，孝文皇帝因討淮、漢，宣武定壽春，收其聲伎。江左所傳中原舊曲明君、聖主、公莫、白鳩之屬，及江南吳歌、荆楚西聲，總謂清商。至於殿庭享宴兼奏之。其圜丘、方澤、上辛、地祇、五郊、四時拜廟、三元、冬至〔六六〕、社稷、馬射、籍田樂人之數，各有差等。

自宣武已後，始愛胡聲，洎於遷都。屈茨，琵琶，五絃，箜篌，胡筼，胡鼓，銅鈸〔六七〕，打沙羅，胡舞鏗鏘鏜鎝，上音湯。下音塔。洪心駭耳，撫箏新靡絶麗，歌音全似吟哭〔六八〕，聽之者無不悽愴。琵琶及當路琴瑟殆絶音。皆初聲頗復閑緩，度曲轉急躁。按此音所由，源出西域諸天諸佛韵調，婁羅胡語，直置難解，況復被之土木？是以感其聲者，莫不奢淫躁競，舉止輕飈，或踊或躍，乍動乍息，蹻姜矯反。脚彈指，撼頭弄目，情發於中，不能自止。論樂豈須鐘鼓，但問風化淺深，雖此胡聲，足敗華俗。非唯人情感動，衣服亦隨之以變，長衫戇帽，闊帶小鞾，自號驚緊，争入時代，婦女衣髻，亦尚危側，不重從容，俱笑寬緩。蓋驚危者，勢不久安，此兆先見，何以能立！形貌如此，心亦隨之。亡國之音，亦由浮競，豈唯哀細，獨表衰微。操絃執籥，雖出瞽史，易俗移風，實在時政。

北齊文宣初，尚未改舊章。宫懸各設十二鎛鐘於其辰位，四面並設編鐘編磬各一筍虡，合二十架。設建鼓於四隅。郊廟朝會同用之〔六九〕。其後將有創革，尚樂典御祖珽上書曰：「魏氏來自雲、朔，未移其俗。至道武破慕容寶於中山，獲晉樂器，不知採用，皆委棄之。天興初，吏部郎鄧彦海奏上廟樂，創製宫懸，而鐘管不備。樂章既闕〔七〇〕，雜以簸邏迴歌。初用八佾，作皇始之舞。至太武帝平河西，得沮渠蒙遜之伎，賓嘉大禮，皆雜用焉。此聲所興，蓋苻堅之末，吕光平西域得胡戎之樂，因又改變，雜以秦聲，所謂秦漢樂也。至永熙中，録尚書長孫承業名雅〔七一〕，已具後魏事中。共臣先人太常卿瑩等，斟酌繕修，戎華兼採，至於鐘鼓律吕，焕然大備。自古相襲，損益可知，今之創製，請以爲準。」珽因採魏安豐王延明及信都芳等所著樂説，而定正聲。始具宮懸之器，仍雜西凉之曲，樂名廣成，而舞不立號，所謂「洛陽舊樂」者也。

武成之時，始定四郊、宗廟之樂〔七二〕。群臣入出，奏肆夏。牲入出，薦毛血，並奏昭夏。迎送神及皇帝初獻、亞獻禮五方上帝，並奏高明之樂，爲覆燾之舞。皇帝入壇門及升壇飲福酒，就燎位，還便殿，並奏皇夏。以高祖配享，奏武德之樂，爲昭烈之舞。裸地，奏登歌。其四時祭廟〔七三〕，及禘祫六代、五代、高祖、曾祖、祖諸神室，並奏始陛之樂，爲恢祚之舞。神武皇帝神室，奏武德之樂，爲昭烈之舞。文襄皇帝神室，奏文德之樂，爲宣政之舞。文宣皇帝神室，奏文正之樂，爲光大之舞。孝昭皇帝神室，奏文明之樂，爲休德之舞。其入出之儀，同四郊之禮。其時郊廟宴享之樂，皆魏代故西凉伎，即是晉初舊聲，魏太武平凉所得也。秦漢二代，是魏晉相承之樂，其吴聲者，是江南宋齊之伎。

鼓吹朱鷺等二十曲，皆改古名，以叙功德。古又有黄雀、釣竿二曲，略而不用。並議定其名，被於鼓吹。諸州鎮戍，各給鼓吹樂〔七四〕，多少各以大小等級爲差。諸王爲州，皆給赤鼓、赤角〔七五〕，皇子則增給吴鼓、長鳴角，上州刺史皆給青鼓、青角，中州刺史以下及諸鎮戍皆給黑鼓、黑角。樂器皆有衣，並同鼓色。雜樂有西凉鼙舞、清樂、龜兹等。然吹笙〔七六〕、彈琵琶、五絃及歌舞之伎，自文襄以來，皆所愛好。至河清已後，傳習尤盛。

後主唯賞胡戎樂，耽愛無已。於是繁習淫聲〔七七〕，争新哀怨。故曹妙達、安未弱、安馬駒之徒，至有封王開府者，遂服簪纓而爲伶人之事。後主亦自能度曲，親執樂器，悦翫無倦，遂倚絃而歌，别採新聲，爲無愁曲，音韻窈窕，極於哀思；使胡兒閹官之輩，齊唱和之，曲終樂闋，莫不殞涕。雖行幸道路，或時馬上奏之，樂往哀來，竟以亡國。

後周文帝霸政，平江陵，大獲梁氏樂器。及建六官，乃令有司詳定郊廟樂，歌舞各有等差，雖著其文，竟未之行也〔七八〕。

武帝天和初，造山雲舞，以備六代。南北郊、雩壇、太廟、禘祫，俱用六舞。南郊則大夏降神，大濩獻熟，次作大武、正德、武德、山雲之舞。北郊則大濩降神，大夏獻熟，次作大武、正德、武德、山雲之舞。雩壇以大武降神，正德獻熟，次作大夏、大濩、武德、山雲之舞。太廟禘祫，則大武降神，山雲獻熟，次作正德、大夏、大濩、武德之舞。時享太廟，以山雲降神，大夏獻熟，次作武德之舞。拜社，以大濩降神，大武獻熟，次作正德之舞。五郊朝日，以大夏降神，大濩獻熟。神州、夕月、籍田，以正德降神，大濩獻熟。

建德二年十月，六代樂成，奏於崇信殿。宮懸，依梁三十六架。朝會則皇帝出入，奏皇夏。皇太子出入，奏肆夏。王公出入，奏驁夏。驁音遨。五等諸侯元日獻玉帛〔七九〕，奏納夏。宴族人，奏族夏。大會至尊執爵，奏登歌十八曲。食舉，奏深夏，舞六代大夏、大濩、大武、正德、武德、山雲之舞。於是正定雅音，爲郊廟樂。創造鐘律，頗得其宜。乃以梁鼓吹熊羆十二按，每元正大會，列於懸間，與正樂合奏。初，太祖輔魏之時，高昌款附，乃得其伎〔八〇〕，教習以備饗宴之禮。天和六年〔八一〕，罷掖庭四夷之樂。其後，帝聘皇后於突厥，得其所獲康國、龜兹等樂，更雜以高昌之舊，並於大司樂習焉。採用其聲，被於鐘石，取周官制以陳之。

宣帝時，改前代鼓吹朱鷺等曲，製爲十五曲，述受魏禪及戰功之事。帝每晨出夜還，恒陳鼓吹。嘗幸同州，自應門至赤岸，數十里間，鼓吹俱作。祈雨仲山還，令京城士女，於街巷奏樂以迎之。公私頓弊，以至於亡。

隋文帝開皇二年，尚因周樂，命工人齊樹提檢校樂府，改換聲律，益不能通。俄而沛公鄭譯奏上，請更修正。於是詔太常卿牛弘、國子祭酒辛彥之、國子博士何妥等議正樂。然淪謬既久，積年議不定。帝怒曰：「我受天命七年，樂府猶歌前代功德邪？」命治書侍御史李諤引弘等下〔八二〕，將罪之。諤奏曰：「武王克殷，至周公相成王始製禮樂。斯事體大，不可速成。」帝意稍解。九年，平陳，獲宋、齊舊樂，詔於太常置清商署以管之〔八三〕。求得陳太樂令蔡子元、于普明等，復居其職。

隋代雅樂，唯奏黃鐘一宮，郊廟朝享用一調〔八四〕，迎氣用五調。舊工更盡，其餘聲律皆不復通。或有能爲蕤賓之宮者，享祀之際肄之，竟無覺者。弘又修皇后房内之樂。文帝龍潛時，頗好音樂〔八五〕，故嘗因倚琵琶，作歌二首，名曰地厚、天高，託言夫婦之義。因即取之爲房内曲，命婦人並登歌、上壽並用之。職在宮内，女人教習之。於是祕書監牛弘、祕書丞姚察、散騎常侍許善心、儀同三司劉臻、内史舍人虞世基等，更共詳議。按周官大司樂：「奏黃鐘，歌大吕，舞雲門，以祀天神。奏太蔟，歌應鐘，舞咸池，以祭地祇。奏姑洗，歌南吕，舞大韶，以祀四望。奏蕤賓，歌函鐘，舞大夏，以祭山川。奏夷則，歌中吕，舞大濩，以享先妣。奏無射，歌夾鐘，舞大武，以享先祖。」此乃周制，立二王三恪，通己爲六代之樂。至四時祭祀，則分而用之。以六樂配十二調，一代之樂，則用二調矣。隋去六代之樂，又無四望、先妣之祭，今既與古祭法有別，乃以神祇位次分樂配焉。奏黃鐘，歌大呂，以祀圜丘。黃鐘所以宣六氣也，耀魄天神，最爲尊極，故奏黃鐘以祀之。奏太蔟，歌應鐘，以祭方澤。太蔟所以贊陽出滯，崐崘厚載之重，故奏太蔟以祀之。奏姑洗，歌南呂，以祀五郊、神州〔八六〕。姑洗所以修潔百物，五郊神州〔八七〕，天地之次，故奏姑洗以祀之。奏蕤賓，歌函鐘，以祭宗廟〔八八〕。蕤賓所以安靜神人〔八九〕，祖宗有國之本〔九〇〕，故奏蕤賓以祀之。奏夷則，歌小呂〔九一〕，以祀社稷、先農。夷則所以咏歌九穀，貴在秋成，故奏夷則以祀之。奏無射，歌夾鐘，以祭巡狩方嶽。無射所以示人軌物，觀風視秩，故奏無射以祀之。同用文武二舞。其圜丘降神六變，方澤降神八變〔九二〕，宗廟禘祫降神九變，皆用昭夏。其餘享祭皆一變。皇帝入出，皆奏皇夏〔九三〕。群官入出，皆奏肆夏。舉酒上壽，奏需夏。迎送鬼神，奏昭夏。薦獻郊廟，奏咸夏〔九四〕。宴享殿上，奏登歌。並文舞武舞，合爲八曲。古有宮、商、角、徵、羽五引，梁以三朝元會奏之。今改爲五音，其聲悉依宮商，不使差越。唯迎氣於五郊，降神奏之，月令所謂「孟春其音角」是也。通前爲十三曲。並內官所奏天高、地厚二曲，於房中奏之，合十五曲。其登歌，祀神宴會通行之。若有大祀臨軒，陳於階壇之上。若册拜王公，設宮懸，不用登歌。釋奠則唯用登歌，而不設懸。古者人君食，皆用當月之調，以取時律之聲，使不失五常之性，調暢四體，令得時氣之和。故東漢太子丞鮑鄴上言，天子食飲，必順四時，侑食舉樂，所以順天地，養神明，可依十二月均，感天地和氣。此則殿庭月調之義也。祭祀既已分樂〔九五〕，臨軒朝會，並用當月之律。正月懸太蔟之均，乃至十二月懸大呂之均〔九六〕，欲感人君情性，允協陰陽之序也。並撰歌詩三十首，詔並令施用。

先是，文帝遣內史侍郎李元操、直內侍省盧思道等，製清廟歌詞十二曲，令於大樂教習，以代周歌。

至仁壽中，煬帝爲太子，時從享於太廟，乃上言：「清廟之詞，文多浮麗，不足以宣功德，請更議之。」於是詔吏部尚書牛弘、開府儀同三司柳顧言〔九七〕、祕書丞許善心、内史舍人虞世基、禮部侍郎蔡徵等，更詳故實，創製雅樂歌詞。

煬帝大業元年，詔修高祖廟樂。唯新造高祖歌九首。仍屬戎車，不遑刊正，禮樂之事，竟無成功。而帝矜奢，頗耽淫曲，御史大夫裴蘊揣知帝情，奏搜周、齊、梁、陳樂工子弟及人間善聲調音律凡三百餘人，並付大樂。倡優獶雜，咸來萃止。其哀管雜聲，淫絃巧奏，皆出鄴城之下，高齊之舊曲也。

初，開皇時，新樂既成，萬寶常聽之，泫然曰：「樂聲淫厲而哀，天下不久將盡。」時四方全盛，聞者不以爲然。至大業末，乃驗。寶常後貧餒而死，將死，取其樂書焚之，見者於火中探得數卷，行於世。時有盧賁、蕭吉並撰樂書〔九八〕，皆爲當世所用。至於天機，去寶常遠矣。又有安馬駒、曹妙達、王長通、郭金等能造曲〔九九〕，爲一時之妙，多習鄭聲，寶常所爲，皆歸於雅正。然其聲雅淡，不爲時人所好。煬帝將幸江都，有樂人王令言妙達音律，其子嘗於户外彈胡琵琶，作翻調安公子曲〔一〇〇〕。令言時卧室中，聞之大驚，蹶起變色，呼其子曰：「此曲興自早晚。」對曰：「頃來有之。」令言歔欷流涕，謂其子曰：「汝慎無從行，帝必不返。此曲宫聲往而不返，宫君也，吾是以知之。」帝竟遇弑於江都。

唐太宗貞觀初，合考隋氏所傳南北之樂，梁、陳盡吴、楚之聲，周、齊皆胡虜之音。乃命太常卿祖孝孫正宫調，起居郎吕才習音韵，協律郎張文收考律吕，平其散濫，爲之折衷。漢以來郊祀、明堂，有夕牲、迎神、登歌等曲。近代加祼地、迎牲、飲福酒。今夕牲、祼地不用樂，公卿攝事又去飲福酒之樂。周享諸神樂，多以「夏」爲名，宋以「永」爲名，梁以「雅」爲名，後周亦以「夏」爲名，隋氏因之。唐以「和」爲名。旋宮之樂久喪，漢章帝建初三年鮑鄴始請用之，順帝陽嘉二年復廢。累代皆黃鐘一均，變極七音，則五鐘廢而不擊，謂之啞鐘。祖孝孫始爲旋宮之法，曰「大樂與天地同和」者也。造十二「和」，以法天之成數，號大唐雅樂。樂合四十八曲，八十四調。其著於禮者：

一曰豫和，以降天神。冬至祀圜丘，上辛祈穀，孟夏雩，季秋享明堂，朝日，夕月，巡狩告於圜丘，燔柴告至，封祀太山，類於上帝，皆以圜鐘爲宮，三奏；黃鐘爲角，太蔟爲徵，姑洗爲羽，各一奏，文舞六成。五郊迎氣，黃帝以黃鐘爲宮，赤帝以函鐘爲徵，白帝以太蔟爲商，黑帝以南呂爲羽，青帝以姑洗爲角，皆文舞六成。

二曰順和，以降地祇。夏至祭方丘，孟冬祭神州地祇，春秋社巡狩告社，宜於社，禪社首，皆以函鐘爲宮，太蔟爲角，姑洗爲徵，南宮爲羽，各三奏，文舞八成。望於山川，以蕤賓爲宮，三奏。

三曰永和，以降人鬼。時享、禘祫有事而告謁於廟，皆以黃鐘爲宮，三奏；大呂爲角，太蔟爲徵，應鐘爲羽，各二奏。文舞九成。祀先農，皇太子釋奠，皆以姑洗爲宮，文舞三成；送神，各以其曲一成。蜡兼天地人，以黃鐘奏豫和，蕤賓、姑洗、太蔟奏順和，無射、夷則奏永和，六均皆一成以降神，而送神以豫和。

四曰肅和，登歌以奠玉帛。於天神，以大呂爲宮；於地祇，以應鐘爲宮；於宗廟，以圜鐘爲宮；祀先農、釋奠，以南呂爲宮；望於山川，以函鐘爲宮。

五曰雍和，凡祭祀以入俎。天神之俎，以黄鐘爲宫；地祇之俎，以太蔟爲宫；人鬼之俎，以無射爲宫。又以徹豆。凡祭祀，俎入之後，接神之曲亦如之。

六曰壽和，以酌獻、飲福。以黄鐘爲宫。

七曰太和，以爲行節。亦以黄鐘爲宫〔一〇一〕。凡祭祀，天子入門而即位，與其升降，至於還次，行則作，止則止。其在朝廷，天子將自内出，撞黄鐘之鐘，右五鐘應，乃奏之。其禮畢，興而入，撞蕤賓之鐘，左五鐘應，乃奏之。皆爲黄鐘爲宫。

八曰舒和，以出入二舞，及皇太子、王公、群后、國老若皇后之妾御、皇太子之宫臣，出入門則奏之。皆以太蔟爲商。

九曰昭和，皇帝、皇太子以舉酒。

十曰休和，皇帝以飯，以肅拜三老，皇太子亦以飯。皆以其月之律均。

十一曰正和，皇后受册以行。

十二曰承和，皇太子在其宫，有會以行。若駕出，則撞黄鐘，奏太和，出太極門而奏采茨，至於嘉德門而止。其還也亦然。

至開元中，又造三「和」，曰：祴和、豐和、宣和，共十五和樂。祴和，音陔。三公升殿，會訖，下階履行則奏之〔一〇二〕；豐和，享先農則奏之；宣和，孔宣父、齊太公廟奏之。

文收新樂既成，奏之。太宗謂侍臣曰：「古人緣情製樂，國之興衰，未必由此。」御史大夫杜淹曰：「陳將亡也，有玉樹後庭花；齊將亡也，有伴侶曲。聞者悲泣，所謂亡國之音哀以思。以是觀之，亦樂所起。」帝曰：「夫聲之所感，各因人之哀樂。將亡之政，其民苦，故聞以悲。今玉樹、伴侶之曲尚存，爲公奏之，知必不悲。」尚書右丞魏徵曰：「樂在人和，不在音也。」

太宗時，詔祕書監顔師古等撰定弘農府君至高祖太武皇帝六廟樂曲舞名〔一〇三〕，其後變更不一，而自獻祖而下廟舞，略可見也。獻祖曰光大之舞，懿祖曰長發之舞，太祖曰大政之舞，世祖曰大成之舞，高祖曰大明之舞，太宗曰崇德之舞，高宗曰鈞天之舞，中宗曰大和之舞、睿宗曰景雲之舞，玄宗曰大運之舞，肅宗曰惟新之舞，代宗曰保大之舞，德宗曰文明之舞，順宗曰大順之舞、憲宗曰象德之舞，穆宗曰和寧之舞，敬宗曰大鈞之舞，文宗曰文成之舞，武宗曰大定之舞，昭宗曰咸寧之舞，其餘闕而不著。

唐之自製樂凡三，大舞：一曰七德舞，二曰九功舞，三曰上元舞。

七德舞者，本名秦王破陣樂。太宗爲秦王，破劉武周，軍中相與作秦王破陣樂曲。及即位，宴會必奏之，謂侍臣曰：「雖發揚蹈厲，異乎文容，然功業由之，被於樂章，示不忘本也。」右僕射封德彝曰：「陛下以聖武戡難，陳樂象德，文容豈足道哉！」帝矍然曰：「朕雖以武功興，終以文德綏海内，謂文容不如蹈厲，斯過矣。」自是元日、冬至朝會慶賀，與九功舞同奏。其後更號神功破陣樂。

九功舞，本名功成慶善樂。太宗生於慶善宫，貞觀六年幸之，宴從臣，賞賜閭里，同漢沛、宛。帝歡甚，賦詩，起居郎吕才被之管絃，名曰功成慶善樂。其舞容進蹈安徐，以象文德。

上元舞，高宗所作也。大祠享皆用之。至上元三年，詔：「惟圜丘、方澤、太廟乃用，餘皆罷。」

玄宗初，賜第隆慶坊，坊南之地變爲池。帝即位，作龍池樂，又作聖壽樂，又作小破陣樂，又作光聖樂，又分樂爲二部：堂下立奏，謂之立部伎；堂上坐奏，謂之坐部伎。太常閱坐部，不可教者隸立部，又不可教者，乃習雅樂。時民間以帝自潞州還京師，舉兵夜半誅韋后，製夜半、還京樂二曲。帝又作文成曲，與小破陣樂更奏之。其後，河西節度使楊敬忠獻霓裳羽衣曲十二遍，凡曲終必遽，唯霓裳羽衣曲將畢，引聲益緩。帝浸喜神仙之事，詔道士司馬承禎製玄真道曲，又製大羅天曲，紫清上聖道曲〔一〇四〕。

初，隋有法曲，其音清而近雅。其器有鐃、鈸、鐘、磬、幢簫、琵琶。琵琶圓體修頸而小，號曰「秦漢子」，蓋絃鼗之遺製，出於胡中，傳爲秦、漢所作。其聲金、石、絲、竹以次作，隋煬帝厭其聲澹，曲終復加解音。玄宗既知音律，又酷愛法曲，選坐部伎子弟三百教於梨園，聲有誤者，帝必覺而正之，號「皇帝梨園弟子」。宮女數百，亦爲梨園弟子，居宜春北院。梨園法部，更置小部音聲三十餘人。帝幸驪山，楊貴妃生日，命小部張樂長生殿，因奏新曲，未有名，會南方進荔枝，因名曰荔枝香。

帝又好羯鼓，而寧王善吹横笛，達官大臣慕之，皆善言音律。帝常言：「羯鼓，八音之領袖，諸樂不可方也。」蓋本戎羯之樂，其音太蔟一均，龜茲、高昌、疏勒、天竺部皆用之，其聲焦殺，特異衆樂。

開元二十四年，升胡部於堂上。而天寶樂曲，皆以邊地名，若涼州、伊州、甘州之類。後又詔道調〔一〇五〕、法曲與胡部新聲合作。明年，安禄山反，涼州、伊州、甘州皆陷吐蕃。

開元八年，瀛州司法參軍趙慎言論郊廟用樂表曰：「祭天地宗廟，樂合用商音。而周禮三處大祭，俱無商調。鄭玄云：『此無商調者〔一〇六〕，祭尚柔，商堅剛也。』以臣愚知，斯義不當。但商音金也，周德木也，金能克木，作者去之。今皇唐土王，即殊周室，五音損益，須逐便宜，豈可將木德之儀，施土德之用。又説者以商聲配金，即作剛柔理解。殊不知聲無定性，音無常主，剛柔之體，寔由其人，人和則音和，人怒則聲怒。故禮稱怒心感者，其聲麤以厲；愛心感者，其聲和以柔。祇如宫聲爲君，商聲爲臣，豈以臣位配金，爲臣道，便爲剛乎？其三祭，並請加商調，去角調。」

代宗繇廣平王復二京，梨園供奉官劉日進製寶應長寧樂十八曲以獻，皆宫調也。大曆初，又有廣平太一樂。涼州曲，本西涼所獻也，其聲本宫調〔一〇七〕，有大遍、小遍。貞元初，樂工康崐崘寓其聲於琵琶，奏於玉宸殿，因號玉宸宫調，合諸樂，則用黄鐘宫。其後方鎮多製樂舞以獻。河東節度使馬燧獻定難曲。昭義軍節度使王虔休以德宗誕辰未有大樂，乃作繼天誕聖樂，以宫爲調，帝因作中和樂舞。山南節度使于頔又獻順聖樂，又令女伎爲佾舞，雄健壯妙，號孫武順聖樂。

文宗好雅樂，詔太常馮定采開元雅樂製雲韶法曲及霓裳羽衣舞曲。雲韶樂有玉磬四簴，琴、瑟、筑、簫、篪、籥、跋膝、笙、竽皆一，登歌四人，分立堂上下，童子五人，繡衣執金蓮花以導〔一〇八〕，舞者三百人，陛下設錦筵，遇内宴乃奏。謂大臣曰：「笙磬同音，沈吟忘味，不圖爲樂至於斯也。」自是臣下功高者，輒賜之。樂成，改法曲爲仙韶曲。

武宗會昌初，宰臣李德裕命樂工製萬斯年曲以獻。

宣宗大中初，太常樂工五千餘人，俗樂一千五百餘人。帝每宴群臣，備百戲。帝製新曲，教女伶數十百人，衣珠翠緹繡，連袂而歌，其樂有播皇猷之曲。又有葱嶺西曲，士女蹹歌爲隊，其詞言葱嶺之民樂河、湟故地歸唐也。

後梁太祖開平二年，太常奏：「皇帝南郊，奏慶和之樂，舞崇德之舞。皇帝行，奏慶順之曲。奠玉幣，登歌，奏慶平之曲。太廟迎神，舞開平之舞。迎俎，奏慶肅之曲。酌獻，奏慶熙之曲。飲福酒，奏慶隆之曲。送文舞、迎武舞，奏慶融之曲。亞獻、終獻，奏慶休之曲〔一〇九〕。追尊四祖廟，各有樂舞、登歌、樂章。

後唐莊宗起於朔野，所好不過胡部鄭聲，先王雅樂，殆將掃地。

莊宗廟酌獻，舞武成之舞。明宗廟酌獻，舞雍熙之舞，各有登歌、樂章一首。

後晉高祖天福四年，始詔定朝會樂章、二舞，鼓吹十二。案太常禮院奏：「正、至王公上壽，皇帝舉酒，奏玄同之樂。飲訖，殿中監受虛爵，群臣就坐，再拜受酒，皇帝三飲，皆奏文同之樂。上舉食，文舞奏昭德之舞，武舞奏成功之舞。三飲訖，虛爵復於坫，侍中奏禮畢，群臣再拜，奏大同蕤賓之鐘。皇帝降坐，百僚旅退。」其月，又奏宮懸歌舞未全，請雜用九部雅樂〔一一〇〕、教坊法曲。從之。

五年〔一一一〕，詔太常復文武二舞，定正、至朝會樂章。自唐末喪亂，禮樂制度亡失已久，太常卿崔棁與御史中丞竇貞固、刑部侍郎呂琦、禮部侍郎張允等草定之。其年冬至，高祖會朝崇元殿，廷設宮懸，二舞在北，登歌在上。文舞郎八佾六十有四人，冠進賢，黄紗袍，白中單，白練襠襠，白布大口袴，革帶履，左執籥，右秉翟，執纛引者二人。武舞郎八佾六十有四人，服平巾幘，緋絲布大袖綉襠，甲金飾，白練襠襠，錦縢蛇起梁帶，豹文大口袴，烏皮靴，左執干，右執戚，執旌引者二人。加鼓吹十二案，負以熊豹，以象百獸率舞。案設羽葆鼓一，大鼓一，金錞一，歌簫、笳各二人。王公上壽，天子舉爵，奏玄同；二舉，登歌奏文同；舉食，文舞舞昭德，武舞舞成功之曲。禮畢，高祖大悅，賜棁金帛，群臣左右睹者皆嗟嘆。然禮樂廢久，而制作簡繆，又繼以龜茲部霓裳法曲，參亂雅音。其樂工舞郎，多教坊伶人、百工商賈、州縣避役之人，又無老師良工教習。明年正旦，復奏於廷，而登歌發聲，悲離煩慝，如薤露、虞殯之音，舞者行列進退，皆不應節，聞者皆悲憤。其年，高祖崩。開運二年，太常少卿陶穀奏廢二舞〔一三〕。明年契丹滅晉，耶律德光入京師，太常請備法駕奉迎，樂工教習鹵簿鼓吹，都人聞者，爲之流涕焉。

後漢高祖受命，判太常寺張昭奏改唐祖孝孫所定治康之舞爲治安之舞，凱安之舞爲振德之舞。又改貞觀中九功舞爲觀象之舞，七德舞爲講功之舞。其治安、振德二舞，請依舊郊廟行用，以文舞降神，武舞送神。其觀象、講功二舞，請依舊宴會行用。

昔周朝奏六代之樂，即今二舞之類是也。其賓祭常用，別有九夏之樂，即肆夏、皇夏等是也。梁武帝善音樂，改九夏爲十二雅，前朝祖孝孫改雅爲和，示不相沿也。臣今改和爲成，取韶樂九成之義也。十二成樂曲名：祭天神奏豫和，今改爲禋成之樂；祭地祇奏順和，今改爲順成之樂；祭宗廟奏永和，今改爲裕成之樂；祭天地、宗廟，登歌奏肅和，今改爲肅成之樂；皇帝臨軒奏太和，今改爲政成之樂；王公出入奏舒和，今改爲弼成之樂；皇帝食舉及飲宴奏休和，今改爲德成之樂；皇帝受朝、皇后入宮奏正和，今改爲扆成之樂；皇太子軒懸出入奏承和，今改爲胤成之樂；正、至皇帝禮會，登歌奏昭和，今改爲慶成之樂；郊廟俎入奏雍和，今改爲騂成之樂；皇帝祭享、酌獻、讀祝文及飲福、受胙奏壽和，今改爲壽成之樂。祖孝孫元奏十二和曲，開元中又奏三和，遂有十五和之名。梁置十二雅，蓋取十二天之成數，契八音十二律之變，輒益三和，有乖稽古。又緣祠祭所用，不可盡去，今取其一焉，祭孔宣父、齊太公廟降神奏宣和，今改爲師雅之樂；三公升殿、會訖降階履行奏祴和，今廢，同用弼成之樂；享先農、籍田奏豐和，今廢，同用順成之樂。已上四舞、十二成、雅樂名。

皇帝正、至受朝賀用樂次第：正仗公卿入奏弼成之曲，冬仗公卿入奏弼成之曲，皇帝坐奏政成之曲，正仗與冬仗同。公卿獻壽奏壽成之曲，正、冬仗同。皇帝舉爵奏德成之曲，正、冬仗同。皇帝興奏政成之曲，正、冬仗同。群臣會畢降階奏弼成之曲，正、冬仗同。公卿出奏弼成之曲。正、冬仗同。

周太祖廣順元年，太常卿邊蔚奏改前朝治安爲政和之舞，振德爲善勝之舞，觀象爲崇德之舞，講功爲象成之舞。又議改十二成樂曲爲十二順：曰昭順、曰寧順、曰肅順、曰感順、曰治順、曰忠順、曰康順、曰雍順、曰温順、曰禮順、曰禋順、曰福順。

校勘記

〔一〕使郭夏宋識等造正德大豫二舞　「郭夏」，晉書卷二二樂志上同。宋書卷一九樂志一作「郭瓊」。「豫」原作「悦」，據上引兩書卷改。下同。按「悦」，通典避唐諱改，本書沿用通典之文，未曾回改。

〔二〕其樂章亦張華所作　按宋書卷二〇樂志二所載樂章係荀勖、傅玄及張華分作。

〔三〕本以應胡笳之聲　「本」字原脱，據通典卷一四一樂典一補。

〔四〕萬人將軍得用之　「用」字原脱，據晉書卷二三樂志下補。

〔五〕黄鵠　「鵠」原作「鶴」，據晉書卷二三樂志下改。

〔六〕望行人十曲　「望」，通典卷一四一樂典一據古本通典改作「想」。

〔七〕依於此禮　通典卷一四一樂典一同。「於」，宋書卷一九樂志一、册府元龜卷五六六掌禮部作樂二作「放」。

〔八〕張華表曰　「表」字原脱，據宋書卷一九樂志一補。

〔九〕本因有循　「因」字原脱，據宋書卷一九樂志一補。

〔一〇〕專事軍旅　「專」字原脱，據晉書卷二三樂志下補。

〔一一〕獲其樂工楊蜀等　「蜀」原作「勖」，據晉書卷二三樂志下、宋書卷一九樂志一改。

〔一二〕廟祀應設雅樂　「應」原作「廟」，據通典卷一四一樂典一、册府元龜卷五六六掌禮部作樂二改。

〔一三〕並合施用　「合」原作「令」，據宋書卷一九樂志一改。

〔一四〕依舊正旦設樂　「旦」原作「朝」，據上引書卷改。按「朝」，通典避唐諱，本書沿用通典之文，未曾回改。

〔一五〕改太樂諸歌舞詩　「舞詩」原作「辭時」，據宋書卷一九樂志一、册府元龜卷五六六掌禮部作樂二改。

〔一六〕王韶之又撰三十二章　「三十二」原作「二十二」，據宋書卷一九樂志一、册府元龜卷五六六掌禮部作樂二改。

〔一七〕二十二年　下「二」字原脱，據宋書卷一九樂志一、册府元龜卷五六六掌禮部作樂二補。

〔一八〕孝武孝建二年　「二」原作「元」，據宋書卷一九樂志一、册府元龜卷五六六掌禮部作樂二改。

〔一九〕章皇太后廟惟奏文樂　「廟」字原脱，據宋書卷一九樂志一、册府元龜卷五六六掌禮部作樂二補。

〔二〇〕並奏肆夏　「肆」原作「四」，據宋書卷一九樂志一、册府元龜卷五六六掌禮部作樂二改。

〔二一〕先郊廟舞樂　通典卷一四一樂典一同原刊。宋書卷一九樂志一、册府元龜卷五六六掌禮部作樂二無「先」字。

〔二二〕絃管在下　「在」原作「住」，據宋書卷一九樂志一、册府元龜卷五六六掌禮部作樂二改。下同。

〔二三〕絃管在下　「絃」上原衍「歌」字，據宋書卷一九樂志一、册府元龜卷五六六掌禮部作樂二删。

〔二四〕太祖高皇帝配享　「高」字原脱，據南齊書卷一一樂志、通典卷一四二樂典二補。

〔二五〕奏休成之樂　「成」原作「和」，據南齊書卷一一樂志、隋書卷一三音樂志上改。

〔二六〕北郊　「郊」上原衍「還」字，據南齊書卷一一樂志删。

〔二七〕奏明德凱容之樂　「德」原作「和」，據南齊書卷一一樂志改。

〔二八〕莫不和韵　「和」原作「知」，據隋書卷一三音樂志上改。

〔二九〕取易云大觀在上　「易云」二字原脱，據隋書卷一三音樂志上補。

〔三〇〕取詩君子萬年永錫爾胤也　「也」字原脱，據隋書卷一三音樂志上補。

〔三一〕宋廢帝元徽二年儀注奏引牲　隋書卷一三音樂志上同。按下文「宋廢帝元徽三年儀注」凡五見，疑此處「二」爲「三」之誤。

〔三二〕取左氏傳牲牷肥腯也　「也」字原脱，據隋書卷一三音樂志上補。

〔三三〕取尚書至諴感神也　「也」字原脱，據隋書卷一三音樂志上補。

〔三四〕君洗玉爵獻卿　「君」字原脱，據禮記祭統補。

〔三五〕齊及梁不改　「齊及」二字原倒，「梁」字原脱，據隋書卷一三音樂志上乙正、補。

〔三六〕以禋祀祀昊天上帝也　下一「祀」字原脱，據隋書卷一三音樂志上補。通典卷一四二樂典二同原刊，似誤。

〔三七〕取禮記司徒論選士之秀者而升之於學　「論」字原脱，據禮記王制、隋書卷一三音樂志上補。

〔三八〕宋齊並用漢制曲　「宋齊」二字原倒，據隋書卷一三音樂志乙正。

〔三九〕今親奉始出宫　「奉」原作「奏」，據隋書卷一三音樂志上改。

〔四〇〕白銅謂金　通典卷一四二樂典二同。隋書卷一三音樂志上無「謂金」二字。

〔四一〕大勸　隋書卷一三音樂志上作「大歡」。

〔四二〕童子伎　原脱，據隋書卷一三音樂志上補。

〔四三〕諸樂並送荆州　「送」原作「在」，據隋書卷一三音樂志上改。

〔四四〕咸用元徽舊式　「咸」原作「武」，據隋書卷一三音樂志上改。

〔四五〕詔尚書左丞劉平　「詔」原作「奏」，據隋書卷一三音樂志上、通典卷一四二樂典二改。

〔四六〕工執干楯　「干」原作「竿」，據隋書卷一三音樂志上、通典卷一四二樂典二改。

〔四七〕儀曹郎中沈罕奏　「儀」原作「議」，據隋書卷一三音樂志上改。

〔四八〕詔延王公登　「公」下原衍「讌」字，據隋書卷一三音樂志上、通典卷一四二樂典二删。

〔四九〕奏變韶　「變」原作「燮」，據隋書卷一三音樂志上改。

〔五〇〕沉荒於酒　「沉」，隋書卷一三音樂志上作「耽」。

〔五一〕猶古降神之樂　「猶」原作「由」，據魏書卷一〇九樂志、通典卷一四二樂典二改。

〔五二〕猶古清廟之樂　「猶」原作「由」，據隋書卷一三音樂志上、通典卷一四二樂典二改。

〔五三〕奏陛步　「陛」原作「陞」，據隋書卷一三音樂志上、通典卷一四二樂典二改。

〔五四〕樂用神祚　「神」，魏書卷一〇九樂志作「天」。

〔五五〕與之廣修器數甄立名器　「廣修」，魏書卷一〇九樂志作「修廣」；又，「名器」，同書作「名品」。

〔五六〕卒無洞曉音律者　「者」字原脱，據魏書卷一〇九樂志補。

〔五七〕義陽人倪鳳凰　通典卷一四二樂典二同。「凰」，元本、慎本、馮本及魏書卷一〇九樂志、册府元龜卷五六七掌禮部作樂三作「鳴」。

〔五八〕陳文明　魏書卷一〇九樂志、册府元龜卷五六七掌禮部作樂三作「陳文顯」。

〔五九〕匡復上言其事　「復」原作「服」，據馮本及魏書卷一〇九樂志、册府元龜卷五六七掌禮部作樂三改。

〔六〇〕芳後乃選延明所集樂説並諸器物準圖二十餘事而註之　通典卷一四二樂典二同。「選」，魏書卷一〇九樂志、册府元龜卷五六七掌禮部作樂三作「撰」。

〔六一〕武帝永熙二年春　上引通典同。「春」，上引魏書及册府元龜作「夏」。

〔六二〕理無減降　「無」原作「宜」，據上引魏書及册府元龜改。

〔六三〕宜皆用宮懸　「宜」字原脱，據上引通典、魏書、册府元龜補。

〔六四〕餘如議　「議」原作「儀」，據上引通典、魏書、册府元龜改。

〔六五〕瑩依而上之　「上」原作「正」，據魏書卷一〇九樂志改。

〔六六〕三元冬至　「三」原作「五」，「元冬」二字原倒，據魏書卷一〇九樂志改乙。

〔六七〕銅鈸　「鈸」原作「跋」，據通典卷一四二樂典二改。
〔六八〕歌音全似吟哭　「音」，通典一四二樂典二據古本通典改作「嚮」。
〔六九〕郊廟朝會同用之　「朝」字原脱，據隋書卷一四音樂志中補。
〔七〇〕樂章既闕　「既」字原脱，據隋書卷一四音樂志中補。
〔七一〕名雅　「名」原作「各」，通典卷一四二樂典二據古本通典改作「名」，今從之。「雅」，按上文「前廢帝詔尚書長孫稚、太常卿祖瑩理金石」句，疑爲「稚」之誤。
〔七二〕始定四郊宗廟之樂　通典卷一四二樂典二同。隋書卷一四音樂志中「宗廟」下有「三朝」二字。
〔七三〕其四時祭廟　「時」字原脱，據隋書卷一四音樂志中、通典卷一四二樂典二補。
〔七四〕各給鼓吹樂　「樂」下原衍「人」字，據隋書卷一四音樂志中删。
〔七五〕皆給赤鼓赤角　「給」下原衍「鼓吹」二字，據隋書卷一四音樂志中删。
〔七六〕然吹笙　「笙」，隋書卷一四音樂志中作「笛」。
〔七七〕於是繁習淫聲　「習」，隋書卷一四音樂志中作「手」。
〔七八〕竟未之行也　「之行」二字原倒，據隋書卷一四音樂志中、通典卷一四二樂典二乙正。
〔七九〕五等諸侯元旦獻玉帛　「元」，隋書卷一四音樂志中作「正」。
〔八〇〕乃得其伎　「乃」原作「及」，據隋書卷一四音樂志中改。
〔八一〕天和六年　「天和」二字原脱，據隋書卷一四音樂志中補。
〔八二〕命治書侍御史李諤引弘等下　「等」下原衍「以」字，據隋書卷一四音樂志中删。

〔八三〕詔於太常置清商署以管之　「置」原作「署」，據元本、慎本、馮本及隋書卷一五音樂志下、通典卷一四二樂典二改。

〔八四〕郊廟朝享用一調　隋書卷一五音樂志下無「朝」字。

〔八五〕頗好音樂　「好」原作「多」，據隋書卷一五音樂志下、通典卷一四二樂典二改。

〔八六〕以祀五郊神州　「以」字原脱，據隋書卷一五音樂志下補。

〔八七〕五郊神州　「郊」原作「帝」，據隋書卷一五音樂志下改。

〔八八〕歌函鐘以祭宗廟　「函」原作「林」，「祭」原作「祀」，據隋書卷一五音樂志下改。

〔八九〕蕤賓所以安靜神人　「神人」原作「社稷」，據隋書卷一五音樂志下改。

〔九〇〕祖宗有國之本　「本」原作「大」，據隋書卷一五音樂志下改。

〔九一〕歌小呂　「小」原作「中」，據隋書卷一五音樂志下、通典卷一四二樂典二改。

〔九二〕其圜丘降神六變方澤降神八變　「六」原作「八」，「方澤降神八變」六字原脱，據隋書卷一五音樂志下改補。

〔九三〕皆奏皇夏　「皆」字原脱，據隋書卷一五音樂志下補。

〔九四〕奏咸夏　通典卷一四二樂典二同。「咸」，隋書卷一五音樂志下作「諴」。

〔九五〕祭祀既已分樂　「樂」下原衍「迎氣」二字，據隋書卷一五音樂志下删。

〔九六〕乃至十二月懸大呂之均　「乃至」原作「及」，據隋書卷一五音樂志下改。

〔九七〕開府儀同三司柳顧言　「三司」二字原脱，據隋書卷一五音樂志下補。

〔九八〕時有盧賁蕭吉並撰樂書　按隋書卷七八藝術傳，開皇時撰樂書者尚有鄭譯、何妥、蘇夔等。

〔九九〕又有安馬駒曹妙達王長通郭金等能造曲　「達」原作「遠」，據元本、慎本、馮本及隋書卷一五音樂志下、卷七八藝術傳改。「郭金」，隋書卷一五音樂志下、太平御覽卷五六四樂部二雅樂中作「郭金樂」。

〔一〇〇〕作翻調安公子曲　「調」字原脱，據隋唐卷七八藝術傳補。

〔一〇一〕亦以黄鐘爲宫　「亦」下原衍「當」字，據新唐書卷二一禮樂志十一删。

〔一〇二〕下階屨行則奏之　「之」字原脱，據通典卷一四二樂典二補。

〔一〇三〕弘農府君至高祖太武皇帝六朝樂曲舞名　「曲」字原脱，據新唐書卷二一禮樂志十一補。

〔一〇四〕又製大羅天曲紫清上聖道曲　按新唐書卷二二禮樂志十二作「茅山道士李會元製大羅天曲，工部侍郎賀知章製紫清上聖道曲」。

〔一〇五〕道調　「調」字原脱，據新唐書卷二二禮樂志十二補。

〔一〇六〕此無商調者　「者」字原脱，據新唐書卷二二禮樂志十二補。

〔一〇七〕其聲本宫調　「其」原作「本」，據新唐書卷二二禮樂志十二改。

〔一〇八〕金蓮花以導　「以」字原脱，據新唐書卷二二禮樂志十二補。

〔一〇九〕亞獻終獻奏慶休之曲　册府元龜五七〇掌禮部作樂六同。舊五代史卷一四四樂志上作「亞獻奏慶和，終獻奏慶休」。

〔一一〇〕請雜用九部雅樂　「雅樂」原作「雜歌」，據五代會要卷七雅樂論樂下、册府元龜卷五七〇掌禮部作樂六改。

〔一一一〕五年　「五」原作「八」，據舊五代史卷一四四樂志上、册府元龜卷五七〇掌禮部作樂六改。

〔一一二〕太常少卿陶穀奏廢二舞　「二」原作「工」，據舊五代史卷一四四樂志上、新五代史卷五五崔棁傳改。

卷一百三十　樂考三

歷代樂制

宋太祖皇帝受命，以竇儼兼太常。儼奏改周樂文舞崇德之舞爲文德之舞，武舞象成之舞爲武功之舞，改樂章十二「順」爲十二「安」，蓋取「治世之音安以樂」之義。祭天爲高安，祭地爲静安，宗廟爲理安，天地、宗廟登歌爲嘉安，皇帝臨軒爲隆安，王公出入爲正安，皇帝飲食爲和安，皇帝受朝、皇后入宫爲順安，皇太子軒懸出入爲良安〔一〕，正冬朝會爲永安，郊廟俎豆入爲豐安〔二〕，祭享、酌獻、飲福、受胙爲禧安，祭文宣王、武成王同用永安，籍田、先農用静安。

五月，有司上言：「僖祖文獻皇帝室奏大善之舞，順祖惠元皇帝室奏大寧之舞，翼祖簡恭皇帝室奏大順之舞，宣祖昭武皇帝室奏大慶之舞。」從之。其後，和峴奏：「陛下揖讓得天下，宜先奏文舞。按尚書，舜受堯禪，玄德升聞，乃命以位。請改文舞爲玄德升聞之舞。尚書，武王一戎衣而天下大定，請改武舞爲天下大定之舞。」從之。

建隆初，用王朴樂。上謂其聲高，近於哀思。詔和峴考西京表尺，令下一律，比舊樂始和暢。詳見律吕。

真宗咸平四年，太常寺言：「樂工習藝匪精，每祭享郊廟〔三〕，止奏黄鍾宫一調，未嘗隨月轉律，望示條約。」監察御史艾仲孺復上言，請修飾樂器，調正音律，乃詔翰林學士李宗諤等編録律吕法度、樂物名數目，曰樂纂，又裁兩署工人試補條式及肄習程課。

明年八月，上御崇政殿張宫懸閲試，召宰相、親王臨觀，宗諤執樂譜立侍。先以鐘磬按律準，次令登歌，鐘、磬、塤、篪、琴、阮、笙、簫各二色合奏〔四〕，箏、瑟、筑三色合奏，迭爲一曲，復以擊鎛鐘爲六變、九變〔五〕，又爲朝會上壽之樂及文武二舞、鼓吹、導引、警夜之曲，頗爲精習〔六〕。上甚悦。舊制，巢笙、和笙每變宫之際，必换義管〔七〕，難於遽易，樂工單仲辛遂改爲之一定之制，不復旋易，與諸宫調皆協〔八〕。又令仲辛誕唱八十四調曲〔九〕，遂詔補副樂正〔一〇〕，賜袍笏、銀帶，自餘皆賜衣帶、緡錢，又賜宗諤等器幣有差。自是，樂府制度頓有倫理。

先是，惟天地、感生帝、宗廟用樂〔一一〕，親祀用宫懸，有司攝事，止用登歌〔一二〕，自餘大祀，未暇備樂。時既罷兵，垂意典禮，明年乃詔：「自今諸大祀並宜用樂，皆同感生帝，六變、八變如通禮所載〔一三〕。」

太祖室酌獻，奏大定之曲；太宗室酌獻，奏大盛之曲。

大中祥符元年，以將行封禪，詔改酌獻昊天上帝禧安之樂爲封安〔一四〕，皇地祇禧安之樂爲禪安〔一五〕，飲福禧安之樂爲祺安之樂，别又製天書樂章瑞安、靈文二曲，每親行禮用之。又作醴泉、神芝、慶雲、靈鶴、瑞木五曲〔一六〕，施於朝會宴享〔一七〕。

五年，聖祖降，奏薦獻聖祖文舞曰發祥流慶之舞〔一八〕，武舞曰降真觀德之舞。自是，玉清昭應宫、景靈宮〔一九〕，親薦皆備樂，用三十六簴〔二〇〕。景靈宮以宮之庭狹，止用二十。

真宗廟室酌獻奏大明之曲。

仁宗景祐二年，時承平久，上留意禮樂之事。先是，判太常寺燕肅言：「大樂制器歲久，金石不調，願以王朴所造律準考按。」乃命館職宋祁、李照同預。至是，肅等上所考定樂器，上臨閱，奏郊廟五十一曲，因問照：「樂何如？」照對：「樂音高。」命詳陳之。照言：「王朴律準視古樂高五律，視禁坊胡部樂高二律，擊黃鍾才應仲呂，擊夾鍾才應夷則〔二一〕，是冬行夏令，春召秋氣。蓋五代之亂，雅樂廢壞，朴創意造律準，不合古法，用之本朝，卒無福應。又編鐘、鎛、磬無大小、輕重、厚薄、長短之差，銅錫不精，聲韵失美，大者陵，小者抑，非中度之器。相傳以爲唐舊鐘，亦有朴所製者。昔軒轅氏命伶倫截竹爲律，復令神瞽協其中聲，然後聲應鳳鳴，而管之參差亦如鳳翅。其樂傳之夐古，不刊之法也。願聽臣依神瞽律法，試鑄編鐘一簴，可使度、量、權衡協和。」詔許之，仍令就錫慶院鑄之。

照請下潞州求上黨縣羊頭山秬黍，及下懷州河内縣取葭莩，製玉律，以候氣。從之。尋以王曾、呂夷簡爲都大管勾，鑄造大樂編鐘；蔡齊同都大管勾，仍以入内都知閻文應提舉。照既鑄成編鐘一簴以奏御，遂建請改制大樂，取京縣秬黍累尺成律，鑄鐘審之，其聲猶高，更用太府布帛尺爲法，乃下太常制四律。照自爲律管之法，以九十黍之量爲四百二十星，率一星占九秒〔二二〕，一黍之量得四星六秒，九十黍得四百二十星，以爲十二管定法。舊太常鐘磬十六枚爲一簴，而四清聲相承不擊。照言：「十二律聲已備，餘四清聲乃鄭、衛之樂，可去。」侍讀學士馮元等駁之。詳見編鐘條下。照謂舊聲高，乃以太府尺爲法，照獨任所見，更造新器，而新聲極下，起五月造，至八月成。議者以爲迂誕，罷之。上尋出御製景祐樂髓新經六篇，賜近臣。其一，釋十二均；二，明所主事〔二三〕；三，辨音聲；四，圖律呂相生，並祭天地、宗廟所用律及陰陽數配；五，十二管之長短；六，論歷代度、量、衡。皆本之於陰陽，配之於四時〔二四〕，建之於日辰，通之於鞮笠，演之於壬式遁甲之法。既而右司諫議韓琦等言：「照所造樂，不依古法，率以意爲律度，請復用舊樂。」詔下其議，而晏殊等言李照新樂，比舊樂下三律，衆論以爲無所考據。請郊廟復用和峴所定舊樂。乃詔太常雅樂悉仍舊制，照所造勿復施用。

皇祐二年五月，明堂禮儀使言：「明堂所用樂皆當隨月用律〔二五〕，九月以無射爲均，五天帝各用本音之樂。」閏十一月，詔：「中書門下集兩制、太常官，置局於祕閣〔二六〕，詳定大樂。」翰林學士王堯臣請命天章閣待制趙師民預詳定，仍乞借高若訥所校十五等古尺。又召國子監直講胡瑗、益州進士房庶，同議大樂。

四年冬，知制誥王洙等獻新樂，議者以爲鐘磬皆不合古，遂復命近臣詳定，仍命參政劉沆、梁適監議。而當議者各安所習，久而不決，乃命諸家各作鍾律以獻。五年九月，親臨視之，遷胡瑗、阮逸等官。而議者謂黄鍾爲萬事根本，故尺量權衡皆起於黄鍾，至隋用累黍爲尺而制律，容受卒不能合。及平陳，得古樂，遂用之。唐興，因其聲以制樂，其器雖無法〔二七〕，而其聲猶不失於古。五代之亂，大樂淪散，王朴始用尺定律，而聲與器皆失之。故太祖患其聲高，特減一律，至是又減半律〔二八〕，然太常樂比唐聲猶高五律，比今燕樂高三律，上雖勤勞製作，未能得其當者，有司失之於以尺生律也。其後詔改名大安，帝御紫宸殿奏太常新定大安之樂。八月，詔：「南郊始用舊樂，其新定大安之樂，常祀及朝會用。」翰林學士胡宿上言：「自古無並用二樂之禮，今舊樂高新樂下，相去一律，難並用。且新樂未施郊廟，先用朝會，非先王薦上帝、享祖考之意。」帝以爲然。

初，李照斥王朴樂音高，乃作新樂，下其聲。太常歌工病其太濁，歌不成聲，私賂鑄工，使減銅齊，而聲稍清，歌乃協。然照卒莫之辨。又朴所製編鐘皆側垂，照、瑗皆非之。及照將鑄鐘，給銅於鑄瀉務，得古編鐘一，工人不敢毀，乃藏於太常。鐘不知何代所作，其銘云：「粤朕皇祖寶龢鐘，粤斯萬年，子子孫孫永寶用。」叩其聲，與朴鐘夷則清聲合，而其形側垂。瑗後改鑄，正其鈕，使下垂，叩之弇鬱而不揚。其鎛鐘又長甬而震掉，聲不和。著作郎劉羲叟謂人曰〔二九〕：「此與周景王無射鐘無異，上將有眩惑之疾。」嘉祐元年正月，帝御大慶殿受朝，前一夕，殿庭設仗衛，既具而大雨雪，至壓宮架折，帝於宮中跣而告天，遂暴感風眩，人以羲叟之言爲驗。

仁宗廟室酌獻奏大仁之曲，英宗廟室酌獻奏大英之曲。

神宗元豐三年，詔劉几、范鎮、楊傑詳定大樂。

初，傑言：「大樂之失：一曰歌不永言，聲不依永，律不和聲。蓋金聲舂容，失之則重；石聲溫潤，失之則輕；土聲函胡，失之則下；竹聲清越，失之則高；絲聲纖微，失之則細；革聲隆大，失之則洪；匏聲叢聚〔三〇〕，失之則長；木聲無餘，失之則短。惟人稟中和之氣而有中和之聲，八音、律呂皆以人聲爲度〔三一〕，言雖永，不可以逾其聲。今歌者或咏一言而濫及數律，或章句已闋而樂音未終，所謂歌不永言也。請節其煩聲，以一聲歌一言。且詩言人志，咏以爲歌。五聲隨歌，是謂依永；律呂協奏，是謂和聲。先儒以爲依人音而制樂，託樂器以寫音，樂本效人，非人效樂者，此也〔三二〕。今祭祀樂章並隨月律，聲不依咏，以咏依聲，律不和聲，以聲和律，非古制也。

二曰八音不諧，鐘磬缺四清聲。虞樂九成，以簫爲主；商樂和平，以磬爲依；周樂合奏，以金爲首。鐘、磬、簫者，衆樂之所宗，則天子之樂用八；鐘、磬、簫，衆樂之本〔三三〕，乃倍之爲十六。且十二者，律之本聲；而四者，應聲也。本聲重大爲君父，應聲輕清爲臣子，故其四聲曰清聲，或曰子聲也。李照議樂，始不用四清聲，是有本而無應也，八音何從而諧哉？今巢笙、和笙，其管十九，以十二管發律呂之本聲，以七管爲應聲。用之已久，而聲至和，則編鐘、磬、簫宜用四子聲以諧八音。

三曰金石奪倫。樂奏一聲，諸器皆以其聲應，既不可以不及，又不可以有餘。今琴、瑟、塤、篪、笛、簫、笙、阮、箏、筑奏一聲，則鎛鐘、特磬、編鐘、編磬連擊三聲，聲煩而掩衆器，遂至奪倫，則鎛鐘、特磬、編鐘、編磬節奏與衆器同，宜勿連擊。」帝乃下鎮、几參定。鎮作律尺等欲圖上之。而几之議律主於人聲，不以尺度求合。其樂大抵即李照之舊而加四清聲，遂奏樂成〔三四〕。第加恩賚，而鎮謝曰：「此劉几樂也，臣何預焉！」鎮又言：「八音無匏、土二音，笙、竽以木斗攢竹而以匏裹之，是無匏音也；塤器以木爲之，是無土音也。八音不具，以爲備樂，安可得哉！」不報。

初，傑欲銷王朴舊鐘。意新樂成，雖不善，更無舊鐘可校，乃詔許借朴鐘爲清聲，不得銷毀。後輔臣至太常按試前一夕，傑乃陳朴鐘已弊者一縣。樂工不平，夜易之，而傑不知。明日輔臣至，傑厲聲云：「朴鐘甚不諧美！」使樂工叩之，韵甚佳，傑大沮。

哲宗元祐三年，范鎮上所成樂書並其圖法，賜詔褒美。

徽宗崇寧元年，詔置講議局。以大樂之制譌謬殘缺，太常樂器弊壞，琴瑟制度參差不同，簫篴之屬樂工自備，每大合樂，聲韵淆雜，而皆失之太高。箏、筑、阮，秦、晉之樂也，乃列於琴、瑟之間；熊羆按，梁、隋之制也，乃設於宫架之外。笙不用匏，舞不象成，曲不叶譜。樂工率農夫、市賈，遇祭祀朝會則追呼於阡陌、闤闠之中，教習無素，瞢不知音。議樂之臣以樂經散亡，無所依據；秦、漢之後，諸儒自相非議，不足取法。乃博求知音之士，而蜀人魏漢津上言：「臣聞黄帝以三寸之器名爲咸池，其樂曰大卷，三三而九，乃爲黄鍾之律。禹效黄帝之法，以聲爲律，以身爲度，用左手中指三節三寸，謂之君指，裁爲宫聲之管；又用第四指三節三寸，謂之臣指，裁爲商聲之管；又用第五指三節三寸〔三五〕，謂之物指，裁爲羽聲之管。第二指爲民，爲角，大指爲事，爲徵，民與事，君臣治之，以物養之，故不用爲裁管之法。得三指合之爲九寸，則黄鍾之律定矣。黄鍾定，餘律從而生焉。臣今欲請帝中指、第四指、第五指各三節，先鑄九鼎，次鑄帝座大鐘，次鑄四韵清聲鐘，次鑄二十四氣鐘，然後均絃裁管，爲一代之樂。」詔可。其年七月，景鐘成。次年，帝鼐、八鼎成。八月，新樂成，列於崇政殿。有旨，先奏舊樂三闋，曲未終，帝曰：「舊樂如泣聲。」揮止之。既奏新樂，天顔和豫。詔賜名曰大晟，專置大晟府，大司樂一員，典樂二員，並爲長貳。大樂令一員，協律郎四員。以其樂施之郊廟、朝會，棄舊樂不用。又詔春秋釋奠，賜宴辟雍，貢士鹿鳴、聞喜宴，悉用大晟樂，屏去倡優淫哇之聲，仍令選國子生教習樂舞。

政和三年，議禮局上親祠登歌、宫架二舞及大祠、中祠、登歌、二舞之制。詳見樂懸門。五月，詔曰：「大晟之樂已薦之郊廟，而未施於燕饗。比詔有司，以大晟樂播之教坊，試於庭殿，五聲既具，無怗懘噍急之聲，嘉與天下共之，可以所進樂頒之天下，其舊樂悉禁。」於是令尚書省立法，新徵、角二調曲譜已經按試者，並令大晟府刊行，後續有譜，依此。其宫、商、羽調曲譜自從舊，新樂器五聲、八音方全。塤、篪、匏、笙、石磬之類已經按試者，大晟府畫圖疏説頒行，教坊、均容直、開封府各頒降二副。開封府用所頒樂器，明示依式造鬻，教坊、均容直及中外不得違。今樂敢高下其聲，或别爲他聲，或移改增損樂器，舊來淫哇之聲，如打斷、哨笛、砑鼓、十般舞、小鼓腔、小笛之類與其曲名，悉行禁止，違之者與聽之者悉坐罪。

蔡攸國史補：「初，漢津獻説，請帝三指之三寸，三合而爲九，爲黄鍾之律。又以中指之徑圍爲容盛，度、量、權、衡皆自是而出。又謂有太聲、有少聲。太者清聲，陽也，天道也；少者濁聲，陰也，地道也；中聲，其間，人道也。合三才之道，備陰陽奇耦，然後四序可得而調，萬物可得而理。當時以爲迂怪，劉昺之兄煒以曉樂律進，未幾而卒。昺始主樂事，乃建白謂：『太、少不合儒書，以太史公書黄鍾八寸七分琯爲中聲，奏之於初氣；班固書黄鍾九寸琯爲正聲，奏之於中氣。因請帝指時止用之中指，又不得徑圍爲容盛，故後凡制器，不能成劑量，工人但隨律調之，大率有非漢津之本説者。』」

大樂緜建隆迄崇寧，凡六改作。始，太祖以雅樂聲高，不合中和，乃詔和峴以王朴律準較西京銅望臬石尺爲新度，以定律吕，於是歷建隆後有和峴樂。仁宗留意樂律，判太常寺燕肅言器久不諧，復以朴準考正。時，李照以知音聞，謂朴準高五律，與古制殊，請依神瞽法鑄編鐘。既成，遂請改定雅樂，乃下三律，鍊白石爲磬，範中金爲鐘，圖三辰、五靈爲器之飾，於是景祐中有李照樂。未幾，諫官、御史交論其非，竟復舊制。其後詔集侍從、禮官參定聲律，而阮逸、胡瑗實主其事，更造磬鐘，止下一律，以大安名之。鐘聲弇鬱震掉，不和滋甚，遂獨用之常祀、朝會焉，於是皇祐中有阮逸樂。神宗御曆，嗣守成憲，未遑有所製作，間從言者緒正一二。知禮院楊傑條上舊樂之失，召范鎮、劉几與傑參議。几、傑請遵行祖訓，一切下王朴二律，用仁宗所製編鐘，追考成周用樂之序，辨正二舞容節；而鎮欲求一稃二米真黍，以律生尺，改修鍾量，廢四清聲。詔悉從几、傑議。樂成，奏之郊廟，於是元豐中有楊傑、劉几樂。范鎮以爲聲雜鄭、衛，退而請太府銅製律造樂。哲宗初，以樂來上，按試於庭，以李照樂下一律，於是元祐中有范鎮樂。楊傑復議其失，以爲出鎮一家之學，卒置不用。徽宗欲製作以文太平，有方士魏漢津始破先儒累黍之非，用夏禹以身爲度之説，請帝三指爲黄鍾之律度，鑄帝鼐、景鐘，謂之雅樂，賜名曰大晟，頒之天下，播之教坊，於是崇寧以來有魏漢津樂。

右四朝史志序。言宋樂中興以前，其制屢易，本末大概如此。然李照、阮逸、劉几之樂，行而隨廢；范鎮之樂，元未嘗行；至大晟樂既成，始盡棄舊樂，以其制頒行天下。蓋建隆之樂，至崇寧而始盡變耳。嘗試論之，樂之道雖未易言，然學士大夫之説，則欲其律吕之中度；工師之説，則不過欲其音韵之入耳。今宋之樂雖屢變，然景祐之樂，李照主之，太常歌工病其太濁，歌不成聲，私賂鑄工，使減銅齊，而聲稍清，歌乃叶，而照卒不知。元豐之樂，楊傑主之，欲廢舊鐘，樂工不平，一夕易之，而傑亦不知。崇寧之樂，魏漢津主之，欲請帝中指寸爲律，徑圍爲容盛。其後止用中指寸，不用徑圍。且制器不能成劑量，工人但隨律調之，大率有非漢津之本説者，而漢津亦不知。然則學士大夫之説，卒不能勝工師之説，是樂制雖曰屢變，而元未嘗變也。蓋樂者，器也，聲也，非徒以資議論而已。今訂正雖詳，而鏗鏘不韵；辨折雖可聽，而考擊不成聲，則亦何取焉。然照、傑、漢津之説，亦既私爲工師所易，而懵不復覺，方且自詭改制，顯受醲賞，則三人者，亦豈真爲審音知律之士？其暗悟神解，豈足以希荀勖、阮咸、張文收輩之萬一也哉！

高宗建炎二年〔三六〕，就維揚行郊祀禮，凡鹵簿、樂舞，禮文多未備，嚴更警場，至就取中軍金鼓，權一時之用。

紹興元年〔三七〕，饗明堂。舊樂皆燬於維揚，乃相度裁減，權用遇雨望祭禮例，止設登歌，通作宮架之樂，其部色合用樂工止四十七人，乃招收承平舊工以補之。

上初即位，下詔：「朕方日極憂念，屏遠聲樂，不令過耳。承平典故，雖實廢名存，亦所不忍，悉從減罷。」至紹興十年，禮部侍郎施坰奏：「昨内外暫止用樂，今徽考大事已畢，慈寧又已就養，其時節上壽，禮宜舉樂，一如舊制。」禮部尋言：「太母還宮，國家大慶，四方來賀。自今冬至、元正舉行朝賀之禮，依國朝故事，合設大仗及用樂舞等，庶明天子之尊，舊典不至廢墮。」詔俟來年舉行。

十三年，郊祀，詔修圜壇。有司言：「大禮排設備樂，宮架樂辦一料外，登歌樂依在京夏祭例，合用兩料。其樂器，登歌則用編鐘、編磬各一架；柷、敔二；搏拊、鼓二；琴五色，自一、三、五、七至九絃各二；瑟四；篴四；塤、篪、簫並二；巢笙、和笙各四；並七星、九曜、閏餘匏笙各一；麾旛一。宮架則用編鐘、編磬各十二架；柷、敔二；琴五色，各十；瑟二十六；巢笙及簫並一十四；七星、九曜、閏餘匏笙各一；竽笙十；塤一十二；篪一十八；篴二十；晉鼓一；建鼓四；麾旛一。」乃從太常下之兩浙、江南、福建州郡，又下之廣東西、荆湖南北，括取舊管大樂〔三八〕，上於行都，有闕則下軍器所製造，並添修雅飾，遇雨則油帕排設用樂牀〔三九〕，而樂器寖備。其樂工，以太常寺所請，詔依在京例，選擇行止畏謹人召募〔四〇〕，合登歌、宮架用四百四十人，同日分詣太社、太稷、九宮貴神。每祭各用樂正二人，執色樂工、掌事、掌器三十六人，三祭共一百一十四人。文舞、武舞計用一百二十八人，就用文舞番充。其二舞引頭二十四人，各行募補。所募樂工、舞師照在京例，分三等廩給。其募到樂正、掌事、掌器，自六月一日教習；引舞、色長、文武舞頭、舞師並諸樂工等〔四一〕，自八月一日教習。所貴樂藝精熟，不至疏鹵，而樂工漸集。

十四年，正旦朝會，始陳樂舞在庭，公卿奉觴獻壽。據元豐詳定朝會樂：第一爵，登歌奏和安之曲，堂上之樂隨歌而發；第二爵，笙入，乃奏瑞曲，惟吹笙而餘樂不作；第三爵，奏瑞曲，堂上歌，堂下笙，一歌一吹相間；第四爵，合樂仍奏瑞曲，而上下之樂交作。今悉倣舊典，首奏和安，次奏嘉木成文、滄海澄清、瑞粟呈祥三曲，其樂專以太蔟爲宮。太蔟之律，生氣湊達萬物，於三統爲人正，於四時爲孟春，故元會用之。

時命給事中段拂等討論景鐘制度，按大晟樂書：「黄帝有五鐘，一曰景鐘。景者，大也。黄鍾者，樂之所自出，而景鐘又黄鍾之本，故爲樂之祖，惟天子郊祀上帝則用之，自齋宫詣壇則擊之，以召至陽之氣。氣既閴〔四二〕，聲闋，衆樂乃作。祀事既畢，陞輦又擊之。是年，内出御製郊祀大禮天地、宗廟樂章，及詔宰執、學士院、兩省官删修郊祀大禮樂章，付太常肄習。天子親祀南郊，圜鍾爲宫，三奏；黄鍾爲角，一奏；太蔟爲徵，一奏；姑洗爲羽，一奏，樂凡六成，歌景安，用文德武功之舞。饗明堂，夾鍾爲宫，三奏；黄鍾爲角，太蔟爲徵，姑洗爲羽，各二奏，樂凡九成。歌誠安，用佑文化俗〔四三〕、威功睿德之舞。前二日，朝獻景靈宫，圜鍾爲宫，三奏；黄鍾、太蔟、姑洗各一奏，凡六成。所奏樂與南郊同，歌興安，用發祥流慶、降真觀德之舞。前一日，朝饗太廟，黄鍾爲宫，三奏；大吕爲角，太蔟爲徵，應鍾爲羽，皆二奏，樂凡九成，歌興安，所用文武二舞與南郊同。僖祖廟用基命之樂舞，翼祖廟用大順之樂舞，宣祖廟用天元之樂舞，太祖廟用皇武之樂舞，太宗廟用大定之樂舞，真宗、仁宗廟樂舞曰熙文、曰美成，英宗、神宗廟樂舞曰治隆、曰大明，哲宗、徽宗、欽宗廟樂舞曰重光、曰承元、曰端慶，皆以無射宫奏之。每歲祀昊天上帝者凡四：正月上辛祈穀，孟夏雩祀，季秋饗明堂，冬至祀圜丘是也。圜鍾爲宫，樂奏六成，與南郊同，乃用景安之歌，帝臨嘉至、神娭錫羨之舞。祀地祇者二：夏至祀皇地祇，函鍾爲宫，太蔟爲角，姑洗爲徵，南吕爲羽，樂奏八成，乃用寧安之歌、儲靈錫慶、嚴恭將事之舞；立冬後祀神州地祇，樂奏八成，歌寧安，與祀皇地祇同名而異曲，用廣生儲祐、厚載凝福之舞。孟春上辛祀感生帝赤熛怒，其歌大安，其樂舞則與歲祀昊天同。三年一祫及時饗太廟，九成之樂，興安之歌，與大禮前事朝饗同，而用孝熙昭德、禮洽儲祥之舞。太社、太稷用寧安，八成之樂，與歲祀地祇同。至於親御翰墨，製贊宣聖及七十二弟子，以廣先朝崇儒右文之聲；天子視學，親行酌獻，定釋奠爲大祀，用凝安，九成之樂；郡邑行事，則樂止三成云。他如親饗先農、親祀高禖，則敞壇壝，奏樂舞，按習於同文館、法惠寺。親耕籍田，則據宣和舊制，陳設大樂，而引呈耒耜、護衛耕根車、儀仗鼓吹至以二千人爲率。先農樂用静安；高禖樂用景安；皇帝親行三推禮，樂用乾安。

孝宗乾道元年，郊祀，詔禮文依藝祖乾德郊天例，務從省約。於是肆樂工伎，率至減半，壇下宫架二百七人，省十之一；琴二十八，瑟十二人，各省其半；笙、簫、笛可省者十有八人；篪、塤可省者一十人。其閑慢樂色，量省人數。

淳熙六年，行明堂禋禮，命禮官參酌南郊、明堂儀注，用紹興成憲，而兼酌元豐、大觀舊典，定爲後世法程。其用樂作止之節，粲然可觀〔四四〕：

前三日，太常設登歌於壇上，稍南，北向，設宫架於壇南内壝之外，立舞表於酇綴之間〔四五〕。明堂登歌設於堂上前楹間，宫架設於庭中。前一日，設協律郎位二：一於壇上樂簴西北，一於宫架西北。押樂官位二：太常丞於登歌樂簴北，太常卿於宫架北。省牲之夕，押樂太常卿及丞入行樂架，協律郎展視樂器。

祀之日，樂正率工人、二舞以次入。皇帝乘輿，自青城齋殿出，樂正撞景鐘，降輿入大次，景鐘止。明堂不用景鐘。服大裘衮冕，自正門入，協律郎跪，俛伏，舉麾，興〔四六〕。工鼓柷，宫架乾安之樂作，凡升降、行止皆奏之。明堂奏儀安。至午階版位，西向立，協律郎偃麾戛敔，樂止〔四七〕。明堂至阼階下，樂止。凡樂，皆協律郎舉麾而後作，偃麾而後止。禮儀使奏請行事，宫架作景安之樂。明堂作誠安。

文舞進，左丞相等升，詣神位前，樂作，六成止。皇帝執大圭再拜，内侍進御匜帨，宫架樂作，帨手畢，樂止。禮儀使前導升壇，宫架樂作，至壇下，樂止。升自午階，明堂升自阼階。登歌樂作，至壇上，樂止。登歌嘉安之樂作，明堂至堂上作鎮安。奠鎮圭、奠玉幣於上帝，樂止。詣皇地祇、太祖、太宗神位前，如上儀。禮儀使導還版位，登歌樂作，降階，樂止。明堂降自阼階。宫架樂作，至版位，樂止。奉俎官入正門，宫架豐安之樂作，明堂作僖安。跪，奠俎訖，樂止。内侍以御匜帨進，宫架樂作，帨手拭爵，樂止。禮儀使導升壇，宫架樂作，至午階，樂止。升自午階，登歌樂作，至壇上，樂止。明堂無升壇。登歌僖安之樂作，明堂作慶安。詣神位前，三祭酒，少立，樂止。讀册，皇帝再拜。每詣神位並如之。禮儀使導還版位，登歌樂作，降階，樂止。宫架樂作，至版位，樂止。奏請還小次，宫架樂作，入小次，樂止。

武舞進，宫架正安之樂作，明堂作穆安。舞者立定，樂止。亞獻，升，詣酌罇所，西向立，宫架正安之樂作。明堂皇太子爲亞獻，作穆安。三祭酒，以次酌獻如上儀，樂止。終獻亦如之。奏請詣飲福位，宫架樂作，至午階，樂止。升自午階〔四八〕，登歌樂作，將至位，樂止。登歌僖安之樂作，明堂作胙安。飲福，禮畢，樂止。禮儀使導還版位，登歌樂作，降階，樂止。宫架樂作，至版位立，樂止。明堂不降階。徹豆，登歌熙安之樂作，明堂作歆安。送神，宫架景安之樂作，一成止。明堂作誠安。詣望燎、望瘞位，宫架樂作，至位，樂止。明堂有燎無瘞。燎、瘞畢〔四九〕，還大次，宫架乾安之樂作。明堂作憇安。至大次，樂止。皇帝乘大輦出大次，樂正撞景鐘，鼓吹振作，降輦還齋殿，景鐘止。百官、宗室班賀於端誠殿，奏請聖駕進發，軍樂引導，至麗正門，大樂正令奏采茨之樂，入門〔五〇〕，樂止。明堂就賀於紫宸殿，不奏采茨。

迺御麗正門肆赦。前期，太常設宮架樂於門之前，設鉦鼓於其西，皇帝升門至御閣，大樂正令撞黃鍾之鐘，右五鐘皆應，乾安之樂作，升御坐，樂止。金鷄立，太常擊鼓，囚集，鼓聲止。宣制畢，大樂正令撞蕤賓之鐘，左五鐘皆應，皇帝還御幄，樂止。乘輦降門，作樂，引導至文德殿，降輦，樂止。

建炎以來朝野雜記：「太常寺大樂局祀天神、祭地祇、饗宗廟應用大樂名件，凡三十四種：歌色，一也；笛色，二也；塤色，三也；篪色，四也；笙色，五也；簫色，六也；編鐘，七也；編磬，八也；鎛鐘，九也；特磬，十也；五琴色，十一也；瑟色，十二也；柷敔，十三也；搏拊，十四也；晉鼓，十五也；建鼓，十六也；鞞應鼓，十七也；靁鼓，祭天神用〔五一〕。十八也；靁鼗鼓，同上。十九也；靈鼓，祭地祇用。二十也；靈鼗鼓，同上。二十一也；露鼓，饗宗廟用。二十二也；露鼗鼓，二十三也；雅鼓，二十四也；相鼓，二十五也；單鼗鼓，二十六也；旌纛，二十七也；金鉦，二十八也；金錞，二十九也；單鐸，三十也；雙鐸，三十一也；鐃鐸，三十二也；奏座，三十三也；麾旛，三十四也。此外，又有景鐘者，天子親祀上帝則用之，非祠官所當用〔五二〕。」

理宗嗣位〔五三〕，禮樂之事，遵式舊典，未嘗敢有改作。先是，孝宗廟奏用大倫之樂舞，光宗祔廟奏用太和之樂舞。詔恭依。

上初纂承，當中興六七十載之間，士多嘆樂典之久墜，類欲蒐講古制，以補聖世遺軼。於是，姜夔進大樂議於朝。夔言：

紹興大樂，多用大晟所造，有編鐘、鎛鐘、景鐘，有特磬、玉磬、編磬，三鐘三磬未必相應。塤有大小，簫、篪、篴有長短，笙、竽之簧有厚薄，未必能合度〔五四〕。琴、瑟絃有緩急燥濕，軫有旋復，柱有進退，未必能合調。總衆音而言之，金欲應石，石欲應絲，絲欲應竹，竹欲應匏，匏欲應土，而四金之音又欲應黄鍾，不知其果應否。樂曲知以七律爲一調，而未知度曲之義；知以一律配一字，而未知永言之旨。黄鍾奏而聲或林鍾，林鍾奏而聲或太蔟。七音之協四聲，各有自然之理。今以平、入配重濁，以上、去配輕清，奏之多不諧協。

八音之中，琴、瑟尤難。琴必每調而改絃，瑟必每調而退柱，上下相生，其理至妙，知之者鮮。又琴、瑟聲微，常見蔽於鐘、磬、簫、鼓之聲；匏、竹、土聲長，金石常不能以相待，往往考擊失宜，消息未盡。至於歌詩，則一句而鐘四擊，一字而竽一吹，未叶古人槁木貫珠之意。况樂工苟焉占籍，擊鐘磬者不知聲，吹匏竹者不知穴，操琴瑟者不知絃。同奏則動手不均，迭奏則發聲不屬。比年人事不和，天時多忒，由大樂未有以格神人、召和氣也。

宫爲君、爲父，商爲臣、爲子，宫商和則君臣父子和。徵爲火，羽爲水，南方火之位，北方水之宅，常使水聲衰、火聲盛，則可助南而抑北。宫爲夫，徵爲婦，商雖父宫，實徵之子，常以婦助夫、子助母，而後聲成文。徵盛則宫唱而有和，商盛則徵有子而生生不窮，休祥不召而自至，災害不祓而自消。聖主方將講禮郊見，願詔求知音之士，考正太常之器，取所用樂曲，條理五音，隱括四聲，而使之叶和。然後品擇樂工，其上者教以金、石、絲、竹、匏、土、歌詩之事，其次教以戛、擊、干、羽、四金之事，其下不可教者汰之。雖古樂未易遽復，而追還祖宗盛典，實在兹舉。

校勘記

〔一〕皇太子軒懸出入爲良安　「良」原作「長」，據宋史卷一二六樂志一、宋會要樂四之一〇改。

〔二〕郊廟俎豆入爲豐安　「豆」字原脱，據宋史卷一二六樂志一補。

〔三〕郊廟　二字原脱，據宋史卷一二六樂志一補。

〔四〕笙簫各二色合奏　宋會要樂四之一五作「簫笛」。

〔五〕復以擊鎛鐘爲六變九變　「復」原作「後」，「鎛」字原脱，據宋史卷一二六樂志一、宋會要樂四之一四改補。

〔六〕頗爲精習　「頗爲」二字原脱，據宋史卷一二六樂志一補。

〔七〕必換義管　「義」字原脱，「管」下原衍「絃」字，據宋史卷一二六樂志一、宋會要樂四之一五補删。

〔八〕與諸宫調皆協　「宫」字原脱，據宋史卷一二六樂志、宋會要樂四之一五補。

〔九〕又令仲辛誕唱八十四調曲　「又」原作「令」，據宋史卷一二六樂志、宋會要樂四之一五改。又，「曲」字原脱，據上引宋史補。

〔一〇〕遂詔補副樂正　「詔」原作「超」，據宋史卷一二六樂志一改。

〔一一〕宗廟用樂　「宗」原作「郊」，據宋史卷一二六樂志一改。

〔一二〕止用登歌　「止」原作「正」，據宋史卷一二六樂志一改。

〔一三〕六變八變如通禮所載　「八變」二字原脱，據宋史卷一二六樂志一、宋會要樂三之三補。

〔一四〕詔改酌獻昊天上帝禧安之樂爲封安　「封」原作「豐」，據宋史卷一二六樂志一改。

〔一五〕皇地祇禧安之樂爲禋安　「禧」原作「德」，據宋史卷一二六樂志一改。

〔一六〕靈鶴瑞木五曲　「鶴」原作「鵲」，「木」原作「草」，據宋史卷一二六樂志一、宋會要樂三之五改。

〔一七〕施於朝會宴享　「宴享」二字原脱，據宋史卷一二六樂志一、宋會要樂三之五補。

〔一八〕文舞曰發祥流慶之舞　「慶」原作「德」，據宋史卷一二六樂志一改。

〔一九〕景靈宫　三字原脱，據宋史卷一二六樂志一補。

〔二〇〕用三十六簴　「用」原作「同」，據宋史卷一二六樂志一改。

〔二一〕擊黄鍾才應仲吕擊夾鍾才應夷則　二「才應」，長編紀事本末卷三一景祐初議皆作「則爲」，宋會要樂一之三皆作「必齊於」。

〔二二〕率一星占九秒　「秒」原作「抄」，據宋史卷一二六樂志一改。下同。

〔二三〕明所主事　「所主」二字原倒，據宋史卷一二六樂志一、宋會要樂二之六乙正。

〔二四〕配之於四時　「於」原作「以」，據宋史卷一二六樂志一、宋會要樂二之六改。

〔二五〕明堂所用樂皆當隨月用律　「樂」字原脱，據宋史卷一二七樂志二補。

〔二六〕置局於祕閣　「置」原作「制」，據宋史卷一二七樂志二、宋會要樂四之二二改。

〔二七〕其器雖無法　「雖」字原脱，據宋會要樂二之二八補。

〔二八〕至是又減半律　「律」字原脱，據宋會要樂二之二九補。

〔二九〕著作郎劉羲叟謂人曰　「羲」原作「義」，據宋史卷一二七樂志二改。下同。

〔三〇〕匏聲叢聚　「聚」原作「雜」，據宋史卷一二八樂志三、宋會要樂五之一改。

〔三一〕八音律吕皆以人聲爲度　長編卷三〇七元豐三年八月乙巳條、宋會要樂五之一一作「足以權量八音，使律吕皆以人聲爲度，以一聲歌一言」。

〔三二〕非人效樂者此也　「人」、「此」二字原脱，據宋史卷一二八樂志三、宋會要樂五之一一補。

〔三三〕衆樂之本　「之」字原脱，據宋史卷一二八樂志三、宋會要樂五之一一、長編卷三〇七元豐三年八月乙巳條補。

〔三四〕遂奏樂成　「樂」字原脱，據宋史卷一二八樂志三補。

〔三五〕又用第五指三節三寸　「三節」二字原脱，據宋史卷一二八樂志三、宋會要樂五之一八補。

〔三六〕高宗建炎二年　「二」原作「元」，據宋史卷一三〇樂志五、繫年要録卷一七建炎二年八月庚辰條改。

〔三七〕紹興元年　「元年」二字原脱，據宋史卷一三〇樂志五補。

〔三八〕又下之廣東西荆湖南北括取舊管大樂　「西」字原脱，「括」原作「刷」，據宋史卷一三〇樂志五補改。

〔三九〕遇雨則油帕排設用樂牀　宋史卷一三〇樂志五無此十字。

〔四〇〕詔依在京例選擇行止畏謹人召募　宋史卷一三〇樂志五無「在京例」及「召募」五字。

〔四一〕並諸樂工等　「諸」原作「分詣」，據宋史卷一三〇樂志五改。

〔四二〕氣既聞　宋史卷一三〇樂志五作「既至」。

〔四三〕用佑文化俗　「佑」原作「右」，「俗」原作「成」，據宋史卷一三〇樂志五改。

〔四四〕粲然可觀　四字原脱，據宋史卷一三〇樂志五補。

〔四五〕立舞表於酇綴之間　「間」原作「上」，據元本、慎本、馮本及宋史卷一三〇樂志五改。

〔四六〕興　此字原脱，據宋史卷一三〇樂志五補。

〔四七〕樂止　二字原脱，據宋史卷一三〇樂志五補。

〔四八〕樂止升自午階　六字原脱，據宋史卷一三〇樂志五補。

〔四九〕燎瘞畢　「燎」字原脱，據宋史卷一三〇樂志五補。

〔五〇〕入門　「入」上原衍「進」字，據宋史卷一三〇樂志五删。

〔五一〕祭天神用　「用」原作「也」，據朝野雜記乙集卷四大樂局樂色各件改。

〔五二〕非祠官所當用　「當」原作「常」，據朝野雜記乙集卷四大樂局樂色各件改。

〔五三〕理宗嗣位　「理」原作「寧」，據宋史卷一三一樂志六改。

〔五四〕未必能合度　「能」字原脱，據宋史卷一三一樂志六補。

卷一百三十一　樂考四

歷代製造律呂

黄帝使伶倫取竹於嶰溪之谷，斷兩節間而吹之，以爲黄鍾之宫，製十二箭以聽鳳凰之鳴，其雄鳴六，雌鳴六。詳及注見後卷。

周官：「太師掌六律六同，以合陰陽之聲。陽聲：黄鍾、太蔟、姑洗、蕤賓、夷則、無射；陰聲：大吕、應鍾、南吕、函鍾、小吕、夾鍾。皆文之以五聲，播之以八音。」「典同掌六律六同之和〔一〕，以辨天地、四方、陰陽之聲，以爲樂器。故書同作銅。鄭司農云：「陽律以竹爲管，陰律以銅爲管。竹，陽也；銅，陰也。各順其性。」康成謂律述氣者也。同，助陽宣氣與之同，皆以銅爲之。凡爲樂器，以十有二律爲之數度，以十有二聲爲之齊量。數度，廣長也。齊量，侈弇之所容。凡和樂亦如之。」和，謂調其故器也。

漢文帝令丞相北平侯張蒼始定律曆。

太史公律書曰：「王者制事立法，物度軌則，一稟於六律，六律爲萬事根本焉。其於兵械尤所重，故云『望敵知吉凶，聞聲効勝負』，百王不易之道也。武王伐紂，吹律聽聲，推孟春以至於季冬，殺氣相并，而音尚宫。兵書云：「夫戰，太師吹律，合商則戰勝，軍事張强〔二〕；角則軍擾多變，失士心；宫則軍和，主卒同心；徵則將急數怒，軍士勞；羽則兵弱少威焉。同聲相從，物之自然，何足怪哉？」云云〔三〕。高祖有天下，三邊外畔；大國之王雖稱蕃輔，臣節未盡。會高祖厭苦軍事，亦有蕭、張之謀，故偃武一休息，羈縻不備。歷至孝文即位，將軍陳武等議曰：『南越、朝鮮正義曰：「潮仙二音。高麗平壤城本漢樂浪郡王險城〔四〕，即古朝鮮地，時朝鮮王滿據之也。」自全秦時內屬爲臣子，後且擁兵阻阸，選蠕觀望。阸音戹賣反。選音思兗反。蠕音昔兗反〔五〕。索隱曰：「蠕音軟。選蠕謂動身欲有進取之狀也。」高祖時天下新定，人民小安，未可復興兵。今陛下仁惠撫百姓，恩澤加海內，宜及士民樂用，征討逆黨，以一封疆。』孝文曰：『朕能任衣冠。正義曰：「朕音而禁反。」念不到此。會呂氏之亂，功臣宗室共不羞耻，誤居正位，常戰戰慄慄，恐事之不終。且兵凶器，雖克所願，動亦耗病，謂百姓遠方何？又先帝知勞民不可煩，故不以爲意。朕豈自謂能？今匈奴內侵，軍吏無功，邊民父子荷戈日久，正義曰：「荷音何我反。」朕常爲動心傷痛，無日忘之。今未能銷距，願且堅邊設候，結和通使，休寧北陲，爲功多矣。且無議兵。』故百姓無內外之繇，得息肩於田畝，天下殷富，粟至十餘錢，鳴鷄吠犬，烟火萬里，可謂和樂者乎！」又曰：「文帝時，會天下新去湯火，人民樂業，因其欲然，能不擾亂，故百姓遂安。自年六七十翁亦未嘗至於市井，遊敖嬉戲如小兒狀。孔子所謂有德君子者邪！」

永嘉陳氏曰：「律呂之法，起於黃帝氏；律呂之說，定於太史公。知黃帝氏之法，而不知太史公之說，則難於制律；知太史公之說，而未知黃帝氏之法，則雖未能制律，而不害其爲律矣。何者？黃帝使伶倫取嶰谷之竹，制十二之管，吹陽律以候鳳，吹陰律以擬凰，而十二律之法由是而定，信乎起於黃帝氏者也。黃帝氏之法雖存，而太史公之說未出，則天下之人雖知律之不可闕於樂，而不知所以制律之本；雖知律之不可廢於度、量、衡，而不達所以制律之意。本不知而意不達，則雖斷竹鑄銅，定形穴竅，區區用上黨之黍分其長短，而較其合否，窮日夜之力以爲之，未見其能定也。然則太史公之説果安在哉？蓋太史公之爲律書也，其始不言律而言兵，不言兵之用而言兵之偃，及言兵之偃，而於漢之文帝尤加詳焉。既曰：陳武請伐朝鮮，而文帝以謂願且堅邊設候，結和通使，由是而天下富庶，鷄鳴狗吠，烟火萬里，可謂和樂者矣。又曰：文帝之時，能不擾亂，由是而百姓遂安，耆老之人不至市廛，遊敖嬉戲如小兒狀。嗚呼！若太史公者，可謂知制律之時，而達制律之意者也。何則？當文帝時，偃兵息民，結和通使，而天下安樂，則民氣歡洽，陰陽協和，而天地之氣亦隨以正。苟制度以候之，其氣之相應自然，知吾律之爲是；其氣之不合自然，知吾律之爲非。因天地之正氣，以定一代之正律。律有不可定者乎！古人所謂天地之氣合以生風，天地之風氣正，而十二律定，殆謂是歟。然則律吕之説，豈非定於太史公者哉！」

武帝正樂，置協律之官，以李延年爲協律都尉。

元帝時，郎中京房知五音六十律之數，上使韋玄成問房樂府。房對：「受學於故小黄令焦延壽。六十律相生之法：以上生下，皆三生二，以下生上，皆三生四，陽下生陰，陰上生陽，終於中吕，而十二律畢矣。中吕上生執始，執始下生去滅，上下相生，終於南事〔六〕，六十律畢矣。夫十二律之變至於六十，猶八卦之變至於六十四也。宓羲作易，紀陽氣之初，以爲律法。建日冬至之聲，以黄鍾爲宫，太蔟爲商，姑洗爲角，林鍾爲徵，南吕爲羽，應鍾爲變宫，蕤賓爲變徵，月令章句曰：「以姑洗爲角，南吕爲羽，則徵濁也。」此聲氣之元，五音之正也。故各統一日〔七〕。其餘以次運行，當日者各自爲宮，而商徵以類從焉。月令章句曰：「律，率也，聲之管也。上古聖人本陰陽，別風聲，審清濁，而不可以文載口傳也。於是始鑄金作鍾，以主十二月之聲，然後以效升降之氣。鍾難分別，乃截竹爲管，謂之律。律者，清濁之率法也。聲之清濁，以律長短爲制〔八〕。」禮運篇曰：『五聲、六律、十二管還相爲宮。』此之謂也。」房又曰：「竹聲不可以度調，故作準以定數。準之狀如瑟，長丈而十三絃，隱間九尺，以應黄鍾之律九寸。中央一絃，下有畫分寸，以爲六十律清濁之節。」其術施行於史官，候部用之。截管爲律，吹以考聲，列以效氣〔九〕，道之本也。前書注曰：「章帝時，零陵文學奚景於泠道縣舜祠下得白玉琯。古以玉作琯。」術家以其聲微而體難知，其分數不明，故作準以代之。準之聲明暢易達，分寸又粗，然絃之緩急清濁，非管無以正也。均其中絃，令與黄鍾相得，按畫以求諸律，無不如數而應者矣。

朱子語録：文蔚問：「國語云：『律者立均出度。』韋昭注云：『均謂均鍾，木長七尺，繫之以絃。』不知其制如何？」曰：「均只是七均，如以黄鍾爲宮，便以林鍾爲徵，太蔟爲商，南吕爲羽，姑洗爲角，應鍾爲變宮，蕤賓爲變徵。這七律自爲一均，其聲自相諧應，古人要合聲，先須吹律，使衆聲皆合，律方可用。後來人想不解去逐律吹得。京房始有律準，乃是先做下一箇母子，調得正了，後來只依此爲準。國語謂之『均』，梁武帝謂之『通』。其制十三絃，一絃是全律。黄鍾只是散聲。又自黄鍾起，至應鍾有十二絃，要取甚聲，用柱子來逐絃分寸，上柱定取聲，立均之意，本是如此。」

平帝元始中，王莽秉政，徵天下通知鍾律者百餘人，使羲和劉歆典領條奏，言之最詳。一曰備數，二曰和聲，三曰審度，四曰嘉量，五曰權衡。參伍以變，錯綜其數，稽之於古今，效之於氣物，和之於心耳，考之於經傳，咸得其實，靡不協同。數者，一、十、百、千、萬也，所以算數事物，順性命之理也。書曰：「先算其命。」師古曰：「逸書也。言王者統業，先立算數以命百事也。」本起於黃鍾之數，始於一而三之，三三積之，孟康曰：「黃鍾，子之律也。子數一。太極元氣含三爲一，是以一數變而爲三也。」歷十二辰之數，十有七萬七千一百四十七，而五數備矣。孟康曰：「初以子一乘丑三，餘則轉因其成數以三乘之，歷十二辰，得是積數也。五行陰陽變化之數備於此也。」其算法用竹，徑一分，長六寸，二百七十一枚而成六觚，爲一握。蘇氏曰：「六觚，六角也。度角至角，其度一寸，面容一分，算九枚，相因之數有十，正面之數實九，其表六九五十四，算中積凡得二百七十一枚。」徑象乾律黃鍾之一，而長象坤呂林鍾之長。張晏曰：「林鍾長六寸。」韋昭曰：「黃鍾管九寸，十分之一，得其一分。」其數以易大衍之數五十，其用四十九，成陽六爻，得周流六虛之象。孟康曰：「以四十九成陽六爻爲乾，乾之策數二百一十六，以成六爻，是爲周流六虛之象也。」夫推歷生律張晏曰：「推歷十二辰以生律呂也。」制器，規圜矩方，權重衡平，準繩嘉量，張晏曰：「準，水平。量知多少，故曰嘉。」探賾索隱，鉤深致遠，莫不用焉。師古曰：「賾，亦深也。索，亦求也。」度長短者不失毫氂，孟康曰：「毫，兔毫也，十毫爲氂。」師古曰：「度音大各反〔一〇〕。」量多少者不失圭撮，應劭曰：「圭，自然之形，陰陽之始也。四圭曰撮，三指撮之也。」孟康曰：「六十四黍爲圭。」師古曰：「撮音倉括反。」權輕重者不失黍絫。孟康曰：「絫音螽。」應劭曰：「十黍爲絫，十絫爲一銖。」師古曰：「絫音來曳反〔一一〕，此字讀亦，音纍紲之纍。」紀於一，協於十，長於百，大於千，衍於萬，其法在算術。宣於天下，小學是則。職在太史，羲和掌之。聲者，宮、商、角、徵、羽也。五聲之本，生於黃鍾之律。詳見後卷鍾律篇。律十有二，其法皆用銅。職在太樂，太常掌之。度者，分、寸、尺、丈、引也，所以度長短也。職在内官，内官，署名。百官表云〔一二〕：「内官長丞，初屬少府，中屬主爵，後屬宗正。」廷尉掌之。法度所起，故屬廷尉。量者，龠、合、升、斗、斛也，所以量多少也。職在太倉，大司農掌之。權衡者，衡，平也，權，重也。衡所以任權而均物平輕重也。職在大行，鴻臚掌之。平均曲直，齊一遠近，故在鴻臚。度、量、衡，詳見下卷本門。凡律度量衡用銅者，名自名也，取銅之名，以合於同也。所以同天下，齊風俗也。銅爲物之至精，不爲燥濕寒暑變其節，不爲風雨暴露改其形，介然有常，有似於士君子之行，是以用銅也。用竹爲引者，事之宜也。引長十丈，高一分，廣六分，唯竹篾柔而堅爲宜耳。

後漢肅宗元和元年，待詔候鍾律殷彤上言：「官無曉六十律以準調音者。故待詔嚴崇具以準法教子男宣，宣通習，願召宣補學官，主調樂器。」詔從之。太史丞弘試十二律，其二中，其四不中，其六不知何律，宣遂罷。自此律家莫能爲準施絃，候部莫知復見。

靈帝熹平六年，東觀召典律者太子舍人張光等問準意。光等不知，歸閱舊藏，乃得其器。形制如房書，猶不能定其絃緩急也。音，不可書以曉人〔一三〕，知之者欲教而無從，心達者體知而無師，故史官能辨清濁者遂絕。其可以相傳者，唯大權常數及候氣而已。夫五音生於陰陽，分爲十二律，轉生六十，皆所以紀斗氣，效物類也。天效以景，地效以響，即律也。陰陽和則景至，律氣應則灰除。是故天子常以冬夏至日御前殿〔一四〕，合八能之士，陳八音，聽樂均，度晷景，候鍾律，權土炭，效陰陽〔一五〕。冬至陽氣應，則樂均清，景長極，黄鍾通，土炭輕而衡仰；夏至陰氣應，則樂均濁，景短極，蕤賓通，土炭重而衡低。淮南子曰：「水勝故夏至濕，火勝故冬至燥。燥故炭輕，濕故炭重。」進退於先後五日之中，八能各以候狀聞，太史封上。效則和，否則占。易緯曰：「冬至人主不出宮，寢兵，從樂五日，擊黄鍾之磬。公卿大夫列士之意得，則陰陽之晷如度數。夏至之日，如冬至之禮。冬至之日，樹八尺之表，日中視其晷。晷如度者其歲美，人民和順。晷不如度者則歲惡，人民多譌言，政令爲之不平。晷進則水，晷退則旱。進一尺則日食，退一尺則月食。月食則正臣下之行，日食則正人主之道。」候氣之法，爲室三重，户閉，塗釁必周密布緹縵。室中以木爲案，每律各一，内庳外高，從其方位，加律其上，以葭莩灰抑其内端，葭莩出河内。案曆而候之，氣至者灰去。其爲氣所動者其灰散，人及風所動者其灰聚。殿中候，用玉律十二。惟二至乃候。靈臺用竹律六十。候日如其曆。月令章句曰：「古之爲鍾律者，以耳齊其聲。後不能，則假數以正其度，度數正則音亦正矣。鍾以斤兩尺寸中所容受升斗之數爲法，律亦以寸分長短爲度。故曰黄鍾之管長九寸，徑三分，圍九分，其餘皆漸短，惟大小圍數無增減〔一六〕。以度量者可以文載口傳，與衆共知，然不如耳決之明也。」

魏武帝時，杜夔精識音韵，爲雅樂郎中〔一七〕。鑄銅工柴玉有巧思，多所造作，爲時人所知。夔令玉鑄鍾，其聲均清濁多不如法，數毁改作。玉甚厭之，謂夔清濁任意，訴於魏武，取所鑄鍾，雜參更試，然後知夔爲精妙，而玉之謬也。

晉武帝時，張華、荀勖校魏杜夔所造鍾律，其聲樂多不諧合，乃出御府古今銅竹律二十五，銅尺、銅斛七具，校減新尺，短夔尺四分，因造十有二笛，笛具五音，以應京房之術。笛體之音，皆各用蕤賓、林鍾之角，短則又倍之，二笛八律而後成，去四分之一，而以本宫管上行度之，則宫穴也；因宫穴以本宫徵管上行度之，則徵穴也。各以其律展轉相因，隨穴疏密所宜置之，或半之，或四之，以調律吕，正雅樂。正會殿庭作之，自謂宫商克諧，然論者謂勖爲暗解。初，勖常於路逢趙賈人牛鐸。及掌樂事，律吕未諧，曰：「得趙人牛鐸則諧矣。」遂下郡國，悉送牛鐸，果得諧矣。時阮咸善達八音，論者謂之神解。咸常心譏勖新律聲高，以謂高近哀思，不合中和。每公會作樂，勖自以爲遠不及咸，常意咸謂之不調，以爲異己，乃出咸爲始平相。後有田夫耕於野，得周玉尺，勘以校己所理鍾石絲竹，皆短校一米，於此伏咸之妙。

宋元嘉中，太史錢樂之以爲京房六十律，上下相生，終於南事，乃因京房南事之餘，更生三百律。至梁博士沈重鍾律議曰：「易以三百六十策當朞之日，此律曆之數也。淮南子云：『一律而生五音，十二律而爲六十音，因而六之，故三百六十音以當一歲之日。律曆之數，天地之道也。』此則自古而然矣。」重乃依淮南本數，用京房之術求之，得三百六十律。各因月之本律，以爲一部。以一部律數爲母，以一中氣所有日爲子，以母命子，隨所多少，各一律所建日辰分數也。以之分配七音，則建日冬至之聲，黄鍾爲宮，太蔟爲商，林鍾爲徵，南吕爲羽，姑洗爲角〔一八〕，應鍾爲變宮，蕤賓爲變徵，五音七聲，於斯和備。其次日建律，皆依次類運行。當日者各自爲宮，而商徵亦以次從〔一九〕。以考聲徵氣，辨識時序，萬類所宜，各順其節。自黄鍾終於壯進，一百五十律，皆三分損一以下生。自依行終於億兆，二百九律，皆三分益一以上生。唯安運一律爲終，不生。其數皆取黄鍾之實十七萬七千一百四十七爲本，以九三爲法，各除其實，得寸分及小分，餘皆委之，即各其律之長也。條其律部，則上生下生宮徵之次也。今略其名次云：

黄鍾一部，三十四律。每律直三十四分日之三十一。大吕一部，二十七律。每律直一日及二十七分日之三。大蔟一部，三十四律。夾鍾一部，三十四律。姑洗一部，三十四律。中吕一部，二十七律。蕤賓一部，二十七律。林鍾一部，三十四律。夷則一部〔二〇〕，二十七律。南吕一部，三十四律。無射一部，二十七律。應鍾一部，二十八律。

梁武帝素善鍾律，詳悉舊事，遂自制定禮樂，又立爲四器，名之爲通。通受聲廣九寸，宣聲長九尺，臨岳高一寸二分。每通皆施三絃。一曰玄英通：應鍾絃，用一百四十二絲長四尺七寸四分差强；黄鍾絃，用二百七十絲，長九尺；大吕絃，用二百五十二絲，長八尺四寸三分差弱。二曰青陽通：太蔟絃，用二百四十絲，長八尺；夾鍾絃，用二百二十四絲，長七尺五寸弱；姑洗絃，用一百四十二絲，長七尺一寸一分强。三曰朱明通：中吕絃，用一百九十九絲，長六尺六寸六分弱；蕤賓絃，用一百八十九絲，長六尺三寸二分强；林鍾絃，用一百八十絲，長六尺〔一〕。四曰白藏通：夷則絃，用一百六十八絲，長五尺六寸二分弱；南吕絃，用一百六十絲，長五尺三寸二分大强；無射絃，用一百四十九絲，長四尺九寸九分强〔二〕。因以通聲，轉推月氣，悉無差違，而還相得中。又制爲十二笛，黄鍾笛長三尺八寸，大吕笛長三尺六寸，太蔟笛長三尺四寸，夾鍾笛長三尺二寸，姑洗笛長三尺一寸，中吕笛長二尺九寸，蕤賓笛長二尺八寸，林鍾笛長二尺七寸，夷則笛長二尺六寸，南吕笛長二尺五寸，無射笛長二尺四寸，應鍾笛長二尺三寸。用笛以寫通聲，飲古鍾玉律並周代古鍾〔三〕，並皆不差。於是被以八音，旋以七聲，莫不和韵。

後魏孝明帝神龜元年，有陳仲儒自江南歸魏，頗閑樂事，請依前漢京房立準，以調八音。有司問，仲儒言：

前被符，問：「京房準定六十律之後，雖有器存，曉之者尠，至後漢嘉平末，張光等猶不能定絃之緩急，聲之清濁。仲儒授自何師，出何典籍，而云能曉？」答曰：仲儒在江左之日，頗愛琴，又嘗覽司馬彪所撰續漢書，見京房準術，成數昭然，而張光等不能定。仲儒不量庸昧，竊有意焉。遂竭愚思，鑽研甚久。雖未能測其機妙，至於聲韵，頗有所得。度量衡曆，出自黄鍾，雖造管察氣，經史備存，但氣有盈虚，黍有巨細，差之毫釐，失之千里。自非管應時候，聲驗吉凶，則是非之源，諒亦難定。此則非仲孺淺識所敢聞之。至於準者，本以代律，取其分數，調校樂器，則宫商易辨。若尺寸小長，則六十宫商相與微濁；若分數加短，則六十徵羽類皆小清。至於清濁相宜，諧會歌管，皆得應合。雖積黍驗氣，取聲之本，清濁諧會，亦須有方。若閑準意，則辨五聲清濁之韵；若善琴術，則知五調調音之體。參此二途，以均樂器，則自然應和，不相奪倫。如不練此，必至乖謬。

按後漢順帝陽嘉二年冬十月，行禮辟雍，奏應鍾，始復黄鍾作樂，器隨月律。是謂十二之律必須次第爲宫，而商角徵羽以類從之。尋調聲之體，宫商宜濁，徵羽用清。若依公孫崇止以十二律聲〔二四〕，而云還相爲宫，清濁悉足，非唯未練五調調器之法，至於五聲次第，自是不足。何者？黄鍾爲聲氣之元，其管最長，故以黄鍾爲宫，太蔟爲商，林鍾爲徵，則宫徵相順〔二五〕。若均之八音，猶須錯採衆聲，配成其美。若以應鍾爲宫〔二六〕，大吕爲商，蕤賓爲徵，則徵濁而宫清，雖有其韵，不成音曲。若以夷則爲宫，則十二律中唯得取中吕爲徵〔二七〕，其商角羽並無其韵。若以中吕爲宫，則十二律内全無所取。何者？中吕爲十二之窮，變律之首。依京房書，中吕爲宫，乃以去滅爲商，執始爲徵，然後方韵。而崇乃以中吕爲宫，猶用林鍾爲商，黄鍾爲徵，何由可諧？仲孺以爲調和樂器，文飾五聲，非準不妙。若如嚴嵩父子，心賞清濁，是以爲難。若依按見尺作準，調絃緩急，清濁可以意推耳。

但音聲精微，史傳簡略，舊志唯云準形如瑟十三絃〔二八〕，隱間九尺，以應黄鍾九寸，調中一絃，令與黃鍾相得。按畫以求其聲，遂不辨準須柱以不〔二九〕，柱有高下，絃有粗細，餘十二絃復應若爲？致令攬者迎前拱手〔三〇〕。又按房準九尺之内爲十七萬七千一百四十七分〔三一〕，一尺之内爲萬九千六百八十三分，又復十之，是爲準一寸之内亦爲萬九千六百八十三分。然則於準一分之内，乘爲二千分，又爲小分，以辨强弱，中間至促，雖離朱之明，猶不能窮而分之。雖然，仲孺私曾考驗，但前却中柱〔三二〕，使入常準尺分之内〔三三〕，相生之韵，已自應合。然分數既微，器宜精妙。其準面平直〔三四〕，須如停水。其中絃一柱，高下須與二頭臨岳一等，移柱上下之時，不使離絃，不得舉絃。又中絃粗細，須與琴宫相類〔三五〕。中絃須施軫如琴，以軫調聲，令與黃鍾一管相合。中絃下依數畫出六十律清濁之節〔三六〕，其餘十二絃，須施柱如箏〔三七〕。又凡絃皆須豫張〔三八〕，使臨時不動，即於中絃按畫一周之聲〔三九〕，度著十二絃上。然後依相生之法，以次運行，取十二律之商徵。既定，又依琴五調調聲之法，以均樂器。其瑟調以宫爲主〔四〇〕，清調以商爲主〔四一〕，平調以角爲主。然後錯採衆聲，以文飾之，方如錦繡〔四二〕。

自上代以來，消息調準之方，並史文所略，出仲孺愚思。若事有乖此，則聲不和〔四三〕，仲孺尋之分數，精微如彼，定絃急緩，艱難若此。而張光等親掌其事〔四四〕，尚不知藏中有準。既未識其器，又安能施絃也？且燧人不師資而習火，延壽不束脩以變律，故云「知之者欲教而無從，心達者體知而無師」。苟有毫氂所得，皆關心抱，豈必要經師授然後尋奇哉！但仲孺自省庸淺，才非贍足，正可粗識音韵，纔言其理致耳。

時尚書蕭寶夤又奏：「金石律吕，制度調均，自古以來尠或通曉。仲孺雖粗述，而學不師授，云出己心，又言舊器不任，必須更造，然後克諧。上違用舊之旨，輕欲製造。臣竊思量，不合依許。」詔曰：「禮樂之事，蓋非常人能明，可如所奏。」

北齊神武霸府田曹參軍信都芳，世號知音，能以管候氣，仰觀雲色。常與人對語，則指天曰：「孟春之氣至矣。」人往驗管，而飛灰已應。每月所候，言皆無爽。又爲輪扇二十四埋地中，以測二十四氣，每一氣感，則一扇自動，他扇並住，與管灰相應，若合符契。

隋文帝開皇二年，詔求知音之士，參定音樂。沛國公鄭譯言：「考尋樂府鍾石律吕，皆有宫、商、角、徵、羽、變宫、變徵之名。七聲之内，三聲乖應，每常求訪，終莫能通。初，周武帝時〔四五〕，有龜兹人曰蘇祇婆，從突厥皇后入國，善胡琵琶。聽其所奏，一均之中間有七聲。因而問之，答云：『父在西域，稱爲知音。代相傳習，調有七種。』以其七調，勘校七聲，冥若合符〔四六〕。一曰娑陁力〔四七〕，華言平聲，即宫聲也。二曰鷄識，華言長聲，即商聲也〔四八〕。三曰沙識，華言質直聲，即角聲也。四曰沙侯加濫，華言應聲，即變徵聲也。五曰沙臘，華言應和聲，即徵聲也〔四九〕。六曰般贍，華言五聲，即羽聲也。七曰俟利箑〔五〇〕，華言斛牛聲，即變宫聲也。」譯因習而彈之〔五一〕，始得七聲之正。然其就此七調，又有五旦之名，旦作七調。以華言譯之，旦者則謂之「均」也。其聲亦應黄鍾、大蔟、林鍾、南吕、姑洗五均，以外七律，更無調聲。譯遂因其所捻琵琶〔五二〕，絃柱相飲爲均，推演其聲，更立七均。合成十二，以應十二律。律有七音，音立一調〔五三〕，故成七調十二律，合八十四調，旋轉相交，盡皆和合。仍以其聲考校大樂所奏，林鍾之宮，應用林鍾爲宮，乃用黄鍾爲宮〔五四〕；應用南吕爲商，乃用太蔟爲商；應用應鍾爲角，乃取姑洗爲角。故林鍾一宮七聲，三聲並戾。其十一宮七十七音，例皆乖越，莫有通者。又以編懸有八，因作八音之樂。七聲之外，更立一聲，謂之應聲。譯因作書二十餘篇，明其旨趣。至是譯以其書宣示朝廷，並立議正之。

有萬寶常者，妙達鍾律，偏解八音〔五五〕。常與人方食〔五六〕，論及聲調，時無樂器，因取前食器及雜物，以箸扣之，品其高下，宫商畢備，諧於絲竹。文帝後召見，問鄭譯所定音樂可否，對曰：「此亡國之音，豈陛下之所宜聞。」遂極言樂聲哀怨淫放，非雅正之音，請以水尺爲律，以調樂器。上遂從之。遂造諸樂器，其聲率下於譯調二律。並撰樂譜六十四卷〔五七〕，論八音旋相爲宫之法，改絃移柱之變〔五八〕，爲八十四調，百四十四律，變化終於千八百聲〔五九〕。時人以周禮有旋宫之義，自漢、魏以來，知音者皆不能通，見寶常特創其事〔六〇〕，皆哂之。至是，試令爲之，應手成曲，無所凝滯，見者莫不嗟異。於是損益樂器，不可勝紀，其聲雅淡，不爲時所好，太常善聲者多排毁之。

又太子洗馬蘇夔駮譯曰：「韓詩外傳所載樂聲感人，及月令所載五音所中，並皆有五，不言變宫、變徵。又左氏所云：『七音六律，以奉五聲。』準此而言，每宫應立五調〔六一〕，不聞更加變宫、變徵二調爲七調。七調之作，所出未詳。」譯答曰：「周有七音之律。漢書律曆志，天地人及四時，謂之七始。黄鍾爲天始，林鍾爲地始，太蔟爲人始，是爲三始。姑洗爲春，蕤賓爲夏，南吕爲秋，應鍾爲冬，是爲四時。四時三始，是以爲七。今若不以二變爲調曲，則是冬夏聲闕，四時不備。是故每宫須立七調。」於是衆從生之道。今請雅樂黄鍾宫，以黄鍾爲調首〔六二〕；清樂去小吕，還用蕤賓爲變徵。」衆皆從之。

譯又與夔俱云：「按今樂府黄鍾，乃以林鍾爲調首，失君臣之義；清樂黄鍾宫，以小吕爲變徵，乖相生之道。今請雅樂黄鍾宫，以黄鍾爲調首〔六二〕；清樂去小吕，還用蕤賓爲變徵。」衆皆從之。

夔又與譯議，欲絫黍立分，正定律吕。時以音樂久不通，譯、夔等一朝能爲之，以爲樂聲可定。而何妥舊以學問推爲儒首，帝素不悦學，不知樂，妥又耻己宿儒不逮譯等，欲沮壞其事。乃立議非十二律還相爲宫，曰：「經文雖道旋相爲宫，恐是直言其理，亦不通隨月用調，是以古來不取。若依鄭玄及司馬彪，須用六十律，方得和韵。今譯惟取黄鍾之正宫，兼得七始之妙義。非止金石諧韵，亦乃簨簴不繁，可以享百神，可以合萬舞矣。」而又非其七調之義，曰：「近代書記所載，縵樂鼓琴吹笛之人，多云三調〔六三〕。三調之聲，其來久矣。請存三調而已。」時牛弘總知樂事，不能精究音律。竇常又修洛陽舊曲，言幼學音律，師於祖孝徵，知其上代修調古樂。周之璧翣〔六四〕，殷之崇牙，懸八用七，盡依周禮備矣。所謂正聲，又近前漢之樂，不可廢也。是時競爲異議，各立朋黨，是非之理，紛然淆亂。或欲各令修造，待成，擇其善者而從之。妥恐樂成，善惡易見，乃請張樂試之。遂先説曰：「黄鍾者，以象人君之德。」及奏黄鍾之調，帝曰：「洋洋和雅，甚與我會。」妥因陳用黄鍾一宫，不假餘律。帝大悦，班賜妥等修樂者。自是譯等議寢。

帝又遣毛爽及蔡子元、于普明等，以候節氣。依古，於三重密屋之内，以木爲案，十有二具。每取律吕之管，隨十二辰位〔六五〕，置於案上，而以土埋之，上平於地。中實葭莩之灰，以輕緹素覆律口。每地氣至，與律冥符，則灰飛衝素，散出於外。而氣應有早晚，灰飛有多少，或初入月其氣即應〔六六〕，或至中下旬間氣始應者。或灰飛出三五夜而盡，或終一月纔飛少許者。帝異之，問牛弘。弘對曰：「灰飛半出爲和氣，灰全出爲猛氣，吹灰不能出爲衰氣。和氣應者其政平，猛氣應者其臣縱，衰氣應者其君暴。」帝駮之曰：「臣縱君暴，其政不平，非月別而有異也。今十二月律，於一歲內，應並不同。安得暴君縱臣若斯之甚也？」弘不能對。

致堂胡氏曰：「音五爾，而律呂十有二，猶十二支而配十干，所以變而不窮也。律呂，陰陽也，闕一則不和矣。宮爲君，商爲臣，角爲民，徵爲事，羽爲物。今獨奏黃鍾而不用餘音，是有君而無臣、無民、無事、無物，其爲君也不亦亢乎！何妥，佞人也，逢迎周宣立五后者。隋文豈不知之？而命以典樂，妥能探其主猜防克忌之微，而尊隆君道，寓意於黃鍾。帝果悅而從之，遂使古樂盡廢，後世無所考焉。其害豈不甚哉！且禮樂曆數，有國之大事也。王澤滅息，易學不傳；有欲議禮，則紛如聚訟；有欲修樂，則諂承君意；有欲正曆，則必請殺異己者。竟不能復三代之正，況欲行先王之道乎！夫論事莫驗於成敗之效。萬寶常妙達鍾律，樂聲雅淡，必近古矣，而爲蘇威父子所抑。及太常樂成，寶常聞之，曰：『亡國之音也。淫厲而哀，天下將盡矣。』不二十年而其言驗。向使隋文以五音不可偏廢折何妥、鄭譯、牛弘之徒，而專委寶常製作，雖不能救隋之亡，而先代正音，必不至泯絕於隋世矣。雖然，寶常知樂之聲音，而未知樂之道也。如知樂之道，則其將死當以其書授之好樂者，使傳於後，而以不遇遂焚其書，無廣博易良油然和樂之心，故曰不知樂之道也。」

唐高祖初受禪，未遑改創，樂府尚用隋氏舊文。至武德九年，始命太常少卿祖孝孫正雅樂。孝孫以梁、陳舊樂，雜用吴、楚之音；周、齊舊樂，多涉胡、戎之伎。於是斟酌南北，考以古音，作大唐雅樂。以十二律各順其月〔六七〕，旋相爲宫。製十二和之樂，合三十二曲，八十有四調。周禮有旋宫之義，亡絶已久，莫能知之。一朝復古，自孝孫始也。

太宗貞觀初，張文收善音律，常覽蕭吉樂譜，以爲未甚詳悉，乃取歷代沿革，截竹爲十二律吹之，備盡旋宫之義。太宗召文收於太常，令與少卿祖孝孫參定雅樂。太樂有古鍾十二，近代唯用其七，餘有五鍾，俗號啞鍾〔六八〕，莫能通者。文收吹律調之，聲皆響徹，時人咸服其妙。尋授協律郎。及孝孫卒，文收復採三禮，更加釐革。依周禮，祭昊天上帝，以圜鍾爲宫。詳見樂門。雅樂既成，文收復請重正餘樂。帝不許，曰：「朕聞人和則樂清。隋末喪亂，雖改音律而樂不和。若百姓安樂，金石自諧矣。」文收既定樂，復鑄銅律三百六十，皆藏於太樂署。

總章中，潤州得玉磬以獻，張文收試扣其一，曰：「是晉某歲閏月造者，得月數當十三，今闕其一，於黄鍾東九尺掘必得焉。」下州求之，如言而得。裴知古，武太后朝以知音直太常，路逢乘馬者，聞其聲，竊云：「此人當墜馬。」好事者隨觀之，行未半里，馬驚，墮地死〔六九〕。嘗觀人迎婦，聞婦珮玉聲，曰：「此婦人不利姑。」是日，姑有疾，竟亡。其知音皆此類也。近代言樂，衛道弼爲最，天下莫能以聲欺者，曹紹夔次之。夔、弼皆爲太樂令。享北郊，監享御史有怒於夔，欲以樂不和爲之罪，雜扣鍾聲，使夔闇名之，無誤者，由是反嘆服。又洛陽有僧房中磬日夜自鳴，僧以爲怪，懼而成疾，求術士百方禁之，終不能已。紹夔素與僧善，來問疾，僧尋以告。俄擊齋鐘，磬復作聲。紹夔笑曰：「明日可設盛饌，當與除之。」僧雖不信紹夔言，冀其或效，乃具饌以待。紹夔食訖，出懷中錯，鑢磬數處而去，聲遂絶。僧苦問其所以，紹夔云：「此磬與鍾律合，故擊彼此應。」僧大喜，疾亦愈。

肅宗時，山東人魏延陵得律一，因中官李輔國獻之，云：「太常諸樂調皆下，不合黄鍾，請悉製諸鍾磬〔七〇〕。」帝以爲然，乃悉取太常諸樂器入於禁中，更加磨剗，凡二十五日而成。御三殿觀之，以還太常。然以漢律考之，黄鍾乃太蔟也，當時議者以爲非是。

周世宗顯德六年，樞密使王朴上疏曰：

臣聞樂作於人心，成聲於物，聲氣既和，反感於人心者也。所假之物，大小有數。九者成數也，是以黄帝吹九寸之管，得黄鍾之聲，爲樂之端也。半之，清聲也；倍之，緩聲也；三分其一以損益之，相生之聲也。十二變而復黄鍾，聲之總數也。乃命之曰十二律。旋迭爲均，均有七調，合八十四調，播之於八音，著之於歌頌，將以奉天地，事祖宗，和君臣，接賓旅，恢政教，厚風俗，以其功德之形容告於神明，俾百代之後知邦國之所由行者也。

宗周而上，率由斯道，自秦而下，旋宫聲廢。洎東漢雖有大予丞鮑鄴興之〔七一〕，亦人亡而音息，無嗣續之者。漢至隋垂十代，凡數百年，所存者黄鍾之宫一調而已。十二律中唯用七聲，其餘五律謂之啞鍾〔七二〕，蓋不用故也。

唐太宗有知人之明，善復古道，乃用祖孝孫、張文收考正雅樂，而旋宫八十四調復見於時，在懸之器方無啞者。所以知太宗之道與三五同功焉。安史之亂，京都爲墟，器之與工，十不存一，所用歌奏，漸多紕繆。逮乎黃巢之餘，工器俱盡，購募不獲，文記亦亡，集官酌詳，終不知其制度。時有太常博士殷盈孫，按周官考工記之文，鑄鎛鐘十二，編鐘二百四十，處士蕭承訓校定石磬，今之在懸者是也。雖有樂器之狀，殊無相應之和。逮乎僞梁、後唐，歷晉與漢，皆享國不遠，未暇及於禮樂，至於十二鎛鐘，不問聲律宮商，但循環而擊之，編鐘、編磬徒懸而已。絲、竹、匏、土，僅有七聲，作黃鍾之宮一調，亦不和備，其餘八十三調於是乎泯滅。樂之缺壞，無甚於今。

陛下天縱文武，奄宅中區，思復三代之風，臨視樂懸，親自考聽，知其亡失，深動上心，乃命中書舍人竇儼參詳太常樂事，不踰月調品八音，粗加和會。以臣曾學律曆，宣示古今樂録，令臣討論。臣雖不敏，敢不奉詔。遂依周法，以秬黍校定尺度，長九寸，虚徑三分，爲黃鍾之管，與見在黃鍾之聲相應。以上下相生之法推之，得十二律管。以爲衆管互吹〔七三〕，用聲不便，乃作律準，十三絃宮聲，長九尺張絃〔七四〕，各如黃鍾之聲。以第八絃六尺，設柱爲林鍾〔七五〕；第三絃八尺，設柱爲太蔟；第十絃五尺三寸四分，設柱爲南吕；第五絃七尺一寸二分，設柱爲姑洗；第十二絃四尺七寸五分，設柱爲應鍾；第七絃六尺三寸三分，設柱爲蕤賓；第二絃八尺四寸四分，設柱爲大吕；第九絃五尺六寸三分，設柱爲夷則；第四絃七尺五寸一分，設柱爲夾鍾；第十一絃五尺一分，設柱爲無射；第六絃六尺六寸八分，設柱爲中吕；第十三絃四尺五寸，設柱爲黃鍾之清聲。十二律中〔七六〕，旋用七聲爲均，爲均之主者，惟宮也〔七七〕，徵、商、羽、角、變宮、變徵次焉。發其均主之聲，歸乎本音之律，七聲迭應而不亂，乃成其調。均有七調，聲有十二均，合八十四調，歌奏之曲，由之出焉。旋宮之聲久絶，一日而補，出臣獨見，恐未詳悉，望下中書門下，集百官及内外知音者較其得失，然後依調製曲。

八十四調，曲有數百，今見存者九曲而已，皆謂之黄鍾之宫聲。其餘六曲，錯雜諸調，蓋傳習之誤也。唐初雖有旋宫之樂，至於用曲，多與禮文相違。既不敢用唐爲則，臣又懵學獨力，未能備究古今，亦望集多聞知禮樂者，上本古典，下順常道，定其義理，於何月行何禮，合用何調曲，聲數長短，幾變幾成，議定而製曲，方可久長行用。所補雅樂旋宫八十四調，並所定尺，所吹黄鍾管、所作律準，謹並上進。

乃詔尚書省集百官詳議。兵部尚書張昭等議：「於太常寺命太樂令賈峻奏王朴新法黄鍾調七均，音律和諧，不相凌越。其餘十一管諸調，望依新法教習，以備禮寺施用。」從之。

宋太祖皇帝以雅樂聲高，詔有司重加考正。時判太常寺和峴上言：「古聖設法，先立尺寸作爲律吕，三分損益，上下相生，取合真音〔七八〕，謂之形器。但以尺寸長短，非書可傳，故絫秬黍，求爲準的。後代試之，或不符會。西京銅望臬可校古法，即今司天臺影表銅臬下石尺是也。及以王朴所定尺比較，短於石尺四分，知樂聲之高〔七九〕，蓋由於此。況影表測於天地，則管律可以準繩。」上乃令依古法以造新尺，並黄鍾九寸之管，命工人校其聲，果下於朴所定管一律。又内出上黨羊頭山秬黍累尺校律，亦相符合。由是重造十二律管〔八〇〕，雅樂和暢。

仁宗時，馮元等上新修景祐廣樂記〔八一〕。時鄧保信、阮逸、胡瑗等亦奏造鍾律，詔翰林學士丁度等取保信、逸、瑗等鍾律詳考得失。度等上議：「以爲黍有圓長、大小，而保信所用者圓黍，又首尾相銜，逸等止用大者〔八一〕，故再考之即不同。尺既有差，故難以定鐘、磬。謹詳古今之制，自晉至隋，絫黍之法，但求尺裁管，不以權量參校，故歷代黄鍾之管容黍之數不同。惟後周掘地得古玉斗，據斗造律，兼制權量，亦不同周、漢制度。故漢志有備數〔八二〕、和聲、審度、嘉量、權衡之説，悉起於黄鍾。今欲器數之制參伍無失，則班志積分之法爲近。逸等以大黍絫尺，小黍實龠，自戾本法。保信今尺以圓黍絫之，及首尾相銜，又與實龠之黍再絫成尺不同。」又言：「歲有豐儉，地有肥墝，就令一歲之中，一境之内，取黍校驗，亦復不齊。是蓋天物之生，理難均一，古之立法，存其大概耳。故前代制尺，非特絫黍，必求古雅之器以參校焉。晉泰始十年，荀公曾等校定尺度，以調鍾律，是謂晉之前尺。公曾等以古物七品勘之，一曰姑洗玉律，二曰小吕玉律，三曰西京銅望臬，四曰金錯望臬，五曰銅斛，六曰古錢，七曰建武銅尺。當時以公曾尺揆校古器，與本銘尺寸無差，前史稱其用意精密。隋志所載諸代尺度，十有五等，然以晉之前尺爲本，以其與姬周之尺、劉歆銅斛尺、建武銅尺相合。竊惟周、漢二代，享年永久，聖賢制作，可取則焉。而隋氏銷毁金石〔八四〕，典正之物，罕復存者。夫古物之有分寸，明著史籍，可以酬驗者，惟有法錢而已〔八五〕。周之圜法，歷載曠遠，莫得而詳。秦之半兩，實重八銖；漢初四銖，其文亦曰半兩。孝武之世，始行五銖，下盡隋朝，多以五銖爲號。既歷代尺度屢改，故小大輕重鮮有同者。又盜鑄既多，不必皆中法度，但當校其首足、肉好、長廣、分寸，皆合正史者用之。然有唐享國三百年，其制度法度，雖未逮周、漢，亦可謂治安之世。今朝廷必求尺度之中，當依漢錢分寸。若以爲太祖膺圖受禪，創制垂法，嘗詔和峴等用影表尺典修金石，七十年間，薦之郊廟，稽合唐制〔八六〕，以示詒謀，則可且依景表舊尺，俟有妙達鍾律之學者，俾考正之，以從周、漢之舊可也。」乃詔罷其議。

宋祁、田況薦益州進士房庶曉音，祁上其樂書補亡三卷，召詣闕。庶自言：「嘗得古本漢志，云『度起於黄鍾之長，以子穀秬黍中者一黍之起，積一千二百黍之廣，度之九十分，黄鍾之長，一爲一分』。今文脱『之起積一千二百黍』八字，故自前世以來，絫黍爲尺以製律，是律生於尺，尺非起於黄鍾也。且漢志云：『一爲一分』者，蓋九十分之一，後儒誤以一黍爲一分，其法非是。當以秬黍中者一千二百實管中，黍盡，得九十分，黄鍾之長，九寸加一以爲尺，則律定矣。」

直祕閣范鎮是之，乃爲言曰：「照以縱黍絫尺，管空徑三分，容黍千七百三十；瑗以横黍絫尺，管容黍一千二百，而空徑三分四釐六毫，是皆以尺生律，不合古法。今庶所言，實千二百黍於管，以爲黄鍾之長，就取三分以爲空徑，則無容受不合之差，校前二説爲是。蓋絫黍爲尺，始失之於隋書，當時議者以其容受不合，棄而不用。及隋平陳，得古樂器，高祖聞而嘆曰：『華夏舊聲也！』遂傳用之。至唐祖孝孫、張文收，號稱知音，不能更造尺律，止沿隋之古樂，制定聲器。朝廷久以鍾律未正，屢下詔書，博訪群議，冀有所獲。今庶所言，以律生尺，誠衆論所不及，請如其法，試造尺律，更以古器參考，當得其真。」

乃詔王洙與鎮同於修制所如庶説造律、尺、籥：律徑三分，圍九分，長九十分；籥徑九分，深一寸；尺起黄鍾之長加十分，而律容千二百黍。

初，庶言太常樂高古樂五律，比律成，才下三律，以爲今所用黍，非古所謂一稃二米黍也。尺比横黍所絫者長一寸四分。庶又言：「古有五音，而今無正徵音。國家以火德王，徵屬火，不宜闕。今以五行旋相相生法〔八七〕，得徵音。」又言：「尚書『同律、度、量、衡』，所以齊一風俗。今太常、教坊、鈞容及天下州縣，各自爲律，非書同律之義。且古者帝王巡狩方岳，必考禮樂同異，以行誅賞。謂宜頒格律，自京師及州縣，毋容輒異，有擅高下者論之。」帝召輔臣觀庶所進律、尺、龠，又令庶自陳其法，因問律吕旋相爲宫事，令撰圖以進。其説以五正、二變配五音，迭相爲主，衍之成八十四調。舊以宫、徵、商、羽、角五音，次第配七聲，然後加變宫、變徵二聲以足之。推以旋相之法〔八八〕，謂五行相戾非是，當改變徵爲變羽，易變爲閏，隨音加之，則十二月各以其律爲宫，而五行相生，終始無窮。詔以其圖送詳定所。庶又論吹律以聽軍聲者，謂以五行逆順，可以知吉凶，先儒之説略矣。是時瑗、逸制樂有定議，乃補庶試祕書省校書郎，遣之。

鎮又上書曰：「陛下制樂，以事天地、宗廟，以揚祖宗之休，兹盛德之事也。然自下詔以來，及今三年，有司之論，紛然未决，蓋由不議其本而争其末也。竊惟樂者，和氣也。發和氣者，聲音也。聲音之生，生於無形，故古人以有形之物傳其法，俾後人參考，然後無形之聲音得而和氣可導也。有形者，秬黍也，律也，尺也，龠也，鬴也，斛也，算數也，權衡也，鐘也，磬也，是十者必相合而不相戾，然後爲得，今皆相戾而不相合，則爲非是矣。有形之物非是，而欲求無形之聲音其和，安可得哉？謹條十者非是之驗，惟裁擇焉！

按詩：『誕降嘉種，維秬維秠。』誕降者，天降之也。許慎云：『秬，一稃二米。』又云：『一秬二米。』後漢任城縣産秬黍三斛八斗，實皆二米，史官載之，以爲嘉瑞。又古人以秬黍爲酒者，謂之秬鬯。宗廟降神，惟用一尊，諸侯有功，惟賜一卣，以明天降之物，世不常有而可貴也。今秬黍取之民間者，動至數斛，秠皆一米，河東之人謂之黑禾〔八九〕。設有真黍，以爲取數至多，不敢送官，此秬黍爲非是，一也。

又按先儒皆言律空徑徑三分〔九〇〕，圍九分，長九十分，容千二百黍，積實八百一十分。今律空徑三分四釐六毫，圍十分三釐八毫，是圍九分外大其一分三釐八毫，而後容千二百黍，除其圍廣，則其長止七十六分二釐矣。説者謂四釐六毫爲方分，古者以竹爲律，竹形本圓，而今以方分置算，此律之爲非是，二也。

又按漢書，分、寸、尺、丈〔九一〕，引本起黄鍾之長。又云九十分黄鍾之長者，據千二百黍而言也。千二百黍之施於量，曰黄鍾之龠；施於權衡，則曰黄鍾之重；施於尺，則曰黄鍾之長。今遺千二百之數，而以百黍爲尺，又不起於黄鍾，此尺之爲非是，三也。

又按漢書，言龠其狀似爵，爵謂爵琖，其體正圓。故龠當圓徑九分，深十分，容千二百黍，積實八百一十分，與律分正同。今龠乃方一寸，深八分一釐，容千二百黍，是亦以方分置算也，此龠之非是，四也。

又按周禮鬴法：方尺，圓其外；深尺，容六斗四升。方尺者，八寸之尺也；深尺者，十寸之尺也。何以知尺有八寸、十寸之别？按周禮：『璧羨度尺，好三寸以爲度〔九二〕。』璧羨之制，長十寸，廣八寸，同謂之度尺。以爲尺，則八寸、十寸俱爲尺矣。又王制云：『古者以周尺八尺爲步，今以周尺六尺四寸爲步〔九三〕。』八尺者，八寸之尺也；六尺四寸者，十寸之尺也。同謂之周尺者，是周用八寸、十寸尺明矣。故知以八寸尺爲鬴之方，十寸尺爲鬴之深，而容六斗四升，千二百八十龠也，積實一百三萬六千八百分。

今鬴方尺，積千寸，此鬴之非是，五也。

又按漢書斛法：方尺，圓其外，容十斗，旁有庣焉。當隋時，漢斛尚在，故隋書載其銘曰：『律嘉量斛，方尺圓其外，庣九釐五毫，冪百六十二寸，深尺，容一斛。』今斛方尺，深一尺六寸二分，此斛之非是，六也。

又按算法，圓分謂之徑圍，方謂之方斜，所謂『徑三、圍九、方五、斜七』是也。今圓分而以方法算之，此算數非是，七也。

又按權衡者，起千二百黍而立法也。周之鬴，其重一鈞，聲中黄鍾；漢之斛，其重二鈞，聲中黄鍾。鬴、斛之制，有容受，有尺寸，又取其輕重者，欲見薄厚之法，以考其聲也。今黍之輕重未真，此權衡爲非是，八也。

又按：『鳧氏爲鐘，大鐘十分〔九四〕，其鼓間，以其一爲之厚；小鐘十分，其鉦間，以其一爲之厚。』今無大小厚薄，而一以黄鍾爲率，此鐘之非是，九也。

又按：『磬氏爲磬，倨句一矩有半，其博爲一，股爲二，鼓爲三。』蓋各以其律之長短爲法也。今亦以黄鍾爲率，而無長短、薄厚之别，此磬之非是，十也。

前此者，皆有形之物也，易見者也。使其一不合，則未可以爲法，況十者之皆相戾乎？臣固知其無形之聲者不可得而和也。請以臣章下有司，問黍之二米與一米孰是？律之空徑三分與三分四釐六毫孰是？律之起尺與尺之起律孰是？龠之圓制與方制孰是？鬴之方尺圓其外，深尺與方尺孰是？斛之方尺圓其外，庣旁九釐五毫與方尺深尺六寸二分孰是？算數之以圓分與方外孰是？權衡之重以二米秬黍與一米孰是？鐘磬依古法有大小、輕重、長短、薄厚而中律與不依古法而中律孰是？是不是定，然後制龠、合、升、斗、鬴、斛以校其容；受容受合，然後下詔以求真黍，真黍至，然後可以爲量、爲鐘磬；量與鐘磬合於律，然後可以爲樂也。今尺律本末未定，而詳定、修制二局工作之費，無慮千萬計矣。此議者所以云云也。然議者不言有司論議依違不決，而顧謂作樂爲過舉，又言當今宜先政令而禮樂非所急，此臣之所尤惑也。倘使有司合禮樂之論，是其所是，非其所非，陛下親臨決之，顧於政令不已大乎！」

元祐初，鎮用房庶律法，上所定樂，下詔褒美。楊傑言：「按爾雅：『秬黑黍，秠，一稃二米。』法律有用秬黍之文，無用秠之說，鎮以爲必得秠然後制律〔九五〕，未之前聞也。鎮所造銅量，斛在上，斗在下；左耳爲升，右耳上爲合，下爲龠。上三下二，與漢制符矣。漢志：『量，聲中黃鍾，始於黃鍾，而反覆焉。』孟康曰：『反斛聲中黃鍾，覆斛亦中黃鍾之宮。』臣叩鎮所造銅量，其聲不與黃鍾合，則非漢制也。黃帝命伶倫斷竹節兩間，聽鳳之鳴以爲律呂，此造律之本也。初無用黍之法，至漢制乃有用黍之制。鎮以爲世無真黍，乃用大府尺以爲樂尺，而又下一律有奇，其實下舊樂三律矣。其可用乎！」鎮樂律卒不行。

司馬光君實與范鎮景仁往反論鍾律書。君實書云：「蒙示房生尺法，云生嘗得古本漢書云：『度起於黃鍾之長，以子穀秬黍中者，一黍之起，積一千二百黍之廣，度之九十分，黃鍾之長，一爲一分。』今文誤脫『之起積一千二百黍』八字。故自前世以來，絫黍爲尺，縱置之則太長，橫置之則太短。今新尺橫置之，不能容一千二百黍，則大其空徑四釐六毫，是以樂聲太高。又嘗得開元中笛及方響，校太常樂下五律，教坊樂下三律，皆由儒者誤以一黍爲一分，其法非是。不若以一千二百黍實管中，隨其短長斷之以爲黄鍾，九寸之管九十分，其長一爲一分，取三分以度空徑，數合則律正矣。景仁比來盛稱此論，以爲先儒用意皆不能到，可以正積古之謬，祛一世之惑。光竊思之，有所未諭者凡數條，敢書布陳，幸景仁教之〔六〕。景仁曰：『房生家有漢書，異於今本。』夫按纍黍求尺，其來久矣，生所得書，不知傳於何世。而相承積謬，由古至今，更大儒甚衆，曾不寤也。又，其書既云『積一千二百黍之廣』，何必更云『一黍之起』，此四字者將安施設？劉子駿、班孟堅之書，不宜如此冗長也。且生欲以黍實中，乃求其長，何得謂之『積一千二百黍之廣』？孔子稱：『必也正名乎。』必若所云，則爲新尺一丈二尺，得無求合其術而更戾乎？景仁曰：『度、量、權、衡皆生於律者也。今先纍黍爲尺，而後制律，返生於度與黍，無乃非古人之意乎！』光謂不然。夫所謂律者，果何如哉？嚮使古之律存，則歙其聲而知聲，度其長而知度，審其容而知量，校其輕重而知權衡。今古律已亡矣，非黍無以見度，非度無以見律，律不生於度與黍，將何從生邪？夫度量衡所以佐律而存法也。古人所謂制四器者，以相參校，以爲三者雖亡，苟其一存，則三者從可推也。又謂『後世器或壞亡，故載之於書，形之於物』。夫黍者自然之物，有常不變者也，故於此寓法焉。今四器皆亡，不取於黍，將安取之？凡物之度其長短則謂之度，量其多少則謂之量，稱其輕重則謂之權衡。然量有虚實，衡有低昂，皆易差而難精。等之，不若因度求律之爲審也。房生今欲先取容一龠者爲黄鍾之律，是則律生於量也。量與度皆非律也，捨彼用此，將何擇焉？景仁曰：『古律法空徑三分，圍九分。今新律空徑三分四釐六毫。此四釐六毫者，何從出邪？』光謂不然。夫徑三分、圍九分者，數家言其大要耳。若以密率言之，徑七分者，圍二十有二分也。古之爲數者，患其空積微之太煩，則上下輩之，所爲三分者，舉成數而言耳，四釐六毫不及半分，故棄之也。又律管至小，而黍粒體圓，其中豈無負戴死空之處，而欲責其絲忽不差邪？景仁曰：『生一千二百黍積實於管中，以爲九寸，取其三分以爲空徑，此自然之符也。』光按量法，方尺之量所受一斛，此用絫黍之法校之則合矣。若從生言，度法變矣，而量法自如，則一斛之物，豈能滿方尺之量乎？景仁曰：『量權衡皆以一千二百黍爲法，何得度法獨用一黍！』光按黄鍾所生，凡有五法：一曰備數，二曰和聲，三曰審度，四曰嘉量，五曰權衡。量與衡據其容與其重，非千二百不可至於度法，止於一黍爲分，無用其餘。若數與聲，則無所事黍矣，安在其必以一千二百爲之定率也？景仁曰：『生云今樂太高，太常黄鍾適當古之中吕。』不知生所謂中吕者，果后夔之中吕邪？開元之中吕邪？若開元之中吕，則安知今之太高非昔之太下邪？笛與方響，里巷之樂，庸工所爲，豈能盡得律吕之正？今欲取以爲法，考定雅樂，不亦難乎？此皆光之所大惑也。」

景仁復書曰：「一君實曰〔九七〕：『漢書傳於世久矣，更大儒甚衆，庶之家安得善本而有之？是必謬爲脱文以欺於鎮也。』是大不然。鎮豈可欺哉！亦以義理而求之也。春秋夏五之闕文，禮記玉藻之脱簡，後人豈知其闕文與脱簡哉？亦以義理而知之也。猶鎮之知庶也，豈可逆謂其欺而置其理義哉？又云：『一黍之起，劉子駿、班孟堅之書爲冗長者。』夫古者有律矣，未知其長幾何，未知其空徑幾何，未知其容受幾何，豈可直以一千二百黍置其間哉？宜起一黍積而至一千二百然後滿，故曰一黍之起，積一千二百黍之廣，其法與文勢皆當然也，豈得爲冗長乎？若如君實之説，以尺生律，漢書不當先言本起黄鍾之長，而後論用黍之法也。若爾，是子駿、孟堅之書不爲冗長，而反爲顛倒也。又云：『積一千二百黍之廣，是爲新尺一丈二尺者。』君實之意，以積爲排積之積，廣爲一黍之廣而然邪。夫積者，謂積於管中也；廣者，謂所容之廣也。詩云：『乃積乃倉。』孟康云：『空徑之廣』是也。又云：『徑三分，圍九分者，數家之大要不及半分，則棄之也。』今者三分四釐六毫，其圍十分三釐八毫，豈得謂不及半分而棄之哉？漢書曰：『律容一龠，得八十一寸。』謂以九分之圍，絫九寸之長，九九而八十一也。今圍分之法既差，則新尺與量未必是也。如欲知庶之量與尺合，姑試驗之乃可。又云：『權衡與量，據其容與其重，必千二百黍而後可。』至於尺法，止於一黍爲分，無用其餘。若以生於一千二百，是生於量也。且夫黍之施於權衡則由黄鍾之重，施於量則由黄鍾之龠，施於尺則由黄鍾之長，其實皆一千二百也。此皆漢書正文也，豈得謂一黍而爲尺邪？豈得謂尺生量邪？又云：『庶言太常樂太高，黄鍾適當古之中吕，不知中吕者果后夔之中吕邪？開元之中吕邪？若開元之中吕，則安知今之太高，非昔之太下者。』此正是不知聲者之論也，無復議也。又云：『方響與笛，里巷之樂，庸工所爲。』不能盡得律吕之正者，是徒知古今樂器之名爲異，而不知律與聲之同也，亦無復議也。就使得其真黍，用庶之法，制爲律吕，無忽微之差，乃黄帝及仲尼也，豈直后夔、開元之云乎？書曰：『律和聲。』方舜之時，使夔典樂，猶用律而後能和聲。今律有四釐六毫之差，以爲適然，而欲以求樂之和，以副朝廷制作之意，其可得乎！其可得乎！」

君實書又曰：「近於夢得處連得所賜兩書，且云鑄周鬴漢斛已成，欲令光至潁昌就觀。周室既衰，禮缺樂弛，典章亡逸，疇人流散，律度量衡不存乎世，咸、夏、韶、護不傳乎人，重以暴秦焚滅六籍，樂之要妙，存乎聲音，其失之甚易，求之甚難。自漢以來，諸儒取諸胸臆，以臆度古法，牽於文義，拘於名數，校竹管之短長，計黍粒之多寡，競無形之域，訟無證之庭，迭相否臧，紛然無已。雖使后夔復生，不能決矣。彼周鬴出於考工記，事非經見〔九八〕，是非固未得而知。如漢斛者，劉歆爲王莽爲之，就使其真器尚存，亦不足法；况景仁復改其形制，恐徒役心力，費銅炭而已。」

按：古人言律爲萬事本，度量衡皆由焉。律以和聲，度以審度，量以嘉量，衡以權衡。度有長短，量有小大，衡有輕重，雖庸愚之人，皆能知之。至律之於聲，或雅或淫，或和或乖，則雖賢哲之士不能遽曉。蓋四者之中，議律爲難，度或長或短，量或小或大，衡或輕或重，三物皆生民日用不可闕者。然以四海九州觀之，未有千里而同一度量衡者也；以古往今來觀之，未有千年而同一度量衡者也。蓋隨世立法，隨地從宜，取其適於用，而初無害於事，固不必盡同也。

至律則差之絲忽，不能以諧聲。聲不諧，不足以爲樂；樂不和，不足以致治。蓋四者之中，制律爲尤難。是以古人之於律，或求之於絲竹，伶倫之管，京房之準是也。或求之於金石，編磬、鎛鐘、簴磬之屬是也。雖曰假器物以求之，然心之精微，口不能授；性所解悟，筆不能書。假如有人與后夔、伶倫並世而生，亦豈能盡得其叶律和聲之法乎？後之儒者病樂之不和，議欲更律。而更律之法，或取之絫黍，或求之古之度量。然絫黍之法，漢制特以較度、量、衡，所謂黄鍾之長，黄鍾之龠，黄鍾之重云者，特以明三物之與律相表裏耳，未嘗專言絫黍以爲律也。至於古之度與量，則周鬴、漢斛，與魏、晉以來尺十有五種，相去且千年，其流傳至於今者，是乎非乎，不可得而詳也。倘其果爲古器，則不知造此器之時，其與虞朝之同律度量衡，周王之考制度，果無纖毫之差乎！亦不可得而詳也。而方倀倀然於千百載之後，搜求古雅之器於荒邱古墓之中，而自以爲得之，蓋亦疏矣。蓋律度量衡雖曰相爲表裏，然至易曉者度量衡也，至難知者律也；隨時而變易，屢易而無害於事者，度量衡也。假如古者度短、量小、衡輕，後世度長、量大、衡重，則當其或短、或小、或輕之時多取之，或長或大或重之時少取之，而斂散同此一器，何害於事乎？周取民之制什一，漢取其五，秦取其大半，蓋病在於重斂，不必大其器也。一定而不易，易則害於樂者，律也。今失其難者，而反取則於其易者；失其不可易者，而反取則於其屢易者，何哉？竊以爲必欲制律，必如杜夔、荀勖、阮咸、張文收之徒，自有宿悟神解，如聽牛鐸而知其可以諧音，聽玉磬而知其爲閏月所造之類。而後可以語此。如其不然，或專求之於絫黍，或專求之於周鬴、漢斛、魏尺之屬，毋異刻舟而尋劍也。李照、胡瑗、房庶之説，皆以黍求律者也。范蜀公力主房庶之説，以爲照以縱黍絫尺管，空徑三分，容黍千七百三十則太長；瑗以横黍絫尺管，容黍一千二百，而空徑三分四釐六毫則太短，皆以尺生律，不合古法。今庶所言，實千二百黍，於管以爲黄鍾之長就三分，以爲空徑則無容受不合之差，校前二説爲是。累千百言，大要不過如此。愚請得而詰之！

夫古人之制律，管皆有分寸，如十二律：管徑三分，圍九分，黄鍾之管長九寸，自大吕以下以次降殺是也。然則欲制律，必先定分寸，而古今之分寸不可考矣。是以隋書因漢制之説，以一黍爲一分，則是十黍爲一寸。分寸既定，然後管之徑圍可定；管之徑圍既定，然後律之長短可定。瑗與照雖有縱横之異，然以黍定分，以黍之分定管之徑圍則一也。今庶既盡闢縱横之説，而欲以是千二百黍亂實之管中，隨其短長斷之，以爲黄鍾九寸之管，取三分以度空徑。則不知庶之所謂空徑三分之管，既非縱黍之分，復非横黍之分，則以何爲分乎？未有分寸不先定，而可以制律者。如庶之所謂分，既非縱黍，復非横黍，則必别有一物爲度以起分，倘别有一物爲度以起分，則只須以其三分爲徑，以九十分其長爲黄鍾之管，而律本不因於黍矣。何煩實黍於管，又何煩於漢書中增益八字以求合千二百黍之數乎？此愚所以未敢以爲通論也。

律以竹爲管，然竹有大小，其大者容千二百不能以寸；其小者不及千二百黍而盈尺矣。故必先以黍爲分度之三分爲徑，然後實以千二百黍，則九十分其長爲黄鍾之管矣。愚雖不能曉鍾律，竊意古人以黍定律，其法如此。

徽宗崇寧三年正月，方士魏漢津言：「禹以聲爲律，以身爲度。用左手中指三節三寸，謂之君指，裁爲宫聲之管；又用第四指三節三寸，謂之臣指，裁爲商聲之管；又用第五指三節三寸，謂之物指，裁爲羽聲之管。第二指爲民，爲角，大指爲事，爲徵，民與事，君臣治之，以物養之，故不用爲裁管之法。得三指合之爲九寸，即黄鍾之律定矣。黄鍾定，餘律從而生焉。又中指之徑圍乃容盛也，則度量權衡皆自是出而合矣。」又曰：「有太聲，有少聲。太者，清聲，陽也，天道也；少者，濁聲，陰也，地道也；中聲，人道也。宜用第三指爲法。先鑄九鼎，諸鍾均絃裁管，爲一代樂。」從之。

劉昺主樂事，建白：「太、少不合儒書，請罷太、少議，以太史公書黄鍾八寸七分琯爲中聲奏之。」因請帝指時止用中指，不用徑圍爲容盛之法，遂爲正聲之律十二，中聲之律十二，清聲之律四，凡二十有八。玉尺二，金尺一，長於王朴尺二寸一分，和峴尺一寸八分，弱阮逸等尺一寸七分，短於鄧保信尺三分，弱太府布帛尺四分；量大於漢、魏，而小於隋；權衡之制，黃鍾所容爲十二銖，得太府四錢二分。又曰：「十二律統一歲，一律統一月。一月之律：六宮、六商、六角、六徵、六羽，太、少各居其三。總十二律，宮、商、角、徵、羽各七十有二，凡三百有六十。古者天地四方咸有災變，則參酌歲氣運譜以調之，故木運臨卯，火運臨午，土運臨四季，金運臨酉，水運臨子，此謂歲會氣之平也。非其位則邪，當其位則正。未至而至爲大過，至而不至爲不及，故聖人持五運之政猶權衡也，高者抑之，下者舉之；有餘損之，不足補之。以調鼎則有法，以調樂則有術。事微則祭本方之鼎，而運本均之譜；事逆則祭剋制之鼎，而運剋制之譜。」

政和末，蔡京引沈宗堯爲大晟府典樂。宗堯復申漢津太、少之議。時京子攸提舉大晟府，又奏田爲爲典樂，宗堯憤之，令樂工斷黃鍾琯二，一倍之，一半之，紿爲曰：「此太、少律也。」爲信之，以白攸，攸因執以爲是，遂不用劉昺中聲八寸七分琯，而止用九寸琯。又爲一律長尺有八寸曰太聲，一律長四寸有半曰少聲，乃有三黃鍾律云。

校勘記

〔一〕典同掌六律六同之和　「之和」二字原脫，據周禮典同補。

〔二〕合商則戰勝軍事張强　「勝」原作「急」，據史記卷二五律書張守節正義改。「張」字原脱，據元本、慎本、馮本及上引史記補。

〔三〕何足怪哉云云　史記卷二五律書無「云云」二字。

〔四〕王險城　「險」原作「儉」，據史記卷二五律書張守節正義改。

〔五〕蠕音昔兖反　「音」字原脱，據史記卷二五律書裴駰集解補。

〔六〕終於南事　「事」原作「吕」，據元本、慎本、馮本及後漢書律曆志上、通典卷一四三樂典三改。

〔七〕故各統一日　「統」原作「終」，據晉書卷一六律曆志上改。

〔八〕以律長短爲制　「律」字原脱，據後漢書律曆志上補。

〔九〕列以效氣　「效」原作「物」，據晉書卷一六律曆志上改。

〔一〇〕度音大各反　「各」原作「角」，據漢書卷二一上律曆志師古注改。

〔一一〕絫音來曳反　漢書卷二一上律曆志師古注「絫」下有「孟」字，「曳」作「戈」。

〔一二〕百官表云　「云」原作「之」，據漢書卷二一上律曆志師古注改。

〔一三〕音不可書以曉人　「曉」原作「時」，據晉書卷一六律曆志上及後漢書律曆志上王先謙集解説改。

〔一四〕故天子常以冬夏至日御前殿　「日」原舛在「冬」上，據晉書卷一六律曆志上、宋書卷一一律曆志上乙正。

〔一五〕權土炭效陰陽　「炭」原作「灰」，「效」原作「放」，據宋書卷一一律曆志上改。下同。

〔一六〕其餘皆漸短惟大小圍數無增減　「漸」原作「補」，「惟」原作「雖」，後漢書律曆志上誤同。後漢書律曆志上集解引惠棟説，謂李氏本「補」作「漸」，「雖」作「惟」，今據改。太平御覽卷一六時序部一律「補」作「稍」，「惟」作

「唯」。

〔一七〕爲雅樂郎中　「中」下原衍「令」字，據三國志卷二九方技傳、晉書卷一六律曆志上删。

〔一八〕南吕爲羽姑洗爲角　「南吕爲羽」原在「姑洗爲角」下，據隋書卷一六律曆志上乙正。

〔一九〕而商徵亦以次從　「商」原作「宫」，據隋書卷一六律曆志上改。

〔二〇〕夷則一部　「部」原作「律」，據隋書卷一六律曆志上改。

〔二一〕長六尺　「尺」下原衍「四寸」二字，據隋書卷一六律曆志删。

〔二二〕用一百四十九絲長四尺九寸九分强　「四十九絲」原作「二十九絲」，「九寸九分强」原作「九寸一分强」，據隋書卷一六律曆志改。

〔二三〕飲古鍾玉律並周代古鍾　「飲」原作「引」，據隋書卷一三音樂志上、通典卷一四三樂典三改。

〔二四〕徵羽用清若依公孫崇止以十二律聲　「用」原作「宜」，據魏書卷一〇九樂志、通典卷一四三樂典三改。「止」原作「上」，據上引魏書卷改。

〔二五〕則宫徵相順　「宫徵」原作「一任」，據魏書卷一〇九樂志改。

〔二六〕若以應鍾爲宫　「應」原作「黄」，據元本、慎本、馮本及魏書卷一〇九樂志、通典卷一四三樂典三改。

〔二七〕若以夷則爲宫則十二律中唯得取中吕爲徵　「爲宫則」三字原脱，據魏書卷一〇九樂志、册府元龜卷八五七總録部知音二補。

〔二八〕舊志唯云準形如瑟十三絃　「志」原作「誌」，據魏書卷一〇九樂志、通典卷一四三樂典三改。

〔二九〕遂不辨準須柱以不　「不」原作「求」，據魏書卷一〇九樂志改。

〔三〇〕致令攬者迎前拱手　「攬」原作「攪」，據魏書卷一〇九樂志改。

〔三一〕爲十七萬七千一百四十七分　「爲」原作「若」，據魏書卷一〇九樂志改。

〔三二〕但前却中柱　「柱」原作「杜」，據元本、慎本、馮本及魏書卷一〇九樂志、通典卷一四三樂典三改。

〔三三〕使入常準尺分之内　「常準」，魏書卷一〇九樂志作「準常」。

〔三四〕其準面平直　「面平」二字原倒，據魏書卷一〇九樂志乙正。

〔三五〕須與琴宫相類　「須」字原脱，據魏書卷一〇九樂志、通典卷一四三樂典三補。

〔三六〕中絃下依數畫出六十律清濁之節　「畫」字原脱，據後漢書律曆志上補。

〔三七〕須施柱如箏　「施」原作「拖」，據魏書卷一〇九樂志、通典卷一四三樂典三改。

〔三八〕又凡絃皆須豫張　「豫」原作「素」，據魏書卷一〇九樂志改。「素」，通典避唐諱改，本書沿用通典之文，未曾回改。

〔三九〕即於中絃按畫一周之聲　「即」原作「則」，據魏書卷一〇九樂志、通典卷一四三樂典三改。

〔四〇〕其瑟調以宫爲主　「瑟」字原脱，據魏書卷一〇九樂志、通典卷一四三樂典三補。

〔四一〕清調以商爲主　「以」字原脱，據魏書卷一〇九樂志補。

〔四二〕方如錦繡　「方」字原脱，據魏書卷一〇九樂志補。

〔四三〕則聲不和　「則聲」二字原倒，「和」下原衍「平」字，據魏書卷一〇九樂志乙删。

〔四四〕而張光等親掌其事　「親」原作「視」，「其事」二字原脱，據魏書卷一〇九樂志改補。

〔四五〕周武帝時　「武」原作「文」，據隋書卷一四音樂志中、通典卷一四三樂典三改。

〔四六〕冥若合符　「冥」原作「宜」，據隋書卷一四音樂志中、通典卷一四三樂典三改。

〔四七〕一曰婆陁力　「婆」，隋書卷一四音樂志中作「娑」。

〔四八〕即商聲也　「商」原作「南宮」，據通典卷一四三樂典三、宋史卷七一律曆志四改。

〔四九〕華言應和聲即徵聲也　「和」字原脱，據隋書卷一四音樂志中、通典卷一四三樂典三補。

〔五〇〕七曰俟利箑　「俟」原作「侯」，據隋書卷一四音樂志中、通典卷一四三樂典三改。

〔五一〕譯因習而彈之　「因」原作「音」，據隋書卷一四音樂志中、通典卷一四三樂典三改。

〔五二〕譯遂因其所捻琵琶　「譯」字原脱，據隋書卷一四音樂志中補。

〔五三〕音立一調　「立」原作「律」，據元本、慎本、馮本及隋書卷一四音樂志、通典卷一四三樂典三改。

〔五四〕乃用黃鍾爲宮　「鍾」下原衍「宮聲」二字，據隋書卷一四音樂志中、通典卷一四三樂典三刪。

〔五五〕徧解八音　「八」原作「六」，據隋書卷七八藝術傳改。

〔五六〕常與人方食　通典卷一四三樂典三同。「常」，隋書卷七八藝術傳作「嘗」。

〔五七〕並撰樂譜六十四卷　「六」原舛在「樂」上，據隋書卷七八藝術傳乙正。

〔五八〕改絃移柱之變　「絃」原作「絲」，據隋書卷七八藝術傳改。

〔五九〕終於千八百聲　「百」字原脱，據隋書卷七八藝術傳補。

〔六〇〕見寳常特創其事　「特」原作「時」，「創」下原衍「立」字，據隋書卷七八藝術傳改刪。

〔六一〕每宮應立五調　「宮應」二字原倒，據隋書卷一四音樂志中、通典卷一四三樂典三乙正。

〔六二〕今請雅樂黃鍾宮以黃鍾爲調首　「雅樂黃鍾宮」五字原脱，「以」原作「推」，據隋書卷一四音樂志中補改。

〔六三〕多云三調　「三調」二字原脱，據隋書卷一四音樂志中補。

〔六四〕周之璧翣　「璧」原作「壁」，據隋書卷一四音樂志中改。

〔六五〕隨十二辰位　「位」字原脱，據隋書卷一六律曆志上補。

〔六六〕或初入月其氣即應　「即」原作「則」，據隋書卷一六律曆志上及通典卷一四三樂典三改。

〔六七〕以十二律各順其月　「律」原作「月」，「月」原作「律」，據舊唐書卷二八音樂志一、通典卷一四三樂典三改。

〔六八〕俗號啞鍾　「俗」原作「仍」，據通典卷一四三樂典三改。

〔六九〕墮地死　「地」，通典卷一四三樂典三作「殆」。

〔七〇〕請悉製諸鍾磬　「磬」字原脱，據新唐書卷二一禮樂志十一補。

〔七一〕太予丞鮑鄴興之　「太予」原作「太子」，據舊五代史卷一四五樂志下、五代會要卷七論樂下改。

〔七二〕其餘五律謂之啞鍾　「律」原作「調」，據舊五代史卷一四五樂志下、五代會要卷七論樂下改。

〔七三〕以爲衆管互吹　「互」原作「至」，據舊五代史卷一四五樂志下、五代會要卷七論樂下改。

〔七四〕宮聲長九尺張絃　「宮」原作「宣」，據五代會要卷七論樂下改。

〔七五〕設柱爲林鍾　「爲」原作「如」，據舊五代史卷一四五樂志下、五代會要卷七論樂下、册府元龜卷五七〇掌禮部作樂六改。

〔七六〕十二律中　「律」原作「聲」，據舊五代史卷一四五樂志改。

〔七七〕惟宮也　「也」字原脱，據舊五代史卷一四五樂志下、册府元龜卷五七〇掌禮部作樂六補。

〔七八〕取合真音　「真」原作「其」，據宋會要樂一之一、群書考索前集卷五〇樂名類改。

〔七九〕知樂聲之高　「知」原作「作」，據宋會要樂一之一、群書考索前集卷五〇樂名類改。

〔八〇〕由是重造十二律管　「造」原作「法」，據宋會要樂一之一、群書考索前集卷五〇樂名類改。

〔八一〕馮元等上新修景祐廣樂記　「記」原作「訖」，據宋史卷一二七樂志二、群書考索前集卷五〇樂名類改。

〔八二〕逸等止用大者　「止」原作「上」，據宋史卷七一律曆志四改。

〔八三〕漢志有備數　「志」原作「制」，據宋史卷七一律曆志四改。

〔八四〕而隋氏銷毀金石　「銷」原作「鑄」，據宋史卷七一律曆志四改。

〔八五〕惟有法錢而已　「法」原作「漢」，據宋史卷七一律曆志四改。

〔八六〕稽合唐制　「合」原作「古」，據宋史卷七一律曆志四改。

〔八七〕今以五行旋相相生法　「五行」與「旋相」原倒，據宋史卷七一律曆志四乙正。

〔八八〕推以旋相之法　「推」上原衍「庶」字，據宋史卷七一律曆志四刪。

〔八九〕河東之人謂之黑禾　「禾」，宋史卷七一律曆志四作「米」，長編卷一七二皇祐四年六月乙酉條作「麻」，宋會要樂二之二五作「黍」。

〔九〇〕先儒皆言律空徑徑三分　「律」字原脱，據宋史卷七一律曆志四補。

〔九一〕分寸尺丈　「丈」原作「文」，據宋史卷七一律曆志四、長編卷一七二皇祐四年六月乙酉條改。

〔九二〕好三寸以爲度　「度」原作「尺」，據周禮玉人改。

〔九三〕今以周尺六尺四寸爲步　「六尺」原作「六十」，據禮記王制、長編卷一七二皇祐四年六月乙酉條改。

〔九四〕大鐘十分　「鐘」字原脱，據周禮鳧氏補。

〔九五〕鎮以爲必得秠然後制律　「鎮」字原脱，據宋會要樂一之三〇補。「秠」，同書作「秬」。

〔九六〕幸景仁教之　「幸」原作「若」，據元本、慎本、馮本改。

〔九七〕一君實曰　「一」字疑衍。

〔九八〕事非經見　「事」字原脱，據温國文正司馬公集卷六二答范景仁論養生及樂書補。

卷一百三十二　樂考五

律呂制度

朱晦庵儀禮經傳通解鍾律篇

黃帝使泠倫，自大夏之西，昆侖之陰，泠，音伶。倫，音綸。侖，盧昆反。應劭曰：「大夏，西戎之國也。」取竹於嶰溪之谷，以生而空竅厚薄均者，斷兩節間而吹之，以爲黃鍾之宮。嶰，胡買反。斷，音短。孟康曰：「嶰溪，昆侖之北谷名也。」晉灼曰：「取谷中之竹，生而肉孔外内厚薄自然均者，截以爲筩，不復加削刮也〔一〕。」師古曰：「黃鍾之宮，律之最長者。」今按，黃鍾之管長九寸，圍九分，徑三分四釐六毫。製十二筩以聽鳳凰之鳴，其雄鳴爲六，雌鳴亦六，以比黃鍾之宮，而皆可以生之，故曰黃鍾律呂之本。筩，大東反。比，頻寐反。師古曰：「比，合也。可以生之，謂上下相生也。」十一管皆生於黃鍾之宮，故曰律呂之本。其雄鳴者爲六律，曰黃鍾、太蔟、姑洗、蕤賓、夷則、無射；其雌鳴者爲六呂，曰大呂、夾鍾、中呂、林鍾、南呂、應鍾。於是文之以五聲，曰宮、商、角、徵、羽，播之以八音，曰金、石、土、革、絲、木、匏、竹，而大樂和矣。六呂，周禮作六同，國語作六間。鄭康成曰：「此十二者，以銅爲管，轉而相生，黃鍾爲首，其長九寸，各因而三分之，上生者益一分，下生者去一焉。」國語曰：「律所以立均出度也。古之神瞽考中聲而量之以制，度律均鍾。」言以中聲定律，以律立鍾之均。文之者以調五聲，使之相次如錦繡之有文章。播，猶揚也。揚之以八音，乃可得而觀之矣。金，鐘鎛也。石，磬也。土，壎也。革，鼓鼗也。絲，琴瑟也。木，柷敔也。匏，笙也。竹，管簫也。以之候氣，則埋之密室，面與地平，實以葭灰，覆以緹素，以候十有二月之中氣。冬至氣至，則黄鍾之管飛灰衝素。大寒以下，各以其月隨而應焉，而時序正矣。以之審度，則以子穀秬黍中者九十，度黄鍾之長，而以一黍之廣爲一分，十分爲寸，十寸爲尺，十尺爲丈，十丈爲引，而五度審矣。葭，居牙反。緹，他第反。應，去聲。秬，舊許反。下同。度，徒洛反。師古曰：「子穀，猶言穀子。秬，即黑黍也。中者，不大不小也。言取黑黍穀子大、小中者率爲分、寸也。」以之嘉量，則以子穀秬黍中者千有二百實其龠，以井水準其概。合龠爲合，十合爲升，十升爲斗，十斗爲斛，而五量嘉矣。量，音亮。龠，弋灼反。概，工代反。合音閤。孟康曰：「概欲其直，故以水平之。井水清，清則平也。」師古曰：「概所以概平斗斛之上者也。嘉，善也。」以之謹權衡，則以黄鍾一龠千二百黍之重爲十二銖，兩之得二十四銖而爲兩，十六兩爲斤，三十斤爲鈞，四鈞爲石，而五權謹矣。銖音朱。舜典曰：「協時月正日，同律度量衡。」此之謂也。以上用周禮、吕覽、漢志、隋志通修。

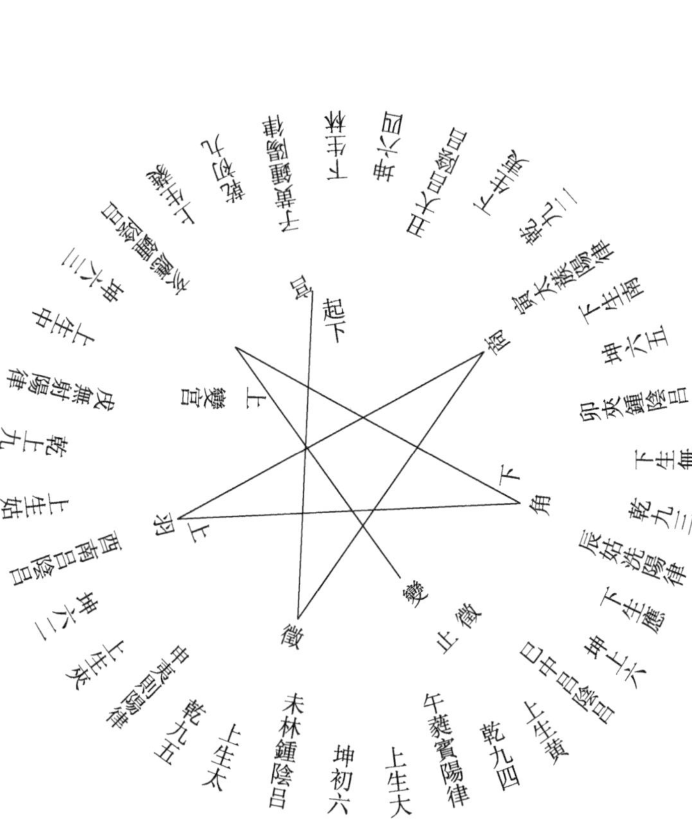

右十二律陰陽辰位相生次第之圖

傳後漢鄭康成曰：陽管爲律，陰管爲呂，布十二辰。子爲黃鍾，管圓九分，而長九寸，同位娶妻，隔八生子。下生者三分去一，上生者三分益一。黃鍾，乾之初九也，隔八而下生林鍾，坤之初六。林鍾又隔八而上生太蔟之九二。太蔟又下生南呂之六二，南呂又上生姑洗之九三，姑洗又下生應鍾之六三，應鍾又上生蕤賓之九四，蕤賓又上生大呂之六四，大呂又下生夷則之九五，夷則又上生夾鍾之六五，夾鍾又下生無射之上九，無射又上生中呂之上六。五下、六上，乃一終矣。

前漢司馬遷生黃鍾術曰〔二〕：「以下生者，倍其實，三其法。如黃鍾九寸，倍之則爲十八。三其法，則十八爲六，故下生林鍾，長六寸。以上生者，四其實，三其法。如林鍾六寸，四之則爲二十四。三其法，則二十四爲八，故上生太蔟，長八寸。上九，商八，羽七，角六，宮五，徵九。此十二字恐轉寫之誤，當作「宮九，徵六，商八，羽五，角七」十字。置一而九三之以爲法。實如法〔三〕，得長一寸。凡得九寸，命曰『黃鍾之宮』。置子之一，而九三之，至酉則得一萬九千六百八十三算，爲子之寸法矣。置子之實十七萬七千一百四十七算，而以寸法約之，則一萬九千六百八十有三算爲一寸，而通其實之，全數得九寸矣。故曰音始於宮，窮於角；數始於一，終於十，成於三；氣始於冬至，周而復生。」此諸儒無異說也。其論之不同者，今譜如左，覽者可以考其得失焉。

黃鍾	九寸 鄭說十分正寸。	子一分 黃鍾全律之數，凡十七萬七千一百四十七算。 史記生鍾分，因正寸展新分。	八寸七分一 七當作十 史記律數，計新分借舊寸。	九寸 今依生鍾法，約定分、釐、毫、絲、忽，皆以十爲九而止。
大呂	八寸二百四十三分寸之一百四	丑三分二 以三乘子數得三，爲子之絲法。又三分子數而去一得二爲林鍾。林鍾未律，丑之衝也，凡陰律放此，凡一十一萬八千九十八算。	七寸五分三分一 一當作二	八寸三分七釐六毫

續表

太蔟	八寸	寅九分八以三乘三得九，爲子之寸數。又三分二而益一得八爲太蔟，凡一十五萬七千四百六十四算。	七寸七分二七當作十	八寸
夾鍾	七寸二千一百八十七分寸之千七十五	卯二十七分十六以三以乘寅上數，得二十七，爲子之毫法。又三分寅下數而去一，得此下數爲南吕，凡十萬四千九百七十六算。	六寸一分三分一一當作七	七寸四分三釐七毫三絲
姑洗	七寸九分寸之一	辰八十一分六十四以三乘卯上數，得此上數，爲子之分數。又三分卯下數而益一，得此下數而爲姑洗，凡一十三萬九千九百六十八算。	六寸七分四七當作十	七寸一分
中吕	六寸萬九千六百八十三分寸之萬二千九百七十四	巳二百四十三分一百二十八以三乘辰上數得此上數，爲子之釐法。又三分辰下數而去一，得此下數爲應鍾，凡九萬三千三百一十二算。	五寸九分三分二	六寸五分八釐三毫四絲三分絲之二

續表

蕤賓	六寸八十一分寸之二十六	午七百二十九分五百一十二（以三乘巳上數得此上數，爲子之釐數。又三分以下數而益一，得此下數爲蕤賓，凡一十二萬四千四百一十六算。）	五寸六分三分一（一當作二）	六寸二分八釐
林鍾	六寸	未二千一百八十七分一千二十四（以三乘午上數得此上數，爲子之分法。又三分午下數而去一，得此下數爲大吕，凡一十六萬五千八百八十八算。）	五寸七分四（七當作十）	六寸
夷則	五寸七百二十九分寸之四百五十一	申六千五百六十一分四千九十六（以三乘未上數得此上數，爲子之毫數。又三分未下數而益一，得此下數爲夷則，凡一十一萬五百九十二算。）	五寸四分三分二（四分字衍）	五寸五分五釐一毫

續表

南呂	五寸三分寸之一	酉一萬九千六百八十三分八千一百九十二以三乘申上數，得此上數，爲子之寸法。又三分申下數而去一，得此下數爲夾鍾，凡一十四萬七千四百五十六算。	四寸七分八七當作十	五寸三分
無射	四寸六千五百六十一分寸之六千五百二十四	戌五萬九千四十九分三萬二千七百六十八以三乘酉上數，得此上數，爲子之絲數。又三分酉下數而益一，得此下數爲無射，凡九萬八千三百四算。	四寸四分三分二	四寸八分八釐四毫八絲
應鐘	四寸二十七分寸之二十	亥十七萬七千一百四十七分六萬五千五百三十六以三乘戌上數，得此上數，爲子之實。又三分戌下數而去一，得此下數爲中吕，凡一十三萬一千七十二算。	四寸二分三分二	四寸六分六釐

右十二律分寸釐毫絲數。今按：鄭氏與太史公說不同。太史二說又自爲異，而今皆取之。且以鄭先於馬者，鄭氏之言，分寸審度之正法也；太史公之言，欲其便於損益而爲假設之權制也。蓋律管之長，以九爲本，上下相生，以三爲法；而鄭氏所用正法，破一寸以爲十分，而其下破分爲釐，破釐爲毫，破毫爲絲，破絲爲忽，皆必以十爲數。則其數中損益之際，皆有餘分。雖有巧曆，終不能盡，是以自分而下，遂不可拆，而直以九相乘，歷十二管。至破一寸以爲一萬九千餘分，而後略可得而記焉。然亦苦於難記而易差，終不若太史公之法，爲得其要而易考也。蓋其以子爲一而十一三之，以至於亥，則得十七萬七千一百四十七算，而子爲全律之實可知矣。以寅爲子之寸數，而酉爲寸法，則其律有九寸可知矣。以辰爲子之分數，而未爲分法，則其寸有九分可知矣。以午爲子之釐數，而巳爲釐法，則其分有九釐可知矣。以申爲子之毫數，而卯爲毫法，則其釐有九毫可知矣。以戌爲子之絲數，而丑爲絲法，則毫有九絲可知矣。下而爲忽，亦因絲而九之。雖出權宜，而不害其得乎自然之數，以之損益，則三分之數整齊簡直，易記而不差也。其曰黃鍾八寸十分一者，亦放此意，但以正法之數，合其權法之分，故不同耳，其實則不異也。史記律數「十」誤作「七」者，五皆用本字而誤，屈其下垂之筆。本司馬貞、沈括之說，其夾、蕤、夷三律誤字，則今以算得之。

宮	商	角	徵	羽
土	金	木	火	水
君	臣	民	事	物
最下，最濁	次下，次濁	高下清濁之間	次高，次清	最高，最清

右五聲五行之象，清濁高下之次。傳，樂記：宮爲君，商爲臣，角爲民，徵爲事，羽爲物，五者不亂，則無怗懘之音矣。宮亂則荒，其君驕；商亂則陂，其臣壞；角亂則憂，其民怨；徵亂則哀，其事勤；羽亂則危，其財匱。五者皆亂，迭相陵，謂之慢。如此，則國之滅亡無日矣。凡聲濁者爲尊，清者爲卑。怗懘，敝敗不和貌。

宮	徵	商	羽	角
八十一	五十四	七十二	四十八	六十四
下生徵	上生商	下生羽	上生角	下生變宮

右五聲相生損益先後之次。史記律數曰〔四〕：「九九八十一以爲宮。三分去一，五十四以爲徵。三分益一，七十二以爲商。三分去一，四十八以爲羽。三分益一，六十四以爲角。」唐杜佑通典曰：「宮生徵，三分宮數八十一，分各二十七，下生者去一〔五〕，去二十七，餘有五十四，以爲徵，故徵數五十四也。徵生商，三分徵數五十四，則分各十八，上生者益一，加十八於五十四，得七十二，以爲商，故商數七十二也。商生羽，三分商數七十二，則分各二十四，下生者去一，去二十四，餘四十八，以爲羽，故羽數四十八也。羽生角，三分羽數四十八，則分各十六，上生者益一，加十六於四十八〔六〕，得六十四，以爲角，故角數六十四也。此五聲大小之次也。是黄鍾爲均，用五聲之法，以下十二辰，辰各有五聲，其爲宮商之法亦如之，故辰各有五聲，合爲六十聲，是十二律之正聲也。沈括疑史記此説止是黄鍾一均之數，非衆律之通法。今詳通典云十二辰，宮商之法亦如之。蓋若以十二律爲宮，亦用此數以乘之，本律之分數而損益之，林鍾爲均，則以八十一爲五十四，二十七爲十八之類也。

變宮説見下條

變宮	變徵
四十二餘九分分之六	五十六餘九分分之八
羽後宮前	角後徵前
上生變徵	

右二變相生之法。國語：「周景王問於伶州鳩曰：『七律者何？』」韋昭註曰：「周有七音：黄鍾爲宮，太蔟爲商，姑洗爲角，林鍾爲徵，南吕爲羽，應鍾爲變宮，蕤賓爲變徵。」後漢志説與此同。此説蓋以黄鍾爲法，餘律並準此。

淮南子曰：「姑洗生應鍾，比於正音，故爲和；應鍾生蕤賓，不比於正音，故爲謬。」今按：五聲相生，至於角位，則其數六十有四，隔八下生當得宮，前一位以爲變宮，然其數三分損一，每分各得二十有一，尚餘一分不可損益，故五聲之正，至此而窮。若欲生之，則須更以所餘一分析而爲九，損其三分之一分，乃得四十二分，餘九分，分之六而後得成變宮之數。又自變宮隔八上生當得徵，前一位其數五十有六，餘九分，分之八以爲變徵，正合相生之法。自此又當下生，則又餘二分，不可損益，而其數又窮。故立均之法，於是而終焉。然而二變但爲和謬，已不得爲正聲矣。

	正	半	變	變半
黄鍾	九寸	無	八寸七分八釐一毫六絲二忽不用	四寸三分八釐五毫三絲一忽
大吕	八寸三分七釐二毫	四寸一分八釐三毫		
太蔟	八寸	四寸	七寸八分二毫四絲四忽七初不用	三寸八分四釐五毫六絲六忽八初
夾鍾	七寸四分三釐七毫三絲	三寸六分六釐三毫六絲		
姑洗	七寸一分	三寸五分	七寸 一釐二毫二絲 二初二抄不用	三寸四分五釐一毫二絲 一初一抄

續表

中吕	六寸五分八釐三毫四絲六忽	三寸二分八釐六毫二絲二忽〔七〕		
蕤賓	六寸二分八釐	三寸一分四釐		
林鍾	六寸	三寸不用	五寸八分二釐四毫一絲一忽三初	二寸八分五釐六毫五絲六初
夷則	五寸五分五釐一毫	二寸七分二釐五毫		
南吕	五寸三分	二寸六分不用	五寸二分三釐一毫六絲一初六抄	二寸五分六釐七絲四忽五初三抄
無射	四寸八分八釐四毫八絲	二寸四分四釐二毫四絲		
應鍾	四寸六分六釐	二寸三分三釐不用	四寸六分　七毫四絲三忽一初四絲三分抄之一	二寸三分　三毫六絲六忽六抄三分抄之二不用

右十二律正變倍半之法。傳，通典曰：以子聲比正聲，則正聲爲倍；以正聲比子聲，則子聲爲半。如黄鍾之管，正聲九寸，子聲則四寸半也。十二正律各有一定之聲，而旋相爲宫，則五聲初無定位，高者或下，當下者或高，則宫、商失序，而聲不和諧，故取其半律以爲子聲當上生，而所生者短，則下取此以爲用。然以三分損益之法計之，則亦適合下生之數，而自此律又以其正律下生，則復得其本法，而於半律又合上生之數，此唯杜氏言之，而他書不及。黄鍾當以四寸半爲半律，而圖以爲無者，以九分之寸析至初抄，終無可紀之數也。林、南、應不用者，相生之不及也。此又杜氏所未言，故詳著之。又上下相

生之法者，以中吕之管長六寸，一萬九千六百八十三分寸之萬二千九百七十四。上生黄鍾，三分益一，不及正律九寸之數，但得八寸，五萬九千〇四十九分寸之五萬一千八百九十六，以爲黄鍾之變律，半之得四寸五萬九千〇四十九分寸之二萬五千九百四十八，以爲黄鍾變律之子聲。此依本文稍加詳潤，其不及至數，但「九」字以爲至之變律，「七」字變律之子聲，「五」字皆今所增入，本數猶用十分之寸計之，尚爲繁冗，今以九分之寸更定於圖内，而於此存其本文。又上下相生，以至中吕皆以相生所得之律寸數半之，以爲子聲之律。今按：蕤賓以下，中吕上生之所不及，故無變律，而唯黄、太、姑、林、南、應有之，計正變通十八律，各有半聲，爲三十六聲，其間又有八聲，雖有而無所用，實計二十八聲而已。杜氏又言變律上下相生，以至中吕。則是又當增十二聲，而合爲四十八聲，似太過而無所用也。今雅樂俗樂，皆有四清聲，其原蓋出於此。然欠八聲，且無變律，則其法又太疏略而用有不周矣。覽者詳之。漢志曰：「黄鍾不復與他律爲役者，黄鍾至尊，無與並也。」此言黄鍾唯於本宫用正律，若他律爲宫，則黄鍾之爲商、角、徵、羽二變者，皆但用其變律，而正律不復與之爲役也。此與通典變律之説相發明，而本志所言有未盡者，故剟其大要，附於此云。

	宫下生	徵上生	商下生	羽上生	角下生	變宫上生	變徵
第一宫	黄正	林正	太正	南正	姑正	應正	蕤正
第二宫	林正	太正半	南正	姑正半	應正	蕤正半	大正半
第三宫	太正	南正	姑正	應正	蕤正	大正半	夷正
第四宫	南正	姑正半	應正	蕤正半	大正半	夷正半	夾正半
第五宫	姑正	應正	蕤正	大正半	夷正	夾正半	無正

續表

第六宮	應正	蕤正半	大正半	夷正半	夾正半	無正半	中正半
第七宮	蕤正	大正半	夷正	夾正半	無正	中正半	黄變半
第八宮	大正	夷正	夾正	無正	中正	黄變半	林變
第九宮	夷正半〔八〕	夾正	無正	中正半	黄變半	林變半	太變半
第十宮	夾正	無正	中正	黄變半	林變	太變半	南變
第十一宮	無正	中正半	黄變半	林變〔九〕	太變半	南變〔一〇〕	姑變半
第十二宮	中正	黄變半	林變	太變半	南變	姑變半	應變

右旋宮八十四聲之圖。傳禮運曰：「五聲六律十二管旋相爲宮。」孔氏正義曰：「十二辰各自爲宮，各有五聲，十二管相生之次，至中呂而市，凡六十聲。」今按：孔氏以本文但云五聲十二管，故不及二變，而止爲六十聲。今增入二變二十四聲，合爲八十四聲。自唐以來，法皆如此云。

	爲宮	爲商	爲角	爲徵	爲羽	十二管自本律之外爲他律之四聲者，合其律爲調。
黄	於本律	於無	於夷	於中	於夾	以上黄宮五調，各用本均七聲，而以黄鍾起調，黄鍾畢曲，餘律倣此。
大	本律	應	南	蕤	姑	

續表

	太	本律	黄	無	林	中
	夾	本律	大	應	夷	蕤
	姑	本律	太	黄	南	林
	中	本律	夾	大	無	夷
	蕤	本律	姑	太	應	南
	林	本律	中	夾	黄	無
	夷	本律	蕤	姑	大	應
	南	本律	林	中	太	黄
	無	本律	夷	蕤	夾	大
	應	本律	南	林	姑	太

右六十調之圖。六十調即前旋宫圖内六十聲也。其二變二十四聲，非五聲之正，不可爲調，故止於六十也。

管子曰：「凡聽徵，如負猪豕覺而駭；凡聽羽，如鳴馬在野〔二〕；馬疑當作鳥。凡聽宫，如牛鳴窌中；窌，居郊反。凡聽商，如離群羊；凡聽角，如雉登木以鳴，音疾以清。「以鳴」下六字疑衍。凡將起五音，凡首，謂音之總先也。先主一而三之，四開以合九九，一而三之即四也。以是四開合於五音，九也。又九九之爲八十一也〔三〕。以是生黃鍾小素之首以成宮；素本宮八十一數，生黃鍾之宮，爲五音之本。三分而益之以一，爲百有八，爲徵；本八十一，益以三分之一，二十七，通前爲百有八〔一三〕，是爲徵數。今按：百有八半之，則爲五十四。有三分而去其乘，適足，以是生商；乘亦三分之一也，三分百八而去一，餘七十二，是商之數也。有三分而復於其所，以是成羽；三分七十二而益一分二十四，合爲九十六，是羽之數也。今按：九十六半之，則爲四十八。有三分而去其乘〔一四〕，適足，以是成角。」三分九十六，去其一分，餘六十四，是角之數。

太史公曰：「音樂者，所以動盪血脉，通流精神而和正心也。故宮動脾而和正聖，商動肺而和正義，角動肝而和正仁，徵動心而和正禮，羽動腎而和正智。故聞宮音，使人溫舒而廣大；聞商音，使人方正而好義；聞角音，使人惻隱而愛人；聞徵音，使人樂善而好施；聞羽音，使人整齊而好禮。」

漢志曰：「商之爲言章也，物成熟可章度也。師古曰：「度音大各反〔一五〕。」角，觸也，物觸地而出，戴芒角也。宮，中也，居中央，暢四方，倡始施生，爲四聲綱也。徵，祉也，物盛大而繁祉也。羽，宇也，物聚藏宇覆之也。夫聲者，中於宮，觸於角，祉於徵，章於商，宇於羽，故四聲爲宮紀也。協之五行，則角爲木，五常爲仁，五事爲貌。商爲金爲義爲言，徵爲火爲禮爲視，羽爲水爲智爲聽，宮爲土爲信爲思。以君臣民事物言之，則宮爲君，商爲臣，角爲民，徵爲事，羽爲物。唱和有象，故言君臣位事之體也。五聲之本，生於黃鍾之律。九寸爲宮，或損或益，以定商、角、徵、羽。九六相生，陰陽之應也。」

右明五聲之義。

伶州鳩曰：「律所以立均出度也。韋昭曰：「律謂六律、六呂也。陽爲律，陰爲呂。均者，均鍾，木長七尺，有絃繫之以均鍾者，度謂鍾之大小清濁也。漢大予樂官有之。」古之神瞽考中聲而量之以制，神瞽，古樂正，知天道者也。死以爲樂祖，祭於瞽宗，謂之神瞽〔一六〕。考，合也，謂合中和之聲而量度之以制樂。度律均鍾，百官軌儀。均，平也。軌，道也。儀，法也。度律，度律呂之長短，以平其鍾，和其聲，以立百事之道法也。故曰「律，度、量、衡於是乎生」。紀之以三，三，天、地、人。古者紀聲合樂，以舞天神、地祇、人鬼，故能神人以和。今按：此疑三分損益之法。平之以六，平之以六律也。上章曰「律以平聲」。成於十二。十二，律呂也。陰陽相扶，律娶妻而呂生子，上下相生之數備也。天之道也。天之大數不過十二。夫六，中之色也，故名之曰黃鍾，十一月，黃鍾，乾初九。六者，天地之中。天有六氣，降生五味。天有六甲，地有五子，十一而天地畢矣。而六爲中，故六律、六呂而成天道。黃鍾初九，六律之首。故以六律正色爲黃鍾之名，重元正始之義也。黃鍾，陽之變也。管長九寸，徑三分，圍九分，律長九寸，因而九之。九九八十一，故黃鍾之數立焉，爲宮。法云九寸之一〔一七〕，得林鍾初六，六呂之首，陰之變，管長六寸。六月之律，坤之始也，故九六，陰陽，夫婦，子母之道。是以初九爲黃鍾。黃，中之色也。鍾言陽氣鍾聚於下也〔一八〕。今按：六字之義，註雖粗通，然似亦太牽合矣。下章，漢志正作「黃」字，而其他說亦多出此。疑此「六」字，本是「黃」字。劉歆時尚未誤，至韋昭作註時，乃滅其上之半而爲六耳。又注云「九寸之一」，亦疑有誤，當是「去其三分之一」。所以宣養六氣、九德也。宣，徧也。六氣，陰、陽、風、雨、晦、明也。九德，九功之德，水、火、金、木、土、穀、正德、利用、厚生。十一月陽伏於下〔一九〕，物始萌，於五聲爲宮。含元處中，所以徧養六氣、九德之本也。由是第之。由，從也。第，次也，次奇月也〔二〇〕。二曰太蔟，正月，太蔟，乾九二也。管長八寸，法云九分之八。太蔟，言陽氣太蔟達於上。所以金奏，贊陽出滯也。贊，佐也。賈唐云：「太蔟正聲爲商，故爲金奏，所以佐陽發、出滯伏也。」明堂月令：正月「蟄蟲始震」。三曰姑洗，所以修潔百物，考神納賓也。三月，姑洗，乾九三也。管長七寸一分，律長七寸九分寸之一。姑，潔也。洗，濯也。考，合也。言陽氣養生，洗濯其枯穢，改柯易葉也。於正聲爲角。是月百物修潔，故用之宗廟，合致神人，用之享宴，可以納賓也。四曰蕤賓，所以安靖神人，獻酬交酢也。五月，蕤賓，乾九四也。管長六寸三分，律長六寸八十一分寸之二十六。蕤，委柔貌也〔二一〕。言陰氣爲主，委柔於下，陽氣盛長於上，有似於賓主，故可用之宗廟賓客，以安靜神人行酬酢也。酬，勸。酢，報也。五曰夷則，所以咏歌九則，平民無貳也。七月，夷則，乾九五也。管長五寸六分，律長五寸七百二十九分寸之四百五十一。夷，平也。則，法也。言萬物既成，可法則也。故可以咏歌九功之則，成民之志，使無疑貳也。六曰無射，所以宣布哲人之令德，示民軌儀也。九月，無射，乾上九也。管長四寸九分，律長四寸六千五百六十一分寸之六千五百二十四。宣，徧也。儀，法也。九月陽氣上升，陰氣收藏，萬物無厭已者〔二二〕，故可以徧布前哲之令德〔二三〕，示民道法也。爲之六間，以揚沉伏而黜散越也；六間，六呂在陽律之間。沉，滯也。黜，去也。越，揚也。呂，陰律，所以侶間陽律，成其功，發揚滯伏之氣而去散越者也。伏則不宣，散則不和。陰陽序次，風雨時至，所以生物者也。元間大呂，助宣物也；十二月，大呂，坤六四也。管長八寸八分，律長四寸二百四十三分寸之七十，倍之爲八寸二百四十三分寸之一百四十，下生律〔二四〕。元，一也。陰繫於陽，以黄鍾爲主，故曰元間。以陽爲首，不名其物〔二五〕，臣歸功於上之義也。大呂助陽宣物也。天氣始於黄鍾，萌而赤；地受之於大呂，牙而白，成黄鍾之功也。二間夾鍾，出四隙之細也。二月，夾鍾，坤六五也。管長七寸四分，律長三寸二千一百八十七分寸之一千六百三十一，倍之爲七寸二千一百八十七分寸之一千七十五。隙，間也。夾鍾助陽。鍾，聚也〔二六〕。四隙，四時之間氣微細者。春爲陽中，萬物始生，四時之微氣皆始於春〔二七〕。春發而出之，三時奉而成之，故夾鍾出四時之微氣也。三間中呂，宣中氣也〔二八〕。四月，中呂，坤上六也。管長六寸六分，律長三寸萬九千六百八十三分寸之六千四百八十七，倍之爲六寸一萬九千六百八十三分寸之萬二千九百七十四。陽氣起於中，至四月宣散於外，純乾用事，陰閉藏於內，所以助陽成功也。故曰正月。正月〔二九〕，正陽之月也。四間林鍾，和展百事，俾莫不任肅純恪也。六月，林鍾，坤初六也。管長六寸，律長六寸。林，盛也，言萬物衆盛也〔三〇〕。鍾，聚也。於正聲爲徵。展，審也。俾，使也。肅，速也。純，大也。恪，敬也。言時務和審，百事無有僞詐，使莫不任其職事，速其功，大敬其職也。五間南呂，贊陽秀也。八月，南呂，坤六二也。管長五寸三分，律長五寸三分寸之一。榮而不實曰秀。南，任也。陰任陽事，助成萬物。贊，佐也。六間應鍾，均利器用，俾應復也。十月，應鍾，坤六三也。管長四寸七分，律長四寸二十七分寸之二十，言陰應陽用事，萬物鍾聚，百器具備〔三一〕，時務均利，百官器用、程度庶品，使皆應其禮，復其常也。月令：「孟冬，命工師效功，陳祭器。按程度，毋作淫巧，以蕩上心，必功致爲上也。」律呂不易，無姦物也。律呂不變易其正，各順其時，則神無姦行，物無害生也。周語。

漢志曰：「律十有二，陽六爲律，陰六爲呂。律以統氣類物，呂以旅陽宣氣。黃鍾：黃者〔三二〕，中之色，君之服也；鍾者，種也〔三三〕。天之中數五，韋昭曰：「一三在上，七九在下。」五爲聲，聲上宮，五聲莫大焉。地之中數六，韋昭曰：「二四在上，八十在下。」六爲律，律有形有色，色上黃，五色莫盛焉。故陽氣施種於黃泉，孳萌萬物，師古曰：「孳讀與滋同。滋，益也。萌，始生。」爲六氣元也。以黃色名元氣律者，著宮聲也。宮以九唱六，孟康曰：「黃鍾陽九，林鍾陰六，言陽唱陰和。」變動不居，周流六虛。始於子，在十一月。大呂：呂，旅也，言陰大，旅助黃鍾，宣氣而牙物也。位於丑，在十二月。太蔟：蔟，奏也，言陽氣大，奏地而達物也〔三四〕。師古曰：「奏，進也。」位於寅，在正月。夾鍾，言陰夾助太蔟宣四方之氣而出種物也。位於卯，在二月。姑洗：洗，潔也，言陽氣洗物辜潔之也。孟康曰：「辜，必也，必使之潔也。」位於辰，在三月。中呂，言微陰始起未成，著於其中旅助姑洗宣氣齊物也。位於巳，在四月。蕤賓：蕤，繼也，賓，導也，言陽始導陰氣使繼養物也〔三五〕。位於午，在五月。林鍾：林，君也，言陰氣受任，助蕤賓君主種物使大楙盛也。師古曰：「種物，種生之物。楙，古茂字也。種音之勇反。」位於未，在六月。夷則：則，法也，言陽氣正法度而使陰氣夷當傷之物也。師古曰：「夷亦傷。」位於申，在七月。南呂：南，任也，言陰氣旅助夷則任成萬物也。位於酉，在八月。亡射：射，厭也，言陽氣究物而使陰氣畢剥落之，終而復始，亡厭已也。位於戌，在九月。應鍾，言陰氣應亡射，該臧萬物而雜陽閡種也。孟康曰：「閡〔三六〕，臧塞也。陰雜陽氣，臧塞爲萬物作種也。」晉灼曰：「外閉曰閡。」師古曰：「閡音胡待反，下言『該閡於亥』，音訓並同也。」位於亥，在十月。」

「三統者，天施，地化，人事之紀也。李奇曰：「統，緒也。」十一月，乾之初九，陽氣伏於地下，始著爲一，萬物萌動，鍾於太陰，故黄鍾爲天統，律長九寸。九者，所以究極中和，爲萬物元也。易曰：『立天之道，曰陰與陽。』六月，坤之初六，陰氣受任於太陽，繼養化柔，萬物生長，楙之於未，令種剛强大，故林鍾爲地統，律長六寸。六者，所以含陽之施，楙之於六合之内，令剛柔有體也。『立地之道，曰柔與剛。』『乾知大始，坤作成物。』正月，乾之九三，萬物棣通，孟康曰：「棣，謂通意也。」師古曰：「棣音替。」蔟出於寅，人奉而成之，仁以養之，義以行之，令事物各得其理。寅，木也，爲仁；其聲，商也，爲義。故太蔟爲人統，律長八寸，象八卦，宓戲氏之所以順天地，通神明，類萬物之情也。『立人之道，曰仁與義。』『在天成象，在地成形。』『后以裁成天地之道，輔相天地之宜，以左右民。』此三律之謂矣，是爲三統。」

「其於三正也，黄鍾子爲天正，師古曰：「正音之成反。下皆類此。」林鍾未之衝丑爲地正，太蔟寅爲人正。三正正始，是以地正適其始紐於陽東北丑位。易曰：『東北喪朋，廼終有慶』，孟康曰：「未在西南，陽也，陰而入陽，爲失其類也。」答應之道也。及黄鍾爲宫，則太蔟、姑洗、林鍾、南吕皆以正聲應，無有忽微，孟康曰：「忽微，若有若無〔三七〕，細於髮者也。謂正聲無有殘分也。」不復與他律爲役者，同心一統之義也。非黄鍾而他律，雖當其月自宫者，則其和應之律有空積忽微，孟康曰：「十二月之氣各以其月之律爲宫，非五音之正，則聲有高下差降也。空積，若鄭氏分一寸以爲數千。」不得其正。此黄鍾至尊，亡與並也。」

「易曰：『參天兩地而倚數。』師古曰：「易説卦之辭也。倚，立也。參謂奇也，兩謂耦也。七九陽數，六八陰數。」天之數始於一，終於二十有五。其義紀之以三，故置一得三，又二十五分之六，凡二十五置，終天之數，得八十一，以天地五位之合終於十者乘之，爲八百一十分，應歷一統孟康曰：「十九歲爲一章，一統凡八十一章。」千五百三十九歲之章數，黄鍾之實也。繇此之義，師古曰：「繇讀與由同。由，用也。」起十二律之周徑。孟康曰：「律孔徑三分，參天地之數也；圍九分，終天之數也。」地之數始於二，終於三十。其義紀之以兩，故置一得二，凡三十置，終地之數，得六十，以地中數六乘之，爲三百六十分，當期之日，林鍾之實。孟康曰：「林鍾長六寸，圍六分。以圍乘長，得積三百六十分也。」師古曰：「期音基。謂十二月爲一期也。」人者，繼天順地，序氣成物，統八卦，調八風，理八政，正八節，諧八音，舞八佾，監八方，被八荒，以終天地之功，故八八六十四。其義極天地之變，以天地五位之合終於十者乘之，爲六百四十分，以應六十四卦，太蔟之實也。孟康曰：「太蔟長八寸，圍八分，爲積六百四十分也。」書曰：『天工人其代之。』師古曰：「虞書咎繇謨也。言聖人稟天造化之功代而行之。」天兼地，人則天，故以五位之合乘焉，『唯天爲大，唯堯則之』之象也。師古曰：「則，法也。美帝堯能法天而行化〔三八〕。」地以中數乘者，陰道理内，在中餽之象也。師古曰：「餽字與饋同。易家人卦六二爻辭曰『无攸遂，在中饋』，言婦人之道，取象於陰，無所必遂，但居中主饋食而已，故云然。」三統相通，故黄鍾、林鍾、太蔟律長皆全寸而亡餘分也。天之中數五，地之中數六，而二者爲合。六爲虚，五爲聲，周流於六虚。虚者，爻律夫陰陽，登降運行，列爲十二，而律吕和矣。」

右明十二律之義。十二律之名，必有深指。然國語、漢志所言，如此支離附合，恐非本真。今姑存之，不足深究也。

黄鍾之實九寸。　下生者，倍其實，得十八爲法。　三分其法，得一者六，爲六寸，以爲林鍾。

林鍾之實六寸。　上生者，四其實，得二十四以爲法。　三分其法，得一者八，爲八寸，以爲太蔟。

太蔟之實八寸。　下生者，倍其實，得十六以爲法。　三其一，得三以分其法。　用十五，得三者五，爲五寸。　餘一，爲三分寸之一。　合之爲南呂。

南呂之實五寸三分寸之一。計十六分。　上生者，四其實，得六十四以爲法。　三其三得九以分其法。　用六十三，得九者七，爲七寸。　餘一，爲九分寸之一。　合之爲姑洗。

姑洗之實七寸九分寸之一。計六十四分。　下生者，倍其實，得一百二十八以爲法。　三其九，得二十七以分其法。　用一百八，得二十七者四，爲四寸。　餘二十，爲二十七分寸之二十。　合之爲應鍾。

應鍾之實四寸二十七分寸之二十。計一百二十八分。　上生者，四其實，得五百十二以爲法。　三其二十七，得八十一以分其法。　用四百八十六，得八十一者六，爲六寸。　餘二十六爲八十一分寸之二十六。　合之爲蕤賓。

蕤賓之實六寸八十一分寸之二十六。計五百十二分。　上生者，四其實，得二千四十八以爲法。　三其八十一，得二百四十三以分其法。　用一千九百四十四，得二百四十三者八，爲八寸。　餘一百四爲二百四十三分寸之一百四。　合之爲大呂。

大呂之實八寸二百四十三分寸之一百四。計二千四十八分。　下生者，倍其實，得四千九十六以爲法。三其二百四十三，得七百二十九以分其法。用三千六百四十五，得七百二十九者五，爲五寸。餘四百五十一爲七百二十九分寸之四百五十一。合之爲夷則。

夷則之實五寸七百二十九分寸之四百五十一。計四千九十六分。上生者，四其實，得一萬六千三百八十四以爲法。三其七百二十九，得二千一百八十七以分其法。用一萬五千三百九得二千一百八十七者七，爲七寸。餘一千七十五爲二千一百八十七分寸之一千七十五。合之爲夾鍾。

夾鍾之實七寸二千一百八十七分寸之一千七十五。計一萬六千三百八十四分。下生者，倍其實，得三萬二千七百六十八以爲法。三其二千一百八十七，得六千五百六十一以分其法。用二萬六千二百四十四，得六千五百六十一者四，爲四寸。餘六千五百二十四爲六千五百六十一分寸之六千五百二十四。合之爲無射。

無射之實四寸六千五百六十一分寸之六千五百二十四。計三萬二千七百六十八分。上生者，四其實，得十三萬一千七十二以爲法。三其六千五百六十一，得一萬九千六百八十三以分其法。用十一萬八千九十八，得一萬九千六百八十三者六，爲六寸。餘一萬二千九百七十四爲一萬九千六百八十三分寸之一萬二千九百七十四。合之爲中呂。

中呂之實六寸一萬九千六百八十三分寸之一萬二千九百七十四。計十三萬一千七十二分。上生者，四其實，得五十二萬四千二百八十八以爲法。三其一萬九千六百八十三，得五萬九千四十九以分其法。用四十七萬二千三百九十三，得五萬九千四十九者八，爲八寸。餘五萬一千八百九十六爲五萬九千四十九分寸之五萬一千八百九十六。　合之爲黄鍾之變。

右律寸舊法。本周禮鄭玄註及杜佑通典法推之，定爲此數。

黄鍾之實九寸。　三分其實，得三以爲法。　下生者，倍其法，得六寸，以爲林鍾。

林鍾之實六寸。　三分其實，得二以爲法。　上生者，四其法，得八寸，以爲太蔟。

太蔟之實八寸。　三分其實，得二寸六分以爲法。　下生者，倍其法，得五寸三分，以爲南吕。凡言分者，皆九分寸之一。

南吕之實五寸三分。　三分其實，得寸七分以爲法。　上生者，四其法，得四寸二十八分。内收二十七分得三寸。　合之得七寸一分以爲姑洗。

姑洗之實七寸一分。　三分其實，得二寸三分三釐以爲法。　下生者，倍其法，得四寸六分六釐，以爲應鍾。凡言釐者，皆九分分之一。

應鍾之實四寸六分六釐。　三分其實，得一寸五分二釐以爲法。　上生者，四其法，得四寸二十分八釐。内收十八分爲二寸。　合之得六寸二分八釐，以爲蕤賓。

蕤賓之實六寸二分八釐。　三分其實，得二寸八釐六毫以爲法。　上生者，四其法，得八寸三十二釐二十四毫。内收二十七釐爲三分，又收十八毫爲二釐。　合之得八寸三分七釐六毫，以爲大吕。凡言毫者，皆九分釐之一。

大吕之實八寸三分七釐六毫。　三分其實，得二寸七分二釐五毫以爲法。　下生者，倍其法，得四寸十四分四釐十毫。內收九分爲一寸，又收九毫爲一釐。　合之得五寸五分五釐一毫，以爲夷則。

夷則之實五寸五分五釐一毫。　三分其實，得一寸七分七釐六毫三絲以爲法。　上生者，四其法，得四寸二十八分二十八釐二十四毫十二絲。內收二十七分爲三寸，又收二十七釐爲三分，又收十八毫爲二釐，又收九絲爲一毫。　合之得七寸四分三釐七毫三絲，以爲夾鍾。凡言絲者，皆九分毫之一。

夾鍾之實七寸四分三釐七毫三絲。　三分其實，得二寸四分四釐二毫四絲以爲法。　下生者，倍其法，得四寸八分八釐四毫八絲，以爲無射。

無射之實四寸八分八釐四毫八絲。　三分其實，得一寸五分八釐七毫五絲六忽以爲法。　上生者，四其法，得四寸二十分三十二釐二十八毫二十絲二十四忽。內收十八分爲二寸，又收二十七釐爲三分，又收二十七毫爲三釐，又收十八忽爲二絲。　合之得六寸五分八釐三毫四絲六忽，以爲中呂。凡言忽者，皆九分絲之一。

中呂之實六寸五分八釐三毫四絲六忽。　三分其實，得二寸一分八釐七毫一絲五忽以爲法。　上生者，四其法，得八寸七分八釐一毫六絲二忽，以爲黃鍾之變。

右律寸新法。本太史公律書生鍾分，蔡元定以寸分釐毫絲忽約之，得此法。　子一，黃鍾之律。　丑三爲絲法。　寅九爲寸數。　卯二十七爲毫法。　辰八十一爲分數。　巳二百四十三爲釐法。　午七百二十九爲釐數。　未二千一百八十七爲分法。　申六千五百六十一爲毫數。　酉一萬九千六百八十三爲寸法。　戌五萬九千　四十九爲絲數。　亥一十七萬七千一百四十七，黃鍾之實。

右黃鍾寸分數法。蔡元定曰：「按，黃鍾九寸，以三分爲損益，故以之歷十二辰，得一十七萬七千一百四十七，爲黃鍾之實。其十二辰所得之數，在子、寅、辰、午、申、戌六陽辰爲黄鍾寸、分、毫、釐之數。在亥、酉、未、巳、卯、丑六陰辰爲黄鍾寸、分、釐、毫、絲之法。其寸、分、釐、毫、絲之法，皆用九數，故九絲爲毫，九毫爲釐，九釐爲分，九分爲寸，九寸爲黄鍾。蓋黄鍾之實一十七萬七千一百四十七之數，以三約之，爲絲者五萬九千四十九；以二十七約之，爲毫者六千五百六十一；以二百四十三約之，爲釐者七百二十九；以二千一百八十七約之，爲分者八十一；以一萬九千六百八十三約之，爲寸者九。由是三分損益，以生十一律焉。或曰：『徑圍之分，以十爲法，而相生之分、釐、絲、忽，以九爲法者，何也？』曰：『以十爲法者，天地之全數也。以九爲法者，因三分損益而立也。』全數者即十，而取九相生者，約十而爲九。即十而取九者，體之所以立，約十而爲九者，用之所以行，體者所以定中聲，用者所以生十一律也。」

子一分。一爲九寸。　丑三分二。一爲三寸。　寅九分八。一爲一寸。　卯二十七分十六。三爲一寸，一爲三分。　辰八十一分六十七。九爲一分〔三九〕。一爲一分。　巳二百四十三分一百二十八。二十七爲一寸，三爲一分。一爲三釐。　午七百二十九分五百一十二。八十一爲一寸，三爲一分。一爲一釐。　未二千一百八十七分一千二十四。二百四十三爲一寸，二十七爲一分，三爲一釐。一爲三毫。　申六千五百六十一分四千九十六。七百二十九爲一寸，八十一爲一分，九爲一釐。一爲一毫。　酉一萬九千六百八十三分八千百九十二。二千一百八十七爲一寸，二百四十三爲一分，二十七爲一釐，三爲一毫。一爲三絲。　戌五萬九千四十九分三萬二千七百六十八。六千五百六十一爲一寸，七百二十九爲一分，八十一爲一釐，九爲一毫，一爲一絲。　亥一十七萬七千一百四十七分六萬五千五百三十六。一萬九千六百八十三爲一寸，二千百八十七爲一分，二百四十三爲一釐，二十七爲一毫，三爲一絲。一爲三忽。

校勘記

〔一〕不復加削刮也　「刮」字原脱，據漢書卷二一上律曆志上晉灼注、儀禮經傳通解鐘律篇補。

〔二〕前漢司馬遷生黄鍾術曰　「黄」字原脱，據史記卷二五律書、儀禮經傳通解鐘律篇補。

〔三〕實如法　「實」字原脱，據史記卷二五律書、儀禮經傳通解鐘律篇補。

〔四〕史記律數曰　「律」原作「聲」，據史記卷二五律書、儀禮經傳通解鐘律篇改。

〔五〕下生者去一　「者」字原脱，據通典卷一四三樂典、儀禮經傳通解鐘律篇補。

〔六〕加十六於四十八　「四」字原重，據通典卷一四三樂典、儀禮經傳通解鐘律篇删。

〔七〕三寸二分八釐六毫二絲二忽　「二忽」原作「三忽」，據儀禮經傳通解鐘律篇改。

〔八〕夷正半　「半」字原脱，據儀禮經傳通解鐘律篇補。

〔九〕林變　「變」旁原有「半」字，據儀禮經傳通解鐘律篇删。

〔一〇〕南變　「變」旁原有「半」字，據儀禮經傳通解鐘律篇删。

〔一一〕如鳴馬在野　「野」原作「樹」，據管子地員注改。

〔一二〕又九九之爲八十一也　下一「九」字原脱，據管子地員注補。

〔一三〕通前爲百有八　「爲」字原脱，據管子地員注補。

〔一四〕有三分而去其乘　「其」字原脱，據管子地員注補。

〔一五〕度音大各反　「各」原作「角」，據漢書卷二一上律曆志上師古注改。

〔一六〕謂之神瞽　「神」字原脱，據國語周語下注補。

〔一七〕法云九寸之一　「云」原作「去」，據元本、慎本、馮本及國語周語下注改。

〔一八〕鍾言陽氣鍾聚於下也　「鍾」下原衍「之」字，據國語周語下注删。

〔一九〕十一月陽伏於下　「一」原作「二」，據元本、慎本、馮本及國語周語下注改。

〔二〇〕次奇月也　「奇」原作「其」，據國語周語下注改。

〔二一〕蕤委柔貌也　「委」下原衍「蕤」字，據國語周語下注删。下同。

〔二二〕萬物無厭已者　「厭已」，國語周語下注作「射見」。

〔二三〕可以徧布前哲之令德　「令」字原脱，據國語周語下注補。

〔二四〕下生律　「下」字原脱，據國語周語下注補。

〔二五〕不名其物　「物」原作「初」，據國語周語下注改。

〔二六〕鍾聚也　「也」上原衍「曲細」二字，據國語周語下注删。

〔二七〕四時之微氣皆始於春　「微」字原脱，據國語周語下注補。

〔二八〕宣中氣也　「也」字原脱，據國語周語下注補。

〔二九〕正月　二字原脱，據國語周語下注補。

〔三〇〕林盛也言萬物衆盛也　上「盛」字，國語周語下注作「衆」。「言萬物衆盛也」六字原脱，據同書補。

〔三一〕百器具備　「器」原作「嘉」，據國語周語下注改。

〔三二〕黄者　「黄」字原脱，據漢書卷二一上律曆志上補。

〔三三〕鍾者種也　「種」原作「鍾」，據漢書卷二一上律曆志上改。

〔三四〕奏地而達物也　「達」原作「牙」，據元本、慎本、馮本及漢書卷二一上律曆志上改。

〔三五〕言陽始導陰氣使繼養物也　「陽」字原脱，據元本、慎本、馮本及漢書卷二一上律曆志上補。

〔三六〕閡　原作「該」，據漢書卷二一上律曆志上孟康注改。

〔三七〕若有若無　上「若」字原脱，據漢書卷二一上律曆志上注補。

〔三八〕美帝堯能法天而行化　「堯」字原脱，據漢書卷二一上律曆志師古注補。

〔三九〕九爲一分　「分」疑爲「十」之誤。

卷一百三十三　樂考六

度量衡

虞書：「同律度量衡。」

王制：「古者以周尺八尺爲步，今以周尺六尺四寸爲步。」注：周尺之數，未詳聞也。按禮制，周以十寸爲尺，蓋六國時多變亂法度，或言周尺八寸。疏：「鄭註十寸爲尺。按玉人職云：鎮圭尺有二寸。又云：桓圭九寸。是周猶以十寸爲尺也。今經云：以周尺六尺四寸爲步。乃是六十四寸，則謂周八寸爲尺也。」

考工記：「㮚氏爲量，改煎金錫則不耗。不耗然後權之，權之然後準之，準之然後量之。改煎，重煎也。重煎而不減耗，然後秤分之。秤金多少以擬鑄器也。已秤則知輕重，然後更擊鍛金，令平正之，齊其金之大小也。既準訖，量金計入模中鑄作也。量之以爲鬴，深尺，內方尺而圜其外，其實一鬴。以其容爲之名也。四升曰豆，四豆曰區，四區曰鬴。鬴，六斗四升。鬴十則鍾。方尺積千寸，於今粟米法計少二升八十一分。升之二十二其數必容鬴。此言大方耳〔一〕。圜其外者爲之脣。其臀一寸，其實一豆。謂覆之其底深一寸。其耳三寸，其實一升。耳在旁可舉也。重一鈞。重三十斤。其聲中黃鍾之宮，應律之首。概而不稅。」今百姓得以量而不租稅。

沙隨程氏曰：「鬴銅重一鈞，深尺，內方尺，其聲中黃鍾之宮，豈扣擊而得其聲否乎？又，漢斛重二鈞，方尺，以圜函方，聲中黃鍾。夫龠管小差，已不得其調。周鬴漢斛，相去甚遠，乃俱脗合黃鍾，此愚所未解也。有告迥曰：『以聲定龠若鬴斛。』則是離合其數，與黃鍾之聲會耳，非扣擊而得其聲也。」

齊舊四量：豆、區、釜、鍾。四升爲豆，各自其四，以登於釜。四豆爲區，區斗六升。四區爲釜，釜六斗四升。登，成也。量音亮，區，烏侯反。釜十則鍾。六斛四升。陳氏三量皆登一焉，鍾乃大矣。登，加也。加一，謂加舊量之一也。以五升爲豆，四豆爲區，四區爲釜，則區二斗，釜八斗，鍾八斛。舊本以五升爲豆，四豆爲區，四區爲釜，直加豆爲五升，而區、釜自大，故杜云「區二斗，釜八斗」是也。本或作五豆爲區，五區爲釜者，爲加舊豆、區爲五，亦與杜註相會，非於五升之豆，又五五而加也。以家量貸而以公量收之。貸厚而收薄。

漢志：度者，分、寸、尺、丈、引也，所以度長短也。本起黃鍾之長。以子穀秬黍中者，孟康曰：「子北方，北方黑，謂黑黍也。」師古曰：「此說非也。子穀猶言穀子耳，秬黍即黑黍，無取北方爲號也。中者，不大不小也。言取黑黍穀子大小中者，率爲分寸也。秬音鉅。」一黍之廣，度之九十分，黃鍾之長。一爲一分，十分爲寸，十寸爲尺，十尺爲丈，十丈爲引，而五度審矣。其法用銅，高一寸，廣二寸，長一丈，而分寸尺丈存焉。用竹爲引，高一分，廣六分，長十丈，其方法矩，高廣之數，陰陽之象也。孟康曰：「高一分，廣六分。一爲陽，六爲陰也。」分者，自三微而成著，可分別也。寸者，忖也。尺者，蒦也。師古曰：「蒦音約。」丈者，張也。引者，信也。師古曰：「信讀曰伸，言其長。」夫度者，別於分，忖於寸，蒦於尺，張於丈，信於引。引者，信天下也。職在內官，師古曰：「內官，署名也。百官表云『內官長丞，初屬少府，中屬主爵，後屬宗正』。」廷尉掌之。師古曰：「法度所起，故屬廷尉也。」

量者，龠、合、升、斗、斛也，師古曰：「龠音籥。合音閤。」所以量多少也。師古曰：「量音力張反。」本起於黄鍾之龠，用度數審其容，師古曰：「因度以生量也。其容，謂其中所容受之多少也。」以子穀秬黍中者千有二百實其龠，以井水準其概。孟康曰：「概欲其直，故以水平之。井水清，清則平也。」師古曰：「概所以概平斗斛之上者也，音工代反，又音工内反。」合龠爲合，十合爲升，十升爲斗，十斗爲斛，而五量嘉矣。師古曰：「嘉，善也。」其法用銅，方尺而圜其外，旁有庣焉。鄭氏曰：「庣音條桑之條。庣，過也。筭方一尺，所受一斛，過九釐五毫，然後成斛。今尚方有王莽時銅斛，制盡與此同。」師古曰：「庣，不滿之處也，音吐彫反〔二〕。」其上爲斛，其下爲斗。孟康曰：「其上謂仰斛也，其下謂覆斛之底，受一斗。」左耳爲升，右耳爲合龠。其狀似爵，以縻爵禄。晉灼曰：「縻，散也。」上三下二，參天兩地，圜而函方，左一右二，陰陽之象也。其圜象規，其重二鈞，備氣物之數，合萬有一千五百二十。孟康曰：「三十斤爲鈞，鈞萬一千五百二十銖。」聲中黄鍾，始於黄鍾而反覆焉，孟康曰：「反斛聲中黄鍾，覆斛亦中黄鍾之宫，宫爲君也。」臣瓚曰：「仰覆受一斛，覆斛受一斗〔三〕，故曰反覆焉。」師古曰：「覆音方目反。」君制器之象也。龠者，黄鍾律之實也，躍微動氣而生物也。合者，合龠之量也。升者，登合之量也。斗者，聚升之量也。斛者，角斗平多少之量也。夫量者，躍於龠，合於合，登於升，聚於斗，角於斛也。職在太倉，大司農掌之。師古曰：「米粟之量，故在太倉也。」

衡權者，衡，平也，權，重也，衡所以任權而鈞物平輕重也。其道如底，師古曰：「底，平也，謂以底石厲物令平齊也。底音指。」以見準之正，繩之直，左旋見規，右折見矩。其在天也，佐助璇璣，斟酌建指，以齊七政，師古曰：「七政，日、月、五星也。」故曰玉衡。論語曰：「立則見其參於前，孟康曰：「權、衡、量，三等爲參。」在輿則見其倚於衡也。」又曰：「齊之以禮。」此衡在前居南方之義也。

權者，銖、兩、斤、鈞、石也，所以稱物平施，知輕重也。本起於黄鍾之重。一龠容千二百黍，重十二銖，兩之爲兩，二十四銖爲兩。十六兩爲斤。三十斤爲鈞。四鈞爲石。忖爲十八，易十有八變之象也。孟康曰：「忖，度也，度其義有十八也。黄鍾、龠、銖、兩、鈞、斤、石凡七，與下十一象爲十八也。」張晏曰：「象易三揲蓍而成一爻，十八變具六爻而成卦。」五權之制，以義立之，以物鈞之，其餘小大之差，以輕重爲宜。圜而環之，令之肉倍好者。孟康曰：「謂爲錘之形如鐶也。」如淳曰：「體爲肉，孔爲好。」師古曰：「錘者，稱之權也，音直垂反。又音直睡反。」周旋無端，終而復始，無窮已也。銖者，物繇忽微始，至於成著，可殊異也。師古曰：「繇讀與由同。由，從也。」兩者，兩黄鍾律之重也。李奇曰：「黄鍾之管重十二銖，兩十二得二十四。」二十四銖而成兩者，二十四氣之象也。斤者，明也，三百八十四銖，易二篇之爻，陰陽變動之象也。十六兩成斤者，四時乘四方之象也。鈞者，均也，陽施其氣，陰化其物，皆得其成就平均也。權與物均，重萬一千五百二十銖，當萬物之象也。四百八十兩者，六旬行八節之象也。孟康曰：「六甲爲六旬，一歲有八節，六甲周行成歲，以六乘八節得之。」三十斤成鈞者，一月之象也。石者，大也，權之大者也。始於銖，兩於兩，明於斤，均於鈞，終於石，物終石大也。四鈞爲石者，四時之象也。重百二十斤者，十二月之象也。終於十二辰而復於子，黄鍾之象也。孟康曰：「稱之數始於銖（四），終於石。石重百二十斤，象十二月。銖之重本取於子。律，黄鍾一龠容千二百黍，爲十二銖，故曰復於子，黄鍾之象也。」千九百二十兩者，陰陽之數也。三百八十四爻，五行之象也。四萬六千八十銖者，萬一千五百二十物歷四時之象也。而歲功成就，五權謹矣。

權與物鈞而生衡，孟康曰：「謂錘與物鈞，所稱適停，則衡平也。」衡運生規，規圜生矩，矩方生繩，繩直生準，韋昭曰：「立準以望繩，以水爲平。」準正則平衡而鈞權矣。是爲五則。規者，所以規圜器械，令得其類也。矩者，所以矩方器械〔五〕，令不失其形也。規矩相須，陰陽位序，圜方乃成。準者，所以揆平取正也。繩者，上下端直，經緯四通也。準繩連體，權衡合德，百工繇焉，以定法式，師古曰：「繇讀與由同。由，用也。」輔弼執玉，以翼天子。師古曰：「翼，助也。」詩云：「尹氏太師，秉國之鈞，四方是維，天子是毗，俾民不迷。」師古曰：「小雅節南山之詩。言尹氏居太師之官，執持國之權量，維制四方，輔翼天子，使下無迷惑也。」咸有五象，其義一也。職在大行〔六〕，鴻臚掌之。平均曲直，齊一遠近，故在鴻臚。

魏初，杜夔造斛，即周禮所謂「嘉量也」。深尺，方尺，實一鬴。音輔。嚳一寸，實一豆，耳三寸，實一升。重一斤，聲中黃鍾。晉氏播遷，亡其彝量。

隋志言歷代度量衡之制

審度

史記曰：「夏禹以身爲度，以聲爲律。」禮記曰：「丈夫布手爲尺。」周官云：「璧羨起度。」鄭司農云：「羨，長也。此璧徑尺，以起度量。」易緯通卦驗：「十馬尾爲一分。」淮南子云：「秋分而禾蔚定，蔚定而禾熟。律數十二蔚而當一粟，十二粟而當一寸。」蔚者，禾穗芒也。説苑云：「度量權衡以粟生，一粟爲一分。」孫子筭術云：「蠶所生吐絲爲忽，十忽爲杪，十杪爲毫，十毫爲氂，十氂爲分。」此皆起度之源，其文舛互，唯漢志：「度者，所以度長短也，本起黄鍾之長。以子穀秬黍中者，一黍之廣，度之九十黍，爲黄鍾之長。一黍爲一分，十分爲一寸，十寸爲一尺，十尺爲一丈，十丈爲一引，五度審矣。」後之作者，又憑此説，以律度量衡，並因秬黍，散爲諸法，其率可通故也。黍有大小之差，年有豐耗之異，末代量校，每有不同，又俗傳譌替，漸致增損。今略諸代尺度一十五等，並異同之説如左。

一、周尺　漢志，王莽時劉歆銅斛尺。後漢建武銅尺。晉泰始十年，荀勖律尺，爲晉前尺。祖沖之所傳銅尺。

徐廣、徐爰、王隱等晉書云：「武帝泰始九年，中書監荀勖校太樂八音，不和，始知爲後漢至魏，尺長於古四分有餘。勖乃部著作郎劉恭依周禮制尺，所謂古尺也。依古尺更鑄銅律吕，以調聲韵。以尺量古器，與本銘尺寸無差〔七〕。又汲郡盜發魏襄王家，得古周時玉律及鐘磬，與新律聲韵闇同。於時郡國或得漢時故鐘，吹新律命之，皆應。」梁武鍾律緯云：「祖沖之所傳銅尺，其銘曰：『晉泰始十年，中書考古器，揆校今尺，長四分半。所校古法有七品：一曰姑洗玉律，二曰小吕玉律，三曰西京銅望臬，四曰金錯望臬，五曰銅斛，六曰古錢，七曰建武銅尺〔八〕。姑洗微强，西京望臬微弱，其餘與此尺同。』銘八十二字〔九〕。此尺者，勖新尺也。今尺者，杜夔尺也。雷次宗、何允之二人作鍾律圖，所載荀勖校量古尺文，與此銘同。而蕭吉樂譜謂爲梁朝所考七品，謬也。今以此尺爲本，以校諸代尺云。」

二、晉田父玉尺　梁法尺實比晉前尺一尺七釐。

世説稱：有田父於野地中得周時玉尺，便是天下正尺。荀勖試以校尺所造金石絲竹，皆短校一米。梁武帝鍾律緯稱，主衣從上相承，有周時銅尺一枚，古玉律八枚。檢主衣周尺，東昏用爲章信，尺不復存。玉律一口蕭〔一〇〕，餘定七校夾鍾，有昔題刻，迺制爲尺，以相參驗。取細毫中黍，積次酬定，今之最爲詳密，長祖冲之尺校半分。以新尺制爲四器，名爲通。又依新尺爲笛，以命古鐘，按刻夷則，以笛命飲和韵，夷則定合。按此兩尺，長短近同。

三、梁表尺　實比晉前尺一尺二分二釐一毫有奇。

蕭吉云：「出於司馬法〔一一〕。梁朝刻其度於影表以測影。」按，此即奉朝請祖暅所筭造銅圭影表者也。經陳滅入朝。大業中，議以合古，乃用之調律，以制鐘磬等八音樂器。

四、漢官尺　實比晉前尺一尺三分七毫〔一二〕。晉時始平掘地得古銅尺。

蕭吉樂譜云：「漢章帝時，零陵文學史奚景於泠道縣舜廟下得玉律，度爲此尺。」傅暢晉諸公讚云：「荀勖新造鍾律，時人並稱其精密，唯陳留阮咸譏其聲高。後始平掘地，得古銅尺，歲久欲腐，以校荀勖今尺，短校四分。時人以咸爲解。」此兩尺長短近同。

五、魏尺　杜夔所用調律，比晉前尺一尺四分七釐。

魏陳留王景元四年，劉徽註九章云：「王莽時，劉歆斛尺弱於今尺四分五釐，比魏尺其斛深九寸五分五釐。」即晉荀勖所云「杜夔尺長於今尺四分半」是也。

六、晉後尺　實比晉前尺一尺六分二釐。

蕭吉云：「晉氏江東所用。」

七、後魏前尺　實比晉前尺一尺二寸七釐。

八、中尺　實比晉前尺一尺二寸一分一釐。

九、後尺　實比晉前尺一尺二寸八分一釐。即開皇官尺及後周市尺。後周市尺，比玉尺一尺九分三釐。開皇官尺，即鐵尺，一尺二寸。

此後魏初及東西分國，後周未用玉尺之前，雜用此等尺。甄鸞筭術云：「周朝市尺，得玉尺九分二釐〔一三〕。」或傳梁時有誌公道人作此尺，寄入周朝，云與多鬚老翁。周太祖及隋高祖各自以爲謂己。周朝人間行用。及開皇初，著令以爲官尺，百司用之，終於仁壽、大業中，人間或私用之。

十、東後魏尺　實比晉前尺一尺五分八毫〔一四〕。

此是魏中尉元延明累黍用半周之廣爲尺，齊朝因而用之。魏收魏史律曆志云：「公孫崇永平中，更造新尺，以一黍之長，累爲寸法。尋太常卿劉芳受詔修樂，以秬黍中者一黍之廣，即爲一分。而中尉元匡，以一黍之廣，度黍二縫，以取一分。三家紛競，久不能決。太和十九年高祖詔，以一黍之廣，用成分體，九十之黍，黃鍾之長，以定銅尺。有司奏從前詔，而芳尺同高祖所制，故遂典修金石，迄武定未有論律者。

十一、蔡邕銅籥尺　後周玉尺，實比晉前尺一尺一寸五分八釐。

從上相承，有銅籥一，以銀錯題，其銘曰：「籥，黃鍾之宮，長九寸，空圍九分，容秬黍一千二百粒，秤重十二銖，兩之以爲一合。三分損益，轉生十二律。」祖孝孫云：「相承傳是蔡邕銅籥。」後周武帝保定中，詔遣大宗伯盧景宣、上黨公長孫紹遠、岐國公斛斯徵等，累黍造尺，從横不定。後因修倉掘地，得古玉斗，以爲正器，據斗造律度量衡。因用此尺，大赦，改元天和，百司行用，終於大象之末。其律黄鍾，與蔡邕古籥同。

十二、宋氏尺　實比晉前尺一尺六分四釐。錢樂之渾天儀尺。後周鐵尺。開皇初調鍾律尺及平陳後調鍾律水尺。

此宋代人間所用尺，傳入齊、梁、陳，以制樂律。與晉後尺〔一五〕，及梁時俗尺、劉曜渾天儀尺〔一六〕，略相依近。當由人間恒用，增損謁替之所致也。周建德六年平齊，以此同律度量，頒於天下。其後宣帝時，達奚震、牛弘議曰：「竊惟權衡度量，經邦楙軌，誠須詳求故實，考校得中。謹尋今之鐵尺，是太祖遣尚書故蘇綽所造，當時檢勘，用爲前周之尺。驗其長短，與宋尺符同，即以調鍾律，並用均田度地。今以上黨羊頭山黍，依漢書律曆志度之。若以大者稠累，依數滿尺，實於黄鍾之律，須撼乃容。若以中者累尺，雖復小稀，實黄鍾之律，不動而滿。計此二事之殊，良由消息未善，其於鐵尺，終有一會。且上黨之黍，有異他鄉，其色至烏，其形圓重，用之爲量，定不徒然。正以時有水旱之差，地有肥瘠之異，取黍大小，未必得中。按許慎解，秬黍體大，本異於常。疑今之大者，正是其中，累百滿尺，即是會古。實籥之外，纔剩十餘，此恐圍徑或差，造律未妙。就如撼動取滿，論理亦通。今勘周、漢古錢，大小有合；宋氏渾儀，尺度無舛。又依淮南累粟十二成寸，明先王制法，索隱鈎深，以律計分，義無差異。漢書食貨志云：『黄金方寸，其重一斤。』今鑄金校驗，鐵尺爲近。依文據理，符會處多。且平齊之始，已用宣布，今因而爲定，彌合時宜。至於玉尺累黍，以廣爲長，累既有剩，實復不滿。尋訪古今，恐不可用。其晉、梁尺量，過爲短小，以黍實管，彌復不容，據律調聲，必致高急。且八音克諧，明王盛軌；同律度量，哲后通規。臣等詳校前經，斟酌時事，謂用鐵尺，於理爲便。」未及詳定，高祖受終，牛弘、辛彦之、鄭譯、何妥等久議不決。既平陳，上以江東樂爲善，曰：「此華夏舊聲，雖隨俗改變，大體猶是古法。」祖孝孫云：「平陳後，廢周玉尺律，便用此鐵尺律，以一尺二寸即爲市尺。」

十三、開皇十年萬寶常所造律吕水尺　實比晉前尺一尺一寸八分六釐。

今太樂庫及内出銅律一部，是萬寶常所造，名水尺律。説稱其黄鍾律當鐵尺南吕倍聲。南吕，黄鍾羽也，故謂之水尺律。

十四、雜尺　趙劉曜渾天儀土圭尺，長於梁法尺四分三釐，實比晉前尺一尺五分。

十五、梁朝俗間尺　長於梁法尺六分三釐，短於劉曜渾儀尺二分，實比晉前尺一尺七分一釐。

梁武鍾律緯云：「宋武平中原，送渾天儀土圭，云是張衡所作。驗渾儀銘題，是光初四年鑄，土圭是光初八年作。並是劉曜所制，非張衡也。制以爲尺，長今新尺四分三釐，短俗間尺二分。」新尺謂梁法尺也。

嘉量

周禮，㮚氏「爲量，鬴深尺，内方尺而圓其外，其實一鬴；其臀一寸，其實一豆；其耳三寸，其實一升。

重一鈞。其聲中黃鍾。概而不稅。其銘曰：『時文思索，允臻其極。嘉量既成，以觀四國。永啓厥後，兹器爲則。』」

春秋左氏傳曰：「齊舊四量，豆、區、鬴、鍾。四升爲豆，各自其四，以登於鬴。」六斗四升也。「鬴十則鍾」，六十四斗也。鄭玄以爲方尺積千寸，比九章粟米法少二升八十一分升之二十二。祖冲之以筭術考之，積凡一千五百六十二寸半。方尺而圓其外，減傍一釐八毫，其徑一尺四寸一分四毫七秒二忽有奇，而深尺，即古斛之制也。

九章商功法：程粟一斛，積二千七百寸；米一斛，積一千六百二十寸；菽荅麻麥一斛〔一七〕，積二千四百三十寸。此據精麤爲率，使價齊而不等。其器之積寸也，以米斛爲正，則同於漢志。孫子筭術曰：「六粟爲圭，十圭爲抄，十抄爲撮，十撮爲勺，十勺爲合。」應劭曰：「圭者自然之形，陰陽之始。四圭爲撮。」孟康曰：「六十四黍爲圭。」漢志曰：「量者，龠、合、升、斗、斛也，所以量多少也。本起於黃鍾之龠，用度數審其容，以子穀秬黍中者千有二百實其龠，以井水準其概。合龠爲合〔一八〕，十合爲升，十升爲斗，十斗爲斛，而五量嘉矣。其法用銅，方尺而圓其外，旁有庣焉。其上爲斛，其下爲斗，左耳爲升，右耳爲合龠。其狀似爵，以縻爵祿。上三下二，參天兩地。圓而函方，左一右二，陰陽之象也。其圓象規，其重二鈞，備氣物之數，合萬有一千五百二十也。聲中黃鍾，始於黃鍾而反覆焉。」其斛銘曰：「律嘉量斛，方尺而圓其外，庣旁九釐五毫，冪百六十二寸，深尺，積一千六百二十寸，容十斗。」祖冲之以圓率考之，此斛當徑一尺四寸三分六釐一毫九秒二忽，庣旁一分九毫有奇。劉歆庣旁少一釐四毫有奇，歆數術不精之所致也。魏陳留王景元四年，劉徽註九章商功曰：「當今大司農斛圓徑一尺三寸五分五釐，深一尺，積一千四百四十一寸十分之三。王莽銅斛於今尺爲深九寸五分五釐，徑一尺三寸六分八釐七毫。以徽術計之，於今斛爲容九斗七升四合有奇。」此魏斛大而尺長，王莽斛小而尺短也。

梁、陳依古。

齊以古升一斗五升爲一斗〔一九〕。

後周武帝保定元年辛巳五月，晉國造倉，獲古玉斗〔二〇〕。暨五年乙酉冬十月，詔改制銅律度，遂致中和。累黍積龠，同茲玉量，與衡度無差。準爲銅升，用頒天下。内徑七寸一分，深二寸八分，重七斤八兩。天和二年丁亥正月癸酉朔，十五日戊子校定〔二一〕，移地官府爲式。此銅升之銘也。其玉升銘曰：「維大周保定元年，歲在重光，月旅蕤賓，晉國之有司，修繕倉廩，獲古玉斗，形制典正，若古之嘉量。太師晉國公以聞，敕納於天府。暨五年歲在叶洽，皇帝乃詔稽準繩，考灰律，不失圭撮，不差累黍。遂鎔金寫之，用頒天下，以合太平權衡度量。」今若以數計之，玉斗積玉尺一百一十寸八分有奇，斛積一千一百八十五分七釐三毫九秒〔二二〕。又甄鸞筭術云：「玉升一升，得官斗一升三合四勺。」此玉斗大而官斗小也。以數計之，甄鸞所據後周官斗，積玉尺九十七寸有奇，斛積九百七十七寸有奇。後周玉斗並副金錯銅斗及建德六年金錯題銅斗，實同以秬黍定量。以玉秤權之，一升之實，皆重六斤十三兩。

開皇以古斗三升爲一升。大業初，依復古斗。

衡者，平也；權者，重也。衡所以任權而鈞物平輕重也。其道如底，以見準之正，繩之直。左旋見規，右折見矩。其在天也，佐助璇璣，斟酌建指，以齊七政，故曰玉衡。權者，銖、兩、斤、鈞、石也，以秤物平施，知輕重也。古者黍、絫、錘、錙、鐶、鈎、鋝〔二三〕、鎰之目，歷代差變，其詳未聞。前志曰：「權本起於黄鍾之重。一龠容千二百黍，重十二銖，兩之爲兩，二十四銖爲兩，十六兩爲斤，三十斤爲鈞，四鈞爲石，五權謹矣。其制以義立之，以物鈞之。其餘大小之差，以輕重爲宜。圜而環之，令之肉倍好者〔二四〕，周旋亡端，終而復始，亡窮已也。權與物均而生衡，衡運生規，規圜生矩，矩方生繩，繩直生準，準正則衡平而鈞權矣。是爲五則。備於鈞器，以爲大範。按趙書，石勒十八年七月造建德殿，得圓石，狀如水碓，其銘曰：「律權石，重四鈞，同律度量衡。有辛氏造。」續咸議是王莽時物。

後魏景明中，并州人王顯達獻古銅權一枚，上銘八十一字，其銘曰：「律權石，重四鈞。」又云：「黄帝初祖，德幣於虞〔二五〕。虞帝始祖，德幣於新〔二六〕。歲在大梁，龍集戊辰。戊辰直定〔二七〕，天命有人，據土德，受正號即真，改正建丑，長壽隆崇。同律度量衡，稽當前人。龍在己巳，歲次實沈，初班天下，萬國永遵。子子孫孫，享傳億年。」此亦王莽所制也。其時太樂令公孫崇依漢志先修秤尺，及見此權，以新秤秤之，重一百二十斤。新秤與權，合若符契，於是付崇調樂。孝文時一依漢志作斗尺。

梁、陳依古秤。

齊以古秤一斤八兩爲一斤。

周玉秤四兩，當古秤四兩半。

開皇以古秤三斤爲一斤。大業中，依復古秤。

唐太宗貞觀時，協律郎張文收既定樂，復鑄銅律三百六十，銅斛二，銅秤二，銅甌十四，秤尺一，斛左右耳與臀皆方，積十而登，以至於斛，與古玉尺、玉斗同，皆藏於大樂署。武后時，太常卿武延秀以爲奇玩，乃獻之。及將考中宗廟樂，有司奏請出之，而秤尺已亡，其迹猶存，以常用度、量校之，尺當六之五，量、衡皆當三之一。

程氏演繁露曰：「通典敍六朝賦稅，而論其總曰：『其度、量：三升當今一升；秤則三兩當今一兩；尺則一尺二寸當今一尺。』註云：『當今，謂即時。蓋當今之時也。唐時一尺比六朝制一尺二寸也。』又曰：『開元九年敕，度以十寸爲尺，尺二寸爲大尺；量以十升爲斗，斗三升爲大斗』〔二八〕。此謂十寸而尺，十升而斗者，皆秬黍爲定也。鍾律、冠冕、湯藥皆用之，此外官私悉用大者，則黍尺一尺外更增三寸，黍量一斗更增三升也。唐志：『租絹長四丈二尺。』」

宋朝平定四方，凡新邦悉頒度量於其境，其僞俗尺度斗斛不中法度者皆去之。

太宗淳化三年三月，詔曰：「書云：『協時、月，正日，同律、度、量、衡。』所以建國經而立民極也。國家萬邦咸乂〔二九〕，九賦是均，顧出納於有司〔三〇〕，繫權衡之定式〔三一〕。如聞秬黍之制，或差毫釐，錘鈞爲姦，害及黎庶。宜令詳定秤法，著爲通規。」事下有司，監內藏庫、崇儀使劉蒙正、劉承珪言〔三二〕：「太府寺舊銅式自一錢至十斤，凡五十一，輕重無準。外府歲受黄金，必自毫釐計之，式自錢始，則傷於重。」遂尋究本末，別製法物。至景德中，承珪重加參定，而權衡之制益爲精備。其法蓋取漢志子穀秬黍爲則〔三三〕，廣十黍以爲寸〔三四〕，從其大樂之尺，秬黍，黑黍也。樂尺，自黄鍾之管而生也。謂以秬黍中者爲分寸、輕重之制。就成二術，二術謂以尺、黍而求釐、絫〔三五〕。因度而求釐，度者，丈尺之總名〔三六〕。謂因樂尺之源，起於黍而成於寸，析寸爲分〔三七〕，析分爲釐，析釐爲毫，析毫爲絲，析絲爲忽。則十忽爲一絲，十絲爲毫，十毫爲釐，十釐爲分。自積黍而取絫。從積黍而取絫，則十黍爲絫，十絫爲銖，二十四銖爲兩。絫銖皆以銅爲之。以釐、絫造一錢半及一兩等二秤，各懸三毫，以星準之〔三八〕。等一錢半者，以取一秤之法。其衡合樂尺一尺二寸，重一錢，錘重六分，盤重五分。初毫星準半錢，至稍總一錢半，析成十五分，分列十釐；第一毫下等半錢，當五十釐，若十五斤秤等五斤也。中毫至稍一錢，析成十分，分列十釐；末毫至稍半錢，析成五分，分列十釐。等一兩者，亦爲一秤之則。其衡合樂分尺一尺四寸，重一錢半，錘重六錢，盤重四錢。初毫至稍，布二十四銖，下別出一星，星等五絫；每銖之下，復出一星，等五絫，則四十八星等二百四十絫，計二千四百絫爲十兩〔三九〕。中毫至稍五錢，布十二銖，銖列五星，星等二絫；布十二銖爲五錢之數，則一銖等十絫，都等一百二十絫爲半兩。末毫至稍六銖，銖列十星，星等一絫。每星等一絫，都等六十絫爲二錢半。以御書真、草、行三體淳化錢，較定實重兩銖四絫爲一錢者，以二千四百得十有五斤爲一秤之則。其法，初以積黍爲準〔四〇〕，然後以分而推忽，爲定數之端。故自忽、絲、毫、釐、黍、絫、銖各定一錢之則。謂皆定一錢之則，然後制取等秤也。忽萬爲分，以一萬忽爲一分之則〔四一〕，以十萬忽定爲一錢之則。忽者，吐絲爲忽；分者，始微而著，言可分別也。絲則千，一千絲爲一分，以一萬絲定爲一錢之則。毫則百，一百毫爲一分，以一千毫定爲一錢之則。毫者，毫毛也。自忽、絲、毫三者皆斷驥尾爲之者也。氂則十，一十氂爲一分，以百氂定爲一錢之則。氂者，氂牛尾毛也〔四二〕，曳赤金成絲以爲之也。轉以十倍倍之，則爲一錢。轉以十倍倍之，謂自一萬忽至十萬忽之類定爲之則也〔四三〕。黍以二千四百枚爲一兩，一龠容千二百黍爲十二銖〔四四〕，則以二千四百黍定爲一兩之則。兩者，以二龠爲兩〔四五〕。絫以二百四十，謂以二百四十絫定爲一兩之則也。銖以二十四，轉相因成十絫爲銖，則以二百四十絫定成二十四銖爲一兩之則。銖者，蓋言殊異也。遂成其秤。秤合黍數，則一錢半者，計三百六十黍之重。列爲五分，則每分計二十四黍。又每分析爲二十氂，則每氂計二黍十分黍之四。以十氂分二十四黍，則每氂先得二黍。餘四黍都分成四十分，則一氂每得四分，是每氂得二黍十分黍之四者也。每四毫一絲六忽有差爲一黍，則氂、絫之數極矣〔四六〕。一兩者，合二十四銖爲二千四百黍之重。每百黍爲銖，十黍爲絫〔四七〕，二銖四絫爲錢，二絫四黍爲分。一絫二黍重五氂，六黍重二氂五毫，三黍重一氂二毫五絲，則黍、絫之數成矣。其則，用銅而鏤文〔四八〕，以識其輕重。新法既成，詔以新式留禁中，取太府寺舊秤四十、舊式六十，以新式校之，乃見舊式所謂一斤而輕者有十，謂五斤而重者有一。式既若是，權衡可知矣。又比用大秤如百斤者，皆懸鉤於架，植鐶於衡〔四九〕，鐶或偃仆，手或抑按，則輕重之際，殊爲懸絶。至是，更鑄新式，悉由黍、絫而齊其斤、石，不可得而增損也。又令每用大秤，必懸以絲繩〔五〇〕，既置其物，則却立以視，不可得而抑按。復鑄銅式，以御書淳化三體錢二千四百暨新式三十有二〔五一〕、銅牌二十授於太府。又置新式於内府、外府，復頒於四方大都〔五二〕，凡十有一副。先是，守藏吏受天下歲輸金幣〔五三〕，而太府權衡舊式失準，得因之爲姦，故諸道主者坐逋負而破産者甚衆。又守藏更代，校計争訟，動必數載。至是，新制既定，姦弊無所指〔五四〕，中外以爲便。度、量、權、衡皆太府掌造，以給内外官司及民間之用。凡遇改元，即差變新法者，各以年號印而識之〔五五〕。其印有方印、八角印、笏頭印之別，所以明制度而防僞濫也。度、量、衡，舊太府寺掌之。熙寧四年，詔歸文思院。

紹聖四年，立增損衡、量及私造賣之禁令，轉運司置局鬻賣。

大觀四年，詔以所定樂指尺頒之天下，其長短、闊狹之數，以今尺計定。

政和元年，詔諸路轉運司以所頒樂尺製給諸州，州製以給屬縣。自今年七月爲始，毁棄舊尺。

二年，臣僚上言，請以大晟樂尺帝指爲數製量權衡式，頒之天下，仍釐正舊法。又言，新尺既頒，諸條內尺寸宜以新尺紐定。謂如帛長四十二尺，闊二尺五分爲疋，以新尺計四十三尺七寸五分，闊二尺一寸三分五釐之五爲疋，即是一寸四分一釐三分釐之二爲一尺，如天武等杖五尺八寸，以新尺計六尺四分一釐三分釐之二之類。仍令民間舊有斗、升、秤、尺限半年首納，出限許人告，斷罪給賞。

校勘記

〔一〕此言大方耳　「大」原作「内」，據元本、慎本、馮本及周禮㮚氏改。

〔二〕音吐彫反　「吐」原作「土」，據漢書卷二一上律曆志上師古注改。

〔三〕覆斛受一斗　「斛」原作「底」，據漢書卷二一上律曆志上臣瓚注改。

〔四〕稱之數始於銖　「稱之」二字原脱，據漢書卷二一上律曆志上孟康注補。

〔五〕所以矩方器械　「所以」原脱，據漢書卷二一上律曆志上補。

〔六〕職在大行　「行」原作「衡」，據漢書卷二一上律曆志上改。

〔七〕與本銘尺寸無差　「與」，隋書卷一六律曆志上作「舉」。

〔八〕七曰建武銅尺　「曰」下原衍「建武錢八曰」五字，據隋書卷一六律曆志上删。

〔九〕銘八十二字　隋書卷一六律曆志上同。但檢今銘文僅八十字。

〔一〇〕玉律一口蕭　按乾隆十二年校刊本作「口」，十二年本「蕭」前爲缺文，疑本句文字有訛脱。

〔一一〕出於司馬法　「於」原作「爲」，據隋書卷一六律曆志上改。

〔一二〕實比晉前尺一尺三分七毫　「前」字原脱，據隋書卷一六律曆志上補。

〔一三〕得玉尺九分二釐　「二」原作「三」，據隋書卷一六律曆志上改。

〔一四〕實比晉前尺一尺五分八毫　「分」，元本、慎本、馮本作「寸」。馬衡仿制隋書律曆志十五等尺説明書云：「據宋史律曆志四，『五寸』，當作『三寸』。」

〔一五〕晉後尺　「晉後」二字原倒，據隋書卷一六律曆志上乙正。

〔一六〕劉曜渾天儀尺　「天」字原脱，據隋書卷一六律曆志上補。下同。

〔一七〕菽荅麻麥一斛　「荅」原作「合」，據晉書卷一六律曆志上改。

〔一八〕合龠爲合　上「合」字原作「十」，據元本、慎本、馮本及隋書卷一六律曆志上改。

〔一九〕齊以古升一斗五升爲一斗　上「一斗」二字原脱，吴承洛中國度量衡史云：「據下云『齊以古稱一斤八兩爲一斤』，此當作『齊以古升一斗五升爲一斗』。」據補。

〔二〇〕獲古玉斗　「斗」原作「升」。周書卷五武帝紀上，保定元年五月丙午，「晉公護獲玉斗以獻」，下文亦稱「後周玉斗」云云，此處「升」顯爲「斗」之誤，據改。

〔二一〕十五日戊子校定　按十五日爲丁亥，戊子乃十六日，此處日期與干支必有一誤。

〔二二〕斛積一千一百八十五分七釐三毫九秒　「十」疑爲「寸」之誤。

〔二三〕鋝　原作「鏘」，據隋書卷一六律曆志上改。

〔二四〕令之肉倍好者　「倍」字原脱，據隋書卷一六律曆志上補。

〔二五〕德幣於虞　「幣」原作「市」，據隋書卷一六律曆志上改。下同。

〔二六〕德幣於新　「新」原作「辛」，據隋書卷一六律曆志上改。

〔二七〕戊辰直定　原訛作「其定」，據新嘉量銘文改。

〔二八〕度以十寸爲尺尺二寸爲大尺量以十升爲斗斗三升爲大斗　按舊唐書卷四八食貨志上載權衡度量之制，十寸爲尺，山東諸州以一尺二寸爲大尺，則大尺之制僅行於山東諸州而非全國。同書與唐會要卷六六太府寺條所載開元九年敕格權衡度量並函脚雜令皆作「十升爲斗，三升爲大升，三斗爲大斗」，與此處所載不同。

〔二九〕國家萬邦咸乂　「乂」原作「入」，據宋史卷六八律曆志一改。

〔三〇〕顧出納於有司　「顧」原作「故」，據宋史卷六八律曆志一改。

〔三一〕繫權衡之定式　「式」字原脱，據宋史卷六八律曆志一補。

〔三二〕監内藏庫崇儀使劉蒙正劉承珪言　按宋史卷六八律曆志一無「劉蒙正」此人。

〔三三〕其法蓋取漢志子穀秬黍爲則　「志」原作「制」，據宋史卷六八律曆志一改。

〔三四〕廣十黍以爲寸　「黍」原作「參」，據宋史卷六八律曆志一改。

〔三五〕黍而求氂絫　「絫」原作「參」，據宋史卷六八律曆志一改。

〔三六〕丈尺之總名　「丈尺」二字原倒，據宋史卷六八律曆志一乙正。

〔三七〕析寸爲分　「析」原作「折」，形近而訛，據宋史卷六八律曆志一改。下同。

〔三八〕以星準之　「星」原作「生」，據元本、慎本、馮本及宋史卷六八律曆志一改。

〔三九〕計二千四百絫爲十兩　「絫」原作「黍」，「十」原作「一」，據宋史卷六八律曆志一改。

〔四〇〕初以積黍爲準　「積」原作「清」，據宋史卷六八律曆志一改。

〔四一〕爲一分之則　「之」字原脱，據宋史卷六八律曆志一補。

〔四二〕氂牛尾毛也　「氂」字原脱，據宋史卷六八律曆志一補。

〔四三〕謂自一萬忽至十萬忽之類定爲之則也　宋史卷六八律曆志一無「爲」字下一「之」字。

〔四四〕一龠容千二百黍爲十二銖　「千」原作「十」，據元本、慎本、馮本及宋史卷六八律曆志一改。

〔四五〕兩者以二龠爲兩　原訛作「者是兩龠爲兩者也」。據宋史卷六八律曆志一改。

〔四六〕則氂絫之數極矣　「絫」原作「三」，據宋史卷六八律曆志一改。

〔四七〕十黍爲絫　「黍」原作「銖」，據宋史卷六八律曆志一改。

〔四八〕用銅而鏤文　「文」原作「定」，據宋史卷六八律曆志一改。

〔四九〕植鐶於衡　「植」字原脱，據宋史卷六八律曆志一補。

〔五〇〕又令每用大秤必懸以絲繩　「每」下原衍「月」字，「懸」原作「顯」，據宋史卷六八律曆志一删改。

〔五一〕暨新式三十有二　「二」，宋史卷六八律曆志一作「三」。

〔五二〕復頒於四方大都　「復」字原脱，據宋史卷六八律曆志一補。

〔五三〕守藏吏受天下歲輸金幣　「吏」原作「史」，據宋史卷六八律曆志一改。又，「輸金幣」，同書作「貢金帛」。

〔五四〕姦弊無所指　「指」原作「措」，據宋史卷六八律曆志一改。

〔五五〕各以年號印而識之　「各」原作「即」，「號」字原脱，據宋史卷六八律曆志一改補。

卷一百三十四　樂考七

金之屬 雅部

陳氏樂書曰：「金生於土，而別於土，其卦則兑，其方則西，其時則秋，其風閶闔，其聲尚羽，其音則鏗，立秋之氣，先王作樂，用之以爲金奏焉。周官：『鐘師掌金奏，鎛師掌金奏之鼓，鼓人掌四金之音聲〔一〕。』孟子曰『金聲』是也。金奏之樂，未嘗不用鼓，特謂之金者，以金爲主故也。禮曰：『内金示和也。』又曰：『入門而金作，示情也。』國語曰：『金奏肆夏。』莊子曰：『金石有聲，不考不鳴。』則奏金而鳴之，内以示情，外以示和也，音之實也。」

鐘　世本云：「黄帝工人垂所造。」山海經云：「炎帝之孫鼓延始爲鐘。」又禮記云：「垂之和鐘〔二〕。」鄭玄云：「垂，堯時鐘工。」並未知孰是〔三〕。

呂氏春秋曰：「黄帝命伶倫鑄十二鐘，和五音。」傳曰：「黄帝命伶倫與營援作十二鐘。」　考工記：「六分其金，而錫居一，謂之鐘鼎之齊。」「鳧氏爲鐘，兩欒謂之銑，銑，鐘口兩角。銑間謂之于，于上謂之鼓，鼓上謂之鉦，鉦上謂之舞，此四名者，鐘體也。鄭衆云：「于，鐘唇之上祛也，鼓所擊處。」舞上謂之甬，甬上謂之衡。此二名者，鐘柄也。甬音勇。鐘懸謂之旋，旋蟲謂之幹。旋屬鐘柄，所以懸之也。鄭衆云：「旋蟲者，旋以蟲爲飾也。」鄭玄謂：「今時旋有蹲熊，盤龍，辟邪。」鐘帶謂之篆，篆間謂之枚，枚謂之景〔四〕。帶，所以介其名也。介在于、鼓、鉦、舞、甬、衡之間，凡四。鄭衆云：「枚，鐘乳也〔五〕。」鄭玄云：「今時鐘乳俠鼓與舞〔六〕，每處有九，四面三十六。」于上之攠謂之隧。攠，所擊之處攠弊也。隧在鼓中，窐而生光，有似夫隧。攠音摩〔七〕，又莫賀反。窐音烏華反。十分其銑，去二以爲鉦。以其鉦爲之銑間，去二分以爲之鼓間。以其鼓間爲之舞修，去二分以爲舞廣。此言鉦之徑，居銑徑之八分，而銑間與鉦之徑相應。鼓間又居銑徑之六，與舞修相應。舞修，舞徑也。舞上下促，以橫爲修，從爲廣。舞廣四分，今亦去徑之二分，以爲之間，則舞間之方，常居銑之四也。舞間方四，則鼓間六亦其方也。鼓六，鉦六，舞四，此鐘口十者，其長十六也。鐘之大數，以律爲度，廣長與圜徑假設之耳。其鑄之則各隨鐘之制〔八〕，爲長短大小也。凡言間者，亦爲從篆以分之。鉦間亦當六，今時鐘或無鉦間。以其鉦之長，爲之甬長。並衡數也。以其甬長，爲之圍。參分其圍，去一以爲衡圍。衡居甬上，又小。參分其甬長，二在上，一在下，以設其旋。今衡居一分，則參分旋，亦二在上，一在下，以旋半當甬之中央，是其正〔九〕。鐘已厚則石，太厚則聲不發。已薄則播，太薄則聲散。侈則柞，側柘反。弇則鬱，聲不舒揚。長甬則振。鐘掉則聲不正。掉音徒弔反。是故大鐘十分其鼓間，以其一爲之厚；小鐘十分其鉦間，以其一爲之厚。言若此則不石不播。鼓鉦之間同方六，而今宜異，又十分之一，猶太厚，皆非也。若言鼓外鉦外，則近之。鼓外二，鉦外一。鐘大而短，則其聲疾而短聞；淺則躁，躁則易竭也。聞音問〔一〇〕。下同。鐘小而長，則其聲舒而遠聞。深則安，安難息。爲隧，六分其厚，以其一爲之深而圜之。」厚，鐘厚也。深，謂窐之也。其窐圜。

國語：「周景王將鑄無射而爲之大林。作無射之鐘，爲大林以覆之，其律中林鍾也。或云：鑄無射而以林鍾之數益之也〔一一〕。單穆公曰：『不可。夫鐘不過以動聲，動聲，謂合樂以金奏，而八音從之也。若無射有林，耳弗及矣。若無射復有大林以覆之，無射，陽聲之細者也；林鍾，陰聲之大者也。細抑大陵，故耳不能聽及也。夫鐘聲以爲耳也，耳所不及，非鐘聲也。非法鐘之聲也。猶目所不見，不可以爲目也。若目之精明，所不能見〔一二〕，亦不可施以目也。耳目所不能及而强之，則有眩惑之失，以生疾也。夫目之察度也，不過步、武、尺、寸之間；六尺爲步，賈云：「半步爲武。」其察色也，不過墨、丈、尋、常之間。五尺爲墨，倍墨爲丈；八尺爲尋，倍尋爲常。耳之察和也，在清濁之間；清濁，律中之變。黄鍾爲宫則濁，大吕爲角則清也。其察清濁也，不過一人所勝。勝，舉也。是故先王之制鐘也，大不出鈞，重不過石。鈞，所以鈞音之法也〔一三〕，以木長七尺者絃繫之爲鈞法〔一四〕。百二十斤爲石。律、度、量、衡於是乎生，律，五聲陰陽之法也。度，丈尺也。量，斗斛也。衡，稱上衡〔一五〕。衡有斤兩之數，生於黄鍾。黄鍾之管容黍千二百粒。粒百爲銖，是爲一龠。龠二爲合，合重一兩。故曰律、度、量、衡於是乎生也。小大器用於是乎出。出於鐘也。易曰：「制器者尚其象。」小謂錙銖分寸，大謂斤兩丈尺。故聖人慎之。今王作鐘也，聽之弗及，耳不及知其清濁也。比之不度，不度，不中鈞石之數也。鐘聲不可以知和，耳不能聽，故不可以知和也。制度不可以出節，節，謂法度量衡之節也。無益於樂，而鮮民財，將焉用之？夫樂不過以聽耳，而美不過以觀目。若聽樂而震，觀美而眩，患莫甚焉。』問於伶州鳩，對曰：『臣聞之，琴瑟尚宫，輕者從大，重者從細，故琴瑟尚宫。鐘尚羽，鐘聲大，故尚羽。石尚角，石，磬也，輕於鐘，故尚角。角，清濁之中也。匏竹利制，匏，笙也。竹，簫管也。利制，以聲音調利爲制。無所尚也〔一六〕。大不踰宫，細不過羽。夫宫，音之主也。第以及羽，宫聲大，故爲主。第，次第也。聖人保樂而愛財〔一七〕，財以備器，樂以殖財。保，安也。備，具也。殖，長也。古者以樂省土風而紀農事〔一八〕，故曰樂以殖財。故樂器重者從細，重，謂金石也。從細，尚細聲也。謂鐘尚羽，石尚角也。輕者從大。輕，瓦絲也〔一九〕。從大，謂尚重音也。是以金尚羽，石尚角，瓦絲尚宫，匏竹尚議，議，從其調利也。革木一聲。革，鼓鼙也〔二〇〕。木，柷敔也。一聲，無清濁之變也。夫政象樂。樂從和，和從平。和，八音克諧也。平，細大不踰也。故可以平民〔二一〕。樂和則諧，政和則平也。聲以和樂，律以平聲。聲，五聲也〔二二〕，以成八音而調樂也。

律〔二三〕，黄鍾爲宮，林鍾爲徵，太蔟爲商，南吕爲羽，姑洗爲角，所以平五聲也。金石以動之，鐘聲所以發動五聲也〔二四〕。絲竹以行之，管絃所以行之也〔二五〕。詩以道之，道己志也。書曰：「詩言志。」歌以咏之，咏詩也。書曰：「聲依永。」匏以宣之，宣，發揚也〔二六〕。瓦以贊之，贊，助也。革木以節之，物得其常曰樂極，物，事也。極，中也。極之所集曰聲，集〔二七〕，會也，言中和之所會集曰正聲也〔二八〕。聲應相保曰和，保，安也〔二九〕。細大不踰曰平，細大之聲不相踰越曰平。今無射有大林，是不平也。如是而鑄之金，鑄金以爲鐘也。磨之以石，磨石以爲磬也。繫之以絲木〔三〇〕，繫之以絲木以爲琴瑟也〔三一〕。越之匏竹，越匏竹以爲笙管也。越，謂爲孔也。樂記曰：「朱紘而疏越。」節之鼓節其長短大小也。而行之，以遂八風。遂，順也。傳曰：所以節八音而行八風也。正西曰兑，爲金，爲閶闔風；西北曰乾，爲石，爲不周；正北曰坎〔三二〕，爲革，爲廣莫；東北曰艮，爲匏，爲條風；正東曰震，爲竹，爲明庶；東南曰巽，爲木，爲清明；正南曰離，爲絲，爲景風；西南曰坤，爲瓦，爲凉風。於是乎氣無滯陰，亦無散陽。滯，積也。積陰而發，則夏有霜雪〔三三〕。散陽，陽不藏，冬無冰、李梅實之類也。陰陽序次，風雨時至，嘉生繁祉，人民和利，物備而樂成，上下不罷，音皮，勞也。故曰樂正。今細過其主妨於正，細，謂無射也。主，正也。言無射有大林，是作細而大過其律，妨於正聲也。用物過度妨於財，過度，用金多也。正害財匱妨於樂，樂從和。今正害財匱，故妨於樂也。細抑大陵，不容於耳，非和也；細，無射也〔三四〕。大，大林也，言大聲陵之，細聲抑而不聞。不容於耳，不能容別也。聽聲越遠，非平也；妨正匱財，聲不和平，非宗官之所司也。越，迂也，言無射之聲爲大林所陵，聽之微細迂遠也。宗官，宗伯也，樂官屬焉。夫有和平之聲，則有蕃殖之財，樂以殖財也。於是乎道之以中德，咏之以中音。中德，中庸之德聲也〔三五〕。中音，中和之音也。德音不愆，以合神人，合神人，謂祭祀享宴也。神是以寧，民是以聽。若夫匱財用，罷民力，以逞淫心，聽之不和，比之不度，無益於教，而離民怒神，非臣之所聞也。』王不聽。」「伶州鳩曰〔三六〕：『王其以心疾死乎！夫樂，天子之職也。夫音，樂之輿也；樂因音而行也。而鐘，音之器也。音由器以發。天子省風以作樂，器以鍾之，鍾，聚也。輿以行之。樂須音而行。小者不窕，他刁反〔三七〕。窕，不滿也。大者不槬，音户。槬，謂横大不入也。窕則不感，不完備人心也〔三八〕。槬則不容。心不堪容也。心是以感，感實生疾。今鐘槬矣，王心不堪，其能久乎！』」

陳氏禮書曰：「典同：『凡爲樂器，以十有二律爲之度數。』單穆公曰：『先王之制鐘也，大不出鈞，重不過石，律、度、量、衡於是乎生。』則樂器待律然後制，而律度又待鐘然後生。故有十二辰之鐘，以應十二月之律。十二辰之鐘，大鐘也。大鐘特縣，詩、書、爾雅所謂鏞是也。非十二辰之鐘則編焉，周禮所謂編鐘是也。鐘體之别五：銑、于、鼓、鉦、舞是也。鐘柄之别二：甬、衡是也。衡上有旋，旋飾有蟲。介於于、鼓、舞之間有帶，布於帶間有枚。先儒曰：『銑，金之澤者。』又曰：『銑，小鑿也。』鐘欒亦謂之銑，其以類鑿然也。于，則銑間之曲袪者也。鼓，則于上之待枷者也。鉦，則鼓、舞之正中者也。舞，則聲之震動於此者也。甬，出舞上者也。衡，横甬上者也。帶類篆，故謂之篆。乳有數，故謂之枚。然鐘之長短徑圍，經無明證，其言十分其銑，去二以爲鉦，以其鉦爲之銑間者，鉦體之徑居銑間之八也。去鉦二分以爲之鼓間者，鼓間之徑居銑間之六也。以其鼓間爲之舞修，修，舞之徑也，舞徑亦居銑間之六也。去舞徑二分以爲舞廣，廣，舞之長也，舞長居銑間之四也。舞長四而徑間亦四，鼓間徑六，而長亦六。鄭氏以爲此鐘口十，其長十六也。凡樂器以十有二律爲之度數，若黄鍾之律，九寸十六之，而銑取其十以爲度，則銑徑五寸有奇。鉦，鼓舞之所居者，遞去三分，則舞修三寸有奇，舞廣二寸有奇。林鍾之律六寸十六之，而銑取其十以爲度，則銑徑三寸有奇，鉦、鼓、舞之居者遞去二分，則舞修二寸有奇，舞廣一寸有奇。餘律之鐘亦然。賈公彦曰：『律各倍半以爲鐘』，舉一端也。大鐘十分其鼓間，以其一爲之厚；小鐘十分其鉦間，以其一爲之厚。蓋鉦體居銑之六，與鼓間同。鉦間又殺矣，與鼓間異。此所以各十分之以爲厚薄。鄭氏曰：鼓、鉦之間同方六。而今宜異，又十分之一猶太厚。皆非也。若言鼓外、鉦外則近之。鼓外二，鉦外一。以謂鼓外二間，鉦外一間，而十分之，以其一爲厚薄，其説誤矣。」

陳氏樂書曰：「嘗考唐史，商盈孫按鳧氏，欒、銑、于、鼓、鉦、舞之法，用算法乘除鎛鐘之輕重高下，定編鐘之制，黄鍾九寸五分，倍應鍾三十三分有半，差爲四十八等〔三九〕。口項之量，徑衡之圍，莫不有齊量焉，使工按圍鑄之，凡二百四十枚。及其成也，音韵與磬協矣。今太常所用舊鐘，無慮千枚，其間或類古法，大抵出盈孫所造也，外此則器律短而聲高矣。聖朝嘗詔李照制管調律而更鑄焉〔四〇〕，其法悉圓其形而弇一孔，其上出柄，蟠龍之飾，雖和應於一時，然較古鐘如鈴而不圓者異矣。唐制：凡私家不設鐘磬，三品以上女樂五人，五品以上不過三人〔四一〕，是不知周官大胥樂縣之制也。」

鏞　書：「笙鏞以間。」詩：「蕡鼓維鏞。」注云：「鏞，大鐘也。」爾雅：「大鐘曰鏞。」

鎛　周禮鎛師註：「鎛，如鐘而大。」禮書：「韋昭、杜預云：『小鐘。』儀禮『鎛』從『薄』，與鉞鎛之鎛同。」隋志：「金之屬二：一曰鎛鐘，每鐘懸一簨簴，各應律吕之應，即黄帝所命伶倫鑄十二鐘和五音者也〔四二〕。」宋仁宗明道初，詔定大樂，集賢校理李照言：「古者鎛鐘擊爲節檢，而無合曲之義〔四三〕。大射有二鎛，皆亂擊焉。後周以十二鎛相生擊之。景德中，李宗諤領太常，總考十二鎛鐘，而樂工相承，殿廷習用三調六曲。三調者，黄鍾、太蔟、蕤賓也。六曲者，調別有隆安、正安二曲。郊廟之縣，則環而擊之。宗諤上言曰：『金部之中，鎛鐘爲難和〔四四〕，一聲不及，則宫商失序，使十二鎛工皆精習，則遲速有倫，隨月用律，諸曲無不通矣。』真宗因詔黄鍾、太蔟二宫更增文舞、武舞、福酒三曲。至是，詔馮元等詢考擊之法。元等奏言：『後周嘗以相生之法擊之，音韵克諧，國朝亦用隨均合曲，然但施殿庭，未及郊廟。謂宜使十二鐘依辰列位，隨均爲節，便於合樂，仍得並施郊廟。若軒縣以下則不用此制，所以重備樂尊王制也。』」詔從焉。慶曆四年，大安樂成，詔侍臣觀新樂於紫宸殿，凡鎛十二：黄鍾高二尺二寸半，廣一尺二寸。鼓六、鉦四、舞六、甬、衡並旋蟲共高八寸四分，隧徑二寸二分，深一寸二釐，篆帶每面縱者四，横者四，枚景挾鼓與舞，四處各有九，每面共三十六，兩欒間一尺四寸，容九斗九升五合，重一百六斤；大吕以下十一鐘並與黄鍾同制，而兩欒間遞減半分〔四五〕；至應鍾容九斗三升五合，而其重加至應鍾重一百四十八斤；並中新律本律〔四六〕。議者以爲周禮：「大鐘十分其鼓間，以其一爲之厚。小鐘十分其鉦間，以其一爲之厚。」則是大鐘宜厚，小鐘宜薄。今大鐘重一百六斤，小鐘重一百四十八斤，則小鐘厚，非也。五年二月，乾寧軍進古鐘一，送詳定所。四月，知制誥王洙奏：「黄鍾爲宫最尊者，但聲有尊卑耳，不必在其形體也。言鐘磬依律數爲大小之制者，經典無正文，惟鄭康成立意言之，亦自云假設之法。孔穎達作疏，因而述之。據歷代史籍，亦無鐘磬依律數大小之説〔四七〕，其康成、穎達等即非身曾制作樂器。至如言『磬前長三律，二尺七寸；後長二律，一尺八寸，是磬有大小之制者』。據此以黄鍾爲律。臣曾依此法造黄鍾特磬者，止得林鍾律聲。若隨律長短爲鍾磬大小之制〔四八〕，則黄鍾長二尺二寸半，減至應鍾，則形制大小比黄鍾纔四分之一。又九月、十月以無射、應鍾爲宫，即黄鍾、大吕反爲商聲，宫小而商大，是君弱臣强之象。今參酌其鎛鍾、特磬制度，欲且各依律數，算定長短、大小、容受之數，仍以皇祐中黍尺爲法，鑄大吕、應鍾鍾磬各一，即見形制、聲韵所歸。」奏可。五月，翰林學士承旨王拱辰言：「奉詔詳定大樂，比臣至局，鍾磬已成。竊緣律有長短，磬有大小，黄鍾九寸最長，其氣陽，其象土，其正聲爲宫，爲諸律之首，蓋君德之象，不可並也。今十二鍾磬，一以黄鍾爲率，與古爲異。臣亦嘗詢逸、瑗等，皆言『依律大小，則聲不能諧』。故臣竊有疑，請下詳定大樂所，更稽古之義參定之。」是月，知諫院李兑言：「曩者紫宸殿閲太常新樂，議者以鍾之形制未中律度，遂斥而不用，復詔近臣詳定。竊聞崇文院聚議〔四九〕，而王拱辰欲更前史之義，王洙不從，議論喧嘖。夫樂之道，廣大微妙，非知音入神，豈可輕議？西漢去聖尚近，有制氏世典大樂，但能紀其鏗鏘，而不能言其義。況今又千餘年，而欲求三代之音，不亦難乎？且阮逸罪廢之人，安能通聖明述作之事？務爲異説，欲規恩賞。朝廷制樂數年，當國財匱乏之時，煩費甚廣。器既成矣，又欲改爲，雖命兩府大臣監議〔五〇〕，然未能裁定其當。請以新成鍾磬與祖宗舊樂參校其聲，但取和諧近雅者合用之。」大觀間，議禮局言：「伶州鳩曰：『大鈞有鎛無鐘，鳴其細也；細鈞有鐘無鎛，昭其大也。』然則鐘，大器也；鎛，小鐘也。以宫、商爲鈞，則謂之大鈞，其聲大，故用鎛以鳴其細，而不用鐘；以角、徵、羽爲鈞，則謂之小鈞，其聲細，故用鐘以昭其大，而不用鎛。

然後細大不踰，聲應相保，和平出焉。是鎛、鐘兩器，其用不同，故周人各立其官。後世之鎛、鐘，非特不分大小，又混爲一器，復於樂架編鐘、編磬之外〔五一〕，設鎛鐘十二以配之，則於義重複。乞宫架樂去十二鎛鐘，止設一大鐘爲鐘，一小鐘爲鎛，一大磬爲特磬，以爲衆聲所依〔五二〕。」詔可。

剽　爾雅：「鐘中者曰剽。」音漂。

棧　爾雅：「鐘小者曰棧。」晉時，剡縣民於田中得一鐘〔五三〕，長三寸，口徑四寸，銘曰棧。盞。唐時，岑陽耕者得古鐘，高尺餘，楊枚叩之曰：「此姑洗角也。」既劀拭，有刻在兩欒，果然。

陳氏樂書曰：「虞夏之時，小鐘謂之鐘，大鐘謂之鏞；周之時，大鐘謂之鐘，小鐘謂之鎛。則鎛之爲用，其實編鐘也；編鐘之用，其實歌鐘也。一器而三名之，各有攸趨爾。」

又曰：「莫非鐘也。大者謂之鏞，以民爲大故也。書言『笙鏞』，詩言『蕡鼓維鏞，鏞鼓有斁』是已。小者謂之棧，以象功之淺者也。昔晉人得鐘，長三寸，口徑四寸，銘曰『棧』是已。若夫大而不鏞，小而不棧，則又掠其大小之聲，而歸於中焉，其斯已爲剽歟！儀禮大射：『阼階之東，笙磬；其南，笙鐘；其南，鎛。西階之西，頌磬；其南，笙鏞；其南，鎛，皆南陳。』國語曰：『細鈞有鐘無鎛，昭其大也；大鈞有鎛無鐘，甚大無鎛，鳴其細也。』蓋細鈞，角，徵也，必和之以大，故有鐘無鎛；大鈞，宮、商也，必和之以細，故有鎛無鐘，則鎛小鐘大明矣。晉語、左傳：『鄭伯嘉納魯之寶，鄭人賂晉侯歌鐘二肆，及其鎛。』韋昭、杜預皆以鎛爲小鐘，然言『歌鐘，及其鎛』，則鐘大鎛小可知。鐘師掌金奏，大鐘也。鎛師掌金奏，小鐘也。許慎曰：『鎛，錞于之屬，所以應鐘磬也。』於理或然。鄭康成謂鎛如鐘而大，孫炎、郭璞釋大鐘謂之鏞〔五四〕，亦名爲鎛，不亦失小大之辨歟！以經考之，自虞至周，鏞大而鐘小。自周公制禮，鐘大而鎛小，雖有改制之名，無變大小之實也。秦漢以來，鐘鎛之制，小者或數寸，大者或容千石，皆不本律度，故梁去衡鐘而設鎛，隋疑無射之鎛無合曲之義，乃襲後周以『十二鎛相生』擊之，聲韵始克諧矣。聖朝之初，鎛鐘有三調六曲，更詔依均擊之，與編鐘相應，要知失細大之制〔五五〕，非成周制作之意也。傳曰：『黄鍾之鐘，容秬黍一斛。一斛八斗爲度。』國語曰：『度律均鐘，以定中聲。』白虎通曰：『鎛者，時之聲也，節度之所生也〔五六〕。有節度則萬物昌，無節度則萬物亡。』」

編鐘　小胥：「凡縣鐘磬，半爲堵〔五七〕，全爲肆。」註曰：「鐘磬，編縣之二八十六枚而在一簴，謂之堵。鐘一堵，磬一堵，謂之肆。」十六枚之數起於八音，倍而設之，故十六也。禮書曰：「後世宗鄭氏説，用四清聲，以爲夷則、南吕、無射、應鍾四宫。管短，則減黄鍾、大吕、太蔟、姑洗四管之半，以爲清聲而應之，則樂音諧。今大晟樂宗前代制，亦用十六枚，以十二枚爲正鐘，四枚爲清鐘焉。」隋志：「金之屬二曰編鐘，小鐘也。各應律吕，大小以次，編而懸之。上下皆八，合十六鐘，縣於一簨簴。」宋仁宗明道初，改制大樂，命集賢校理李照等預議，翰林學士馮元等同共討論。時太常鐘磬每十六枚爲一簴，而四清聲相承不擊，照因上言：「十二律聲已備，餘四清聲乃鄭、衛之樂，請於編縣止留十二中聲，去四清聲〔五八〕，則哀思邪僻之聲無由而起也。」元等駁之曰：「前聖制樂，取法非一，故有十三管之和，十九管之巢，三十六簧之竽，二十五絃之瑟，十三絃之箏，九絃、七絃之琴，十六枚之鐘磬，各自取義，寧有一之於律呂，專爲十二之數也？且鐘磬，八音之首〔五九〕，春秋號樂，總言金奏；詩頌稱美，實依磬聲。此二器非可輕改。今照欲損爲十二，不得其法於古，臣等以爲不可。且聖人既以十二律各配一鐘，又設黄鍾至夾鍾四清聲以附正聲之次，原其四清之意，蓋爲夷則至應鍾四宫而設也。夫五音，宫爲君，商爲臣，角爲民，徵爲事，羽爲物。不相凌謂之正，迭相凌謂之慢，百王之不易也。聲重濁者爲尊〔六〇〕，輕清者爲卑，卑者不可加於尊，古今之所同也。故列聲之尊卑者，事與物不與焉。何則？事爲君治，物爲君用，不能尊於君故也。惟君、臣、民三者則自有上下之分，不得相越，故四清聲之設，正謂臣民相避以爲尊卑也。今若止用十二鐘旋相考擊，至夷則以下四管爲宫之時，臣民相越，上下交戾，則凌犯之音作矣。此甚不可者也。其鐘、磬十六，皆本周、漢諸儒之説及唐家典法所載，欲損爲十二，惟照獨見，臣以爲且如舊制便。」帝令權用十二枚爲一格，且詔曰：「俟有知音者，能考四鐘，協調清濁，有司別議以聞。」元祐間，范鎮爲樂論上之。其論鐘曰：「夫鐘之制，周官鳧氏言之甚詳，而訓解者其誤有三：若云『帶所以介，其名也介，在于、鼓、鉦、舞、甬、衡之間。』介于、鼓、鉦、舞之間則然，非在甬、衡之上〔六一〕。其誤一也。又云：『舞，上下促，以横爲修，從爲廣，舞廣四分。』今亦去徑之二分以爲間，則舞間之方常居銑之四也。舞間方四，則鼓間六亦其方也。鼓六、鉦六、舞四，既言鼓間與舞修相應，則鼓與舞皆六，所云『鉦六、舞四』，其誤二也。又云『鼓外二，鉦外一』，彼既以鉦、鼓皆六，無厚、薄之差，故從而穿鑿以遷就其説，其誤三也。今臣所鑄編鐘十二，皆從其律之長，故鐘口十者，其長十六以爲鐘之身。鉦者，正也，居鐘之中，上下皆八，下去二以爲之鼓，上去二以爲之舞，則鉦居四而鼓與舞皆六。是故于、鼓、鉦、舞、篆、景、欒、隧、甬、衡、旋蟲，鐘之文也，著於外者也；廣、長、空、徑、厚、薄、大、小，鐘之數也，起於内者也。若夫金錫之齊與鑄金之狀率按諸經，差之毫釐則聲有高下，不可不審。其鏄鐘亦以此法而四倍之。今太常鐘無大小，無厚薄，無金齊，一以黄鍾爲率，而磨以取律之合，故黄鍾最薄而輕。自大吕以降，迭加重厚，是以卑陵尊，以小加大，其可乎？且清聲者不見於經，惟小胥註云『鐘磬者，編次之二八十六枚而在一簴謂之堵』。至唐又有十二清聲，其聲愈高，尤爲非是。國朝舊有四清聲，置而弗用，至劉几用之〔六二〕，與鄭、衛無異。」楊傑著元祐樂議〔六三〕，以破鎮説，曰：「鎮謂：『清聲不見於經，惟小胥註云「鐘磬者，編次之十六枚而在一簴謂之堵」。至唐又有十二清聲，其聲愈高，尤爲非是。國朝舊有四聲，置而弗用，至劉几用之，與鄭、衛無異。』按，編鐘、編磬十六，其來遠矣，豈獨見於周禮小胥之註哉？漢成帝時，犍爲郡於水濱得古磬十六枚，帝因是陳禮樂雅頌之聲，以風化天下。其事載於禮樂志，不爲不詳，豈因劉几然後用哉？且漢承秦，秦未嘗制作禮樂，其稱古磬十六者，乃二帝、三王之遺法也。其王朴樂内編鐘、編磬，以其聲律太高，歌者難逐，故四清聲置而不用。及神宗朝下二律，則四清聲皆用而諧協矣。周禮曰：『鳧氏爲鐘，薄厚之所震動，清濁之所由出。』則清聲豈不見於經哉？今鎮以簫、笛、塤、篪、巢笙、和笙獻於朝廷〔六四〕，簫必十六管，是四清聲在其間矣。自古無十二管之簫，豈簫韶九成之樂已有鄭、衛之聲乎？」禮部、太常亦言：「鎮樂法自係一家之學，難以參用。」而樂如舊制。

陳氏樂書曰：「先王作樂，以十有二律爲之數度，以十有二聲爲之齊量。紀之以三，平之以六，歸於十二，天之道也。然則以十有二辰正鐘磬樂縣之位，豈他故哉？凡以齊量、數度，考中聲，順天道而已。蓋編鐘十二，同在一簴爲一堵，鐘磬各一堵爲肆。春秋傳：『歌鐘二肆。』則四堵也。小胥之職〔六五〕：『凡縣鐘磬，半爲堵，全爲肆。』是鐘磬皆在所編矣。磬師掌教擊磬，擊編鐘。於鐘言編，則磬可知。明堂位曰：『叔之離磬。』編則雜，離則特，謂之離磬。則特懸之磬，非編磬也。言磬如此，則鐘可知也。荀卿言：『縣一鐘。』大戴禮言『編縣』，一言『特縣』。鐘磬如此，則編鐘、編磬亦可知，豈非金石以動之，常相待以爲用乎？由是觀之，鐘磬編縣各不過十二，古之制也。漢服虔以十二鐘當十二辰，更加七律一縣爲十九鐘。隋之牛弘論後周鐘磬之縣〔六六〕，長孫紹遠援國語〔六七〕、書傳七律、七始之制，合正、倍爲十四。梁武帝又加濁倍，三七爲二十一。後魏公孫崇又參縣之，合正倍爲二十四。至唐分大、小二調，兼用十六、二十四枚之法，皆本二變、四清言之也。蔽於二變者，不過溺於國語書傳；蔽於四清者，不過溺於樂緯，皆非聖經之意也。惟聖朝李照、范鎮廢四清，用十二律之議，何其智識之明而遠過於諸子乎！李照雖知去四清，而不知去二變，猶不去四清也，將何以成和樂邪！真目論也。編鐘，宮縣用之。先儒設於甲、丙、庚、壬之位，十二律各有正聲，說取黃鍾至夾鍾四律爲清聲，此牛弘據鄭康成及樂緯之說也。古者編鐘、編磬，登歌用之，以節歌句，故堂上擊黃鐘特鐘而堂下編鐘應之，擊黃鍾特磬而堂下編磬應之，上下唱和之道也。」

青鐘　赤鐘　黃鐘　白鐘　黑鐘　昔黃帝作五聲，正五鐘：一曰青鐘，大音；二曰赤鐘，心聲；三曰黃鐘，洫光；四曰景鐘，昧其明；五曰黑鐘，隱其帝。五聲既調，然後作五行。淮南子謂孟秋之月，西宮御女白色，衣白綵〔六八〕，撞白鐘是也。宋徽宗崇寧三年，作大晟樂，鑄景鐘成。景鐘者，黃鍾之所自出也。垂則爲鐘，仰則爲鼎。鼎之大，終於九斛，中聲所極。製煉玉屑，入於銅齊，精純之至，音韵清越。其高九尺，拱以九龍，惟天子親郊乃用之。立於宮架之中，以爲君圍。於是命翰林學士承旨張康國爲之銘。其文曰：「天造我宋，於穆不已。四方來和，十有二紀。樂象厥成，維其時矣。迪惟有夏，度自禹起。我龍受之，天地一指。於論景鐘，中聲所止。有作於斯，無襲於彼。九九以生，律呂根抵。維此景鐘，非弇非侈。在宋之庭，屹然特峙。天子萬年，既多受祉。維此景鐘，上帝命爾。其承伊何，以燕翼子。永言寶之，宋樂之始。」大中大夫劉昺編修樂書：「金部有七曰景鐘〔六九〕。以爲景鐘乃樂之祖，而非常用之樂也。黄帝五鐘，一曰景鐘。景，大也。鐘，四方之聲〔七〇〕，以象厥成。惟功大者其鐘大，世莫識其義久矣。其聲則黄鐘之正〔七一〕，而律呂由是生焉。平時弗考，風至則鳴。」紹興十三年，命給事中段拂等討論景鐘制度，按大晟樂書：「黄帝有五鐘：一曰景鐘，景者，大也。黄鐘者，樂所自出，而景鐘又黄鍾之本，故爲樂之祖，惟天子郊祀上帝則用之，自齋宮詣壇則擊之，以召至陽之氣。既至，聲闋，衆樂乃作。祀事既畢，陞輦又擊之。蓋天者，群物之祖，今以樂之祖感之，則天之百神可得而禮。音韵清越，拱以九龍，立於宮架之中，以爲君圍；環以四清聲鐘、磬、鎛鐘、特磬，以爲臣圍；編鐘、編磬以爲民圍。內設寶鐘球玉，外爲龍簴鳳琴〔七二〕。景鐘之高九尺，其數九九，實高八尺一寸。垂則爲鐘，仰則爲鼎。鼎之大，中於九斛，退藏寶八斛有一焉。」內出皇祐大樂中黍尺，參以太常舊藏黄鍾律編鐘，高適九寸，正相脗合，遂遵用黍尺製造。鐘成，命左僕射秦檜爲之銘〔七三〕。其文曰：「皇宋紹興十六年，中興天子以好生大德，既定寰宇，乃作樂以暢天地之化，以和神人。維茲景鐘，首出衆樂，天子專用諸禋祀，謹拜手稽首而獻銘：『德純懿兮舜、文繼。躋壽域兮孰内外？薦上帝兮偉兹器。聲氣應兮同久視。貽子孫兮彌萬世。』」

陳氏樂書曰：「尚書大傳：『天子左五鐘，右五鐘。出撞黄鍾，右五鐘皆應〔七四〕，然後太師奏登車〔七五〕，告出也；入撞蕤賓，左五鐘皆應〔七六〕，然後少師奏登堂就席，告入也。』由是觀之，黄鍾所以奏肆夏也；蕤賓所以奏采齊也。出撞陽鐘而陰應之，是動而節之以止；入撞陰鐘而陽應之，是止而濟之以動。易序卦『物不可以終動，不可以終止』之意也。樂師言『行以肆夏』，先於『趨以采齊』，豈主出言之邪？禮記『趨以采齊』，先於『行以肆夏』，豈主入言之邪？大戴禮言『步中采齊，趨中肆夏』，誤矣。後世奏永至之樂，爲行步之節，豈效古采齊、肆夏之制歟？」

金錞　錞于　周禮小師：「以金錞和鼓。」其形象鐘，頂大，腹揜，口弇，以伏獸爲鼻，内縣子鈴、銅舌，凡作樂振而鳴之，與鼓相和。國語曰：「戰以錞于，儆其民也。」又黄池之會，吴王親鳴鐘鼓、錞于、振鐸。則錞之和鼓，以節聲樂、和軍旅，其來尚矣。後世之制，或爲兩馬之形，或爲蛟龍之狀，引舞用焉，非周制也。

容齋洪氏隨筆曰：「周禮：『鼓人掌教六鼓、四金之音聲，以節聲樂。』四金者，錞、鐲、鐃、鐸也。『以金錞和鼓』。鄭氏註云：『錞，錞于也，圓如碓頭，大上小下，樂作則鳴之，與鼓相和。』賈公彦疏云：『錞于之名，出於漢之大予樂官。』南齊始興王鑑爲益州刺史，廣漢什邡民段祚以錞于獻鑑，古禮器也，高三尺六寸六分，圍二尺四寸，圓如筩〔七七〕，銅色黑如漆，甚薄。上有銅馬，以繩縣馬，令去地尺餘，灌之以水，又以器盛水於下，以芒莖當心跪注錞于，以手振芒，則其聲如雷，清響良久乃絶。古所以節樂也。周斛斯徵精三禮，爲太常卿。自魏孝武西遷，雅樂廢闕，樂有錞于者，近代絶無此器，或有自蜀得之，皆莫之識。徵曰：『此錞于也。』衆弗之信，遂依干寶周禮註，以芒筒將之，其聲極清〔七八〕，乃取以合樂焉。宣和博古圖説云：『其製中虛，椎首而殺其下。』王黼亦引段祚所獻爲證云。今樂府金錞就擊於地，灌水之制，不復考矣。是時，有虎龍錞一，山紋錞一，圜花錞一，縶馬錞一，龜魚錞一，魚錞二，鳳錞一，虎錞七。其最大者重五十一斤，小者七斤。淳熙十四年，澧州慈利縣周赧王墓傍五里山摧，蓋古墓也。其中藏器物甚多。予甥余玠宰是邑，得一錞，高一尺三寸，上徑長九寸五分，闊八寸；下口長徑五寸八分，闊五寸。虎紐高一寸二分，闊寸一分，並尾長五寸五分，重十三斤。紹熙三年，予仲子簽書峽州判官，於長楊縣又得其一〔七九〕，甚大，高二尺。上徑長一尺六分，闊一尺四寸二分；下口長徑九寸五分，闊八寸。虎紐高二寸五分，足闊三寸四分，並尾長一尺，重三十五斤。皆虎錞也。予家蓄古彝器百種，此遂爲之冠。小錞無缺損，扣之，其聲清越以長。大者破處五寸許，聲不能渾全，然亦可考擊也。後復得一枚，與大者無小異，自峽來，寘諸篛籠中，取者不謹，斷其紐。匠以藥銲而栅之，遂兩兩相對。若三禮圖、景祐大樂圖所畫，形製皆非。東坡志林記始興王鑑一節云：『記者能道其尺寸之詳如此，而拙於遺詞，使古器形制不可復得其仿佛，甚可恨也。』正謂此云。」

金鐲　金鉦　丁寧　周禮：「鼓人以金鐲節鼓。」司馬職：「公司馬執鐲，軍行鳴鐲。」詩曰：「鉦人伐鼓。」國語曰：「鼓丁寧。」春秋傳曰：「射汰輈，而著於丁寧。」説文曰：「鐲，鉦也。」韋昭曰：「丁寧，鉦也。」鄭康成曰：「鐲如小鐘，軍行鳴之，以爲鼓節。」蓋自其聲濁言之謂之鐲，自其儆人言之謂之丁寧，自其正人言之謂之鉦，其實一也。後世合宮縣用之而有流蘇之飾，非周制也。先儒謂非雅樂之器，是不稽四金以節聲樂之過也。近代有大銅叠縣而擊之，亦此類。

大金鐃　小金鐃　小鉦　周禮：「鼓人以金鐃止鼓。」大司馬：「卒長執鐃〔八〇〕。」以其聲譊譊然，故以鐃名之。説文曰：「鐃，小鉦也。」象鐘形，旁有二十四銑，飾以流蘇，柄中上下通。漢鼓吹曲有鐃歌，所以退武舞也。豈亦周之遺制歟！蓋其小者似鈴，有柄無舌，執而鳴之以止鼓。大者象鐘，形薄，旁有二十四銑，宫縣用之，飾以流蘇，蓋應律聲而和樂也。

金鐸　周禮：「鼓人以金鐸通鼓。」「兩司馬執鐸，三鼓，摝鐸振鐸。」樂記曰：「夾振之而駟伐，盛威於中國也。」司馬法曰：「鐸聲不過琅。」釋名曰：「鐸，度也，號令之限度也。」則鐸大鈴也，舞者振之警衆以爲節。」是金鐸以金爲舌，所以振武事也。舞武事者執之。晉荀氏曰：「趙人牛鐸以諧樂。」亦得古人之遺也。掩上振之爲摝。摝者，止行息氣也。

陳氏樂書四金通論曰：「聖人作易，參天兩地而倚數。因三而三之，其數六；因兩而兩之，其數四。鼓，陽也，而六之，參天之數也；金，陰也，而四之，兩地之數也。六鼓四金之音聲以節聲樂，以和軍旅，以正田役。必掌以鼓人者，鼓爲樂之君故也。蓋六鼓之有四金，猶六律之有六吕，未有能偏廢者也。故錞之聲淳，鐲之聲濁，鐃之聲高，鐸之聲明。淳則陰與陽和，故可以和鼓，倡而和之故也；鐲則承陽而節之，故可以節鼓，行而節之故也；高則陰勝於陽，而可以止鼓，退而止之故也；明則陰與陽通，而可以通鼓，作而通之故也。在易之艮，位之終止也。位之終止則窮，故以漸進繼焉，既濟，治之終止也。治之終止則亂，故以未濟終焉。亦六鼓終於通鼓之意也。大司馬言鐲、鐃則鳴之而已，鐸則或振或掩，其用則先鐲而後鐃，與此不同者，此言理之序，大司馬言用之序故也。然大司馬不言錞者，以大司馬方習戰陳之事，非倡和之時故也。釋名：『金鼓，校號也，將帥號令之所在也。』左傳曰：『凡師有鐘鼓曰伐。』吕氏春秋曰：『金鼓所以一耳也，法令所以一心也。』孫子曰：『夫金鼓所以一人之耳目也，人既專一，則勇者不得獨進，怯者不得獨退，此一衆之法也。』由是觀之，金鼓之用於軍旅，則將軍之氣，一軍之形候也。況用之以節聲樂者乎？後世以角代金，非古制也。」

木鐸　書曰：「遒人以木鐸徇於路。」記曰：「振木鐸於朝，天子之政也。」小宰：「正歲，率治官之屬而觀治象。」小司徒：「正歲，率其屬而觀教法之象〔八一〕，徇以木鐸〔八二〕。」小司寇：「正歲，帥其屬而觀刑象，令以木鐸。」宫正、司烜：「以之修火禁於國中。」鄉師：「凡四時之召，以之徇於市朝。」士師〔八三〕：「掌國五禁之法，以之徇於朝。」是木鐸以木爲舌，所以振文事也。故舞文事者執之振文事。一也在帝王天子則行而爲政，在玄聖素王則言而爲教。天將以夫子爲木鐸，豈非言而教之之事歟！

金鐸形如鐸，有柄，金舌。木鐸形如金鐸，稍矮如甌，有柄木舌。

金之屬 胡部

陳氏樂書曰：「周官：『鞮師掌教鞮樂。』『旄人掌教舞夷樂。』『鞮鞻氏掌四夷之樂與其聲歌。』『凡祭祀、饗燕用焉。』然則胡部之樂，雖先王所不廢，其用之未嘗不降於中國雅部之後也〔八四〕。故鞮師、旄人、鞮鞻氏所以居大司樂之末歟！後世以觱篥爲頭管，進之雅部之前，失先王所以立樂之方也。臣嘗觀漢明帝時北單于來請音樂，詔報曰：『前單于言：先帝時賜呼韓邪竽、瑟、箜篌皆敗，願復裁賜。念單于國尚未安，方厲武節以攻戰爲務，竽瑟之用，不如良弓利劍，故不以齎。朕不愛小物於單于也。』然則匈奴亦通用中國樂矣，用華音變胡俗可也。以胡音亂華，如之何而可？」

方響　鐵響　梁有銅磬，蓋今方響之類也。方響，以鐵爲之，修九寸，廣二寸，圓上方下。架如磬而不設業，倚於架上以代鐘磬。人間所用者，纔三四寸。大周正樂載西涼清樂〔八五〕，方響一架，十六枚，具黃鍾、大呂二均聲。唐武宗朝，朱崖李太尉有樂史廉郊，嘗携琵琶於池上，彈蕤賓調。忽聞芰荷間有物躍出其岸，視之，乃方響蕤賓鐵也。豈指撥精妙，能致律呂之然邪？和凝有響鐵之歌，蓋本諸此。

編鐘　唐西涼部非特有方響，亦有編鐘焉。豈中國之制流入於夷狄邪？齊武帝始通使於魏，僧虔謂其兄子儉曰〔八六〕：「古語謂『中國失禮，問之四夷』。計樂亦如之，非虛言也。」

正銅鈸　銅鈸亦謂之銅盤，本南齊穆士素所造。其圓數寸，中間隆起如浮漚，出西戎、南蠻、扶南、高昌、疏勒之國。大者圓數尺，以韋貫之，相擊以和樂。唐之燕樂法曲〔八七〕，有銅鈸相和之樂。今浮屠氏清曲用之，蓋出於夷音也。唐胡部合諸樂擊小銅鈸子。合曲，西涼部、天立部、龜兹部、安國部、康國部亦用之〔八八〕。然有正與和，其大小清濁之辨歟。

銅鈸　銅鈸，謂之銅盤〔八九〕。本西戎南蠻之器也。昔晉人有銅澡盤無故自鳴，張茂先謂人曰：「此器與洛陽宫鐘聲相諧，宫中撞鐘，故鳴也。」後驗之，果爾。大抵音比則和，聲同則應，非有物使之然也。

銅鐃　浮屠氏所用浮漚，器小而聲清，世俗謂之鐃。其名雖與四金之鐃同，其實固異矣。

銅鉦　鉦如大銅疊，似銅盤。縣於簴而擊之，南蠻之器也。

銅角　高昌之樂器也。形如牛角，長二尺，西戎有吹金者，銅角是也。陶侃表有「奉獻金口角」之説，謂之吹金，豈以金其口而名之邪？或云本出吴、越，非也。

龍頭角　晉書安帝紀曰：「桓玄製龍角。」或曰所謂亢龍角也。大抵角頭象龍，其詳不可得而知。史苓武昌記曰：「武昌有龍山，欲雨，上有聲如吹角。」然則龍頭角豈推本而爲之乎？傳曰：「角十二具於鼓左右，後列各六具，以代金。」然則四金之志不同〔九〇〕，其來舊矣。

大銅鼓　銅鼓，鑄銅爲之，作異獸以爲飾，惟以高大爲貴，面闊丈餘，出於南蠻、天竺之國也。昔馬援南征交趾，得駱越銅鼓，鑄爲馬式，此其迹也。今祕閣所藏頗多，特其大小異制耳。

中銅鼓　銅鼓之小者，或大首纖腹，或容體廣面，雖以銅爲體，要須待革成聲也。

小銅鼓　唐樂圖所傳天竺部用之。蓋以革冒其一面，形如腰鼓，面廣二尺，面與身連，遍有蟲魚草木之狀，擊之響亮，不下鳴鼉。唐貞元中，驃國進樂，亦有是鼓。咸通末，龔州刺史張直方因葺城池，掘得一銅鼓，捨於延慶寺，以代木魚。僖宗朝，林藹守高州，鄉墅牧童聞田間蛤鳴，欲進捕之，一蛤躍入穴中，掘而取之，得一銅鼓，其上隱起，多鑄蛙黽之狀，豈鳴蛤乃銅鼓之精邪？

鐵拍板　九部夷樂有拍板以節樂句，蓋本無譜也。唐明皇遣黄幡綽造譜，乃於紙上畫兩耳進之。上問，對曰：「但有耳道，則無失節奏矣。」韓文公目爲樂句。大周正樂所傳〔九一〕、連九枚，今教坊所用六枚，蓋古今異制也。

銅鑼　後魏宣武以後，始好胡音，洎於遷都，屈茨、琵琶、五絃、箜篌、胡箮、胡鼓、銅鈸、打沙鑼，其聲大抵初頗紓緩，而轉躁急。蓋其音源出西域，而被之土木，故感其聲者莫不奢淫躁競，舉止佻輕，或踴或躍，乍動乍息，蹻脚彈指，撼頭弄目，情發於中而不能自止。此誠胡聲之敗華俗也。

金之屬俗部

陳氏樂書曰：「俗部之樂，猶九流雜家者流，非朝廷所用之樂，存之不爲益，去之不爲損，民間用之雖無害於事，然方響十六，同爲一架，雜用四清之聲，適足以使民之心淫矣。鄭、衛之音，欲民之移風易俗難矣。如欲用之，去四清以叶律可也。」

大編鐘二十四枚　中編鐘十六枚　小編鐘十四枚　古者編鐘大小異制，有倍十二律而爲二十四者，大架所用也；有合十二律、四清而爲十六者，中架所用也；有倍七音而爲十四者，小架所用也。昔宋沇登光宅寺塔，見鐸一，無風自摇，洋洋有聞，摘而取之，果姑洗編鐘。又嘗道逢度支運乘，其間一鈴，亦編鐘也。及配元音，皆合其度。豈亦識微在金奏乎。

大鎛　鎛本小鐘，沈約誤以爲大，不考經傳之過也。馮元樂論謂此鎛鐘迺官帑中所獲者，其柄內空，扣之不得其聲，豈淪翳土莽，泉漬壤蝕，失其真響邪？至其小者，差與太常編鐘大小相類云。許慎云：「鎛，錞于之屬，所以應磬。堵以二，金樂，則鼓鎛以應之。」

博山鐘　戴延之西征記：「鐘大者三十二，博山頭形，環紐作獅子頭。鐘身彫鏤龍虎文，長二丈，厚八寸。大面，廣一丈二尺；小面，七尺。或作蛟龍，或作鳥獸，周繞其外。」陸翽鄴中記其說亦然。

飛廉鐘　趙將軍張珍領邑民徙洛陽六鐘，猛簴、九龍、翁仲、銅馳、飛廉鐘一，没盟津中。戴延之西征記曰：「陝縣城西北，二面帶河，河中對城西北角，水涌起銅鐘翁仲，頭髮常出水上，漲減常與水齊。晉軍當至，髮不復出，惟見水中嗟嗟有聲聞數里。翁仲本在城內大司馬門外，爲賊所徙，當西入關，至此而没。」郭緣生述征記曰：「洛陽太極殿前大鐘六枚。父老云：『曾欲有移此鐘者，聚百數長絙挽之，鐘聲振地，自是莫敢復犯。』然則太極殿六鐘，豈邑民所徙者邪？」戴延之西征記曰：「洛陽太極殿前左右各三銅鐘相對，大者三十二圍，小者二十五圍。」廣古今五行記曰：「陝州黄河有銅鐘，水大水小，常自浮出，每晦、朔、陰、雨之日輒鳴，聲響悲亮，行客聞之，莫不愴然。」

儀鐘　後魏宮架之制，四廂有儀鐘十四簴，廢而不用。元孚奏去之。至隋，牛弘建言：「古者鎛鐘據儀禮叩擊爲節，無合曲之義。大射二鎛，皆亂擊焉。」乃依後周十二鎛相生擊之，聲韵自此諧矣。前此宮縣四廂十六架〔九二〕。編黄鍾之磬十四。器雖黄鍾〔九三〕，而聲實夷則，抑又姑洗縣於東北，蕤賓列於西南，器象差位，則調律亦不和矣。

衡鐘　江左黄鍾之宫，其東衡鐘。其制，蓋大於鎛〔九四〕，豈鳧氏鐘衡之遺制歟！至梁，去衡設鎛。

古文鐘　虞喜志林曰：「吴時於江中得鐘有百餘字〔九五〕，募求讀者，竟無人曉。」何法盛晉中興書曰：「義熙十一年，霍山崩毁，出銅鏡六枚〔九六〕，上有古文蝌蚪書，人莫能識。」廣古今五行記曰：「會稽人陳青於井中得小鐘，長七寸二分，上有古文十八字，其四字可識，云『會稽岳命』。郭云『愍、懷喪覆，元帝中興之應』。自宣帝至恭帝數十八，其爲古文則一，其所以可識不可識者，豈歷年滋久，漫滅不可復知邪？然先儒著其事應，竊意其未必然也。」

千石鐘　漢高帝廟，巨鐘十枚，其容受千石，撞之聲聞百里。説苑曰：「秦始皇建千石之鐘，立萬石之簴。」

九乳鐘　傳曰：「君子鑠金爲鐘，四時九乳，是以撞鐘以知君，鐘調是，君道得。」宋均以爲九乳象九州，豈古人制作，皆有所法象邪！

平陵鐘　杜陵鐘　漢高帝平陵、宣帝杜陵，其鐘皆在長安。夏侯征西，欲徙諸洛陽，重不能致，縣在清明門裏道南。其西者，平陵鐘也；東者，杜陵鐘也。古之人用鐘，非特在陵，雖廟亦用之。古今樂録曰：「高廟中四鐘〔九七〕，皆秦時廟鐘也，重十二萬斤，明帝徙二鐘在南宫。」然秦鐘非制，毁之可也。徙之南宫，亦未免啟後世人主之侈心歟！

華鐘　張衡曰：「發鯨魚，鏗華鐘。」薛綜以爲凡鐘欲令大鳴，故作蒲牢於上，所以撃之者，鯨魚有象刻文，故曰華鐘也。

鳴鐘　豐山有鐘，霜降則鳴；黃河有鐘，陰雨則鳴，氣感之也。山海經五行記。漢、魏殿鐘，山摧則鳴，類召之也。東方朔傳：「武帝未央宮殿前鐘，無故自鳴，三日三夜不止。帝以問朔，朔對曰：『銅者土之子，以陰陽氣類言之，子母相感，恐山有摧阤者。』居三日，南郡太守以山崩爲言。異時，魏殿前鐘忽大鳴，張華曰：『蜀銅山崩。』久之，果然。」

啞鐘　唐太宗召張文收於太常，令與祖孝孫參定雅樂。有古鐘十二，近代惟有其七，餘五者俗號啞鐘，莫能通者。文收吹律調之，聲皆響徹。由此觀之，近代惟用其七者，豈有他哉？蔽於不用十二律而溺於二變故也。然則二變不可用於鐘律明矣。

方響　其編縣之次，與雅樂鐘磬異。下格以左爲首（九八）：其一黃鍾，二太蔟，三姑洗，四中呂，五蕤賓，六林鍾，七南呂，八無射；上格以右爲首：其一應鍾，二黃鍾之清，三太蔟之清，四姑洗之清，五中呂之清，六大呂，七夷則，八夾鍾。此其大凡也。後世或以鐵爲之，教坊燕樂用焉，非古制也，非可施之公庭，用之民間可也。

單鐸長柄一頭。　雙鐸兩頭　鐸制有二，有以木爲單頭者，今太常用之，所以引文武之舞也。

風鐸　後周世宗朝，長孫紹遠初爲太常，廣造樂器，無不克諧，惟黃鍾不調，居嘗患之。後因聞浮屠第三層上鳴鐸聲，雅合宮調，取而配奏之，果諧韵矣。

車鐸　賈鐸　晉荀勖嘗道於趙，聞賈人牛鐸之聲而識之。及掌樂，音韵未調，乃曰：「得趙之牛鐸則諧矣。」遂下郡國取之。晉樂自是克諧，真知音者也。唐承周、隋之亂，樂縣獨無徵音。李嗣真一旦聞砧聲有應之者，後以喪車鐸入振之，於東南隅果掘得一石，裁爲四器，補樂縣之闕云。宋説爲太樂令（九九），知音，近代無比。太常久無徵調，説考鐘律得之。國史補所載云。

銅鐸　晉愍帝建興中，晉陵陳寵於田野間得銅鐸五枚，皆爲龍虎形。通禮義纂曰：「鐸，大鈴，振之以通鼓。」又周官：「以金鐸通鼓。」形如小鐘，有舌。

將于　周官有錞于之制，蓋樂作則鳴之，與鼓相和，五代後周已亡其制。將于，蓋當時宮縣内無算樂中用之，豈錞于之變體歟！形如瓦缶，以簴縣之，上有獸形如蓋。

鐵笛　鐵笛之制，未知所起，今民间往往有之。

銅管　秦咸陽宮有銅人十二座，高三五尺，列在一筵上，琴、筑、竽、笙各有所執，組綬華彩，儼若生人。筵下有銅管，上口高數尺，一管内空，有繩大如指，使一人吹空管，一人紐繩，則琴、瑟、竽、筑皆作，與真樂無辨。西京雜記言之。

銅琵琶　昔元行冲爲太常卿時，有人於古冢中得銅物似琵琶，而身正圓，莫有識者。元視之曰〔一〇〇〕：「此阮咸所造樂具。」乃命工匠易銅以木，其爲聲雖清而雅，然亦失其故音矣。

鼓吹鉦　説文曰：「鉦，金聲也。」釋名曰：「金，禁也，爲進退之禁也。」東觀漢記：「段熲，有功而還，介士鼓吹錚鐸，金鼓雷震動地。」然則鼓吹鉦，其來尚矣。今太常鼓吹部用之，然鉦、錚一也，特其名異耳。繆襲作魏鼓吹曲十六篇，韋昭作鼓吹曲十六篇，傅玄作晉鼓吹曲二十二篇，沈約作梁鼓吹曲十二篇，然則鼓吹鉦未嘗不協鼓吹曲矣。以蛟龍爲簴〔一〇一〕，下有趺，中縣鉦，鉦形圓如銅鑼。周禮：鼓人所掌金鉦，形如鐘。與此異。

警嚴鉦　采芑：「鉦人伐鼓。」然則警嚴鉦其來尚矣。今太常鼓吹部警嚴用之。形圓，如鼓吹鉦。

刁斗　鎗鎗　漢書舊儀：「中宮衛宮城門，擊刁斗。」又名臣奏曰：「漢興以來，宮殿省闥五六重，周衛刁斗。」纂文曰：「刁斗，特持鈴也。」然則刁斗者，守衛師行之器也，以銅作鐎，其形如銚而無緣，其中所容一斗耳，晝炊夜擊，李廣軍用焉。俗謂之鎗鎗。唐宮縣內無筭樂，非古之制也。

銅角　南史綦毋氏貴倖，嘗以鼓角橫吹自隨。張興世嘗爲天子鼓角。又梁鼓角橫吹曲六十有六。

銅磬　銅鉢　銅磬，梁朝樂器也。後世因之，方響之制出焉。今釋氏所用銅鉢亦謂之磬，蓋妄名之耳。齊、梁間文士擊銅鉢賦詩，亦梵磬之類，胡人之音也。

銅簴　秦始皇斂天下銅鐵作銅簴於咸陽，漢高帝廟有銅簴二，魏明帝徙之洛陽尚在。三輔皇圖曰：「始皇造簴三丈，鐘小者千石。」簴形如衣架。

鐵磬　南齊之器。初，宮城諸却敵樓用鼓警夜〔一〇二〕，以應更唱。太祖以鼓多驚寢，遂易以鐵磬，其更鼓之變歟。

鐵簧　民間有鐵葉簧，削鋭其首，塞以蠟蜜〔一〇三〕，橫之於口，呼吸成音，豈簧之變體歟？

金管　昔華歆、管寧友善，曾共鋤園，得金管一。寧以鋤揮之，與瓦礫無異。

銅律　銅爲物之至精，不爲燥濕寒暑變其節，不爲風雨暴露改其形，介然有常。有似於士君子之行，故凡律、度、量、衡用銅者，所以同天下齊風俗也，要之不若用竹一本於自然而已。

校勘記

〔一〕鼓人掌四金之音聲　「音聲」二字原倒，據樂書卷一〇八乙正。

〔二〕垂之和鐘　「和」字原脱，據禮記明堂位補。

〔三〕並未知孰是　「並」字原脱，點校本通典卷一四四樂典據古本通典補，今從之。

〔四〕枚謂之景　「枚」下原衍「間」字，據周禮鳧氏删。

〔五〕鐘乳也　「鐘」下原衍「穴」字，據周禮鳧氏注删。

〔六〕今時鐘乳俠鼓與舞　「俠」原作「狹」，據周禮鳧氏注改。按「俠」同「夾」。

〔七〕橅音摩　「摩」原作「靡」，據周禮鳧氏改。

〔八〕其鑄之則各隨鐘之制　「鑄」原作「銑」，上「之」下原衍「形」，據周禮鳧氏注及通典卷一四四樂典四改删。

〔九〕是其正　「正」原作「制」，據元本、慎本、馮本及通典卷一四四樂典四改。

〔一〇〕聞音問　「問」原作「間」，據通典卷一四四樂典四改。

〔一一〕而以林鍾之數益之也　「而」與「林」字原脱，據國語周語下注補。

〔一二〕所不能見　「能」字原脱，據國語周語下注補。

〔一三〕所以鈞音之法也　「以」原作「謂」，據國語周語下注改。

〔一四〕以木長七尺者絃繫之爲鈞法　「七」原作「六」，「絃」原作「强」，據國語周語下注改。

〔一五〕衡稱上衡　四字原脱，據國語周語下注補。

〔一六〕無所尚也　「無」原作「大」，據國語周語下注改。

〔一七〕聖人保樂而愛財　「而」原作「以」，據國語周語下改。

〔一八〕古者以樂省土風而紀農事　「土」原作「上」，據元本、慎本、馮本及國語周語下注改。「土風」二字原倒，據國語周語下注乙正。

〔一九〕瓦絲也　「瓦」字原脱，據國語周語下補。

〔二〇〕鼓鼙也　「鼓鼙」，國語周語下注作「鼗鼓」。

〔二一〕故可以平民　「以」字原脱，據國語周語下補。

〔二二〕聲五聲也　四字原脱，據國語周語下補。

〔二三〕律　原作「其云」，據國語周語下注改。

〔二四〕所以發動五聲也　「發」字原脱，據國語周語下注補。

〔二五〕管絃所以行之也　「以」字原脱，據國語周語下注補。

〔二六〕宣發揚也　「也」字原脱，據國語周語下注補。

〔二七〕集　原作「聲」，據國語周語下注改。

〔二八〕言中和之所會集曰正聲也　「正」原作「五」，據國語周語下注改。

〔二九〕保安也　「安」原作「和」，據國語周語下注改。

〔三〇〕磨之以石繫之以絲木　二「之」下皆有「以」字，國語周語下無「以」字。

〔三一〕繫之以絲木以爲琴瑟也　「繫」下有「之以」二字，而國語周語下無此二字。

〔三二〕正北曰坎　「曰」原作「爲」，據國語周語下注改。

〔三三〕則夏有霜雪　「夏」原作「憂」，據國語周語下改。「雪」，同書作「雹」。

〔三四〕細無射也　「也」字原脱，據國語周語下注補。

〔三五〕中庸之德聲也　「聲」原作「舞」，據國語周語下注改。

〔三六〕伶州鳩曰　「伶」字原脱，據通典卷一四四樂典四補。

〔三七〕他刁反　「刁」原作「刀」，據通典卷一四四樂典四改。

〔三八〕不完備人心也　「完備」，通典卷一四四樂典四作「充滿」。

〔三九〕差爲四十八等　「等」原作「字」，據樂書卷一〇九改。

〔四〇〕聖朝嘗詔李照制管調律而更鑄焉　「詔」原作「語」，據樂書卷一〇九改。

〔四一〕五品以上不過三人　「上」原作「下」，據樂書卷一〇九改。

〔四二〕即黄帝所命伶倫鑄十二鐘和五音者也　「十」字原脱，據隋書卷一五音樂志下補。

〔四三〕而無合曲之義　「曲」原作「興」，據宋史卷一二六樂志一改。

〔四四〕鎛鐘爲難和　「和」原作「如」，據宋史卷一二六樂志改。

〔四五〕而兩樂間遞減半分　「半分」二字原脱，據長編卷一七三皇祐四年十二月壬辰條、宋會要樂五之二補。

〔四六〕並中新律本律　「中」原作「如」，據宋史卷一二七樂志二、宋會要樂五之二改。

〔四七〕亦無鐘磬依律數大小之説　「律」字原脱，據上文及宋會要樂五之三補。

〔四八〕若隨律長短爲鐘磬大小之制　「磬」字原脱，據長編卷一七四皇祐五年四月乙未條、宋會要樂五之三補。

〔四九〕復詔近臣詳定竊聞崇文院聚議　「臣」原作「侍」，「文」原作「天」，據宋史卷一二七樂志二改。

〔五〇〕雖命兩府大臣監議　「臣」原作「官」，據宋史卷一二七樂志二改。

〔五一〕復於樂架編鐘編磬之外　「編鐘」二字原脱，據宋史卷一二九樂志四補。

〔五二〕以爲衆聲所依　「聲」原作「磬」，據元本、慎本、馮本及宋史卷一二九樂志四改。

〔五三〕剡縣民於田中得一鐘　「田」，爾雅釋樂作「井」。

〔五四〕孫炎郭璞釋大鐘謂之鏞　「謂」字原脱，據爾雅釋樂補。

〔五五〕要知失細大之制　「知」，樂書卷一〇九作「之」。

〔五六〕節度之所生也　「生」原作「主」，據樂書卷一〇九改。

〔五七〕半爲堵　「半」原作「十」，據周禮小胥改。

〔五八〕去四清聲　「聲」原作「鐘」，據宋史卷一二六樂志一改。

〔五九〕八音之首　宋史卷一二六樂志一「首」下有「絲竹以下受之於均，故聖人尤所用心焉」十六字。

〔六〇〕聲重濁者爲尊　「濁」原作「大」，據宋史卷一二六樂志一改。

〔六一〕在于鼓鉦舞甬衡之間介于鼓鉦舞之間則然非在甬衡之上　上「之」下原脱「間介于鼓鉦舞之間則然非在甬衡之」十五字，據宋史卷一二六樂志一補。

〔六二〕至劉几用之　「几」原作「幾」，據宋史卷一二八樂志三改。

〔六三〕楊傑著元祐樂議　「傑」原作「徐」，「著」原作「注」，據宋史卷一二八樂志三改。

〔六四〕今鎮以簫笛塤篪巢笙和笙獻於朝廷　「以」字原脱，據宋會要樂五之一七補。

〔六五〕小胥之職　江藩樂縣考卷下謂當作「小胥職」。

〔六六〕隋之牛弘論後周鐘磬之縣　「弘」原作「洪」，避清諱，據馮本及隋書卷一五音樂志下改回。下同。

〔六七〕長孫紹遠援國語　「遠」字原脱，據隋書卷一五音樂志下補。

〔六八〕淮南子謂孟秋之月西宮御女白色衣白綵　「月」原作「日」，「宮」原作「館」，「衣」字原脱，據淮南子時則訓改補。

〔六九〕金部有七曰景鐘　宋史卷一二九樂志四「鐘」下有「曰鎛鐘，曰編鐘，曰金錞，曰金鐲，曰金鐃，曰金鐸」句。

〔七〇〕四方之聲　「四」原作「西」，據宋史卷一二九樂志四改。

〔七一〕其聲則黄鐘之正　「鐘」字原脱，據宋史卷一二九樂志四補。

〔七二〕外爲龍簴鳳琴　「鳳」原作「風」，據宋史卷一三〇樂志五改。

〔七三〕命左僕射秦檜爲之銘　「命」字原脱，據宋史卷一三〇樂志五補。

〔七四〕右五鐘皆應　「右」原作「左」，據尚書大傳卷一改。

〔七五〕然後太師奏登車　「太」原作「少」，據尚書大傳卷一改。

〔七六〕入撞蕤賓左五鐘皆應　「入」字原脱，「左」原作「右」，據尚書大傳卷一補改。

〔七七〕圓如筩　「筩」，據容齋續筆卷一一古錞于作「筩」。

〔七八〕其聲極清　「清」原作「振」，據容齋續筆卷一一古錞于改。

〔七九〕於長楊縣又得其一　「楊」原作「陽」，據容齋續筆卷一一古錞于改。

〔八〇〕卒長執鐃　「長執」二字原倒，據周禮大司馬乙正。

〔八一〕率其屬而觀教法之象　「教法之象」原作「教象之法」，據周禮小司馬乙正。

〔八二〕徇以木鐸　「徇」上原衍「皆」字，據周禮小司徒删。

〔八三〕士師　「師」字原脱，據周禮士師補。

〔八四〕其用之未嘗不降於中國雅部之後也　「降」下原衍「之」字，據樂書卷一二五删。

〔八五〕大周正樂載西涼清樂　「大」字原脱，據上引書卷補。

〔八六〕僧虔謂其兄子儉曰　按僧虔與儉姓王，前者南齊書卷三三有傳，後者南齊書卷二三有傳，似應書姓「王」字。

〔八七〕唐之燕樂法曲　「法」原作「清」，據樂書卷一二五改。

〔八八〕康國部亦用之　「部」字原脱，據樂書卷一二五補。

〔八九〕謂之銅盤　按文義，疑「謂」上脱「亦」字。

〔九〇〕然則四金之志不同　「同」原作「尚」，據樂書卷一二五改。

〔九一〕大周正樂所傳　「大」原作「後」，據樂書卷一二五改。

〔九二〕前此宫縣四厢十六架　「此」原作「北」，據樂書卷一三三改。

〔九三〕器雖黄鍾　樂書卷一三三作「雖器名黄鍾」。

〔九四〕蓋大於鎛　「蓋」下原衍「有」字，據樂書卷一三三删。

〔九五〕吴時於江中得鐘有百餘字　「鐘」原作「銅」，「有」原作「一」，據樂書卷一三三改。

〔九六〕出銅鏡六枚　「鏡」原作「鐘」，據樂書卷一三三改。

〔九七〕高廟中四鐘　「廟」原作「廣」，據文義改。

〔九八〕下格以左爲首　「首」原作「宜」，據樂書卷一三四改。

〔九九〕宋説爲太樂令　「宋」，樂書卷一三四作「朱」。

〔一〇〇〕元視之曰　「視」原作「祖」，據樂書卷一三四改。

〔一〇一〕以蛟龍爲簴　疑本節有脱誤。

〔一〇二〕宮城諸却敵樓用鼓警夜　「諸」原作「初」，「警」原作「磬」，據樂書卷一三五改。

〔一〇三〕塞以蠟蜜　「蜜」原作「密」，據樂書卷一三五改。

卷一百三十五　樂考八

石之屬 雅部

陳氏樂書曰：「石之爲物，堅實而不動。其卦則乾，其時則秋冬之交，其方則西北之維，其風不周，其聲尚角，其音則辨，立冬之氣也。先王作樂，擊之以爲磬之屬焉。蓋金石之樂，其聲未嘗不相應。莊子曰：『金石有聲，不考不鳴。』國語曰：『金石以動之。』唐李真以車鐸而得徵音之石，則其相應可知。三代之樂，既壞於秦、漢，漢至成帝，尚未有金石之樂。及晉武破苻堅之後〔一〕，而四厢金石始備焉。後世猥以泗濱石其聲下而不和〔二〕，而以華原所出者易之，信乎審一以定和，難哉！」

磬　周禮冬官：「磬氏爲磬，倨句一矩有半。必先度一矩爲句，一矩爲股，而求其絃。既而以一矩有半觸其絃，則磬之倨句也。磬之制有大小，此假矩以定倨句，非用其度耳。倨音據。句，沈音鉤，註同。矩，如字。先度，待洛反〔三〕。其博爲一，博，謂股博也，博，廣也〔四〕。股爲二，鼓爲三。參分其股博，去一以爲鼓博；參分其鼓博，以其一爲之厚。鄭司農云：「股，磬之上大者；鼓，其下小者，所當擊者也。」康成謂股，外面；鼓，內面也。假令磬股廣四寸半者，股長九寸也；鼓廣三寸，長尺三寸半者，厚一寸也。已上則摩其旁，鄭司農云：「磬聲大上則摩鑢其旁。」康成謂大上，聲清也，薄而廣則濁。已上，時掌反。註同。大音泰。摩，他賀反。下同。鑢音慮。已下則摩其耑。」大下，聲濁也。短而厚則清。耑音端，劉又音穿，本或作端。

宋明道製新樂，特磬十二：黄鍾、大吕股長二尺，博一尺，鼓三尺，博六寸九分寸之六，絃三尺七寸五分；太蔟以下股長尺八寸，博九寸，鼓二尺七寸，博六寸，絃三尺三寸七分半，其聲各中本律。黄鍾厚二寸一分，大吕以下遞加其厚〔五〕，至應鍾厚三寸五分。詔以其圖送中書。議者以爲「磬氏爲磬，倨句一矩有半，博爲一，股爲二，鼓爲三。參分其股博，去其一以爲鼓博；參分其鼓博，以其一爲之厚。」今磬無博厚，無長短，非也。元祐初，范鎮上樂議，曰：「臣所造編磬，皆以周官磬氏爲法，若黄鍾股之博四寸五分，股九寸，鼓一尺三寸五分；鼓之博三寸，而其厚一寸，其絃一尺三寸五分。十二磬各以其律之長而三分損益之，如此其率也。今之十二磬，長短、厚薄皆不以律，而欲求其聲，不亦遠乎？鍾有齊也，磬，石也，天成之物也。以其律爲之長短、厚薄，而其聲和，此出於自然，而聖人者能知之，取以爲法，後世其可不考正乎？考正而非是，則不足爲法矣〔六〕。特磬則四倍其法而爲之。國朝祀天地、宗廟及大朝會，宫架内止設鎛鐘，惟后廟乃用特磬，非也。今已升祔后廟，特磬遂爲無用之樂。臣欲乞凡宫架内於鎛鐘後各加特磬，貴乎金石之聲小大相應。」

陳氏樂書曰：「古之爲磬，尚象以制器，豈貴夫石哉？尚聲以盡意而已。鍾圓中規，磬方中矩，則倨句一矩有半，觸其絃也。其博爲一，股博一律也；股爲二，後長二律也；鼓爲三，前長三律也。股非所擊也短而博，鼓其所擊也長而狹。鄭司農云：『股，磬之上大者，鼓其下小者。』康成云：『股，外面；鼓，内面。』則擊者爲前而在内，不擊者爲後而在外。内者在下，外者在上。其大小、長短雖殊，而其厚均也。黄鍾之磬，股、鼓皆厚二寸，則餘磬可推矣。史傳論造磬者多矣，或謂黄帝使伶倫爲之，或謂堯使毋勾氏爲之，或謂叔爲之。以明堂位考之，叔之離磬，則特縣之磬。然則非特縣之磬，未必非毋勾氏、伶倫所造也。曲禮言「立則磬折垂佩。」考工記言：「磬折以三五。」則磬取屈折之義也。先儒謂磬之爲言勁也，豈因屈折然邪？」

又曰：「小華之山，其陰多磬；鳥危之山，其陽多磬；高山，深水出焉〔七〕，其中多磬。則磬石所自，固雖不一，要之一適陰陽之和者。泗濱所貢浮磬而已，蓋取其土少而水多，其聲和且潤也。然其制造之法，倨句一矩有半，外之爲股，内之爲鼓，其薄厚莫不有數存於其間。已上則摩其旁，而失之太清；已下則摩其端，而失之太濁。要之一適清濁之中者，薄以廣且厚而已。有虞氏命夔典樂，擊石拊石，至於百獸率舞，庶尹允諧者，由此其本也。蓋八卦以乾爲君，八音以磬爲主。故磬之爲器，其音石，其卦乾。乾位西北而夭屈之，以爲無有曲折之形，焉所以立辨也？故方有西有北，時有秋有冬，物有金有玉，分有貴有賤，位有上有下，而親疏長幼之理，皆辨於此矣。古人論磬，嘗謂有貴賤焉，有親疏焉，有長幼焉。三者行，然後王道得；王道得，然後萬物成，天下樂之。故在廟朝聞之，君臣莫不和敬；在閨門聞之，父子莫不和親；在族黨聞之，長幼莫不和順。夫以一器之成而功化之敏如此，則磬之所尚，豈在夫石哉？存乎聲而已。然擊石拊石，堂上之樂也；百獸率舞，堂下之治也。堂上之樂足以兼堂下之治，堂下之樂不足以兼堂上之治。故昔王阜爲重泉令，擊磬而鸞舞，則夔之擊磬而獸舞，豈無是理哉？唐天寶中，廢泗濱磬而以華原石代之，卒致祿山之禍。元、白賦詩以譏之，誠有意於去鄭存雅矣。自時而後，有取華陽響石爲七縣焉，豈亦得泗濱浮磬之遺乎？

徐景安謂浮磬擊有五音，以七音言之，非也。」秦刻嶧山以頌德曰：「刻此樂石。」蓋嶧山近泗水故也。

玉磬　天球

陳氏樂書曰：「春秋之時，齊侯以玉磬賂晉師止兵，臧文仲以玉磬如齊告糴。禮記郊特牲言：『諸侯宮架而擊玉磬。』明堂位言：『四代樂器而拊搏玉磬。』則玉之於石，類也，玉磬則出乎其類矣。書言：『天球在東序。』詩言：『受小球大球。』蓋物之美者莫如玉，而球又玉之美出於自然者也。先王樂天以保天下，因天球以爲磬，以其爲堂上首樂之器，其聲清徹，有隆而無殺，衆聲所求而依之者也。商頌曰：『依我磬聲。』本諸此歟！呂氏春秋言：『堯命夔鳴球以象上帝玉磬之音。』傳言『金石有聲，不考不鳴。』禮言：『玉之清越，以長樂也。』由是觀之，鳴球之樂，雖出於所考，要之其聲清越以長，無量於羽屬鱗屬之鳴也。梓人爲筍虡，取羽屬清揚而遠聞者以爲磬簴，故擊其所縣，而由是簴鳴。取鱗屬以爲筍，且其匪色必似鳴矣。然則謂之鳴球，非若瀛州青石之磬不擊而自鳴也。其鳴也因夔而已。漢武帝建招仙靈閣於甘泉西，上有浮金輕玉之磬，非古制也，其武帝之侈心乎！晉賀循奏登歌之簴，采玉以造磬；隋蘇夔妙達音律，造玉磬獻於齊。唐制：宗廟殿庭用玉磬。則玉磬堂上之樂，登歌用焉。書言『搏拊琴瑟以咏』，而以鳴球爲先，義可見矣。通禮義纂曰：「晉賀循修奏登歌之簴，采玉造小磬，宗廟殿用玉，郊丘用石，本去堂上樂以歌，故名歌鐘、磬。唐制，設歌磬於壇上之西，歌鐘於東，近南北向，至匏竹立於壇下。」國語曰：『籧篨蒙璆。』漢樂章曰：『軒朱璆磬。』蓋璆與球同而字異，其實一也。」洽聞記曰：「隋文帝開皇十四年，於翟泉獲玉磬十四，垂之於庭，有二神人擊之，其聲絶妙。」國史纂異曰：「潤州得十二玉磬以獻，張率更叩其一曰〔八〕：『晉某歲所造。』」開元傳信記曰〔九〕：「太真妃最善擊磬拊搏之音。明皇令采藍田綠玉爲磬，尚方造簨簴流蘇之屬，皆金鈿珠翠珍怪之物雜飾之〔一〇〕。又鑄二金獅子以爲趺。其他綵繪縟麗，製作精妙，一時無比也。」由是觀之，玉磬十二，古之制也。益之爲十四，後世倍之〔一一〕，音之失也。至於飾以金珠珍怪，趺以金獅騰攫，其唐明皇之侈心乎！不爲有道之主所取也。

編磬　離磬馨。

陳氏樂書曰：「磬之爲器，昔人謂之樂石，立秋之音，夷則之氣也。蓋其用：編之則雜而小，離之則特而大。叔之離磬則專簴之特磬，非十二器之編磬也。古之爲鐘，以十有二聲爲之齊量，其爲磬非有齊量也，因玉石自然，以十有二律爲之數度而已。爾雅：『大磬謂之毊，徒鼓磬謂之寋。』周官：『磬師掌教擊磬，擊編鐘。』言編鐘於磬師，則知有編磬矣。爾雅言大以見小，磬師言鐘以見磬。大則特縣，小則編縣。儀禮：『鼗倚於頌磬西紘。』則所謂紘者，其編磬之繩歟！小胥：『凡縣鐘磬，半爲堵，全爲肆。』鄭康成釋之，謂編縣之十六枚同在一簴謂之堵，鐘磬各一堵謂之肆。禮圖取其倍八音之數而因之，是不知鐘磬特八音之二者爾，謂之取其數可乎？典同：『凡爲樂器，以十有二律爲之數度，以十有二聲爲之齊量。』則編鐘、編磬不過十二爾，謂之十六可乎？嘗讀漢書，成帝時，於犍爲水濱得石磬十六，未必非成帝之前工師附益四清而爲之，非古制也。康成之説，得非因此而遂誤歟？古有大架二十四枚同一簨簴，通十二律正倍之聲，亦庶乎古也！郭璞曰：「毊音囂，以玉飾之。」宋朝元豐中，施用李照編鐘，阮逸編磬，仍下王朴樂二律，以寫中和之聲，可謂近古矣。然補注四聲以足十六律，非先王之制也。」

笙磬　頌磬歌磬。

陳氏樂書：「大射之儀：『樂人宿縣於阼階東〔三〕，笙磬西面，西階之西，頌磬東面。』蓋應笙之磬謂之笙磬，應歌之磬謂之頌磬。笙磬位乎阼階之東而面西，以笙出於東方震音，象萬物之生也。頌磬位乎西階之西而面東，以頌出於歌聲，而聲出於面言之方也。鄉飲酒之禮：『笙入堂下，磬南，北面立。』鄉射之禮：『笙入，立於縣中，西面。』蓋笙磬在東而面西，頌磬在西而面東。笙入，立於縣中之南而面北，故頌磬歌於西，是南鄉北鄉，以西方爲上，所以貴人聲也。笙磬吹於東，是以東方爲下，所以賤匏竹也。大射：『蔿倚於頌磬西紘。』頌磬在西而有紘，是編磬在西而以頌磬名之，特磬在東而以笙磬名之。周官：『眡瞭掌凡樂事，播鼗，擊頌磬，掌太師之縣。』則頌磬，編磬也；笙磬，特磬也。縣則又兼編與特言之。然言笙磬，繼之以鐘鎛，應笙之鐘鎛也，笙師共笙鐘之樂。是以言頌磬，繼之以鐘鎛，應歌之鐘鎛也。左傳『歌鐘二肆』是已。詩言『笙磬同音』，書言『笙鏞以間』；大鐘謂之鏞，則笙鏞，特縣之鐘也。以笙鏞爲特縣之鐘，則笙磬爲特縣之磬明矣。蓋笙，震音；磬，乾音，其音皆陽；鏞，兑音，其音則陰。是笙、磬異器而同音，笙、鏞異音而同和。然則特磬、特鐘、編鐘、編磬，皆各堵而同肆，鎛則隨之而已。大夫判縣，天子倍之而爲宫，士去天子之三而爲特，諸侯倍士之二爲軒。名位不同，樂亦異數故也。唐之歌磬，編縣十六，同一簨簴，合二八之聲，郊祀設於壇上，宗廟設於堂上，皆次歌鐘之西，節登歌之句，非不合周之頌磬也。然不知編縣十六同一簨簴，鄭康成之説，非先王之制也。」

𡨥　徒鼓鐘謂之修，徒擊磬謂之𡨥。唐禮書：「先蠶降神，宫縣之樂不用鎛鐘，以十二大磬代之。」

與房中之樂同設，非先王之制也。

石之屬胡部

編磬十六枚。　唐西涼部之樂，非特有編鐘，亦有編磬，段安節樂府雜録論之詳矣。以西涼方響推之，一架用十六枚，則其編鐘、編磬，亦不過十六耳。

石之屬俗部

編磬上每簴二十四枚，中每簴十六枚，下每簴十四枚。　編磬二十八之説，始於漢之鄭康成，非古制也。大架所用二十四枚，應十二律倍聲。唐李紳所傳也〔三〕。小架所用十四枚，通黄鍾一均上倍之，大周正樂所出也。二八之制，其失自乎四清；二七之制，其失自乎二變。上不失之四清，下不失之二變，其爲李紳所傳者乎！樂苑曰：「堂上磬十四枚，下七枚具黄鍾一均聲，上七枚倍也。」非徒不知去二變以協律，亦不知堂上特設黄鍾一以上拊之制也。

石鼓　傳稱：「八方之荒，有石鼓焉，蒙之以皮，其音如雷。」零陵有鳴石二，其狀似鼓，亦謂之石鼓，磬之類也。晉時吴郡臨平有石鼓出焉，考之無聲。張華謂武帝曰：「可取蜀中桐材刻作魚形扣之。」卒如其言，聲聞數里。郭緣生述征記曰：「逢山祠有石人石鼓。」臨海記曰：「白鶴山有石鼓如金石之響。」後秦記曰：「天水冀地，石鼓鳴野，群雉皆雊。」齊地記曰：「城東祠山，有石鼓，將有寇難則鳴，所以豫警備也。」吴興記曰：「長城有夏架山石鼓，盤石爲足，聲如金鼓，鳴則三吴有兵矣。」郡國志：「吴王離宫在石鼓山，南有石鼓。」要之，皆感應異器，鼓鳴即兵起，非樂器之常也。

玉鼓　春秋孔演圖：「有人金卯興於豐，擊玉鼓，駕六龍。」然則鼓蓋有以玉爲之者矣。

石鐘　武昌記：「鐘臺山有一石鐘，或時鳴響，遠邇聞之，故名鐘臺。」裴子野宋略曰：「永嘉元年，鐘山洪水，有鐘自山流出，時人因以名之〔一四〕。」

玉律　黄帝作律，以玉爲管，長尺六，孔爲十二音。晉武帝時，汲冢亦獲玉律。故古法物有七品，而姑洗、中吕，玉律居二焉。尚書中候曰：「用玉爲律以候之。」東漢以玉律十二候氣，於殿中以竹律六十候氣，於靈臺以十二律候氣，先王之法也，以六十律候之，豈因京房之陋歟〔一五〕？王子年拾遺記亦謂師延吹玉律而天神俱降〔一六〕，其言迂誕。

玉琯　黄帝之時〔一七〕，西王母獻昭華玉琯，然則下管蓋有以玉爲之者矣。

玉笙　漢奚景及説文曰：「舜祠下得笙，白玉管。」則古人蓋有以玉爲笙者〔一八〕。

紫玉簫　白玉簫　唐咸寧中，張毅冢中得紫玉簫，古有紫玉簫曲是也。明皇天寶中，安禄山自范陽入覲，獻白玉簫管數百，陳於梨園，則玉簫之器，蓋不始於古矣。

玉琴　吴均續齊諧記述王彦伯善鼓琴，嘗至吴郵亭，維舟中渚，秉燭理琴，見一女子坐於東床〔一九〕，取琴調之，似琴而非，聲甚哀雅，類今之登歌，乃楚光明曲也〔二〇〕。唯嵇叔夜能爲此聲。彦伯請受之，女更爲彈。遲明，女取錦繡等物贈别，彦伯以玉琴答之而去。則古人固有以玉爲琴者矣。

玉笛　梁州記：「咸寧中，有盜竊發張駿冢，得白玉笛。唐天寶中，明皇命紅桃歌貴妃梁州曲，親御玉笛，爲之倚曲。」則玉之爲樂器，非特可爲笙簫，亦可爲笛矣。今士夫之家，往往有之。開元傳信記載：「唐明皇嘗坐朝時，以手指上下按其腹。朝退，高力士進奏曰：『陛下向來數以手指按其腹，豈非聖體小不安邪？』明皇曰：『非也，吾昨夜夢遊月宮，諸仙娛余以上清之樂，流亮清越，殆非人所聞也，酣醉久之〔二一〕，合奏諸樂以送吾歸，其曲淒楚動人，杳杳在耳〔二二〕。吾以玉笛尋之，盡得之矣。坐朝之際，慮忽遺亡〔二三〕，故懷玉笛，時手指上下尋之，非不安也。』力士再拜賀曰：『非常之事也，願陛下爲臣一奏之。』因爲之奏，其音寥寥然不可名也。力士又再拜，且請其名，明皇笑曰：『此曲名紫雲迴。』遂載於樂章，今太常刻石在焉。」

瑤簴如衣架。　楚辭〔二四〕曰：「簫鐘兮瑤簴。」然則瑤玉以爲鐘簴，希代之器，非可爲後世法也。

玉方響　杜陽編述唐文宗時，有宮娥沈阿翹，本吳元濟之妓，嘗自進元濟所與一白玉方響，光明潔冷，可照數十步，以犀爲槌，以雲檀香爲架，芬馥襲人，彌月不散，制度精妙，希世之寶也。

神鉦其狀如鼓。　郡國志：「洞庭山有宮五門，東有石樓，樓下兩石鼓，扣之其聲清越，世所謂神鉦也。」晉孝武樂章曰：「神鉦一震，九域同來。」

石角　三國典略曰：「初，魏世山摧，得三石角，藏之武庫。」至是齊主入庫，賜從臣兵器，特以此角賜平秦王歸彥，曰：「余事常山不得反，事長廣得反，反事時，將此角嚇漢也。」

土之屬雅部

陳氏樂書曰：「土則埏埴以成器，而冲氣出焉。其卦則坤，其方則西南之維，其時則秋夏之交，其風則涼，其聲尚宫，其音則濁，立秋之氣也。先王作樂，用之以爲壎之屬焉。蓋壎、篪之樂，未嘗不相應。詩曰：『伯氏吹壎，仲氏吹篪。』又曰：『如壎如篪。』樂記以壎篪，爲德音之音。周官：笙師並掌而教之，則其聲相應，信矣。」

土鼓

陳氏樂書曰：「禮運曰：『夫禮之初，始諸飲食，其燔黍捭豚〔二五〕，汙尊而抔飲，蕢桴而土鼓，猶若可以致其敬於鬼神。』明堂位曰：『土鼓蕢桴，伊耆氏之樂也。』蓋樂以中聲爲本。土也者，於位爲中央，於氣爲冲氣。則以土爲鼓，以土蕢爲桴，所以達中聲者也。伊耆氏之樂，所尚者土，鼓則中聲作焉。所擊者蕢桴，則中聲發焉。禮之初，始諸燔黍捭豚以爲食，汙尊抔飲以爲飲。然則蕢桴土鼓有不爲樂之初乎？周官籥章：凡逆暑於中春，迎寒於中秋，祈年於田祖，祭蜡以息老物。一於擊土鼓而已，有報本反始之義焉。夫豈以聲音節奏之末節爲哉？此所以猶若可以致其敬於鬼神也。然土鼓之制，窐土而爲之，故禮運之言土鼓，在乎未合土之前，與壺涿氏炮土之鼓異矣。杜子春謂以瓦爲陶，以革爲面，不稽禮運之過也。」

瓦鼓　周官：「壺涿氏除水蟲以炮土之鼓〔二六〕。」鄭康成以爲瓦鼓也。

古缶形如足盆，或曰形如覆盆，以四杖擊之。　土音缶，立秋之音也，古者盎謂之缶。則缶之爲器，中虛而善容，外圓而善應，中聲之所自出者也。唐堯之時，有擊壤而歌者，因使鄭以麋輅冥缶而鼓之，是以易之。盈缶見於比，用缶見於坎，鼓缶而歌見於離，詩之擊缶，見於宛邱，是缶之爲樂，自唐至周所不易也。昔秦、趙會於澠池，趙王爲秦王擊缶，亦因是已，孰謂始於西戎乎？先儒之説，一何疏邪！徐幹曰：「聽黄鍾之音，知擊缶之細。」則缶之樂，特其器之細者歟！

大塤古塤。　小塤

陳氏樂書曰：「周官之於塤，教於小師，播於瞽矇，吹於笙師。以塤爲德音見於禮，如塤如篪見於詩。則塤之爲器，立秋之音也。平底六孔，水之數也。中虛上鋭，如秤錘然，火之形也。塤以水火相合而後成器，亦以水火相和而後成聲，故大者聲合黄鍾、大吕，小者聲合太蔟、夾鍾，要在中聲之和而已。風俗通謂圍五寸半，長一寸半，有四孔，其二通，凡六空也，蓋取諸此。爾雅大塤謂之嘂〔二七〕，以其六孔交鳴而喧嘩故也。譙周曰：『幽王之時，暴辛公善塤〔二八〕。』世本曰：『暴辛公作塤。』蓋塤之作，其來尚矣，謂之暴辛公善塤可也，謂之作塤，臣未之敢信矣。塤又作壎者，金方而土圓，水平而火鋭，一從熏，火也；其徹爲黑，則水而已；從圓，則土之形圓故也。或謂塤，青之氣。陽氣始起，萬物暄動，據水土而萌，始於十一月，成於立春，象萬物萌出於土中。是主土王四季所言，非主正位六月而言〔二九〕，而亦一説也。」塤，六孔：上一、前三、後二。王子年拾遺記曰：「春皇庖犧氏灼土爲塤，禮樂於是興矣。」

雅塤　頌塤　古有雅塤如鴈子，頌塤如鷄子，其聲重濁〔三〇〕，合乎雅頌故也。今太常舊器無頌塤，至皇祐中，聖制頌塤，調習聲韵，並合鍾律。前下一穴爲太簇，上二穴：右爲姑洗，啓下一穴爲仲吕；左雙啓爲林鍾。後二穴：一啓爲南吕，雙啓爲應鍾，合聲爲黄鍾。頌塤、雅塤對而吹之，尤協律清和，可謂善矣。誠去二變而合六律，庶乎先王之樂也。

土之屬胡部

胡缶　古者西戎用缶以爲樂，党項因亦擊缶焉〔三二〕。然則缶本中國樂器，竊意夷人竊而用之也。李斯曰：「擊甕扣缶，真秦之聲。」豈以秦人盡有西戎之地而爲此聲故邪？

土之屬俗部

七孔塤　一三五爲九，二四爲六。九者陽數之窮，六者陰數之中。古塤六孔，用其方色，所以應六律出中聲也。今太樂舊塤七孔，上下皆圓而髹之，以應七音而已，非先王雅樂之制也。明道時，禮官言大樂塤舊以漆飾。敕令黄其色，以本土音云。

八缶如水盞，凡八，置之桌上。　唐永泰初，司馬滔進廣平樂，蓋有八缶，具黄鍾一均聲。

八孔塤　景祐馮元樂記：「今太樂塤，八孔：上一，前五，後二。髹飾其上。」釋名曰：「塤之爲言，喧也，謂聲濁，喧喧然，主塤言之。」又曰：「塤，嚑也，主壎言之。」故説文曰：「壎爲樂器，亦作塤。」其實一也。

水盞九〔三三〕　近世民間用九甌盛水擊之，謂之水盞。合五聲四清之音，其制蓋始於李琬，特世俗之樂，非雅調也。

拊瓶　扣甕　擊甌以十二磁甌爲一棹　唐武宗大中初，天興縣丞郭道源取邢甌、越甌十二酌水作調，以筯擊之，其音妙於方響。咸通中，吴蠙亦精於此。劉安曰：「窮鄉之社，扣甕拊瓶，相和而歌以爲樂。」豈亦擊甌類歟？墨子：「農夫息於吟缶之樂。」亦此類。

擊壤　壤之爲器，以木爲之，形如覆節，長一寸餘，前廣後鋭，童子之樂也，與堯時擊壤而歌者異矣。

鼓盆覆缶。　古之缶制，形如覆盆。缶類也。莊周鼓盆而歌，以明哀樂不入於胸次。齊景公飲酒，去冠披裳而鼓盆，晏子責之。

土鞚　唐歷代樂儀論：「俗樂之器，土則附革而爲鞚也。呂不韋曰：『堯使鄭以麋輅冥缶而鼓之。』」然則土鞚豈亦麋輅冥缶之類歟？

腰鼓　腰鼓之制，大者瓦，小者木，皆廣首纖腹。沈約宋書：「蕭思話好打細腰鼓。」豈謂此歟？

瓦琵琶　晉阮咸善彈琵琶，後有發咸冢者，得琵琶，以瓦爲之，時人多不識之。以琴合調，大抵異器而同音也。

校勘記

〔一〕及晉武破苻堅之後　按晉軍敗苻堅於淝水，事在晉孝武帝太元八年，資治通鑑卷一〇五晉紀二十七載之甚詳，此處恐「晉」下脱一「孝」字。下文有「晉孝武樂章」句。

〔二〕後世猥以泗濱石其聲下而不和　「猥」原作「復」，據樂書卷一〇八改。

〔三〕先度待洛反　「先」字疑衍。

〔四〕博廣也 「博」字原脱，據周禮磬氏補。

〔五〕大吕以下遞加其厚 「遞」原作「第」，據宋史卷一二七樂志二改。

〔六〕則不足爲法矣 「足」字原脱，據宋史卷一二八樂志三補。

〔七〕深水出焉 「深」原作「涇」，據樂書卷一一二改。

〔八〕張率更叩其一曰 「更」原作「虔」，據樂書卷一一二改。

〔九〕開元傳信記 「元」原作「天」，據樂書卷一一二改。下同。

〔一〇〕皆金鈿珠翠珍怪之物雜飾之 「金」原作「令」，據樂書卷一一二改。

〔一一〕後世倍之 「之」原作「七」，據樂書卷一一二改。

〔一二〕樂人宿縣於阼階東 「人」原作「之」，據儀禮大射改。

〔一三〕李紳所傳也 「李紳」原作「李冲」，據樂書卷一三六改。下同。

〔一四〕時人因以名之 樂書卷一三六作「時人得之，因以名云」。

〔一五〕豈因京房之陋歟 樂書卷一三六作「豈因京房之陋而不知其非歟」。

〔一六〕王子年拾遺記亦謂師延吹玉律而天神俱降 「記」字原脱，據下文補。「師」字原脱，據樂書卷一二六補。

〔一七〕黄帝之時 「黄帝」，樂書卷一二六作「商受」。

〔一八〕則古人蓋有以玉爲笙者 「者」字原脱，據樂書卷一二六補。

〔一九〕見一女子坐於東床 「於」字原脱，據樂書卷一二六補。

〔二〇〕乃楚光明曲也 「光明」二字原倒，據樂書卷一二六乙正。

〔二二〕酣醉久之　樂書卷一二六作「酬醉久之」。

〔二三〕杳杳在耳　「在」原作「故」，據樂書卷一二六改。

〔二三〕慮忽遺亡　「忽」原作「物」，據樂書卷一二六改。

〔二四〕楚辭　「楚」字原脱，「辭」原作「詞」，據樂書卷一二六補改。

〔二五〕其燔黍捭豚　「捭」原作「押」，據樂書卷一一五改。下同。

〔二六〕除水蟲以炮土之鼓　「土」字原脱，據樂書卷一二五補。

〔二七〕爾雅大塤謂之嘂　「嘂」原作「嚚」，據元本、慎本、馮本及樂書卷一一五、爾雅釋樂改。

〔二八〕暴辛公善塤　元本、慎本、馮本及樂書卷一一五「暴」下有「辛」字。通典卷一四四樂典四亦作「暴辛公」，據補。下同。

〔二九〕非主正位六月而言　「而言」二字原脱，據樂書卷一一五補。

〔三〇〕其聲重濁　「重」原作「高」，據樂書卷一二五改。

〔三一〕党項因亦擊缶焉　「因」，樂書卷一二六作「國」字。

〔三二〕水盞九　樂書卷一三七無「九」字。

卷一百三十六　樂考九

革之屬雅部

陳氏樂書曰：「革去故以爲器，而群音首焉。其卦則坎，其方則北，其時則冬，其風廣莫，其律黄鍾，其聲一，其音讙，冬至之氣也〔一〕。先王作樂，用之以爲鼓之屬焉。蓋鞉所以兆奏鼓者也，二者以同聲相應，故祀天神以雷鼓、雷鼗，祭地祇以靈鼓、靈鼗，享人鬼以路鼓、路鼗。樂記亦以鼗、鼓合而爲德音，周官少師亦以鞉、鼓並而鼓之也〔二〕。」

拊　狀如革囊，實以糠，擊之以節樂。

陳氏樂書曰：「拊之爲器，韋表糠裏，狀則類鼓，聲則和柔，倡而不和，非徒鏗鏘而已。書傳謂以韋爲鼓，白虎通謂革而糠是也。其設則堂上，虞書所謂搏拊是也〔三〕；其用則先歌，周禮所謂登歌令奏擊拊是也。書言搏拊〔四〕，明堂位言拊搏者〔五〕，以其或搏或拊，莫適先後也。蓋乘水者付之舟〔六〕，作樂者付之拊搏。拊之搏從尃，有父之用焉。荀卿曰：『架一鐘而尚拊』，大戴禮曰：『架一磬而尚拊』，則拊設於一鐘一磬之東，其衆器之父歟！荀卿曰：『鼓，其樂之君邪。』然鼓無當於五聲，五聲不得不和，其衆聲之君歟！樂記曰：『會守拊鼓。』堂上之樂衆矣，所待以作者在拊；堂下之樂衆矣，所待以作者在鼓。蓋堂上則門内之治，以拊爲之父；堂下則門外之治，以鼓爲之君。内則父子，外則君臣，人之大倫也。而樂則實通而合和之，此修身及家平均天下，所以爲古樂之發也。與夫新樂之發擾雜子女不知父子者〔七〕，豈不有間乎？」

足鼓　明堂位曰：「夏后氏之鼓足。」左傳曰：「楚伯棼射王鼓跗。」蓋少昊冒革以爲鼓，夏后加四足焉。周王兵車之鼓有跗，豈亦夏制之遺歟？

楹鼓　建鼓

陳氏樂書曰：「明堂位曰：『殷楹鼓。』以周官考之，太僕建路鼓於大寢之門外。儀禮大射：『建鼓在阼階西南。』鼓則其所建楹也，是楹鼓爲一楹而四稜也〔八〕。貫鼓於端，猶四植之桓圭也。莊子曰：『負建鼓』，建鼓可負則以楹貫而置之矣。商頌曰『置我鞉鼓』是也。魏、晉以後，復商制而植之〔九〕，亦謂之建鼓。隋、唐又棲翔鷺於其上。國朝因之，其制高六尺六寸，中植以柱，設重斗方，蓋蒙以珠網，張以絳紫繡羅，四角有六龍竿，皆銜流蘇璧璜，以五綵羽爲飭，竿首亦爲翔鷺，旁又挾鼙應二小鼓而左右。然詩言『應田縣鼓』，則周制應、田在縣鼓之側，不在建鼓旁矣。」

縣鼓

陳氏樂書曰：「鼓之制始於伊耆氏、少昊氏，夏后氏加四足，謂之足鼓。商人貫之以柱，謂之楹鼓。周人縣而擊之，謂之縣鼓。而周官鼓人：『晉鼓鼓金奏』，鎛師掌金奏之鼓，鐘師以鼓奏九夏，所謂縣鼓也。禮曰：『縣鼓在西，應鼓在東。』詩曰：『應田縣鼓。』則縣鼓周人所造之器，始作樂而合乎祖者也。以應鼓爲和終之樂，則縣鼓其倡始之鼓歟！蓋宮縣設之四隅，軒縣設之三隅，判縣設之東西。李照謂西北隅之鼓合應鍾、黄鍾、大吕之聲，東北隅之鼓合太簇、夾鍾、姑洗之聲，東南隅之鼓合仲吕、蕤賓、林鍾之聲，西南隅之鼓合夷則、南吕、無射之聲〔一〇〕，依月均而考擊之，於義或然。議者非之，疏矣。且三代所尚之色，夏后氏以黑，商人以白，周人以赤，則鼓之色稱之，亦可知矣。」三禮圖曰：「商人加左鞞右應，以爲衆樂之節。」

雷鼓　雷鼗　鼓人：「以雷鼓鼓神祀」，大司樂：雷鼓、雷鼗降天神之樂。鄭司農云：「雷鼓、雷鼗皆六面，有革可擊。」康成註：「雷鼓、雷鼗八面。」

靈鼓　靈鼗　鼓人：「以靈鼓鼓社祭」，大司樂：靈鼓、靈鼗降地祇之樂。鄭康成註：「靈鼓、靈鼗六面。」

路鼓　路鼗　鼓人：「以路鼓鼓鬼享」，大司樂：路鼓、路鼗降人鬼之樂。鄭康成註：「路鼓、路鼗四面。」

宋仁宗明道時，改制大樂。直史館宋祁上言：「縣設建鼓，初不考擊，又無三鼗，且舊用諸鼓率多陋敝。」於是敕元等詳求典故而言曰：「建鼓四，今皆具而不擊，别設四散鼓於縣間擊之，以代建鼓。乾德四年，祕書監尹拙上言：『散鼓不詳所置之由，且於古無文，去之便。』時雖奏可，而散鼓於今仍在。又雷鼓、靈鼓、路鼓雖擊之皆不成聲，故常賴散鼓以爲樂節，而雷鼗、靈鼗、路鼗闕而未製。今既修正雅樂，謂宜申敕大匠改作諸鼓，使擊考有聲。及創爲三鼗，如古之制，使先播之，以通三鼓。罷四散鼓，如乾德昭書。」奏可。

時有上言，以爲雷鼓八面，前世用以迎神，不載考擊之法，而太樂所製，以柱貫中，故擊之無聲。更令改造，山趺上出雲以承鼓，刻龍以飾柱，面各一工擊鼓，一工左執鼗以先引。凡圜丘降神六變，初八面皆三擊，推而左旋，三步則止。三者，取陽數也。又載擊以爲節，率以此法至六成。靈鼓、路鼓亦如之。建鼓植於四隅，皆有左鞞、右應。乾隅，左鞞應鍾，亥之位也；中鼓黄鍾，子之位也；右應大吕，丑之位也。艮隅，左鞞太簇，寅之位也；中鼓夾鍾，卯之位也；右應姑洗，辰之位也。巽隅，右應仲吕，巳之位也；中鼓蕤賓，午之位也；左鞞林鍾，未之位也。坤隅，右應夷則，申之位也；中鼓南吕，酉之位也；左鞞無射，戌之位也。宜隨月建，依律吕之均擊之。詔可。

元豐三年，詔議樂。禮部侍郎范鎮上言：「太常無雷鼓、靈鼓、路鼓，而以散鼓代之。開元中，有以畫圖獻者，一鼓而八面、六面、四面，明皇用之。國朝郊廟或考或不考，宫架中惟以散鼓代之，不應經義，安得爲樂哉！」不報。

陳氏樂書曰：「雷，天聲也；靈，地德也；路，人道也。天神之樂六變，而雷鼓、雷鼗六面；地祇之樂八變，而靈鼓、靈鼗八面；人鬼之樂九變，而路鼓、路鼗四面者。金之爲物，能化不能變，鬼亦如之。金非土不生，以土之五加金之四，此其樂所以九變歟。鄭司農謂雷鼓、雷鼗六面，則是；靈鼓、靈鼗四面，路鼓、路鼗兩面，非也。古之人辯其聲用，鼓人救日月以雷鼓，則詔王鼓以救日月，亦天事故也。冥氏攻猛獸以靈鼓，敺之以攻猛獸，亦地事故也。司馬振旅，王執路鼓。太僕建路鼓於大寢之門外。以達窮者與遽令，以田獵達窮與遽令，亦人事故也。其所以不同者，特不用鼖爾。賜伯、子、男樂，則以鼖將之者，特不用鼓爾。凡此三鼓，皆設宮縣之四隅而擊之以節樂，以鼓無當於五聲，弗得不和故也。聖朝景祐中，仁宗詔太常，凡祀天神、祀地祇、享宗廟，宮架每奏降神四曲，送神一曲，先播鼗，次鳴柷，次擊散鼓，凡三擊而樂作。散鼓隨樂每間一字二擊之，以爲樂節。凡樂終即播鼗、戛敔、散鼓相間，三擊而止。然以散鼓代雷、靈、路鼓用之，至於升降等樂，復不用鼗鼓，臣恐未合先王雅樂也。且舊制三鼓，皆以木交午相貫，以兩端爲面，故不能聲，又竿首爲木鳳焉。聖朝詔爲雷鼓，八角，冒革爲一面，承以槃軼，轉以金樞，髹朱繪雲，冠柱以升龍作雷車之象。靈鼓六，路鼓四，飾亦如之。其所異者，竿首作翔鷺，趺作猛獸而已〔一二〕，其爲建鼓一也。隋制路作鷺，豈以竿首有翔鷺而遂誤之邪？臣嘗論古者立鼗鼓之制，祭祀則先播鼗以兆奏三鼓，饗燕則先擊朔鼙以兆奏建鼓，蓋未嘗並用也。後世祀天神、祭地祇、享人鬼，並設建鼓、鞞、應於四隅，又設雷鼓、靈鼓、路鼓於架內道之左右，晉鼓於架內道之中間，非先王異祭享，別同異之意也。」雷鼓以馬革，乾爲馬故也。靈鼓以牛革，坤爲牛故也。

夔鼓　昔東海流波之山，有獸焉，其音如雷，命之爲夔。黃帝得之以作鼓，撅以雷獸之骨，聲聞五百里，以威天下，蓋有所傳聞然也。唐擱鼓有靈夔吼之曲，豈本此歟！

鼗麻，鞞鞮。料鞀。　鼗，小鼓，以木貫之，有兩耳還自擊。雷鼗三鼓，靈鼗四鼓，路鼗二鼓，餘皆一鼓。

陳氏樂書曰：「鼓以節之，鼗以兆之，作樂之道也。天道兆於北方〔一二〕，則冬所以兆生物也；八音兆於革音，則鼗所以兆奏鼓也。月令：『修鞀鞞。』世紀：『帝嚳命垂作鞀鞞。』釋名曰：『鞞，裨也，裨助鼓節也。』蓋大者謂之鞞。爾雅謂之麻，以其音概而長也。小者謂之鞀，爾雅謂之料，以其音清而不亂也。蓋鼓則擊而不播，鼗則播而不擊。雷鼓、雷鼗六面，而工十有二，以二人各直一面，左播鼗，右擊鼓故也。靈鼓、靈鼗八面，而工十有六，路鼓、路鼗四面，而工八人，亦若是歟！商頌言『置我鞉鼓』，則鞉與鼓同植，非有播擊之異，與周制差殊矣。鬻子曰：『禹之治天下也，縣五聲以聽。』曰：『語寡人以獄訟者揮鞀。』呂氏春秋曰：『武王有誡謹之鞀。』由是觀之，欲誡者必播鞀鼓矣。蓋鞀兆奏鼓者也。作堂下之樂必先鼗鼓者，豈非樂記所謂先鼓以警誡之意歟！漢以大鞀施於大儺，亦一時制也，後世無問焉。鞞，一本作鞮。國朝始詔復二鞉，以備郊廟之樂，亦可謂知復古矣。」鄭滑之東陽記：「晉嘗遣偏師謝咸攻東陽。東陽岑山下民聞嶺上有鼓鞞聲若數萬人，咸既破潰，而山上鼓鼙亦絕〔一三〕。石勒少嘗耕，每聞鞞鐸之聲，歸以告母，母曰：「作勞耳鳴，非不祥也。」

鼖鼓

陳氏樂書曰：「鼓之小者謂之應，大者謂之鼖。書顧命：『鼖鼓在西序。』周官鼓人：『鼖鼓鼓軍事。』大司馬〔一四〕：『中春振旅，諸侯執鼖鼓。』春秋傳曰：『師之耳目，在吾鼓旗。』又曰：『一鼓作氣，再而衰，三而竭。』則以鼖鼓鼓軍事〔一五〕，其可忽乎！司馬法：『千人之師執鼙，萬人之師執大鼓。』韗人：『鼓長八尺，面四尺，中圍加三之一，謂之鼖鼓。』則所謂鼖鼓者，大鼓而已。鼖鼓鼓軍事〔一六〕，則晝以作衆之鼓，非夜以警衆之鼜也。鄭氏以鼜爲鼖誤矣。凡此非特用之以和軍旅，雖節聲樂亦用之，故詩言『鼖鼓維鏞』，以文王能作大事，考大功，作樂以象其成也。鼖鼓、路鼓皆謂之大者，路者，人道之大；鼖者，人事之大。國之大事在祀與戎，故鬼享以路，軍事以鼖。」

鼛鼓　考工記：「韗人爲皋鼓，長尋有四尺，鼓四尺，倨勾磬折。」則皋鼓中高而兩端下。鼓鞚之形彎，上廣下狹。詩曰「鼛鼓弗勝」，又曰「鼓鐘伐鼛」，蓋鼛鼓所以鼓役事也。

晉鼓　晉鼓其制，大以短，蓋所以鼓金奏也。鐘師以鐘鼓奏九夏，鎛師掌金奏之鼓，豈晉鼓歟？大司馬〔一七〕：「春振旅，軍將執晉鼓。」吴與越戰，載常建鼓。韋昭謂「建路楹而植之」，以木柱貫鼓，下爲趺，上爲横簨。路鼓則刻鷺其顛，而兩旁有流蘇，晉鼓則否。蓋晉鼓之建於軍，猶路鼓之建於寢也。李照制晉鼓爲樂節，然晉鼓所以鼓金奏，非所以節樂也。

提鼓　大司馬：「春振旅，師帥執提。」鄭氏曰：「馬上鼓有曲木提持鼓，立馬髦上者，故謂之提。」

大鼜　中鼜　小鼜

陳氏樂書曰：「鎛師：『凡軍之夜，三鼜皆鼓之，守鼜亦如之。』掌固曰：『夜三鼜以戒號。』鄭氏皆謂『鼓之以鼖鼓』。然鼖雖鼓人用之以鼓軍事，諸侯執之以振旅，要皆非警夜之鼜鼓也。司馬法曰：『昏鼓四通爲大鼜，夜半三通爲晨戒，平旦五通爲發明。』三鼜之制，大致若此。鄭氏之說，不亦昧乎！宋沈約樂志曰：『長丈二尺曰鼜鼓〔一八〕，凡守備及役事鼓之。』其言守備則是，及鼓役事則非也。鼓人不云乎鼛鼓鼓役事，曷嘗以鼜鼓合而一之乎？蓋役事，上之所以役下；警守，下之所以事上。役下必以仁，未嘗不欲緩，故以皋鼓；事上必以義，未嘗不欲亟，故以鼛鼓。鼛愷之樂，比賓射爲輕，故眡瞭先言賓射，而鼛愷獻亦如之。然軍之警夜以鼛，所以同憂戚也。獻功以愷，所以同和樂也。惟能同憂戚，然後可以同和樂，故愷樂獻於社，而眡瞭奏鐘鼓以樂之。若然者，人人孰不能出死斷亡而愉哉〔一九〕！」

朔鼓 輮鼓。周官小師：「凡小樂事，鼓輮。」儀禮大射：「一建鼓在其南，輮鼓、朔鞞在其北。」有瞽詩曰：「應田縣鼓。」先儒以田爲輮，則朔鼙皆小鼓也。以其引鼓故曰輮，以其始鼓故曰朔。後世樂府有左鼙右應之鼓，設而不擊，用四散鼓，在縣四隅，擊以爲節〔二〇〕，不合儀禮之制，革正之可也。輮亦在縣，亦名鼙。

應鼓

陳氏樂書曰：「禮器曰『縣鼓在西，應鼓在東。』詩曰：『應田縣鼓。』爾雅曰：『小鼓爲之應。』蓋堂下之樂，以管爲本，器之尤小者也。應之爲鼓，鼙之尤小者也。周官小師：『大祭祀，下管擊應鼓，徹歌。大享亦如之。』是作樂及其小者，乃所以爲備也。大師：『大祭祀擊拊鼓輮』，亦此意歟！今夫祀天神以雷鼓、雷鼗，祭地祇以靈鼓、靈鼗，享人鬼以路鼓、路鼗，而又擊應鼓輮者，當堂上擊拊之時，則堂下擊應鼓輮以應之，然後播鼗而鼓矣。應施於擊拊，又施於歌徹，其樂之終始歟！」

鼙鼓

陳氏樂書曰：「鼙，卑者所鼓也，故周人論司馬所執五鼓，推而上之，王執路鼓，鼓之尤大者也。

推而下之，旅師執鼙，鼓之尤小者也。尊者執大，卑者執小，上下之分也。司馬法曰：『萬人之師執大鼓，千人之師執鼙。』儀禮大射：應鼙在阼階西，建鼓之東；朔鼙在西階西，建鼓之北。鼙與鼓其聲皆以讙爲主，及北建而用之，則鼙常在其左矣。古之奏樂，先擊西朔而東鼙應之。是朔鼙倡始者也，應鼙和終者也。禮圖謂商人加左鼙右應，爲衆樂之節，蓋不考儀禮左應右朔之過也。鼙或『鼓』在『卑』上，於鼓爲卑故也。或『革』在『卑』右，以其上革故也。」

革之屬 胡部

羯鼓〔二〕 羯鼓，龜兹、高昌、疏勒、天竺部之樂也。其狀如漆桶，下承以牙床，用兩杖擊之。其聲噍殺明列，合太簇一均，在鷄婁鼓之上，都曇、答臘之下。唐明皇素達音律，尤善於此，嘗謂羯鼓八音之領袖，自製曲以奏之。宋璟亦謂明皇曰：「頭如青山峰，手如白雨點。」此則羯鼓之能事也。

羯鼓中 大周正樂所傳羯鼓之制，其色尚赤，上無帶，下無座，蓋與唐代樂圖、後世教坊者異矣。世俗亦謂之兩杖鼓。

羯鼓下兩杖鼓。 羯鼓之制，𣞤用山桑，棬用銅鐵，杖用黄檀，狗骨花楸。然鐵不精練，棬不至匀，則應絛高下，紐捩不停，鼓面緩急，若琴暉之頑病者矣。杖不絶濕氣而復柔膩，則其聲不能發越而響亮，戰褭而健舉矣。曹嗣王臯爲荆南節度，有客懷二棬見之，臯捧而嘆曰：「此至寶也，必開元中供御棬也。」已而問之，果得於高力士矣。杜鴻漸爲三川副元帥，成都匠者有以二杖獻之，鴻漸示於衆曰：「此尤物也，必常衣襟下收之積時也。」已而問之，果養之脊溝中二十年矣。李琬爲雙流縣丞，嘗至長安，夜聞羯鼓聲曲頗妙，謂鼓工曰：「君所擊者，豈非邪婆色鷄乎？雖至精能，然而無尾，何也？」工大異之曰：「君固知音者。」具言所以。琬曰：「夫邪婆色鷄，掘柘急徧解之。」工如所教，果得諧協而盡其聲矣。如柘枝用輝脱解，甘州用結了頭解之類是也。 由是觀之，深於羯鼓者，不過此三人耳，豈非用志不分乃凝於神然邪？唐明皇遇中春殿庭景物明媚，柳杏將吐，因謂：「勝概若此，安可不賞？」獨高力士遣取羯鼓，上自製春光好詞，臨軒奏擊，神思自得，柳杏頓折〔二二〕，謂左右曰：「不以我爲天公得乎？」又製秋風高，每至秋空迴徹奏之，遠風倏來，庭葉紛墜，其妙絶如此。

檐鼓　檐鼓，西涼、高麗之器也，狀如甕而小，先冒以革而漆之，是其制也。

都曇鼓　都曇鼓，扶南、天竺之器也，其狀似腰鼓而小，以小槌擊之。

毛員鼓　毛員鼓，其制類都曇而大〔二三〕，扶南、天竺之樂器也。

答臘鼓〔二四〕　答臘鼓，龜茲、疏勒之器也，其制如羯鼓，抑又廣而短，以指揩之〔二五〕，其聲甚震，亦謂之鞜鼓也，後世教坊奏龜茲曲用焉。

答臘鼓中　中答臘鼓，大周正樂用之。

答臘鼓下　唐樂圖所傳龜茲、疏勒部用之，其制大與後世教坊者相類，特其設色異耳。

鷄婁鼓上　鷄婁鼓，其形正而圓，首尾所擊之處，平可數寸〔二六〕，龜茲、疏勒、高昌之器也。

鷄婁鼓下　後世教坊奏龜茲曲用鷄婁鼓，左手持鼗牢，腋挾此鼓，右手擊之，以爲節焉。其形如甕，腰有環，以綬帶繫之腋下。

齊鼓上　齊鼓，狀如漆桶，一頭差大，設齊於鼓，面如麝臍然，西凉、高麗之器也。

齊鼓下　大周正樂所傳齊鼓，其形狀雖不甚相遠〔二七〕，其設飭不同。兩頭貫以綬帶。

漢鼓震鼓。　震鼓之制，廣首而纖腹，即杖鼓也。　漢人所用之鼓。

魏鼓杖鼓　相鼓　細腰鼓　正鼓　和鼓　昔苻堅破龜兹國，獲羯鼓、鞜鼓、杖鼓、腰鼓，漢、魏用之，大者以瓦，小者以木，類皆廣首纖腰，宋蕭思話所謂「細腰鼓」是也。唐有正鼓、和鼓之別；後周有三等之制，右擊以杖，左拍以手，後世謂之杖鼓、拍鼓，亦謂之魏鼓。每奏大曲入破時〔二八〕，與羯鼓、大鼓同震，作其聲和壯而有節也。今契丹拍鼓如震鼓而小。

鞉牢　鞉牢，龜兹部樂也，形如路鞉而一柄叠二枚焉〔二九〕，古人嘗謂「左手播鞉牢，右手擊雞婁鼓」是也。

密須鼓　左傳云：「分唐叔以密須之鼓。」又曰：「密須之鼓與其大輅，文王所以大蒐也。」

鼓拌　風土記：「越俗飲燕，即鼓拌以爲樂，取大素圓拌，以廣尺五六者抱以著腹，以右手五指更彈之以爲節，舞者揲地擊掌以應拌節而舞焉。」

革之屬俗部

掆鼓小鼓上有蓋。　隋大駕鼓吹有掆鼓，長三尺，朱髹其上，工人青地苣文。大業中，煬帝燕享用之。

唐開元禮義羅曰：「掆鼓，小鼓也。」按圖，鼓上有蓋，常先作之，以引大鼓，亦猶雅樂之奏棘與金鉦相應，皆有曲焉。律書樂圖云，掆鼓一曲十擛：一曰驚雷震，二曰猛虎駭，三曰摯鳥擊，四曰龍媒蹀，五曰靈夔吼，六曰鵰鶚争，七曰壯士奮怒，八曰熊羆哮吼，九曰石盪崖，十曰波盪壑。並各有辭，其辭無傳焉，太常鼓吹前部用之。

羽葆鼓上有丹青羽葆。隋書：「鼓吹車上施層樓，四角金龍，垂流蘇羽葆。」唐羽葆之制，縣於架上，其架飾以五采流蘇植羽也。蓋鐃鼓、羽葆鼓皆飾以丹青，形制頗類掆鼓，今太常鼓吹後部用之。律書樂圖云〔三〇〕：「羽葆一部，五色，十八曲：一大和，二休和，三七德，四騶虞，五基王化，六纂唐風，七厭災精，八肇皇運，九躍龍飛，十珍馬邑，十一興晉陽，十二濟渭陰，十三應聖期，十四御宸極，十五寧兆庶，十六服遐荒，十七龍池，十八破陣樂。」然則羽葆其節奏如此而已，破陣終焉，豈後世賞軍功之樂邪？昔陶侃平蘇峻，除侍中、太尉，加羽葆鼓吹，則其爲賞功之樂可知矣。今鼓吹騎從者，自羽葆鼓等皆馬上擊之，其制與隋、唐異矣。

警鼓　傳曰：「嚴警鼓一，十二面，大將營前左右行列各六面，在纛後。」故大周正樂謂：凡鼓施於邊徼謂之警鼓。昔楚厲王有警鼓，與百姓爲戒。既而飲酒太過而擊，民大驚，使人止之。居數月，警而擊之，民莫有起者。然則警衆之鼓，可不慎其所擊哉！隋大業中，煬帝制宴享，設鼓吹，夜警，用一曲俱盡，次奏大鼓，然不和，非宴享所當用也。

鐃鼓五采重蓋。唐六典曰〔三一〕：「凡軍鼓之制有三：一曰銅鼓，二曰戰鼓，三曰鐃鼓。」其制皆五采爲蓋，究觀樂圖，鐃鼓，鼓吹部用之。唐朝特設爲儀而不擊爾。然劉瓛定軍禮，謂鼓吹未知其始。漢以雄、朔野而有之，鳴笳以和簫，非八音也。隋大業中，鐃鼓十二曲供大駕，六曲供皇太子，三曲供王公宴享所用也。觀漢有鼓吹鐃歌十八曲〔三二〕，晉有鼓吹鐃歌古辭十六篇，宋有鼓吹鐃歌十篇，然則鐃鼓豈非鼓吹鐃歌之鼓邪？唐自鐃鼓以下屬鐃鼓部。律書樂圖云：「鐃，軍樂也，其部四也。七曲：一曰破陣樂，二曰上車，三曰行車，四曰向城，五曰平安，六曰懽樂，七曰太平。」各有記也。

節鼓　節鼓不詳所造，蓋拊與相二器之變也。江左清樂有節鼓，狀如奕局，朱髹畫其上，中間圓竅〔三三〕，適容鼓焉，擊之以節樂也。自唐以來，雅樂聲歌用之。傅休奕節鼓賦曰「鏗鍾鳴歌，九韶興舞，口非節不咏，手非節不拊」是也。隋制，節鼓上自大駕，中自皇太子，下逮正一品〔三四〕，並朱漆畫，飾以葆羽。其曲十有二，唐六典用之，所以興止登歌之樂，如縣内之柷敔，其制五采重蓋，清樂部以之〔三五〕，今太樂升歌用之，或以爲齊鼓，非也。

鷺鼓畫鷺於鼓鞚。　鷺，鼓精也。魯頌：「振振鷺，鷺於飛。鼓咽咽，醉言歸。」古之君子仕於伶官，傷頌聲之不作，故飾鼓以鷺，欲其流風存焉。或言晉移雷鼓建康宫之端門，有雙鷺哾鼓而飛於雲末；或言孫恩破雷門，鼓見白鵠飛去〔三六〕，俱近乎怪。

鶴鼓制如鷺鼓。　唐宮縣之樂，有鼗四座，而鷺居其一。齊武帝壽昌畫殿南閣，置白鷺鼓吹二部。大周正樂「鷺」一作「鶴」，二鼓。於樂録見之矣。

鼉鼓建鞚鞚，畫鼉頭。　鼉鼓之名，見於詩之靈臺。詩人託之，其鳴逢逢，爲靈德之應，非實鼓也。司馬相如上林賦曰：「建靈鼉之鼓。」然其制不得而詳知。

連鼓　唐張文收燕樂有之，今太常鼓吹後部用之。

方鼓　方鼓，八面。加杖鼓。唐大曆中，司馬滔進廣平樂作，鼓應黄鍾一均聲。

朝鼓諫鼓。朝鼓，有木可提，執施於朝，則登聞之鼓，敢諫之鼓是也。昔人有諫鼓之歌，蓋本諸此。

大鼓　後世大鼓，古鼖鼓也，其制長八尺。唐六典曰「凡大駕鼓吹並朱漆畫之」是也。龍匝鼓鞚，其下有趺。昔吴王夫差啓蛇門以厭越，越人爲雷門以禳之，擊大鼓於雷門之下，而蛇門聞焉。唐德宗自山南還宫，而關輔有懷光、吐蕃之虞，詔太常習樂去大鼓。至鄭餘慶爲卿，始奏復用大鼓，今太常鼓吹奏嚴用之，雖所以節曲，亦所以待暴也。

常用大鼓葆羽。周鞞者〔三七〕，十人之長執錞，百人之師執鐸，千人之師執鼙，萬人之將執大鼓。隋制，大駕用大鼓，飾以葆羽。工人皂地苣文，皇太子王公亦得用之。故大駕十五曲〔三八〕，皇太子十二曲，王公十曲，今教坊用焉。律書樂圖云：「大鼓十五曲：内三曲嚴用，第一曰元麟合邏，第二曰元麟他固，第三曰元麟跋至慮；餘十二曲警用，第一曰元咳大至遊，第二曰阿列乾，第三曰破達折利紇，第四曰賀羽真，第五曰鳴都路，第六曰勃鳴路跋，第七曰雷折槌，第八曰元咳赤賴，第九曰赤賴，第十曰吐該乞物真，第十一曰貪失利，第十二曰賀粟胡真。

中鼓　小鼓鼓上負一鼓卧之。隋制〔三九〕，皇太子有大鼓、小鼓，而無金鐲。大鼓長鳴工人，紫帽，緋袴褶；小鼓中鳴工人，青帽，青袴褶。正一品：大鼓長鳴工人，紫帽，赤布袴褶；小鼓中鳴工人，青帽，青布袴褶。世有龍頭、大掆，中鼓，獨揭小鼓，隨品秩焉。掆，鼓浪反。揭音桀。唐樂圖：其制有一大鼓，鼓上負一小鼓，皆卧之。律書樂圖云：「小鼓九曲内一曲馬上用〔四〇〕，八曲嚴警用，並屬鼓吹部也。」第一曲曰漁陽，二鵽子，三警鼓，四三鳴，五合節，六覆，七步，八南陽會星，九單謡。

抱鼓　桴鼓　桴鼓，唐燕樂有之，其制如大鼓，下有趺。　今太常鐃吹前部用之。　一曰抱鼓也。　傳曰：「在村墅曰抱鼓。」抱一作桴，調擊鼓物也〔四一〕。

交龍鼓　以交龍爲筍虡，下有趺，中縣鼓，今太常鼓吹部，宣德門外肆赦日用之。

三杖鼓　頭鼓　聒鼓　和鼓　三杖鼓，非前代之制。唐咸通中有王文舉尤好弄三杖打撩，萬不失一。近世民間尤尚此樂，其器有三等，與歌者句拍相附爲節。　一曰頭鼓，其形類鞦，歌者左右執之以發歌；二曰聒鼓，蔽其聲在二鼓之間；三曰和鼓，比二鼓最大〔四二〕，相和成聲，其要在乎杖也。頭鼓有柄，兩耳如鞦。聒鼓，和鼓，有柄無兩耳。

雲花黄鼓　雲花白鼓　天子郊祀廟享用雲花黄衣鼓四，山陵用雲花白衣鼓二，吉凶禮也。

青鼓　赤鼓　黑鼓　北齊諸州鎮戍各給鼓吹，工之多寡，以大小等級爲差。　諸王爲州給赤鼓，皇子增給青鼓，上刺史給赤鼓，中州以下及諸鎮戍給黑鼓，皆有衣，角亦如之。　宋朝沿襲斯制，諸州鎮戍未嘗不給鼓、角，第其色之同異，未純於北齊之制也。

顡鼓其虡如建鼓，一本貫之，四旁流蘇，頂刻白鷺，其下縣三鼓。　唐宮縣之樂，四角鼖鼓四座：一曰應鼓，四旁有小鼓，謂之楝鼓；二曰顡鼓；三曰鷺鼓；四曰雷鼓。　皆彩畫，其上各安寶輪，用彩翠飾之。　其樂工皆戴平幘，衣緋，大袖，每色十二人，於樂縣内作，謂之坐部伎也。

熊羆鼓上　熊羆鼓，其形制小而有架，具羽葆流蘇之飾，唐樂圖所傳羽葆部熊羆十二案用之。

熊羆鼓下簴如衣架，中縣鼓。　此鼓，今太常熊羆十二案用之，非古也，與唐樂圖所傳制度異矣。

漏鼓　街鼓　梁朝宮殿門夜漏盡，擊漏鼓以開；夜漏上水一刻，擊漏鼓以閉。五更三籌，正衙門擊鼓，諸街遞擊小鼓〔四三〕，使聲徹皇墻諸門，爲朝士入朝之節。每正衙門閉及止鼓，亦準此。

唐鼓　後世堂上樂用之，未詳所起，然爲是鼓者，蓋不知堂上之樂有拊而無鼓矣。

黃鍾鼓　春秋感精符：「冬日至，人主與群臣左右縱樂五日，乃使八能之士撞黃鍾之鍾，擊黃鍾之鼓；公卿大夫列士亦使八能之士擊黃鍾之鼓，鼓黃鍾之瑟，吹黃鍾之律，則天地之氣以和，應黃鍾之音矣。」亦應時造理之樂也。

夏至鼓　冬至鼓　易通卦驗曰：「冬至鼓用馬革，圓徑八尺一寸；夏至鼓用牛皮，圓徑五尺七寸。」先王之制未必如此其異。帝王世紀曰：「黃帝殺夔，以其皮爲鼓，聲聞五百里。」然則古之冒鼓者，亦不必牛馬之皮，雖夔皮亦用之矣。

聖鼓　盛宏之荊州記：「陽山縣有豫章木，可二丈，號爲『聖木』。秦人伐爲鼓顙。顙成，忽奔逸至桂陽。」又王韶之始興記：「息於臨武，遂之洛陽，因名聖鼓城。」亦近乎怪云。

散鼓　宋朝初載宮縣之樂，設建鼓於四隅，徒用爲儀而不擊，設散鼓四以代之，非古制也。景祐中，易之以三等鼗鼓之制，可謂近古矣。

教坊鼓　其制如大鼓，蟠龍匝鞚，有架有趺，今教坊所用鼓制如此。

撫拍　大周正樂有撫拍，以韋爲之，實之以糠，撫之以節樂也。豈搏拊之變體歟？搏拊以作樂，所以發中聲而已，未聞用之以節樂也。撫拍之制，其去古遠矣。

青角　赤角　黑角　革角長五尺，形如竹筒，本細末大，唐鹵簿及軍中用之，或以竹木，或以皮，非有定制也。侯景圍臺城嘗用之。大抵胡部、俗部通用之器也。北齊諸州鎮戍各給鼓吹，諸王給赤鼓、赤角，皇子增給吴鼓、長鳴角，上州刺史給青鼓、青角，中州以下及諸州鎮戍給黑鼓、黑角，器皆有衣，並同鼓色焉。

校勘記

〔一〕冬至之氣也　「氣」原作「器」，據樂書卷一〇八改。

〔二〕周官少師亦以鞉鼓並而鼓之也　「並」原作「升」，據元本、慎本、馮本及樂書卷一一六改。

〔三〕虞書所謂搏拊是也　「書」字原脱，據樂書卷一一六補。

〔四〕書言搏拊　「言」原作「曰」，據樂書卷一一六改。

〔五〕明堂位言拊搏者　「拊搏」二字原倒，據樂書卷一一六乙正。

〔六〕蓋乘水者付之舟　「舟」，樂書卷一一六作「泭」。

〔七〕子女不知父子者　「者」字原脱，據樂書卷一一六補。

〔八〕是楹鼓爲一楹而四稜也　「鼓」字原脱，據樂書卷一一六補。

〔九〕復商制而植之　「制」原作「置」，據樂書卷一一六改。

〔一〇〕東南隅之鼓合仲吕蕤賓林鍾之聲西南隅之鼓合夷則南吕無射之聲　「仲吕蕤賓林鍾之聲西南隅之鼓合」十四字原脱，據樂書卷一一六補。

〔一一〕趺作猛獸而已　「獸」字原脱，據樂書卷一一六補。

〔一二〕天道兆於北方　「天道」二字原脱，據樂書卷一一七補。

〔一三〕咸既破潰而山上鼓鼙亦絶　「既」原作「燒」，「上」與「鼙」字原脱，據樂書卷一一七改補。

〔一四〕大司馬　「大」字原脱，據周禮大司馬補。

〔一五〕則以鼖鼓鼓軍事　「鼖」字原脱，據元本、慎本、馮本及周禮大司馬補。

〔一六〕鼖鼓鼓軍事　下一「鼓」字原脱，據周禮大司馬補。

〔一七〕大司馬　「大」字原脱，據周禮大司馬補。

〔一八〕長丈二尺曰鼛鼓　「曰」字原脱，據樂書卷一一七補。

〔一九〕人人孰不能出死斷亡而愉哉　「愉」原作「偷」，據樂書卷一一七改。

〔二〇〕擊以爲節　「擊」原作「掌」，據樂書卷一一八改。

〔二一〕羯鼓　疑「鼓」下脱「上」字。

〔二二〕柳杏頓折　「折」，樂書卷一二七作「坼」。

〔二三〕其制類都曇而大　「都」字原脱，據樂書卷一二七補。

〔二四〕答臘鼓　疑「鼓」下脱「上」字。

〔二五〕以指揩之　「揩」，元本、慎本、馮本及樂書卷一二七作「楷」。

〔二六〕平可數寸　樂書卷一二七作「可數十」。

〔二七〕其形狀雖不甚相遠　樂書卷一二七作「其形狀雖不相似，然大致亦可得而同也。」

〔二八〕每奏大曲入破時　樂書卷一二七作「每奏大曲則擊之」。

〔二九〕形如路鞉而一柄叠二枚焉　「二」原作「三」，據樂書卷一二七改。

〔三〇〕律書樂圖　「書」字原脱，據上文補。

〔三一〕唐六典曰　「典」原作「曲」，據唐六典卷一六衛尉寺改。

〔三二〕觀漢有鼓吹鐃歌十八曲　「有」字原脱，據樂書卷一三八補。

〔三三〕中間圓竅　「間」，樂書卷一三八作「開」。

〔三四〕下逮正一品　「逮」原作「達」，據樂書卷一三八改。

〔三五〕清樂部以之　「清」原作「青」。按唐燕樂有十部伎，其一爲清樂伎，見通典卷一四四樂典，此處「青」顯爲「清」之誤，據改。

〔三六〕鼓見白鵠飛去　「白」原作「曰」，據樂書卷一三八改。

〔三七〕周鞞者　按此下數語見周禮大司馬疏，「周鞞者」三字恐有誤。

〔三八〕故大駕十五曲　「駕」原作「車」，據元本、慎本、馮本及樂書卷一三九改。

〔三九〕隋制　「制」原作「志」，據樂書卷一三九改。

〔四〇〕小鼓九曲内一曲馬上用 「内一曲」三字原脱，據樂書卷一三九補。「馬」原作「焉」，據元本、慎本、馮本及同書改。

〔四一〕調擊鼓物也 「物」字原脱，據樂書卷一三九補。「調」字疑衍。

〔四二〕比二鼓最大 「比」原作「此」，據樂書卷一三九改。

〔四三〕諸街遞擊小鼓 「遞」原作「迎」，據樂書卷一四〇改。

卷一百三十七　樂考十

絲之屬 雅部

陳氏樂書曰：「絲飾物而成聲，其卦則離，其方則南，其時則夏，其聲尚宫，其律蕤賓。其風景，其音哀，夏至之氣也。先王作樂，絃之以爲琴瑟之屬焉。蓋琴瑟之樂，君子所常御，其大小雖不同，而其聲應一也，故均列之堂上焉。」

樂書琴瑟上論曰：「古者琴瑟之用，各以聲類所宜。雲和，陽地也，其琴瑟宜於圜丘奏之；空桑，陰地也，其琴瑟宜於方澤奏之；龍門，人功所鑿而成也，其琴瑟宜於宗廟奏之。顓帝生處空桑，伊尹生於空桑，禹鑿龍門，皆以地名之，則雲和豈禹貢所謂雲土者歟？瞽矇掌鼓琴瑟，詩鹿鳴：『鼓瑟鼓琴』，書曰：『琴瑟以咏』，大傳亦曰：『大琴練絃達越，大瑟朱絃達越』，爾雅曰：『大琴謂之離，大瑟謂之灑。』由是觀之，琴則易良，瑟則静好，一於尚宫而已，未嘗不相須而用也〔一〕。明堂位曰：『大琴、大瑟、中琴、小瑟，四代之樂器也。』古之人作樂，聲應相保而爲和，細大不踰而爲平。故用大琴必以大瑟配之，用中琴必以小瑟配之，然後大者不陵，細者不抑，五聲和矣。鄉飲酒禮：『二人皆在左何瑟〔二〕，後首，挎越。』燕禮：『小臣左何瑟，面執越〔三〕。』樂記曰：『清廟之瑟，朱絃而疏越。』詩曰『並坐鼓瑟』，『何不日鼓瑟』。傳言趙王爲秦鼓瑟。皆不及琴者，以瑟見琴也。舜作五絃之琴，歌南風之詩，而不及瑟者，以琴見瑟也。後世有雅琴、雅瑟、頌琴、頌瑟，豈其聲合於雅頌邪？琴，一也，或謂伏羲作之，或謂神農作之，或謂帝舜使晏龍作之〔四〕。瑟一也，或謂朱襄氏使士達作之，或謂伏羲作之，或謂神農使晏龍作之，豈皆有所傳聞然邪！」

琴瑟中論曰：「古之論者，或謂朱襄氏使士達制爲五絃之瑟，瞽叟又判之爲十五絃〔五〕，舜益之爲二十三絃。或謂大帝使素女鼓五十絃瑟，帝悲不能禁，因破爲二十五絃。郭璞釋大瑟謂之灑，又有二十七絃之説。以理考之，樂聲不過乎五。則五絃，十五絃，小瑟也；二十五絃，中瑟也；五十絃，大瑟也。彼謂二十三絃、二十七絃者，然三於五，聲爲不足；七於五，聲爲有餘，豈亦惑於二變二少之説而遂誤邪？漢武之祠太乙、后土，作二十五絃瑟。今大樂所用，亦二十五絃，蓋得四代中瑟之制也。莊周曰：『夫或改調一絃，於五音無當也。鼓之，二十五絃皆動，其信矣乎！』聶崇義禮圖亦師用郭璞二十三絃之説，其常用者十九絃，誤矣。蓋其制前其柱則清，後其柱則濁〔六〕。有八尺一寸，廣一尺八寸者；有七尺二寸，廣尺八寸者；有五尺五寸者。豈三等之制不同歟？然詩曰：『椅桐梓漆，爰伐琴瑟。』易通：『冬日至，鼓黄鍾之瑟，用槐八尺一寸；夏日至，用桑五尺七寸。』是不知美櫝槐桑之木，其中實而不虚，不若桐之能發金石之聲也。昔仲尼不見孺悲，鼓瑟而拒之；趙王使人於楚，鼓瑟而遣之。其拒也所以愧之，不屑之教也；其遣也所以諭之，不言之戒也。宋朝太常瑟用二十五絃，其二均之聲，以清中相應雙彈之。第一絃黄鍾中聲，第十三絃黄鍾清應。

其按習也，令左右手互應。清正聲相和亦依鍾律，擊數合奏。其制可謂近古矣。誠本五音互應而去四清，先王之制也。二均二節聲，於瑟聲十二清聲，十二極清。一絃象琴第一暉〔七〕，大抵於瑟半身設柱子，右手彈中聲十二，左手彈清聲十二，其律並同。第一絃大呂中，第十四絃大呂清；第三絃太蔟中，第十五絃太蔟清；第四絃夾鍾中，第十六絃夾鍾清；第五絃姑洗中，第十七絃姑洗清；第六絃仲呂中，第十八絃仲呂清；第七絃蕤賓中，第十九絃蕤賓清；第八絃林鍾中，第二十絃林鍾清；第九絃夷則中，第二十一絃夷則清；第十絃南呂中，第二十二絃南呂清；第十一絃無射中，第二十三絃無射清；第十二絃應鍾中〔八〕，第二十四絃應鍾清。臣嘗考之，虞書「琴瑟以咏」，則琴瑟之聲所以應歌者也。歌者在堂，則琴瑟亦宜施之堂上矣。竊觀聖朝郊廟之樂，琴瑟在堂，誠合古制。紹聖初，太樂丞葉防乞宮架之內復設琴瑟，豈先王之制哉？」

琴瑟下論曰：「琴之爲樂，所以咏而歌之也，故其別有暢，有操，有引，有吟，有弄，有調。堯之神人暢，爲和樂而作也；舜之思親操，爲孝思而作也；襄陽、會稽之類，夏后氏之操也；訓佃之類，商人之操也；離憂之類，周人之操也。謂之引，若魯有關雎引，衛有思歸引之類也。謂之吟，若箕子吟、夷齊吟之類也。謂之弄，若廣陵弄之類也。謂之調，若子晉調之類也。黃帝之清角，齊桓之號鐘，楚莊之繞梁，相如之緑綺，蔡邕之焦尾，以至玉牀、響泉、韵磬、清英、怡神之類，名號之別也。吟木、沉散、抑抹、剔操、擽擘、倫齪〔九〕、綽瓅之類，聲音之法也。暢則和暢，操則立操，引者引說其事，吟者吟咏其事，弄則弄習之，調則調理之。其爲聲之法十有三，先儒之說詳矣。由是觀之，琴之於天下，合雅之正樂、治世之和音也。得其粗者足以感神明，故六馬仰秣者伯牙也，鬼舞於夜者賀韶也；得其妙者幾與造化俱矣，故能易寒暑者師襄也，召風雲者師曠也。小足以感神明，大足以奪造化，然則琴之爲用豈不至矣哉！」

宋中興樂志論曰：「八音之中，金、石、竹、匏、土、木六者，皆有一定之聲；革爲燥濕所薄，絲有絃柱緩急不齊，故二者其聲難定。鼓無當於五聲，此不復論。惟絲聲備五聲，而其變無窮。五絃作於虞舜，七絃作於周文、武，此琴制之古者也。厥後增損不一。宋朝始製二絃之琴〔一〇〕，以象天地，謂之兩儀琴，每絃各六柱；又爲十二絃以象十二律，其倍應之聲靡不畢備。太宗因大樂雅琴加爲九絃，按曲轉入大樂十二律，清濁互相合應。大晟樂府嘗罷一、三、七、九，惟存五絃，謂其得五音之正，最優於諸琴也。今復俱用。大常琴制，其長三尺六寸，三百六十分，象周天之度也。

姜夔樂議分琴爲三準：自一暉至四暉謂之上準，上準四寸半，以象黄鍾之子律；自四暉至七暉謂之中準，中準九寸，以象黄鍾之正律；自七暉至龍齦謂之下準，下準一尺八寸，以象黄鍾之倍律。三準各具十二律聲，按絃附木而取。然須轉絃合本律所用之字，若不轉絃，則誤觸散聲，落别律矣。每一絃各具三十六聲，皆自然也。分五、七、九絃琴，各述轉絃合調圖：

五絃琴圖説曰：『琴爲古樂，所用者皆宫、商、角、徵、羽五音，故以五絃散聲配之。其二變之聲，惟用古清商，謂之側弄，不入雅樂。』

七絃琴圖曰：『七絃散而扣之，則間一絃於第十暉取應聲。假如宫調，五絃十暉應七絃散聲，四絃十暉應六絃散聲，二絃十暉應四絃散聲，大絃十暉應三絃散聲，惟三絃獨退一暉，於十一暉應五絃散聲，古今無知之者。竊謂黄鍾、大吕並用慢角調，故於大絃十一暉應三絃散聲；太蔟、夾鍾並用清商調，故於二絃十二暉應四絃散聲；姑洗、仲吕、蕤賓並用宫調，故於三絃十一暉應五絃散聲；林鍾、夷則並用慢宫調，故於四絃十一暉應六絃散聲；南吕、無射、應鍾並用蕤賓調，故於五絃十一暉應七絃散聲。以律長短配絃大小，各有其序。』

九絃琴圖説曰：『絃有七有九，實即五絃。七絃倍其二，九絃倍其四，所用者五音，亦不以二變爲散聲也。或欲以七絃變五音二變，以餘兩絃爲倍，若七絃分配七音，則是今之十四絃也。聲律訣云：「琴瑟龊四者，律法上下相生也。」若加二變，則於律法不諧矣。或曰：「如此則琴無二變之聲乎？」曰：「附木取之，二變之聲固在也。」合五、七、九絃琴，總述取應聲法，分十二律十二均，每聲取絃暉之應，皆以次列。』

朱子嘗與學者共講琴法：

其定律之法：十二律並用太史公九分七法爲準，損益相生，分十二律及五聲，位置各定。按古人以吹管聲傳於琴上，如吹管起黄鍾，則以琴之黄鍾聲合之；聲合無差，然後以次徧合諸聲，則五聲皆正。唐人紀琴，先以管色合字定宫絃，乃以宫絃下生徵，徵上生商，上下相生，終於少商。下生者隔二絃，上生者隔一絃取之。凡絲聲皆當如此。今人苟簡，不復以管定聲，其高下出於臨時，非古法也。

調絃之法：散聲隔四而得二聲；中暉亦如之而得四聲；八暉隔三而得六聲；九暉按上者隔二

而得四聲，按下者隔一而得五聲；十暉按上者隔一而得五聲，按下者隔二而得四聲。每疑七絃隔一調之，六絃皆應於第十暉，而第三絃獨於第十一暉調之乃應。及思而得之，七絃散聲爲五聲之正，而大絃十二律之位，又衆絃散聲之所取正也。故逐絃之五聲，皆自東而西，相爲次第。其六絃會於十暉，則一與三者，角與散角應也；二與四者，徵與散徵應也；四與六者，宮與散少宮應也；五與七者，商與散少商應也；其第三、第五絃會於十一暉，則羽與散羽應也。義各有當，初不相須，故不同會於一暉也。

旋宮諸調之法：旋宮古有「隨月用律」之説，今乃謂不必轉軫促絃，但依旋宮之法而抑按之，恐難如此泛論。當每宮指定，各以何聲取何絃何唱，各以何絃取何律爲均，乃見詳實。又以禮運正義推之，則每律各爲一宮，每宮各有五調，而其每調用律取聲，亦各有法。此爲琴之綱領，而説者罕及，乃缺典也。當爲一圖，以宮統調，以調統聲，令次第賓主、各有條理。乃先作三圖：一，各具琴之形體、暉絃、尺寸，散聲之位；二，附按聲聲律之位；三，附泛聲聲律之位，列於宮調圖前，則覽者曉然，可爲萬世法矣。

大琴 中琴 小琴

陳氏樂書曰：「八音以絲爲君，絲以琴爲君，而琴又以中暉爲君，是故君子常御不離乎前，非若鐘鼓陳於堂下、列於縣虡也。以其大小得中而聲音和，大聲不喧嘩而流慢，小聲不湮滅而不聞，固足以感人善心，禁人邪意，一要宿中和之域而已。夫作五絃之琴，以歌南風，以合五音之調，實始於舜。蓋南風，生養之氣也；琴，夏至之音也。舜以生養之德，播夏至之音。始也其親底豫而天下化，終也其親底豫而天下之爲父子者定。然則所謂琴音調而天下治，無若乎五音者，豈不在兹乎？蓋五絃之琴，小琴之制也；兩倍之而爲十絃，中琴之制也；四倍之而爲二十絃，大琴之制也。明堂位曰：『大琴、中琴，四代之樂也。』爾雅曰〔一二〕：『大琴謂之離。』以四代推之，二琴之制，始於有虞氏明矣〔一三〕。」

次大琴　古者大琴二十絃，次者十五絃，其絃雖多少不同，要之本於五聲一也。

雅琴

陳氏樂書曰：「西漢趙定善鼓雅琴，爲散操；東漢劉琨亦能彈雅琴，知清角之操。則雅琴之制，自漢始也。宋朝太宗皇帝因太樂雅琴更加二絃，召錢堯卿按譜，以君臣、文武、禮樂、正民心九絃按曲，轉入太樂十二律，清濁互相合應。御製韶樂集中，有正聲翻譯字譜。又令鈞容班部頭任守澄並教坊正部頭花日新、何元善等註入唐來燕樂半字譜，凡一聲先以九絃琴譜對大樂字，並唐來半字譜，並有清聲。今九絃譜內有大定樂、日重輪、月重明三曲，並御製大樂乾安曲。景祐韶樂集中太平樂一曲，譜法互同，他皆倣此，可謂善應時而造者也。誠增一絃去四清聲，合古琴之制，善莫大焉。」仲吕大定樂一百三十字，南吕角日重輪一百四十一字，月重明一百二十一字〔一三〕，無射宮乾安曲四十八字。太宗因前代七絃加二絃曰清角、清徵爲九絃：一絃黃鍾，二絃大吕，三絃太蔟，四絃夾鍾，五絃姑洗，六絃仲吕，七絃蕤賓，八絃林鍾。按上爲夷則；九絃南吕，按上爲無射、應鍾。今隨編鍾按習，每一擊一彈，各依節奏焉。

十二絃琴　宋朝嘗爲十二絃琴，應十有二律，倍應之聲，靡不悉備，蓋亦不失先王制作之實也。

兩儀琴二絃每絃各六柱。　宋朝初制兩儀琴，琴有二絃，絃各六柱，合爲十二，其聲洪迅而莊重，亦一時之制也。

七絃琴

陳氏樂書曰：「古者造琴之法，削以嶧陽之桐，成以檿桑之絲，徽以麗水之金，軫以崑山之玉。雖成器在人，而音含太古矣。蓋其制長三尺六寸六分，象朞之日也；廣六寸，象六合也。絃有五，象五行也；腰廣四寸，象四時也；前廣後狹，象尊卑也；上圓下方，象天地也；暉十有三，象十二律也，餘一以象閏也。其形象鳳，而朱鳥南方之禽，樂之主也；五分其身，以三爲上，二爲下，參天兩地之義也。司馬遷曰：『其長八尺一寸，正度也。』由是觀之，則三尺六寸六分，中琴之度也；八尺一寸，大琴之度也。或以七尺二寸言之，或以四尺五寸言之。以爲大琴則不足，以爲中琴則有餘，要之皆不若六八之數爲不失中聲也。至於絃數，先儒謂伏羲、蔡邕以九，孫登一，郭璞以二十七，頌琴以十三。揚雄謂陶唐氏加二絃，以會君臣之恩。桓譚以爲文王加少宫、少商二絃，釋知匠以爲文王、武王各加一，以爲文絃、武絃，是爲七絃，蓋聲不過五。小者五絃，法五行之數也；中者十絃，大者二十絃，法十日之數也。一絃則聲或不備，九絃則聲或太多。至於全之爲二十七，半之爲十三，皆出於七絃倍差弱於二變二少，以應七始之數也。爲是説者，蓋始於夏書，而曼衍於左氏、國語，是不知夏書之在治忽有五聲而無七始，豈爲左氏者求其説不得，而遂傅會之邪？故七絃之琴，存之則有害，古制削之則可也。宋朝太常琴制，其長三尺六寸三百六十分〔一四〕，象周天之度，絃有三節，聲自焦尾至中暉爲濁聲，自中暉至第四暉爲中聲，上至第一暉爲清聲。故樂工指法，按中暉第一絃黄鍾，按上爲大吕。二絃大蔟，按上爲夾鍾。第三絃姑洗，按上爲仲吕。第四絃蕤賓，單彈。第五絃爲林鍾，按上爲夷則。第六絃爲南吕，按上爲無射。第七絃爲應鍾。按上爲黄鍾，清。凡此各隨鍾律彈之，莫不合。中吕之商，中太平之曲，非無制也。誠損二絃，去四清，合先王中琴之制，則古樂之發不過是矣。唐李冲操琴，通中吕、黄鍾、無射三宫之説，蓋未究其本矣。先儒之論有宫聲，又有變宫聲，已失尊君之道，而琴又有少宫、少商之絃，豈古人祝壽之意哉？其害理甚矣。」

大瑟　中瑟　小瑟　次小瑟　世本云：「庖犧氏作五十絃。黄帝使素女鼓瑟，哀不自勝，乃破爲二十五絃，具二均聲。」爾雅：「大瑟謂之灑。」禮圖舊云：「雅瑟，長八尺一寸，廣一尺八寸，二十三絃。其常用者十九絃〔一五〕。頌瑟，長七尺二寸，廣尺八寸，二十五絃。盡用也。」易通卦驗曰：「人君冬至日，使八能之士，鼓黄鍾之瑟，瑟用槐木，長八尺一寸；夏至日，瑟用桑木，長五尺七寸。」槐取氣上也。桑取氣下也。

容齋洪氏隨筆曰：「李商隱詩云：『錦瑟無端五十絃。』説者以爲錦瑟者令狐丞相侍兒小名，此篇皆寓言，而不知五十絃所起。劉昭釋名箜篌云：『師延所作靡靡之樂，蓋空國之侯所作也。』段安節樂府録云：『箜篌，乃鄭、衛之音，以其亡國之聲，故號空國之侯，亦曰坎侯。』吴兢解題云：『漢武依琴造坎侯，言坎坎應節也，後訛爲箜篌。』予按史記封禪書云：『漢公孫卿爲武帝言：太帝使素女鼓五十絃瑟，悲，帝禁不止，故破其瑟爲二十五絃。於是武帝益召歌兒作二十五絃及箜篌。』應劭曰：『帝令樂人侯調始造此器。』前漢郊祀志備書此事，言空侯、瑟自此起。顔師古不引劭所註，然則二樂本始，曉然可考，雖劉、吴博洽，亦不深究，且『空』，元非國名，其説尤穿鑿也。初學記、太平御覽編載樂事，亦遺而不書。莊子言魯遽調琴二十五絃皆動，蓋即此云。續漢書云靈帝胡服作箜篌，亦非也。」

姜夔定瑟之制，桐爲背，梓爲腹，長九尺九寸，首尾各九寸，隱間八尺一寸，廣尺有八寸。岳崇寸有八分，中施九梁，皆象黄鍾之數。梁下相連，使其聲冲融。首尾之下爲兩穴，使其聲條達。是傳所謂「大瑟達越也」。四隅刻雲以緣其武，象其出於雲和。漆其壁與首尾腹，取椅桐梓漆之全。設二十五絃，絃一柱，崇二寸七分，别以五色，五五相次，蒼爲上，朱次之，黄次之，素與黔又次之，使肄習者便於擇絃。絃八十一絲而朱之，是謂朱絃。其尺則用漢尺，凡瑟絃具五聲爲均，凡五均。其二變之聲，則柱後折角羽而取之。五均凡三十五聲，十二律六十均四百二十聲，瑟之能事畢矣。

頌瑟

陳氏樂書曰：「瑟者，閉也，所以懲忿窒慾，正人之德也。故前其柱則清，却其柱則濁。按三禮圖，頌瑟七尺二寸〔一六〕，廣尺八寸，二十五絃並用也，其合古制歟。尸子曰：『夫瑟二十五絃，其僕人鼓之則爲笑，賢者以其義鼓之，欲樂則樂，欲悲則悲，雖有暴君亦不爲之變〔一七〕。』誠有味其言也。」

琴操

陳氏樂書曰：「自三代之治既往，而樂經亡矣。樂經亡，則禮素而詩虚，是一經缺而三經不完也。今夫琴者，君子常御之樂，蓋所以樂心而適情，非爲憂憤而作也。苟遇乎物，可咏者咏之，可傷者傷之，大爲典、誥，小爲雅、頌，而諷刺勸戒，靡不具焉，其利於教也大矣。古之明王君子多親通焉，故堯有神人暢，舜有思親操，襄陵始禹，訓佃始湯，以至文王拘幽，周公越裳，成王儀鳳，老聃列仙，伯牙之水仙、懷陵，孔子之將歸、猗蘭，曾子歸耕、殘形之類，大抵因時事而作，豈爲憂憤邪？後世論之者過也。降自唐、虞迄於晉、宋，善琴者八十餘人。周、秦以前，其聲傷質；漢、魏而下，其音淺薄。故漢末太師五曲，魏初中散四弄，其間聲含清側，文質殊流。吴弄清潤，若長江緩流，有國士之風；蜀聲峻急，若蹙浪奔濤，有少年壯氣。凡若此類，不可勝數。然世罕知音，反以箏勢入琴，譜録雖存，其亡益乎！」

步　爾雅曰：「徒鼓琴謂之步。」蓋鼓琴而無章曲，則徒鼓而已，猶之舍車而徒也。

絲之屬胡部

胡琴　唐文宗朝女伶鄭中丞善彈胡琴。昭宗末，石潨善胡琴也。琴，一也，而有胡、漢之異，特其制度殊耳。

奚琴　奚琴，胡中奚部所好之樂，出於奚𨙸，而形亦類焉。其制兩絃間以竹片軋之，民間或用。

䩸琴　隋煬帝平林邑國，獲扶南樂工及䩸琴。其制至陋不可用，但以天竺樂傳寫其聲，不齒樂部。

胡瑟　弁韓國有瑟，其形如筑，彈之有音曲，與胡琴類。

胡弄

陳氏樂書曰：「越裳操者，因越裳獻雉而作也。趙師曹善鼓琴，忉利天王子般遮彈之而聲聞，舍利爲之起舞焉。摩訶兜勒，張騫入西域所得者也。晉，楚人劉琨世爲樂吏，制胡笳五弄，趙耶利所修者也。胡笳四弄：有上舞、下舞，上間絃、下間絃，明君所傳者也。今夫彈操弄者前緩後急，妙曲之分布也；時中急後緩，節奏之停歇也；或疾打則聲如劈竹，或緩挑則韵並風生，亦有聲正厲而以指按殺，亦有響絶而意猶未盡，是以知聲不知音，彈絃不彈意也。陶潛嘗曰：『但取琴中意，何勞絃上聲』，可謂深於琴者矣。」

大箜篌　小箜篌

劉熙釋名曰：「箜篌，師延所作，靡靡之樂，蓋空國之侯所存也。後出桑間、濮上，師涓爲晉平公鼓焉。鄭、衛分其地而有之，因命淫樂爲鄭、衛焉。或謂漢武使樂人侯暉作坎侯，蓋取其聲坎坎以應樂節，後世聲訛爲箜篌爾。二説蓋有所受之也。舊説皆如琴制，唐制似瑟而小，其絃有七，用木撥彈之以合二變，故燕樂有大箜篌、小箜篌。音逐手起，曲隨絃成，蓋若鶴鳴之嘹唳，玉聲之清越者也。然非夷狄之制，則鄭、衛之音非燕樂所當用也。或謂取其空中名之，其臆説歟！昔有白首翁溺於河，其妻麗玉素善十三絃箜篌，作爲公無渡河曲以寄哀情。唐咸亨初，第一部有張小子〔一八〕，太和初有李齊皋及其女並善此伎，教坊雖亦有人，能者未有一二爾。」

按：箜篌或以爲師延所作，靡靡之樂，蓋鄭、衛之淫聲也。或以爲漢武帝使樂人侯調作之〔一九〕，以祠太一。蓋漢世郊廟之樂，而非先王之雅樂也。然俱不言來自胡中，陳氏樂書以入胡部，未知何據，當考。

豎箜篌　胡樂也。其體曲而長，其絃二十有二〔二〇〕，植抱於懷，用兩手齊奏之，俗謂擘箜篌〔二一〕，亦謂之胡箜篌。高麗等國有豎箜篌、卧箜篌之樂，其引則朝鮮津卒樗里子高所作也。樗里子高晨刺船，有一白首狂夫，披髮提壺，亂流而渡。其妻止之，不能及，竟溺死。於是悽傷援琴作歌而哀之，以象其聲，故曰箜篌引。漢靈帝好此樂，後世教坊亦用焉。

卧箜篌　酉陽雜俎：「魏高陽王雍美人徐月華，能彈卧箜篌，爲明妃出塞聲。有田僧超能吹笳，爲壯士歌、項羽吟。將軍崔延伯出師，每臨敵，令僧超爲壯士聲，遂單騎入陣。」

鳳首箜篌　出於天竺伎也。其制作曲頸鳳形焉。扶婁、高昌等國，鳳首箜篌，其上頗奇巧也。

搊琵琶五絃　傅玄琵琶賦曰：「漢遣烏孫公主嫁昆彌，念其行道思慕，故使工人裁箏、筑，爲馬上之樂。今觀其器，中虛外實，天地象也；盤圓柄直，陰陽叙也；柱十有二，配律吕也；四絃，法四時也。以方俗語之曰琵琶，取其易傳於外國也。」風俗通曰：「以手琵琶，因以爲名。」釋名曰〔二二〕：「推手前曰批，引手却曰把。」杜摯曰〔二三〕：「秦苦長城之役，百姓絃鼗而鼓之。」並未詳孰是，其器不列四廂。今清樂奏琵琶，俗謂之「秦漢子」，圓體修頸而小，疑是絃鼗之遺制。傅玄云：「體圓柄直，柱有十二〔二四〕。」其他皆兑上鋭下〔二五〕，曲項，形制稍大，本出胡中，俗傳是漢制。兼似兩制者〔二六〕，謂之「秦漢」，蓋謂通用秦、漢之法。梁史稱侯景之害簡文也，使太樂令彭雋賫曲項琵琶就帝飲，則南朝似無曲項者。五絃琵琶，稍小，蓋北國所出。舊彈琵琶，皆用木撥彈之，大唐貞觀中始有手彈之法，今所謂搊琵琶者是也。風俗通所謂以手琵琶之，知乃非用撥之義，豈上代固有搊之者？手彈法，近代已廢，自裴洛兒始爲之。國史補曰：「趙璧之彈五絃，人問其術，璧曰：『始則心驅之，中則神遇之，終則天隨之。方吾浩然眼如耳，耳如鼻，不知五絃之爲璧，璧之爲五絃也。』」白樂天云：「人情重今多賤古，古瑟有絃人不撫。更從趙璧藝成來，二十五絃不如五。」亦譎諫之道也。

大琵琶六絃。　小琵琶五絃。　琵琶之制，刳桐絃絲而鼓之。龜腹、鳳頸、熊據、龍放，其器則箜篌也。宮調八十一，旋宮三調，而所樂非琴非瑟，特變徵新聲而已。唐明皇悦之。時有宦官使蜀，得異木奇文琵琶以獻。楊妃每奏於梨園，諸王貴主並爲琵琶弟子。天寶之亂，嘗奏是器於凝碧池上，舊人李龜年徒能欷歔而已。

秦漢琵琶　本出於胡人絃鼗之制。圓體修頸，如琵琶而小。柱十有二，惟不開目爲異，蓋通用秦、漢之法，四絃四隔，合散聲四，隔聲十二，總二十聲。唐貞元中，有曹綱、裴興奴並善其藝。綱善運撥，若風雨；興奴長於攏撚。時人謂綱有右手，興奴有左手。段安節門中，又有樂史楊志善此〔二七〕，其姑尤妙，自珍其藝，誓死不傳。志嘗竊聽彈弄，私以鞋帶記其節奏，因攜樂就姑彈之，姑大驚異，悉傳其藝。

夫以一藝之精，古人且重以傳之，況有大於此者？苟非其人，其可輕授之哉！

崑崙琵琶　唐貞元中，長安大旱，詔移兩市祈雨。街東有康崑崙，琵琶號爲第一手，謂街西必無己敵也，遂登樓彈一曲，新翻羽調緑腰。樂工進曲，上令録出要者，因以爲名〔二八〕，誤言緑腰也。街西亦建一樓，東市大誚之，及崑崙度曲，西樓出一女郎，抱樂器亦彈此曲，移在楓香調中，妙絶入神。崑崙驚駭，請以爲師，女郎遂更衣出，乃裝嚴寺段師善本也。翌日，德宗召之，加獎異常，乃令崑崙彈一曲，段師曰：「本領何雜？兼帶邪聲。」崑崙驚曰：「段師，神人也。」德宗令授崑崙。段師奏曰：「且請崑崙不近樂器十數年，使忘其本領，然後可教。」詔許之，後果窮段師之藝矣。

蛇皮琵琶　扶南、高麗、龜兹、疏勒、西凉等國，其樂皆有蛇皮琵琶。以蛇皮爲槽，厚一寸餘，鱗介具焉。亦以楸木爲面。其捍撥以象皮爲之，圖其國王騎象，象其精妙也。近代以琵琶旋宫，但歷均調，不分清濁，倍絃應律，多非正聲，華音所不取也。

屈茨琵琶　後魏宣武以後，酷嗜胡音，其樂器有屈茨琵琶。説者謂制度不存，八音之器所不載。以意推之，豈琵琶爲屈茨之形然邪？

臥箏　搊箏　彈箏　箏，秦聲也。傅玄箏賦序曰：「世以爲蒙恬所造。今觀其器，上崇似天，下平似地，中空準六合，絃柱擬十二月，設之則四象在，鼓之則五音發，斯乃仁智之器，豈蒙恬亡國之臣能之哉！」今清樂箏並有十二絃，他樂皆十三絃。軋箏以片竹，潤其端而軋之〔二九〕。彈箏用骨爪，長寸餘，以代指。高麗樂器用彈箏一，搊箏一，臥箏一。自魏至隋，並存其器。至於制度之詳，不可得而知。唐平人女以容色選入内者，教習五絃琵琶箜篌箏者〔三〇〕，謂之搊彈家。開元初，製聖壽樂，令諸女衣五方色衣歌舞之。宜春院爲首尾，搊彈家在行間效之而已。

絲之屬俗部

頌琴十三絃柱如箏。古之善琴者八十餘家，各因其器而名之，頌琴居其一焉。其絃十有三，其形象箏，移柱應律，宫縣用之，合頌聲也。齊桓公以鐘名之，李汧公以韵磬名之，是不知鐘磬各自有器，非所以名琴也。唐貞元中，成都有雷生斲琴，其業精妙，天下鮮儷。大中有賀若夷尤善此藝，後爲待詔，彈一曲，上嘉嘆之，賜緋衣，至今號爲賜緋調。

擊琴五絃以竹管承之。梁柳世隆素善彈琴。其子惲，每奏父曲，居常感思，因變其體，備寫古調，嘗賦詩未就，誤以筆捶琴，坐客以節和之〔三一〕。惲驚其哀韵，乃製爲雅音，而擊琴自此始矣。蓋其制以管承絃，又以竹片約而束之，使絃急而聲亮，舉而擊之，以爲曲節〔三二〕。江左有之，非古制也。

一絃琴　魏孫登彈一絃琴，善嘯，每感風雷。嵇康師之，故其贊曰：「調一絃兮斡參寥廓，嘯一曲兮能驟風雷。」江左樂用焉。

十三絃琴　二十七絃琴　古者製五絃之琴，以應五聲，琴之正也。後世易之以二十七絃，三倍七音之數，琴之變也。

月琴五絃十三柱，形似琵琶。月琴形圓項長，上按四絃，十三品柱，豪琴之徽，轉絃應律，晉阮咸造也。

唐太宗更加一絃，名其絃曰金、木、水、火、土。自開元中編入雅樂用之，豈得舜之遺制歟！

素琴　素瑟　昔人祥之日常彈素琴、素瑟矣。陶淵明不解音律而畜素琴一張，每有酒輒撫弄以寄其意，可謂達君子無故不徹琴瑟之意矣。

清角黄帝琴，梁元纂要。鳳凰趙后琴，西京雜記。號鐘齊桓公琴。繞梁楚莊王琴。緑綺司馬相如、蔡琰琴。清英揚雄琴。焦尾蔡邕琴。怡神謝莊琴。寒玉石李勉琴。和志李勉琴。六合洞元琴。石枕路氏琴。落霞神女琴。

右諸琴，求諸先王之制，雖未盡合，亦一代絶特之器也。

響泉　韵磬　國史補載李汧公勉者，雅性好琴，嘗斲桐爲之，多至數百張，求之無不與之。其中二者：一名響泉，一名韵磬。張宏静嘗會名客，觀鄭宥調二琴，各置一榻，動宮宮應，動角角應，真希代寳也。茂因記之，謂余家世所寳。遭廣明之亂，韵磬爲火所毁。響泉有洛僧自賊中挈去。建中四年，南康王韋皋在蜀得之，用佉陀羅木换臨岳承絃，命李陽冰篆之。至大順中，客遊巴蜀，見攜響泉以行云。然響泉之奇，世或鮮鑒，但以他琴齊奏，彼音絶而此有餘韵。世又有竊其名者，苟以墨蹤篆文驗之，則真僞睹矣。按：響泉、韵磬，爲李勉所製，號稱名琴。唐史載之，此段言其首尾尤詳。但既曰廣明之亂，爲僧所取矣，而又曰建中四年，爲韋皋所得。夫建中先於廣明百餘年，廣明所失之琴，而曰至建中始得之，何其繆也！此據樂書所採國史補之説，疑有誤，當考。

茘枝　茘枝性堅，文直，色正而音切，生於南閩，以芳實美味聞，裁之爲琴，非古也。侍御史尉遲君與長樂馮端始爲之，馮宿述之。

百納琴　唐汧公李勉嘗收桐孫之精者雜綴爲之，謂之百納琴。用蝸殼爲暉〔三三〕，其間三面尤絶異，通謂之響泉、韵磬焉〔三四〕。

伏羲琴　夫子琴　靈開琴　靈和琴　自古善琴者八十餘家，一十八樣，究之雅度，不過伏羲、大舜、夫子、靈開、靈和五等而已〔三五〕。餘皆求意新狀奇，終乖古制，君子不貴也。

陳氏樂書琴制論曰：「琴之爲器，有龍池者，以龍潛於此，其出則興雲雨以澤物，而人君之仁如之；有鳳池者，以南方之禽其浴則歸潔其身，而人君之德如之〔三六〕；有軫池者，亦曰軫杯，以其急於發令，且酒以成禮也。池側有鳧掌二，所以護軫之動而合制也。鳳額下有鳳嗉一，所以接喉舌而申令者也。琴底有鳳足，用黄楊木表其足色本黄也。臨岳若山岳峻極，用棗木表其赤心也。人肩者顧其臣，有俯就隨肩之象也。鳳翅者左右翼之，有副貳人主之象也。龍脣者聲所由出也，龍齦者吟所由生也，龍口所以受絃，而其鬢又所以飾之也。鳳額所以制嗉，而其臆又所以承之也。總而言之，琴長三尺六寸六分，當期之日也〔三七〕，腹中天地二柱，當心膂之任也。天柱方厚七分，居姑洗、仲吕之界；地柱方厚六分，居南吕、無射之界。若定位小差，近上則損上聲，近下則損下聲，當中心則其聲品節矣。然斵製之妙〔三八〕，蜀稱雷霄、郭諒，吴稱沈鐐、張越，霄、諒清雅，而沈細鐐、越虚鳴而響亮。唐明皇反蜀，詔雷儼待詔襄陽。馮昭亦善攻斵，鬻之不售，節使盧公鈞聞之，見重，受一張，仍贈之詩，自是馮氏門其屨滿矣。」伏羲樣，長三尺九寸三分，與後周大絫黍尺同。舜樣，用古玉尺長三尺八寸二分。孔子樣，長三尺六寸四分，與周尺同。秦始皇樣，用玉尺，一池〔三九〕，司馬相如同。後晉尺，長三尺八寸六分半，一池。後漢蔡邕用官尺，長三尺七寸八分。伯牙用尺同〔四〇〕，築表尺長三尺七寸二分。嵇康用魏中尺，長三尺七寸，一池。齊東山樣，今尺長三尺三分。梁千面，用鐵尺，長三尺九寸三分〔四一〕，無池。隋百面，用水平尺，三尺六寸四分，古軫用竹，言鳳非梧桐不棲，非竹實不食。

樂書琴暉論曰：「琴之爲樂，絃合聲以作主，暉分律以配臣。自臨岳際下，至龍口銜絃，以夷則爲中界；夷則至臨岳下際，以仲呂爲中界；仲呂上至臨岳下際，以太蔟爲中界。其夾鍾、姑洗、蕤賓、林鍾四暉，即泛調取定。又以太蔟翻至龍口，而暉數足矣。自古暉十有三〔四二〕，其一象閏，蓋用螺蚌爲之。近代用金玉、瑟瑟、水晶等寶，未聞有絃繩之義。蓋所以示其明瑩以節奢縱而已。俗傳暉作徽纏之徽，誤矣。」

樂書琴勢論曰：「古者手勢所象，本蔡氏五弄，趙耶利所修也〔四三〕。左大指象天，左中指象日〔四四〕；右無名指象月，右大指象大風，右食指象青雲，右中指象高山，右小指象地，右無名指象下水。龍行者指行如之，虎行者指步如之，蟹行者倫指如之，鸞行者轉指如之。輕行者，泛指是也。儒父吟，未接覆手是也。亮生嘯，小起手是也。仙人笑，下瓅是也。然彈琴之法，必兩手相附，其猶雙鸞對舞，兩鳳同翔，要在附絃作勢，而不在聲外搖指。趙師彈琴，未有一聲無法，凡一弄之内，清側殊途；一句之中，莫不陰陽泒潤。至如楚明光、白雪，寄清調中彈楚清聲；易水、鳳歸林，寄清調中彈楚側聲；登隴、望秦，寄胡笳調中彈楚側聲；竹吟、風哀、松露，寄胡笳調中彈楚清聲。若此之類非一，可謂妙矣。」

樂書琴聲論曰：「白虎通曰：琴者，禁止淫邪〔四五〕，以正人心，豈其然乎？今夫宮聲感人，則其意懽和；商聲感人，則其意勁正；角聲感人，則其意奮厲；徵聲感人，則其意舒緩；羽聲感人，則其意和平。故正直勇義者聽之則奮厲，倍苦節孝行忠烈者聽之則感傷，貧苦孀孤抱怨者聽之則感慨，輕縱浮薄好喧囂者聽之則震戢。然則修身治性，反其天真有不在於是乎！虞、舜鼓之而五星見，伯牙鼓之而駟馬仰秣，瓠巴鼓之而魚躍潛藻，以至師曠之致鶴舞，賀韜之致鬼舞，朱康之致晝動，衛次翁之致異香降，王敬伯之致神女現，師襄之變易寒暑，孫登之感動風雷。然則動天地、感鬼神有不在於是乎！由此觀之，古人所謂至樂通天地，變四時，又曰安國家，治人民，莫若乎五音，豈不信歟！」關關嚶嚶，春鳥聲也；肅肅雍雍，秋雁聲也；巍巍湯湯，山水聲也！

又曰：「古人之論琴聲，有經，有緯，有從。宮商角徵羽文武以上爲經聲也，黃鍾及大呂閏暉以上十三聲爲緯聲也，風雅聲、陰陽聲、武成聲、吟咏聲、談話聲、姑息聲、五音聲、五調聲、長樂聲、胡笳聲、止息聲、吳聲、蜀聲、齊聲、楚聲、度絃摘聲、蹙臑抑揚聲、調絃擬掠聲、長彈掉搦聲、楚清側聲、雅質側聲、鵾扶輪指聲、宛美清聲、高望遠側聲，凡此二十四聲爲從聲也。右七絃爲正，十三暉爲副，正副相應，一絃合十三種升降同爲九十一聲〔四六〕，琴含太虛，一氣運九十種聲，如此，其變亦已盡矣。至於取聲之法，又有木、有汎、有散、有末、有剔、有櫟、有擘、有綽、有瑮、有齪、有倫，以總之。誠去四清二變，以諧音律，則琴音調而天下治矣。」左指按絃，因指打聲，振動左指，令著面。右指擊絃，隱隱如雷，是木聲也。左微按絃，右手擊絃，泠泠然輕清，是汎聲也。左指不按不擊絃，鏘鏘然如鐘鐸〔四七〕，是散聲。左指按絃，右指打聲，抑蹙向前後，令聲下惆悵，是散聲。右指向下末二三絃，左指不著，是末聲。右指向上剔一絃，是剔聲也。右食指第一橫文向上，蹙櫟二三絃畢舉，其食指合勢望天，是櫟聲也。右指南上擘一絃，是擘聲也。右指向下反剔一絃，爲綽聲也。右指掐食指，第二橫文上向下擊下絃，從寬至急，可十餘聲，爲瓅聲也。右兩指各按一絃〔四八〕，齊聲打，爲齪聲。右兩指倫次共一絃，爲倫聲也。

樂書琴曲曰〔四九〕：「衆樂，琴之臣妾也；廣陵，曲之師長也。古琴曲有歌詩五篇，操二篇，引九篇。其歌詩：一曰鹿鳴，周大臣傷時在位而作也；二曰伐檀，魏國女閔傷怨曠而作也；三曰騶虞，召國女傷失嘉會而作也；四曰鵲巢，召國男悅貞女而作也；五曰白駒，衰世失朋友而作也。其操十有二：一曰將歸，孔子之趙，聞殺竇犢鳴而作也；二曰猗蘭，孔子傷不逢時而作也；三曰龜山，孔子因季桓受齊女樂而作也；四曰越裳，周公爲其重譯來享而作也〔五〇〕；五曰拘幽，文王拘於羑里而作也；六曰岐山，周人爲太王而作也；七曰履霜，尹吉父子伯奇傷無罪而作也；八曰雉朝飛，牧犢子感雙雉而作也；九曰別鶴，商陵牧子傷父母奪志而作也；十曰殘形，曾子夢狸而作也；十一曰水仙，伯牙爲仙舞而作也；十二曰懷陵，伯牙爲子期而作也。其引：一曰列女，楚樊姬所作也；二曰伯姬，魯伯姬所作也；三曰貞女〔五一〕，魯漆室女所作也；四曰思歸，衛女所作也；五曰霹靂，楚商梁遇風雨而作也；六曰走馬，樗里牧恭爲感天馬而作也；七曰箜篌，樗里子高所作也〔五二〕；八曰琴引，秦屠門高所作也；九曰楚引，楚龍邱子高所作也，自餘歌詩操引，不可勝紀，要其大致，亦不出乎此。然以詩推之，鹿鳴之宴群臣，伐檀之刺貪鄙，騶虞之美王道成，鵲巢之美夫人之德，白駒刺宣王之不用賢，與是說不類矣，豈好事者妄取其名而詭爲之說哉？」

又曰：「昔人論琴弄、吟、引亦多矣，有以孔子撰之者獲麟、將歸、畏匡、厄陳之類也，有以伯牙製之者望仙、懷陵、流水、流泉之類也，有以嵇康爲之者長清、短清、長側、短側之類也，有以劉琨爲之者登隴、望秦、竹吟風、哀松露、悲漢月是也；胡笳五弄，趙師所修；有以明君爲之者平調、清調、瑟調、蜀調、胡笳、吴興杜瓊是也。然觀琴調操引〔五三〕，有宫引、商引、角引、徵引、羽引，平調引有林宫、林商、林角、林徵、林羽，是琴音之用，不出五聲而已。後世兼以二變四清定絃數多寡，其爲智亦疏矣。」

蕃瑟四絃。雅瑟二十三絃〔五四〕。三禮圖：「雅瑟長八尺一寸，廣一尺八寸，二十三絃，其常用者十九絃，其餘四絃謂之蕃，蕃之爲言羸也。」古者大瑟謂之灑，長八尺一寸，廣一尺八寸，二十七絃，其制與雅瑟大同而小異，豈時異異制歟〔五五〕！

十九絃瑟　二十七絃瑟　黄鍾瑟　易通卦驗：「冬至日使八能之士鼓黄鍾之瑟，用槐八尺一寸爲之。夏至日用桑五尺七寸爲之。」失古人用桐之意矣。

平清瑟　隋何妥好音律，留意管絃。文帝令定鍾律，於是作平清瑟三調聲〔五六〕。宋朝雅樂作大吕黄鍾二均聲，至妥始奏專用黄鍾。詔下公卿議，從之。

静瑟　王子年拾遺録曰：「古之圓山，有林木焉。疾風震地，而林木不動。以其木爲瑟，故曰静瑟也。」

寶瑟　昔盧邁有寶瑟，各直數十萬，有寒玉、石磬、響泉、和志之號。由此觀之，非特琴爲然，雖瑟之寶者，亦不嫌其同名矣。

太一樂　太一之制，十二絃、六隔，大抵與琴相類，合散聲十二，隔聲七十二，絃散聲應律呂，以隔聲旋相爲宮，合八十四調〔五七〕。唐開元中，司馬縚所進者也。後世雅樂宮縣内用之，然亦溺於七音之失矣。

天寶樂　天寶樂，形類石幢，其絃十四而設柱，黄鍾一均，足正倍七聲，移柱作調以應律。天寶中，任偃所進也。舞者亦執焉。

繞梁　繞梁之制，大致與箜篌相似。宋武帝大明中，沈懷遠被徙廣州爲之也。懷遠亡，其器亦絶矣。

雙鳳琵琶　唐天寶中，宦者白秀正使西蜀回，獻雙鳳琵琶，以邏迯檀爲槽，温潤光輝〔五八〕，隱若圭璧，有金縷紅文，蹙成雙鳳。貴妃每自奏於梨園，音韵凄清，飄如雲外，殆不類人間。諸王貴主，競爲貴妃琵琶弟子。

金縷琵琶銀柱，金縷柄　南齊褚淵善彈琵琶。武帝時，在東宮賜之金縷柄銀柱琵琶。高帝曲宴群臣，俾各效伎能。淵彈琵琶，王僧虔彈琴，沈文季歌子夜，張敬兒舞，王敬則拍張〔五九〕。王儉曰：「臣無所解，唯知誦書。」因跪前誦相如封禪書。

直頸琵琶　曲頸琵琶　唐樂有大小琵琶之制，今教坊所用乃其曲頸者，非直頸也。梁史稱侯景之亂，使大樂令彭雋賫曲頸琵琶就簡文帝飲。則南朝無是制明矣。

大忽雷琵琶　小忽雷琵琶　唐文宗朝，内庫有琵琶二，號「大忽雷」、「小忽雷」。時有内弟子鄭中丞常彈小忽雷，遇匙頭脱，送崇仁坊趙家修治〔六〇〕，適遭訓注之亂，人莫知者。已而，中丞身歿，權相舊吏梁厚本賂樂匠，得趙家所修治器，每至夜分，輕彈。後遇良辰，飲於花下，酒酣，彈數曲，有黄門過而聽之，曰：「此鄭中丞琵琶聲也。」翌日，達上聽，文帝驚喜，遣中使召之，赦厚本罪，别加錫賚。咸通中，有米和郎、田從道尤善此藝。顧況有忽雷兒之歌，蓋生於此。

阮咸琵琶　阮咸五絃，本秦琵琶〔六一〕，而頸長過之，列十二柱焉〔六二〕。唐武后時，蒯朗於古冢得銅琵琶，晉阮咸所造也。元亨中，命工以木爲之，聲甚清徹，頗類竹林七賢圖所造舊器，因以「阮咸」名之，亦以其善彈故也。宋朝太宗舊制四絃，上加一絃，散呂五音，呂絃之調有數法，大絃爲宫，是正聲，或爲下徵，或爲下羽。阮類琴〔六三〕，有濁、中、清三倍聲。上隔四柱，濁聲也，應琴下暉；中隔四柱，中聲也，類琴中暉；下暉下隔四柱，清聲也，類琴上暉。今太常樂工俗譜，按中隔第一絃，第一柱下按黄鍾，第二柱下按大吕。第二絃，第一柱上按太蔟，第一柱下按夾鍾，第二柱上按姑洗，第三柱下按仲吕。第三絃，第一柱上按蕤賓，第一柱下按林鍾，第二柱上按夷則，第三柱下按南吕。第四絃，第一柱下按無射。第五絃。第一柱下按應鍾，第二柱是黄鍾清，第三柱是大吕清〔六四〕，第四柱是太蔟清，所有夾鍾清在下隔也。凡此本應五音，非有濁、中、清之别也。今誠去四清聲以合五音，則舜琴亦不是過也。

雲和琵琶　雲和琵琶如箏，用十二絃，施柱彈之，足黄鍾一均而倍六聲，其首爲雲象，因以名之，非周官雲和琴瑟之制也。晉嵇康曰：「平和之人，聽箏笛琵琶則形躁而志越，聞琴瑟則體静而心閑。」信乎琵琶不如琴瑟遠矣。唐貞觀末有裴神符者，妙解琵琶，惟作聖鑾奴、大鳳、傾杯樂三曲，聲度清美，太宗深愛之。然亦世俗之樂也。

二絃琵琶四隔一孤柱。　釋名曰：「推手前曰琵，引手却曰琶。」二絃形如琵琶，四隔一孤柱，合散聲、隔八、柱聲，總十聲，得聲生於日之數也。

六絃琵琶　六絃之器，狀如琵琶而長，四隔孤柱一，合散聲六、隔聲二十四、柱聲一，總三十一聲，隔調應律。唐天寶中，史盛所作也。

七絃琵琶　七絃之制，形類阮咸，而旁有少缺，近取便身也。絃十三隔，孤柱一，合散聲七，隔聲九十一，柱聲一，總九十九聲。唐開元中，鄭喜子所進也。

八絃琵琶　北齊李搔、李德忱素善音律，因採諸聲，別造一器號曰八絃，時人稱其思理。

五絃箏　十二絃箏　十三絃箏　風俗通曰：「箏五絃，筑身而瑟絃，并、涼州箏形如瑟是也。」京房制五音準如瑟十三絃，實乃箏也。阮瑀曰：身長六尺，應律數也；絃有十二，四時度也；柱高三寸，三才具也；二手動，應日月務也。故清者感天，濁者感地。而唐唯清樂箏十二，彈之，爲鹿骨爪，長寸餘，代指，他皆十三絃。今教坊無十二絃者，不知五絃合乎五音，十二絃合乎十二律，而十三絃其一以象閏也。宋朝用十三絃箏。第一絃爲黄鍾中聲，設柱並同瑟法，然非雅部樂也。十二中聲：一絃黄鍾中聲〔六五〕，二絃大吕，三絃太蔟，四絃夾鍾，五絃姑洗，六絃仲吕，七絃蕤賓，八絃林鍾，九絃夷則，十絃南吕，十一絃無射，十二絃應鍾，十三絃黄鍾清聲。

銀裝箏　宋何承天幼好律曆之學，尤善彈箏，文帝賜之銀裝箏一。

雲和箏　唐清樂部有雲和箏，蓋其首象雲，與雲和琵琶之制同。于頔嘗令客彈琴〔六六〕，其嫂聽而嘆曰：「三分之中，一分箏聲。」亦可謂知音矣。

鹿爪箏　梁羊侃素善音律，自造採蓮歌，頗有新致，伎妾列侍，窮極奢靡。有彈箏陸大喜者，著鹿骨爪，長七寸，古之善箏者不獨此也。郗孝〔六七〕、謝常、桓伊、何承天之於晉，辛宣仲之於宋，皆世所謂善箏者也。其得妙趣遺音者，特雍門周而止耳。故時人謂之雍門周能使喜者墮淚、戚者起舞焉。

軋箏　唐有軋箏，以片竹潤其端而軋之，因取名焉。

鼓箏　説文曰：「箏，鼓絃筑身樂也。」英雄記述袁紹使鼓箏於帳中。敦煌實録述索承宗、伯夷成善鼓箏。又張華令郝生鼓箏。史記：「李斯曰：彈箏而歌者，真秦之聲。」晉書曰：「桓伊撫箏而歌。」由此觀之，箏之爲樂，真秦聲也。古人非特鼓而彈之，亦撫而歌之者矣。昔魏文帝曰：「斬泗濱之梓以爲箏。」則梓之爲木，非特以爲琴瑟，亦用之爲箏者矣。凡此非君子常御之樂。魏之遊楚，常攜以自隨，君子不取也。

擊筑　筑之爲器，大抵類箏，其頸細，其肩圓，以竹鼓之如擊琴。然又有形如頌琴，施十三絃，身長四尺二寸，頸長三寸，圍四寸五分，首長七寸五分〔六八〕，闊六寸五分，品聲按柱，左手振之，右手以竹尺擊之，隨調應律焉。高漸離擊之於燕，漢高祖擊之於沛，而戚夫人亦善焉。至唐，置於雅部，長四尺五寸，折九尺之半爲法，是不知特世俗之樂，非雅樂之音也。宋朝沿襲唐制，設柱同箏法，第一絃黄鍾正聲，次第十二，正聲全。第十二絃黄鍾清聲。箏以指彈，筑以筯擊，大同小異。其按習並依鍾律彈擊之法，降之於俗部可也。

樂準　西漢京房性好鍾律，知音聲，作準器，其狀如瑟。長丈而有十三絃，隱几間九尺，應黄鍾之律九寸，其中一絃，下有書分寸，爲六十律清濁之節，實乃箏也。漢史官侯部用之。唐元和以後，律家莫能爲者。後魏陳仲儒頗閑樂事，請依京房立準以調八音，是不知京氏之術得諸小黄門令焦延壽而已，非聖王之制也。

校勘記

〔一〕未嘗不相須而用也　「而」字原脱，據樂書卷一一九補。

〔二〕二人皆在左何瑟　「二」原作「五」，據元本、慎本、馮本及樂書卷一一九改。

〔三〕面執越　儀禮燕禮「面」下有「鼓」字。恐漏。

〔四〕或謂帝舜使晏龍作之　「舜」原作「俊」，據樂書卷一一九改。

〔五〕瞽叟又判之爲十五絃　瞽叟原作「鼓搜」，據樂書卷一一九改。

〔六〕蓋其制前其柱則清後其柱則濁　原訛作「蓋其制前有柱則清從其柱則濁」，據樂書卷一一九改。

〔七〕一絃象琴第一暉　「暉」原作「揮」，據樂書卷一一九改。

〔八〕第十二絃應鍾中　「二」字原作「一」，據樂書卷一一九改。

〔九〕倫齪　「齪」原作「齡」，據元本、慎本、馮本及樂書卷一一九改。

〔一〇〕二絃之琴　「之琴」二字原脱，據宋史卷一四二樂志補。

〔一二〕爾雅曰　「曰」字原脱，據樂書卷一一九補。

〔一三〕始於有虞氏明矣　「氏」字原脱，據樂書卷一一九補。

〔一三〕月重明一百二十一字　「二」原作「一」，據樂書卷一一九改。

〔一四〕其長三尺六寸三百六十分　「三尺」原作「二尺」，據元本、慎本、馮本及樂書卷一一九改。

〔一五〕其常用者十九絃　「用」原脱，據樂書卷一二〇補。

〔一六〕頌瑟七尺二寸　「頌」原作「經」，據樂書卷一二〇改。

〔一七〕雖有暴君亦不爲之變　「君」字原脱，據樂書卷一二〇補。

〔一八〕第一部有張小子　「第」上原衍「初」字，據樂書卷一二八删。

〔一九〕侯調作之　「侯調」，樂書卷一二八作「侯暉」。按上文兼作「侯調」、「侯暉」，未知孰是。

〔二〇〕其絃二十有二　樂書卷一二八作「其絃二十有三」。

〔二一〕俗謂擘箜篌　「擘」原作「竪」，據樂書卷一二八改。

〔二二〕釋名曰　「釋名」二字原脱，據通典卷一四四樂典四補。

〔二三〕杜摯曰　「摯」原作「贄」，據通典卷一四四樂典四改。

〔二四〕柱有十二　「柱」原作「杜」，據元本、慎本、馮本及樂書卷一二九改。

〔二五〕其他皆兑上鋭下　「兑」，通典卷一四四樂典四作「充」。

〔二六〕兼似兩制者　「似」原作「以」，據元本、慎本、馮本及舊唐書卷二九音樂志二、通典卷一四四樂典四改。

〔二七〕又有樂史楊志善此　「史」原作「吏」，據樂書卷一二九改。

〔二八〕新翻羽調録腰樂工進曲上令録出要者因以爲名　「羽」字原脱，「出」字原作「書」，「因」原作「巧」，據太平御覽卷五八三樂部二一琵瑟補改。

〔二九〕軋箏以片竹潤其端而軋之　「端」原作「絃」，據通典卷一四四樂曲四改。

〔三〇〕教習五絃琵琶箜篌箏者　「五絃」與「琵琶」原倒。按上文搊琵琶即五絃琵琶，此處唐平民教習琵琶、箜篌、箏等者謂之搊彈家，則「琵琶」與「五絃」顯屬誤倒，據乙正。

〔三一〕誤以箠捶琴坐客以節和之　「捶」原作「撫」，據元本、慎本、馮本及樂書卷一四一改。「和」原作「扣」，據同書改。

〔三二〕以爲曲節　「以」原作「一」，據樂書卷一四一改。

〔三三〕用蝸殼爲暉　「蝸」原作「蛙」，據樂書卷一四一改。

〔三四〕通謂之響泉韵磬焉　「通謂」二字原脱，「焉」原作「也」，據樂書卷一四一補改。

〔三五〕靈開靈和五等而已　樂書卷一四二「開」作「關」。

〔三六〕而人君之德如之　「而」字原作「又」，據樂書卷一四二改。

〔三七〕當期之日也　「也」字原脱，據樂書卷一四二補。

〔三八〕然斷製之妙　「斷」，樂書卷一四二作「斫」。

〔三九〕一池　「一」，樂書卷一四二作「三」。

〔四〇〕伯牙用尺同　「用」字原脱，據樂書卷一四二補。

〔四一〕長三尺九寸三分　「長」字原脱，據樂書卷一四二補。

〔四二〕自古暉十有三　「暉」字原脱，據樂書卷一四二補。

〔四三〕趙耶利所修也　「耶」原作「即」，據樂書卷一四二改。
〔四四〕左大指象天左中指象日　「天左中指象」五字原脱，據樂書卷一四二補。
〔四五〕琴者禁止淫邪　「淫」原作「於」，據白虎通論卷二改。
〔四六〕一絃合十三種升降同爲九十一聲　「三」原作「五」，據樂書卷一四三改。
〔四七〕鏘鏘然如鐘鐸　「如」字原脱，據樂書卷一四三補。
〔四八〕右兩指各按一絃　「一」原作「其」，據樂書卷一四三改。
〔四九〕樂書琴曲曰　「琴曲」原作「琴論」，據樂書卷一四三改。
〔五〇〕周公爲其重譯來享而作也　「重」原作「里」，據樂書卷一四三改。
〔五一〕三曰貞女　「貞」原作「正」，據太平御覽卷五七八樂部十六琴中改。
〔五二〕樗里子高所作也　「子」字原脱，據太平御覽卷五七八樂部十六琴中改補。
〔五三〕然觀琴調操引　「操」原作「掠」，據樂書卷一四三改。
〔五四〕雅瑟二十三絃　「三」原作「五」，據樂書卷一四四改。
〔五五〕豈時異異制歟　下「異」字原作「之」，據樂書卷一四四改。
〔五六〕於是作平清瑟三調聲　「三」原作「之」，據樂書卷一四四改。
〔五七〕以隔聲旋相爲宫合八十四調　「相」原作「祖」，「合」原作「含」，據樂書卷一四四改。
〔五八〕温潤光輝　「光輝」二字原倒，據樂書卷一四五乙正。
〔五九〕張敬兒舞王敬則拍張　二「敬」字原皆作「恭」，據樂書卷一四五改。

〔六〇〕遇匙頭脱送崇仁坊趙家修治　「匙」原作「時」，「送」原作「逸」，據樂書卷一四五改。

〔六一〕本秦琵琶　「本」原作「此」，據樂書卷一四五改。

〔六二〕列十二柱焉　「二」，舊唐書卷二九音樂志二作「三」。

〔六三〕阮類琴　「阮」原作「院」，據樂書卷一四五改。

〔六四〕第三柱是大呂清　「第」字原脱，據樂書卷一四五補。

〔六五〕一絃黄鍾中聲　「中」原作「清」，據樂書卷一四六改。

〔六六〕于頔嘗令客彈琴　「頔」原作「頓」，據樂書卷一四六、舊唐書卷一五六本傳改。

〔六七〕郝字　樂書卷一四六作「郝素」。

〔六八〕首長七寸五分　樂書卷一四六「長」下有「廣」字。

卷一百三十八　樂考十一

匏之屬 雅部

陳氏樂書曰：「匏之爲物，其性輕而浮，其中虛而通。笙則以匏爲母，象植物之生焉。其卦則艮，其方東北之維，其時春冬之交，其聲尚議，其律大吕、太蔟，其風融，其音啾，立春之氣也。先王作樂，以之爲笙竽之屬焉。記曰：『歌者在上，匏竹在下。』國語曰：『匏竹利制。』蓋匏竹相合而成聲，得清濁之適故也。」

笙　巢笙　世本云：「隨作笙。」未審何代人。禮記曰：「女媧之笙簧。」説文曰：「笙，正月之音。物生，故謂笙。十三簧，象鳳之身。」列管匏中，施簧管端。宫管在中央。三十六簧曰竽，宫管在左旁。十九簧至十三簧曰笙。其他皆相似也。「大笙謂之巢〔一〕，小笙謂之和。」詩傳云「吹笙則簧鼓矣」，蓋笙中之簧也。周禮春官大司樂：「笙師掌教龡竽笙。」鄭衆云：竽三十六簧，笙十三簧。教，教眡瞭也〔二〕。龡音吹。爾雅曰：「笙十九簧者曰巢，十三簧者曰和。」漢章帝時，零陵文學奚景於舜祠得笙，白玉管。後代易之以竹耳。釋名曰：「笙，生也，象物貫地而生。竹之貫匏〔三〕，以匏爲之，故曰匏。」

陳氏樂書曰：「萬物盈乎天地之間，入乎坎，則革故而趨新〔四〕，故其音革而爲鼓；成乎艮，則始作而施生，故其音匏而爲笙。古者，造笙以曲沃之匏，汶陽之篠，列管匏中，而施簧管端，則美在其中。鍾而爲宫，蓋所以道達冲氣，律中太蔟，立春之音也。故有長短之制焉，有六合之和焉，故五經析疑曰：『笙者法萬物始生，道達陰陽之氣，故有長短。』黄鍾爲始，法象鳳凰。蓋笙爲樂器，其形鳳翼，其聲鳳鳴，其長四尺。大者十九簧謂之巢，以衆管在匏，有鳳巢之象也；小者十三簧謂之和，以大者唱則小者和也。儀禮有之，『三笙一和而成聲』是也。大射儀：樂人宿縣於阼階東，笙磬西面，其南笙鐘。蓋笙艮音也，於方爲陽；鐘兑音也，於方爲陰。周官：笙師掌教吹笙，共其鐘笙之樂，以教祴。夏書曰：笙鏞以間。是鼓應笙之鐘，而笙亦應之也。眡瞭掌擊笙磬，詩曰：笙磬同音，則磬乾音也，與笙同爲陽聲，是擊應笙之磬，而笙亦應之也。笙磬則異器而同音，笙鐘則異音而同樂。儀禮有衆笙之名，而簜在建鼓之間。蓋衆笙所以備和奏，洽百禮，豈特應鐘磬而已哉？鹿鳴所謂『鼓瑟鼓琴，吹笙鼓簧』，應琴瑟之笙也。賓之初筵曰『籥舞笙鼓』，應鼓之笙也。檀弓：『孔子十日而成笙歌。』儀禮：『歌魚麗，笙由庚。』笙之類，應歌之笙也。然則笙之爲用豈不備矣哉〔五〕！此帝舜用之，所以鳳儀；子晉吹之，所以鳳鳴也。記曰：『女媧之笙簧。』世本曰：『隨作笙簧。』庸詎知隨非女媧氏之臣乎？黄帝制律以伶倫造鐘以營援，則女媧作笙竽以隨不足疑矣。宋朝李照作巢笙，合二十四聲以應律吕正倍之聲，作和笙應笙竽合清濁之聲。又自制大笙上之太樂，亦可謂之復古制矣。今太常笙濁聲十二，中聲十二，清聲十二，俗呼爲鳳笙。孟蜀主所進樂工不能吹〔六〕，雖存而不用，比者按清濁正三倍聲皆得相應，誠去四清聲吹之，雖用之雅樂，亦惡在其爲不可哉！」今巢笙之制：第一管頭子應鍾清聲應第二管〔七〕；二，中音黄鍾正聲，應中音子；三，第三管應鍾正聲應頭子；四，第四管南吕正聲應第五子；五，中吕管無射正聲無應；六，大托管蕤賓濁聲應托聲；七，第七管大吕正聲無應；八，大韵管姑洗濁聲有應；九〔八〕，第五子南吕清聲應第四管；十，中音子黄鍾清應中音；十一，托聲管蕤賓正聲應大托；十二，著聲管姑洗正聲應大韵；十三，仲吕管夾鍾正聲無應〔九〕；十四，高聲管太蔟正聲；十五，平調子林鍾清聲；十六，平調管林鍾正聲；十七，正韵太蔟濁聲應商聲〔一〇〕；十八，義聲管夷則正聲無應；十九，托聲管中吕正聲無應聲。

和笙　鳳笙

陳氏樂書曰：「傳曰：『大笙音聲衆而高也，小者音相和也。』斯不然，笙無大小之辨乎〔一一〕？說文曰：『笙，正月之音，十三簧，象鳳身。』蓋其簧十二以應十二律也，其一以象閏也。宋朝登歌用和笙，取其大者倡則小者和，非阮逸所謂『取其聲清和也〔一二〕』。用十三簧，非阮逸所謂十九簧也。巢、和若均用十九簧，何以辨小大之器哉？阮逸謂竽笙起第四管爲黄鍾，巢笙起中音管爲黄鍾，和笙起平調爲黄鍾，各十九簧，皆有四清聲、三濁聲、十二正聲。以編鐘四清聲參驗，則和笙平調子是黄鍾清也，竽笙第五子是太蔟清也，中吕管是大吕清也，中音子是夾鍾清也。既已謂之竽矣，謂之笙矣，安得合而一之爲竽笙邪？儀禮所謂『三笙一和者』，不過四人相爲倡和爾，孰謂竽和之類邪？」蔡邕月令章句曰：「季秋之月，上丁入學〔一三〕，習吹笙，所以通氣也。」管簫笙竽皆以吹鳴者也。

大竽　小竽　竽，亦笙也。今之笙竽以木代匏而漆之，殊愈於匏。荆、梁之南，尚仍古制。南蠻笙則是匏，其聲尤劣。

陳氏樂書曰：「昔女媧氏使隨裁匏竹以爲竽，其形參差，以象鳥翼。火類也，火數二，其成數則七焉。冬至吹黄鍾之律而間音以竽，冬則水王而竽以之則水器也。水數一，其成數則六焉。因六而六之，則三十六者，竽之簧數也。因七而六之，則四十二寸者，竽之長數也。月令：『仲夏調竽笙』，淮南子謂『孟夏吹笙竽』，蓋不知此。周官：『笙師掌教吹竽笙』，則竽亦笙類也。以笙師教之，雖異器同音，皆立春之氣也。樂記曰：『聖人作爲鞉、鼓、椌、楬、塤、篪，然後爲之鐘、磬、竽、瑟以和之。』是樂之倡始者在鞉、鼓、椌、楬、塤、篪，其所謂鐘、磬、竽、瑟者〔一四〕，特其和終者而已。韓非子曰：『竽者，五聲之長，竽先則鐘瑟皆隨，竽倡則諸音皆和，豈聖人制作之意哉！』說文曰：『竽管三十六簧，象笙以竽，宮管在中故也。』後世所存，多二十三管，具二均聲焉。宋朝宋祁曾於樂府得古竽，有管而無簧，列管參差，及曲頸皆爲鳳飾。樂工皆以爲無用之器，惟葉防欲更造使具清、正、倍三均之聲，是不知去二變四清以合乎聲律之正也。通禮義纂曰『漢武帝時，邱仲作笙竽三十六管』，豈以邱仲作尺四寸之笛遂誤以爲竽邪？」竽聲重濁，與巢相和，堂下之樂也。樂法圖曰：「吹竽有以知法度，竽音調則度數得矣。」

簧

陳氏樂書曰：「月令：『中央土，律中黄鍾之宮』，則樂之有簧，以宮管在中也，莫非簧也。有笙中之簧，有非笙中之簧。鹿鳴曰『吹笙鼓簧』，莊子言『簧鼓』，笙中之簧也，君子陽陽曰『左執簧』，巧言曰『巧言如簧』，非笙中之簧也，傳稱王遥有五舌竹簧，今民間有鐵葉之簧，豈非簧之變體歟！」

匏之屬胡部

十七管竽　十九管竽　二十三管竽　宋朝大樂，諸工以竽、巢、和併爲一器，率取胡部十七管笙爲之。所異者特以宫管移之左右而不在中爾，雖名爲雅樂，實胡音也。或二十三管，或十九管。二十三管則兼乎四清二變，十九管則兼乎十二律七音，要皆非古制也。李照雖更制大竽，然不能革舊器而兼用之，亦未爲深知樂也。

埒竽　樂府録謂埒竽形類小鐘，以手埒之則鳴矣，非古制也。如簫而無觜。

雅簫　三禮圖有雅簫，上下各六，聲韵諧律，亦一時之制也。潛夫論曰：「簫削鋭其頭，有傷害之象，塞蠟蜜，有口舌之類，皆非吉祥善應也。然則巧言如簧，而詩人所以傷讒良有以也。唐樂圖以綫爲首尾，直一綫，一手貫其紐，一手鼓其綫，横加口中〔一五〕，呼吸成音，真野人之樂耳。

竹簧震靈簧。　漢武内傳：西王母命侍女許飛瓊鼓震靈之簧。神仙傳：王遥有五舌竹簧，三在石室中，遥自取其二，以其一與室中人對鼓之〔一六〕。然則震靈之簧，豈亦竹簧歟？震爲蒼筤竹故也。

胡蘆笙瓢笙。　唐九部夷樂有胡蘆笙。宋朝至道初，西南蕃諸蠻入貢，吹瓢笙，豈胡蘆笙邪？

胡篂如簫無觜。　後魏宣武悦胡聲，樂器有胡鼓、胡篂〔一七〕。玉篇謂篂笙。

匏之屬俗部

竽笙　近代竽笙十九簧，蓋後人象竽倍聲因以名之。然竽、笙異器而同和，故周官竽與笙均掌之以笙師焉。既謂之竽矣，安得又謂之笙乎？古人之制，必不然矣。世人或謂大笙謂之簧，是不知笙中有簧，而簧非笙也。

鳳翼笙參差竹，其制如兩生之竹而共一匏。　昔王子晉之笙，其制象鳳翼，亦名參差竹，蓋嘗於緱山月下吹之。唐太和中，有尉遲章尤妙於此。宣宗已降，有范漢恭，其子師保在陝州，亦曲盡父藝。咸通以後，有柳存質〔一六〕、楊敬元，並稱妙手。

義管笙二管十七簧。　宋朝大樂所傳之笙，並十七簧。舊外設二管，不定置，謂之義管。每變均易調，則更用之，世俗之樂，非先王之制也。

雲和笙　漢武帝内傳：「西王母命侍女董雙成吹雲和之笙，蓋其首象雲也。與雲和琴、雲和箏類矣。」

十七管笙　唐樂圖所傳十七管之笙，通黄鍾二均聲，清樂用之。

十二管笙　唐樂圖所傳十二管之笙，讌樂用之。

十二月笙十二枚。　後周鄭譯獻新樂，十二月各一笙，每笙十六管。宣帝令與斛斯證議，證駁之曰：「六律十二管還相爲宮，然一笙十六管，總一百九十二管，既無相生之理，又無還宮之義，深恐鄭聲亂樂，未合古制，竊謂不可。」帝納之，停譯所獻。其制今亡。

簌　簌，吹箭也，言其聲秋秋然也。急就章「箛簌起居課後先」，言箛篁及簌爲作休之節。今闤闠間欲相號令，乃吹指爲節，此吹箭之遺制歟！

擊竹　擊竹之制，近世民間多有之，蓋取竹兩片緊厚者治而爲之。其長數寸，手中相擊爲節，與歌拍相和焉〔一九〕。方之漸離所善者固異矣。

竹之屬 雅部

陳氏樂書曰：「竹之爲物，其節直而有制，其心虛而能通，而利制之音所由出也。其卦則震，其方則東，其時則春，其聲尚議，其律姑洗，其風明庶，其音温〔二〇〕，春分之氣也。先王作樂，竅之以爲簫管之屬焉。」

筶簫　筊簫　簫，世本曰：「舜所造。其形參差，象鳳翼，長二尺。」爾雅曰：「編二十二管，長一尺四寸曰筶；十六管，長尺二寸者曰筊。」凡簫，一名籟，前代有洞簫，今無其器。蔡邕曰：「簫，編竹，有底。大者二十三管，小者十六管，長則濁，短則清，以蜜蠟實其底，而增減之則和。」然則邕時無洞簫矣。

陳氏樂書曰：「荀卿曰：『鳳凰于飛，其翼若干，其聲若簫。』蓋簫之爲器，編竹而成者也。長則聲濁，短則聲清，其狀鳳翼，其音鳳聲，中呂之氣，夏至之音也。然鳳凰聲中律呂，以五行推之，乃南方朱鳥，則火禽也。火生數二，成數七，而夏至又火用事之時，二七十四，則簫之長尺有四寸，蓋取諸此。爾雅：『大簫謂之管，小者謂之筊。』郭璞謂『大者長尺四寸，小者尺二寸』是也。然尺四寸者二十四管，無底而善應，故謂之管。尺二寸者十二管，有底而交鳴，故謂之筊。蓋應十二律正倍之聲也。郭璞謂大者二十三管〔二〕，小者十六管失之矣。」簫者，陰氣之管也。坤以二四爲六，而地數至十而止，故大者二十四管，小者十二管，取陰氣自然之數。

韶簫　舜作十管韶簫，長尺有二寸，其形參差象鳳翼，所以應十二之數〔三〕，聲之所由生也。風俗通之論，疑有所本矣。或以三尺言之，毋乃太長乎。釋名曰：「簫，肅也，其聲肅肅而清也。」

葦籥　竹籥　籥不知誰所造。按禮記「葦籥，伊耆氏之樂」，則伊耆已有籥矣。周禮有籥師，掌教國子秋冬吹籥。歷代文舞之樂所執羽籥是也。詩所謂「左手執籥，右手秉翟」。爾雅云：「籥如笛，三孔而短小。」廣雅云：「七孔，大者曰産，中者曰仲，小者曰箹。」中，丁仲反。箹音握。

陳氏樂書曰：「易曰：『震爲萑葦，爲蒼筤竹。』爾雅曰：『葦，醜芀。』郭璞曰：『其類皆有芀秀葭蘆葦也。』則葦籥、竹籥，皆震音也。蓋太極元氣函三爲一，行於十二辰，而律吕具矣。始動於子，參之於丑，得三而籥之爲器，本於黄鍾之龠。竅而三之所以通中聲，而上下之律吕之所由生也。古之人始作樂器，而葦籥居其先焉。震爲六子之首，籥爲衆樂之先，其斯以爲稱。始乎葦，伊耆氏施於索饗也；成乎竹，周人以之本始農事也。或以伊耆爲堯，然堯時八音已具，豈特葦籥土鼓而已哉？」

豳籥

陳氏樂書曰：「詩者，中聲所止也；籥者，中聲所通也；土者，中聲所本也。周官『籥章，掌土鼓、豳籥』者，以其迎寒逆暑〔二三〕，必以中聲之詩，奏之中聲之鼓，歙之中聲之籥，則所道者中德，所咏者中聲，所順者中氣，無往不爲中和之紀矣。」

篴籥　仲籥　藥籥〔二四〕

陳氏樂書曰：「大籥謂之産，中謂之仲，小謂之箹。籥之大者，其聲生出不窮，非所以爲約也；小者，其聲則約而已。若夫大不至於不窮〔二五〕，小不至於太約，此所以謂之仲也。然則鄭郭三孔之籥〔二六〕，豈其中者歟？毛萇六孔之籥，豈其大者歟？雖然，皆不出乎中聲。而廣雅有『七孔籥爲笛』之説，豈傅會七音而遂誤乎？」

竹律

陳氏樂書曰：「天有六氣，降生五味；天有六甲，地有五子。故六律、六吕而成天道，所以宣揚六氣九德。究極中和，順天地之體，合鬼神之德，通五行之性，遂萬物之情者也。是故上古聖人，本陰陽，别風聲，審清濁，鑄金作鐘，主十二月之聲，效升降之氣，立和適之音。然鐘難分别，又截竹爲管。謂之律者，聲之清濁率法以長短爲制故也。黄帝以聽爲之〔二七〕，遠取諸物也；夏禹以聲爲之，近取諸身也。今夫王者制事立法、物度軌則，一本於六律。六律爲萬事根本，雖法存形器，而道契精微，探賾索隱，鈎深致遠，窮天下之妙者，莫不準焉。豈非八音之管，轄五聲之喉衿也？京房欲益中吕一分，且合黄鍾九寸，是使周元之度，六甲無遷移歸餘之法，五歲無再閏之期，失陰陽之大紀，乖律吕之本原也。」

管　篞力結反。　篎音妙。　爾雅曰：「長尺圍寸，並漆之，有底，大者曰簥，音嬌。中者曰篞，小者曰篎〔二八〕。」古者以玉爲管，舜時西王母獻白琯是也。月令「均琴瑟管簫」。蔡邕章句曰：「管者形長尺圍寸，有孔無底，其器今亡。」説文曰：「管如篪，六孔，十二月之音。」詩云：「嘒嘒管聲。」周禮：「孤竹之管，於圜丘奏之；孫竹之管，於方丘奏之；陰竹之管，於宗廟奏之。」鄭玄云：「孤竹，竹特生者也；孫竹，竹枝根之末生者；陰竹，生於山北者。」

陳氏樂書曰：「樂以木爲末，竹爲本。古者以候氣，律管截而吹之。濁倍其聲爲堂下之樂，頭管所以和衆樂之聲，以其探本故也。爾雅『大者謂之簥』，以其聲大而高也〔二九〕；『小者謂之篎』，以其聲小而深也；『其中謂之篞』，則其聲不小不大、不高不深，如黑土之在水中也。蓋其狀如篪笛而六竅，又有底焉，長尺圍寸，併兩漆而吹之。漢大予樂有焉。其所主治相爲終始，所以道陰陽之聲，十二月之音也。女媧始爲都良管以一天下之音，爲班管以合日月星辰之會；帝嚳展管，有虞氏下管，則管爲樂器，其來尚矣。至周而大備，教之於小師，播之於瞽矇，吹之於笙師。辨其聲用則孤竹之奇禮天神，孫竹之衆禮地祇，陰竹之幽禮人鬼，各從其聲類故也。後世爲雙鳳管以足律音，豈得古制歟？禮記文王世子曰：『登歌清廟，下管象武。』郊特牲曰：『歌者在上，匏竹在下〔三〇〕』，仲尼燕居曰：『升歌清廟，示德也；下而管象，示事也。』祭義曰：『昔周公有勳勞於天下，成王賜之升歌清廟，下而管象。』燕禮大射儀：『升歌鹿鳴、四牡、皇皇者華，下管新宮。』周之升歌不過清廟、鹿鳴、四牡、皇皇[三一]，而下管不過象武、新宮。則舜升歌、下管之詩[三二]，雖不經見，要之歌以示德，管以示事一也。德成於上，歌以咏之於堂上；事成而下，管以吹之於堂下，豈非以無所因者爲上，有所待者爲下邪？廣雅『管象簫，長八寸，圍寸八，有孔無底』，豈非以後世之制言之歟[三三]？周頌言『磬筦將將』，商頌言『嘒嘒管聲，依我磬聲』，則堂上之磬，堂下之管，其聲未嘗不相應。然則所依者，磬聲而已。」

都良管　班管　昔女媧氏命娥陵氏[三四]制都良之管，以一天下之音；又命聖氏爲班管，合日月星辰，名曰充樂。至於帝嚳，命咸墨吹竽展管，亦因是也。

孤竹管　孫竹管　陰竹管

陳氏樂書曰：「先王之制管，所以道達陰陽之聲。然陽奇而孤，陰偶而群；陽大而寡，陰小而衆；陽顯而明，陰幽而晦。孤竹之管與圜鍾之宮合，以之降天神，取其奇而孤也；孫竹之管與函鍾之宮合，以之出地祇，取其少而衆也；陰竹之管與黃鍾之宮合，以之禮人鬼，取其幽而晦也。易曰：『方以類聚，物以群分』，於斯見矣。」

篴

陳氏樂書曰：「周官：『笙師掌教吹籥、簫、篪、篴、管。』五者皆出於笙師所教，無非竹音之雅樂也。杜子春謂『如今時所吹五孔竹篴』，則是爲當讀爲滌蕩之滌，非矣。漢部所用雅笛七竅，不知去二變以全五聲之正也。蔡邕曰：『形長尺，圍寸，無底有穴，今亡。』大抵管笛一法爾。唐制，尺八取倍，黃鍾九寸爲律，得其正也。漢邱仲笛：以後一穴爲商音；晉荀勉笛法：以後一穴爲角，謂九寸穴，上開也。宋朝太常笛無尺寸，第依編架黃鍾爲合聲，然兼二變而吹之，未盡得先王雅樂之制。」今太常笛從下而上一穴爲太蔟〔三五〕，半竅爲大呂；次上一穴爲姑洗，半竅爲夾鍾；次上一穴爲仲呂；次上一穴爲林鍾，半穴爲蕤賓；次上一穴爲南呂，半穴爲夷則。變聲爲應鍾，謂用黃鍾清，與仲呂雙發爲變聲，半竅爲無射。後一穴爲黃鍾清，中管起應爲首爲宮，其次上穴大呂爲商，又次上穴夾鍾爲角，又次上穴仲呂爲變徵，又次上穴蕤賓爲正徵，又次上穴夷則爲羽，變宮爲無射，謂後穴與第三穴雙發是也〔三六〕。如此即不用半竅，謂之十二律，用兩笛成曲也。今按習所且以太常半竅法起間，聲亦叶律施用。

大篪　小篪　世本云：「暴辛公所造。」舊志云一曰管，非也。雖不知暴辛公何代人，而非舜前人明矣。舜時西王母獻琯，則是已有此器，辛公安得造篪乎？爾雅曰：「大篪謂之沂。」音銀。篪，以竹爲之，長尺四寸，圍三寸，一孔，上出寸三分，名曰翹，橫吹之。小者尺二寸。廣雅云「八孔」。今有胡吹，非雅樂也。蔡邕月令章句云：「篪，竹也，六孔，有距，橫吹之。」詩云：「仲氏吹篪。」

陳氏樂書曰：「篪之爲器，有底之笛也，暴辛公善之，非其所作者也。大者尺有四寸，陰數也，其圍三寸，陽數也；小者尺有二寸〔三七〕，則全於陰數，要皆有翹以通氣，一孔上達寸有二分而橫吹之〔三八〕。或容覆，或潛伏，篪爲不齊者也。爾雅：『大塤謂之嘂〔三九〕。』嘂則六孔交鳴而喧嘩，沂則一孔而其聲清辯。或曰，篪之爲言啼也；或曰沂之爲言悲也。豈其聲自空而出若嬰兒之悲啼然邪？周官『笙師教吹塤篪』。詩曰：『伯氏吹壎，仲氏吹篪。』又曰：『天之牖民，如壎如篪。』是壎篪異器而同樂，伯仲異體而同氣，故詩人取以況焉。世本以篪爲管，沈約非之，當矣。先儒言篪有六孔、七孔、八孔、十孔之説，以中聲論之：六孔，六律之正聲也；八孔，八音之正聲也；十孔，五聲正倍之聲也。豈其大小異制然邪〔四〇〕？鄭司農有七孔之異論，未免泥乎七音之失也。篪吹孔如酸棗。宋朝篪六孔而横吹，下一穴在底節外，次四穴在前，一穴在後。太常篪無尺寸，第依編架黄鍾爲合聲，然兼七竅而用之，未純乎雅樂也。」節外一穴爲太蔟，半穴爲大吕；次上一穴爲姑洗，半穴爲夾鍾；又次上一穴爲蕤賓，半竅爲仲吕；又次上一穴爲林鍾；又次上一穴爲南吕，半竅爲夷則；七竅全開爲應鍾，半竅爲無射。黄鍾、大吕、太蔟、夾鍾，哨吹各有清聲。

和　爾雅曰：「徒吹謂之和。」蓋聲過則淫，中則和故也。周禮之吹作龡，此其意歟！

簜　書於淮海惟揚州〔四一〕，言篠簜既敷，繼之以瑶琨。篠簜，孔安國以竹箭爲篠，大竹爲簜。則簜之爲竹，特大於篠，其笙簫之類歟！儀禮大射儀：簜在建鼓之間，此之謂也。

竹之屬 胡部

觱篥　悲篥　笳管　頭管　風管　觱篥本名悲篥，出於胡中，其聲悲。或云，儒者相傳胡人吹角以驚馬，後乃以笳爲首，竹爲管。

陳氏樂書曰：「觱篥一名悲篥，一名笳管，羌胡龜兹之樂也。以竹爲管，以蘆爲首，狀類胡笳而九竅，所法者角音而甚悲篥〔四二〕，胡人吹之，以驚中國馬焉。唐天后朝有陷冤獄者，其室配入掖庭，善吹觱篥，乃撰別離難曲以寄哀情，亦號怨回鶻焉。後世樂家者流，以其旋宫轉器以應律管，因譜其音爲衆器之首，至今鼓吹教坊用之以爲頭管。是進夷狄之音，加之中國雅樂之上，不幾於以夷亂華乎？降之雅樂之下，作之國門之外可也。宋朝元會，乘輿行幸，並進之以冠雅樂，非先王下管之制也。然其大者九竅以觱篥名之，小者六竅以風管名之。六竅者猶不失乎中聲，而九竅者其失蓋與太平管同矣。今教坊所用上七空，後三空，以五、凡、工、尺、上、一、四、六、勾、合十字，譜其聲。

漆觱篥　唐九部夷樂，有漆觱篥。

雙觱篥　胡部安國樂，有雙觱篥，唐樂圖所傳也。

銀字觱篥銀字管。　唐德宗朝，有將尉遲青素善觱篥，冠絶古今。時幽州有王麻奴，河北推爲第一手。後訪尉遲〔四三〕，令於高般涉調中吹勒部羝曲。曲終，尉遲頷頤而已，謂麻奴曰：「何必高般涉也？」即自取銀字管，於平般涉中吹之〔四四〕，麻奴恭聽，愧謝，自此不復言律矣。元和、太和以來〔四五〕，有黄日遷、楚林、尚六六〔四六〕、史敬約、史漢瑜之徒，皆雅能者，然方尉遲邈乎天冠而地履也。懿皇命史敬約以觱篥初弄通調〔四七〕，上謂是曲乃誤拍，乃隨拍制成其曲〔四八〕。

十八管簫　唐樂圖所傳之簫，凡十八管，取五聲四清倍音，通林鍾、黄鍾二均聲，西梁部用之〔四九〕。

二十一管簫　此簫取七音而三倍之，龜茲部所用，豈宜存之以亂華音哉？

歌簫　隋煬帝七年，征遼東，簫及笳各四面，則後亦用簫吹者矣，非古制也。唐鐃吹部有鼓、簫、笳並歌四種，凡七曲，本諸此歟！歌、簫、笳，工服，武弁，朱褠衣，革帶〔五〇〕。

雙角長鳴角。　書、記所不載，或云羌胡以驚中國馬。馬融又云：出吴越谷間，黄帝會群臣於泰山，作清角之音，似兩鳳雙鳴，二龍齊吟，丹蛇繞首，雄虹帶天，横吹、雙角之實，不過如此。樂録亦云：蚩尤氏率魍魎與黄帝戰於涿鹿之野，黄帝乃命吹角爲龍吟以禦之。晉庾翼與燕王書曰：「今致畫長鳴角一雙，幡毦副。」是其遺志也。沈約、徐廣並謂經史所不載。則黄帝之説，豈先儒傳會言之邪？

中鳴簸邏迴，其制類膽瓶。

陳氏樂書曰：「胡角本應胡笳之聲，通長鳴、中鳴，凡有三部。魏武帝北征烏丸，越沙漠，軍士聞之，靡不動鄉關之思。於是武帝半減之爲中鳴，其聲尤更悲切。蓋其制並五采衣幡，掌畫蛟龍，五采脚，故律書樂圖以爲長鳴一曲三聲，並馬上嚴警用之。第一曰龍吟，二曰彪吼，三曰阿聲。其中鳴一曲二聲，一爲盪聲，二爲牙聲，亦馬上嚴警用之也〔五一〕。其大者謂之簸邏迴，胡人用之，本所以驚中國馬，非中華所宜用也。宋朝審定音樂，更制鼓吹，雖角之尺度均一，聲比鍾律，内之乘輿行幸，外之郡邑警備，莫不奏之，以爲警嚴，是用羌胡之音以和軍旅，以節聲樂曷爲不易之，以先王雅樂以爲鼓吹乎？存之有虧中國之制，削之則華音著而胡音息，豈非强中國、弱夷狄之意歟〔五二〕！」

隋大角工，平巾幘，絳衫，白大口袴。内宫鼓樂服色準之。大鼓長鳴工，服青地苣文。

警角

陳氏樂書曰：「晉大司馬桓温屯中堂，夜吹警角，御史中丞司馬恬奏劾大不敬。厥明，温見之嘆曰：『此兒乃敢彈我，真可畏也。』又陸士衡爲河北都督，内懷憂懣，聞衆軍警角鼓吹，謂其司馬孫極曰：『我今聞此，不如華亭鶴鳴。』然則軍中用警角尚矣。衛公兵法曰：『軍城及野營行軍在外，日出没時，撾鼓千，搥三百三十三。』搥爲通，鼓音止，角音動。吹十二聲爲一疊，三角三鼓而昏明畢也。宋張興世謂父曰：『天子鼓角，非田家翁所吹。』然則桓温人臣，屯中堂而用之，雖欲勿劾得乎哉？宋朝警角，天下郡邑並得用之，非特武嚴之士也。然用之邊郡可也，徧用諸郡邑，恐未爲盡善之制也。」

大胡笳大箛。杜摯笳賦云：「李伯陽入西戎所造。」晉先蠶儀注：「車駕住，吹小箛；發，吹大箛。」箛即笳也。又有胡笳。漢書箏笛録有其曲，不記所出本末。大胡笳似觱栗而無孔，後世鹵部用之，豈張博望所傳摩阿兜勒之曲邪？晉有大箛、小箛，蓋其遺制也〔五三〕。沈遼集：大胡笳十八拍，世號爲「沈家聲」；小胡笳十九拍，末拍爲契聲，世號爲「祝家聲」。唐陳懷古、劉充渚〔五四〕，嘗勘停歇句度無謬，可謂備矣。楚調有大胡笳鳴，小胡笳鳴，並琴、箏、笙得之，亦其遺聲歟？杜賦以爲老子所作，非也。

蘆笳　胡人卷蘆葉爲笳吹之以作樂。漢箏篴録有其曲，李陵有「胡笳互動」之説，是也。

吹鞭　漢有吹鞭之號，笳之類也，其狀大類鞭焉者〔五五〕，今牧童多卷蘆葉吹之。

小胡笳小箛。

陳氏樂書曰：「昔先蠶儀注，凡車駕所止，吹小箛，發大箛，其實胡笳也。古之人激南楚，吹胡笳，叩角動商，鳴羽發徵，風雲爲之摇動，星辰爲之變度，况人乎？劉疇嘗避亂塢壁，賈胡欲害之者百數，疇援而吹之，爲出塞之聲，動遊客之思，群胡卒泣遯而去。劉越石爲胡騎圍之者數重，越石中夜奏之〔五六〕，群胡卒棄圍而奔。由此觀之，笳聲之感人如此其深，施之於戎貉可也。晉之施於車駕儀注，不幾乎變夏於夷邪？」劉疇事，出曹嘉之晉書；劉越石事，出世說。

蘆管　胡人截蘆爲之，大概與觱篥相類，出於北國。唐宣宗善吹蘆管，自製楊柳枝、新傾杯二曲，有數拍不均。嘗命俳優辛骨𩩲拍，不中，因瞋視，骨𩩲憂懼，一夕而斃。唐咸通中，丞相李蔚自大梁移鎮淮海，嘗構池亭，目曰「賞心」。有小校薛陽陶〔五七〕，因獻朱崖、李相、陸暢、元、白所撰蘆管歌篇一軸，次出其管，玆亭奏之，蓋其管絶微，每於一觱篥管中常容三管。桂苑叢談所載也〔五八〕。

胡篪小篪。　沈約曰：「胡篪出於胡吹，非雅器也。」今太樂雅篪長一尺二寸則篪之小者，非尺有四寸之大者也。孔上出三分名翹，後世有笛吹謂之小篪，豈亦出胡吹歟！篪或作䶵，與龠不齊故也。

羌笛五孔。　胡笛

陳氏樂書曰：「馬融賦笛，以爲出於羌中，舊制四孔而已。京房因加一孔以備五音。風俗通：漢武帝時，邱仲作尺四寸笛，後更名羌笛焉。宋書云：有胡笛小篪出於鼓吹，豈梁之胡歌邪？靈帝好胡笛，而漢室以傾；明皇喜胡簫，而唐祚幾墜。以中華萬乘之主，耽𡏖胡淫亂之音，則天下何以觀化爲哉！然而不亂且亡，未之有也。廣雅曰〔五九〕：『籥謂之笛，七孔，有黄鍾、大吕爲二均聲。』蓋不考笙師籥篴異器之過也。古者羌笛有落梅花曲，開元中，有李謨善吹，獨步當時。越州刺史皇甫政月夜泛鑑湖，命謨吹笛，謨爲之盡妙。時有一老父泛舟聽之，因奏一聲，湖波摇動，笛遂中裂，即探懷中一笛以畢其曲。政視之，有三龍翔舟而聽。老人曲終，以笛付謨，謨吹之，竟不能聲，而老父亦失所在矣。大中以來，有王六六、王師簡，亦妙手也。」

大横吹　小横吹　並以竹爲之，笛之類也。律書樂圖云：横吹，胡樂也。昔張博望入西域，傳其法於西京，得摩訶兜勒一曲。李延年因之，更造新聲二十八解，乘輿以爲武樂。漢時常給邊將。魏、晉以後，二十八解又不復存，其所用者，唯黄鵠、隴頭水、出關、入關、出塞、入塞、折楊柳、黄覃子、赤之楊、望行人十四曲也。唐樂圖所載〔六〇〕，大横吹部有節、鼓〔六一〕、角、笛、簫、笳、觱篥七色，小横吹部有角、笛、簫、笳、觱篥、桃皮觱篥六色，惟大横吹二十四曲内三曲〔六二〕，馬上警嚴用之。一曰懽樂樹，二曰空口蓮，三曰賀六渾。其餘二十一曲，備擬所用：一曰靈泉雀，二曰達和若輪空，三曰白净王子，四曰他賢逸勒，五曰嗚和羅純羽瑠，六曰嘆度熱，七曰吐九利純比倫，八曰玄比敦，九曰植普離，十曰胡笛爾笛，十一曰嗚羅特罰，十二曰比久伏大汗，十三曰於理真斤，十四曰素和斛律，十五曰嗚纈真，十六曰烏鐵甘，十七曰特介漢，十八曰度賓哀，十九曰阿若於樓達，二十曰大賢真，二十一曰破陣樂。

陳氏樂書曰：「古者更鹵簿作鼓吹。鼓吹之樂，在魏、晉則輕，在江左則重。至隋始分爲四等：一掆鼓，二鐃鼓，三大横吹，四小横吹。唐又别爲五部：一鼓吹，二羽葆，三鐃吹，四大横吹，五小横吹。大駕則晨嚴夜警，施之鹵簿爲前後部。皇后、皇太子以下咸有等差，迨於宋朝總號鼓吹云。」

龍頭笛　横吹出自北國〔六三〕，梁横吹曲曰下馬吹笛是也。今教坊用横笛八孔鼓吹〔六四〕，世俗號爲龍頸笛。笛首爲龍頭，有綬帶下垂。

義觜笛　如横笛而加觜，西梁樂也，而今高麗亦有用焉〔六五〕。

竹之屬俗部

雅簫二十四。　頌簫十六。　禮圖：雅簫尺有二寸，二十四彄；頌簫尺有四寸，十六彄。郭璞謂大簫二十三管〔六六〕，小簫十六管。蓋二十四管備律呂清濁之聲，先王之制也。十六管兼十二律四清而爲之，豈古制哉！今教坊所用長五六寸，十六管，有底，而四管不用，非古人制作之意也。

籟簫　莊周曰：「地籟則衆竅是已，人籟則比竹是已。」郭璞謂簫一名籟，廣雅亦曰籟謂之簫。蓋簫籟比竹而成聲，猶天地之籟，籟風竅而怒號也。許慎以籥爲籟，是不知籥如篴而三竅，未嘗比竹爲之。呂氏春秋有吹籟見越王者，上下宫商和，而越王不喜，未爲知音者也。

短簫　短簫鐃歌，軍中鼓吹之樂也〔六七〕。廣樂記有二十一管簫羽葆，鐃吹横吹部用之，豈短簫歟？其曲有悲思翁、艾如張、上之回、戰城南、玄雲、朱鷺之類是也。何承天謂黄帝使岐伯作之以揚德，蓋有所受歟！崔豹古今注曰：漢樂有黄門鼓吹，天子所以燕樂群臣，短簫鐃歌鼓吹之，常亦以賜有功諸侯也。

讌樂簫二十一管。　讌樂之簫，凡二十一管，具正均七聲，左清倍，右濁倍，通五均焉，世俗之樂也。與龜兹部所用者大同小異爾。唐貞觀中，景雲見，河水清。張率更制爲景雲河清歌，名曰讌樂，當時元會第一奏是也。

清樂簫十七管。　教坊簫十七管。　唱簫　和簫　景祐樂記：教坊所用之簫，凡十七管，以觱篥十字記其聲。然清樂所用十七管，其聲法不同，故並存之。宋樂有唱簫各二人，和簫十人，亦一時制也。

鼓吹簫十三管〔六八〕。景祐樂記：十三管之簫，凡三種，鼓吹部用之。

李沖簫二十三管。唐李沖所傳之簫，凡二十三管，雖制作不同，亦一時之制也，豈惑於郭璞大簫之説邪？

鳳簫　洞冥記：帝常夕東望，有青雲焉，俄見雙鵠集於臺上，有頃，化爲神女，舞於臺下，握鳳管之簫，舞落霞之琴，歌清娱春波之曲〔六九〕，亦鄰於怪也。

陳氏樂書曰：「白虎通曰：『簫者中吕之氣也。』易説曰『夏至之樂，補以簫』，春秋説曰『夏至作樂，間以簫笙』。然則簫爲中吕之樂，夏至之音，豈不信哉！月令『仲夏之月，令樂師均管簫』，亦此意也。」

七孔籥　劉熙釋名曰：「籥，躍也，氣躍而出也。古者取卯地之竹以爲籥。春分之音，萬物振躍而出也。」然三漏之籥所以通中聲，先王之樂也；七漏之籥所以備二變，世俗之樂也。聶崇義禮圖所傳，並今太常所用者，三孔而已，豈亦得先王之制歟！

霜條篪八孔。劉熙釋名曰：「篪，啼也，聲自孔出，如嬰兒啼聲也。」廣雅曰：「篪，以竹爲之，長尺四寸，有六孔，前一、後四、頭一。」月令：「仲夏之月調篪。」蓋調之使和故也。洞冥記所謂吹霜條之篪，亦豈過是？東觀漢記：明帝幸南陽舊宅，作雅樂，奏鹿鳴，用塤篪和之，以娱嘉賓。信乎一時之和樂也。

陳氏樂書曰：「禮言吹篪掌之笙師，詩言吹篪主之仲氏，則篪亦笙類。而仲氏以況中聲焉，先王之雅樂也。故後世推善吹者，前有伍子胥，後有朝雲而已。洛陽伽藍記述後魏河間王琛，有朝雲者善吹篪，能爲團扇歌，隴上聲。及琛爲秦州刺史，屢討叛羌，不勝，因令朝雲吹之。羌人聞者，皆感泣而降，故秦語曰：『快馬健兒，不如老嫗吹篪。』信乎樂之感人如此！苟以之移風易俗，天下胡爲而不寧哉？古史考曰：「古有篪尚矣，蘇成公善篪。而記者因以爲作，誤也。或謂暴辛公所造，亦無據矣。舊志以篪爲管，是不知篪春分之音，而管十二月之音也。」

雙管　黃鍾管　大吕管　樂法圖云：「東律主黃鍾。聖人吹管，知律管音調，則度律曆正矣。」然則黃鍾之管九寸，與長尺之制異矣。九寸之管主黃鍾，則十寸之管應十日可知矣。揚雄曰：「聲生於日。」言黃鍾管如此〔七〇〕，則大吕管可知矣。唐李沖謂管有一定之聲，絃多舒緩之變，故捨旋宮琵琶，制旋宮雙管，法雖在於簡易，道實究於精微矣。然大吕管通五均，則是黃鍾管通七均非也。

七星管　廣雅曰：「管象篪，長尺圍寸，有六孔，無底。」風俗通、説文皆曰：管漆竹，長一尺，六孔，十二月之音，象物貫地而牙故也。蔡邕章句：「管者，形長一尺，圍寸，有孔無底，其器今亡。」以三者推之，管象篪而六孔，長尺圍寸而無底，十二月之音也。唐之七星管，古之長笛也，一定爲調，合鐘磬之均，各有短長，應律吕之度。蓋其狀如篪而長，其數盈尋而七竅，横以吹之，旁一竅，幎以竹膜，而爲助聲。唐劉係所作也，用之雅樂，豈非溺於七音歟！班固曰：「黃帝作律，以玉爲管，長尺，六孔，爲十二月音。」其言十二月音則是。至於論以玉爲管，是不考黃帝取嶰竹之過也。顧況有七星管，歌有「龍吟四澤欲興雨〔七一〕，鳳引九雛驚宿烏」之句。

雙鳳管　雙鳳管，蓋合兩管以足十二律之音〔七二〕，管端施兩簧，刻鳳以爲首，左右各四竅。左具黄鍾至仲吕之聲，右具蕤賓至應鍾之聲。古者截候氣律管併而吹之，以達六陰六陽之聲。其制不過如此，升之雅樂可也。

太平管　太平管形如跋膝而九竅，是黄鍾一均，所異者頭如觱篥爾。唐天寶中，史盛所作也。然九竅則陽數之窮，失古人所以道中聲之意也。

駱駝管　以曲竹爲之，其首如槖駝，因以立名。唐樂圖有之，非古制也。

跋膝管　跋膝管，其形如篴而短，與七星管如篪而長者異矣。唐清樂部用之。然亦七竅，具黄鍾一均。其失又與七星管同矣。

拱辰管六孔。　宋乾德中，太常和峴論樂器，中有裁手笛。其制如雅笛而小，其長九寸，與黄鍾之管相埒，其竅有六，與雅聲相應。然四竅在左〔七三〕，兩竅在右，笛工兩手交叉而拱之，如拱揖之狀，因更名曰拱辰管，而鼓吹登歌用焉。與唐吕才歌白雲、馬滔太一樂等列之宫縣，旋宫爲八十四調，亦可謂進雅矣。然旋宫之制，不本於周官之三宫，八十四調尚溺於七音之失，未全乎古樂之法也。既而太宗造九絃之琴，列之太樂，而拱辰亦自此廢，豈非有意於復古歟？

昭華管　昔漢高祖入咸陽，周行府庫，珠珍異寶不貲。其尤驚異者，有笛長二尺三寸，其名曰昭華琯焉〔七四〕。

簫管　尺八管　中管　竪篴　簫管之制，六孔，旁一孔，加竹膜焉。具黄鍾一均聲〔七五〕，或謂之尺八管，或謂之竪篴，或謂之中管。尺八，其長數也，後世宫縣用之。竪篴，其植如篴也。中管居長篴、短篴之中也。今民間謂之簫管，非古之簫與管也。

容齋洪氏隨筆曰：「逸史云：開元末，一狂僧住洛南回向寺，一老僧令於空房内取尺八來，乃笛也。謂曰：『汝主在寺，以愛吹尺八謫在人間，此常吹者也。汝當回，可將此付汝主。』僧進於玄宗，持以吹之，宛是先所御者。孫夷中仙隱傳：房介然善吹竹笛，名曰尺八，將死，預將管打破，告諸人曰，可以同將就壙，亦謂此云。尺八之爲樂名，今不復有。吕才傳云：貞觀時，祖孝孫增損樂律。太宗詔侍臣舉善音者，王珪、魏徵盛稱才製尺八，凡十二枚，長短不同，與律諧契。太宗召才參論樂事，尺八之所出，見於此，無由曉其形製也。爾雅釋樂亦不載。」

雅笛六孔　笛之爲樂，所以滌蕩邪心，歸之雅正者也。後世雅笛之制，非竅而爲五以合五聲，必竅而爲六以叶六律。傳緯有六孔之説〔七六〕，豈雅笛歟！古者論笛之良，不過衡陽之簳也，故師曠得其雄，宋意得其雌焉。蓋無異於伶倫斷嶰谷雌雄之竹，以爲律吕也。由是觀之，舜之簫韶九成，鳳凰至於來儀，庸詎知非其雌雄之竹邪！

長笛六孔，如尺八而長。　短笛尺餘。　昔人有吹笛而歌曰：「閑夜寂以清長。」笛亮且鳴，則長笛六孔，具黄鍾一均，如尺八而長。晉桓子野之所善，馬融之所頌，伏滔之所賦，王子猷之所聞，相如之所善，蔡邕之所製也。魏明帝時，令和永受笛聲以作律。歌聲濁者用長笛長律，歌聲清者用短笛短律。古歌詞曰：「長笛續短笛。」晉劉和善吹，裁音十二以應律〔七七〕。劉和之東箱長笛，四尺二寸，今樂府所用短笛，長尺有咫，此笛長短之辨也。

雙笛五孔。雙笛之制，蓋起於後世，馬融賦之詳矣。昔京君明素識音律，因四孔之笛，更加一孔，以備五音焉。

竪笛六孔。竪笛之制，六孔，具黄鍾一均聲，應十二律之調，升之雅樂可也。後世宫縣用之，不亦可乎！晉時黄鍾笛三尺八寸，鍾宗之減爲三尺七寸〔七八〕，奚縱又減爲三尺六寸五分，豈原於此歟？

手笛六孔，如雅笛而小。和峴論太樂，手笛之制，如雅笛而小，其長九寸，與黄鍾律管等矣。其孔有六，與羌笛同矣。昔宗同善吹，以爲新引；唐雲朝霞善吹，以爲新聲；孫處秀善吹〔七九〕，而作犯調；李牟善奏而風至，皆一時妙手也。

七孔笛　風俗通曰：「笛，滌也，所以滌邪穢、納之雅正也。長尺四寸，七孔。」樂書曰：「笛之滌也，可以滌蕩邪氣，出揚正聲。七孔下調，漢部用之。」蓋古之造笛，剪雲夢之霜筠，法龍吟之異韵，所以滌蕩邪氣，出揚正聲者也。其制可謂善矣，然用七孔以通七音，非先王之制也。

十二律笛

陳氏樂書曰：「漢蔡邕推五聲十二律還相爲宫之法，制有十二笛〔八〇〕。故黄鍾之笛正聲應黄鍾，下徵應林鍾，長二尺八寸四分四釐有奇。正聲調法：黄鍾爲宫，應鍾爲變宫，南吕爲羽，林鍾爲徵，蕤賓爲變徵，姑洗爲角，太蔟爲商。然宫生徵，黄鍾生林鍾；徵生商，林鍾生太蔟；商生羽，太蔟生南吕；羽生角，南吕生姑洗。角生變宫，姑洗生應鍾；變宫生變徵，應鍾生蕤賓。下徵調法：林鍾爲宫，南吕爲商，應鍾爲角，黄鍾爲變徵，太蔟爲徵，姑洗爲羽，蕤賓爲變宫。清角之調：姑洗爲宫，蕤賓爲商，林鍾爲角，南吕爲變徵，應鍾爲徵，黄鍾爲羽，太蔟爲變宫。凡笛體用角律，其長者八之，短者四之，空中實容，長者十六，三宫二十一變也〔八二〕。伏空四，所以便事用也。大吕之笛：正聲應大吕，下徵應夷則，長二尺六寸六分三釐有奇。太蔟之笛：正聲應太蔟，下徵應南吕，長二尺五寸三分一釐有奇。夾鍾之笛：正聲應夾鍾，下徵應無射，長二尺四寸。姑洗之笛：正聲應姑洗，下徵應應鍾，長二尺二寸三分三釐有奇。蕤賓之笛：正聲應蕤賓，下徵應大吕，長三尺九寸九分五釐有奇。林鍾之笛：正聲應林鍾，下徵應太蔟，長三尺七寸九分七釐有奇。夷則之笛：正聲應夷則，下徵應夾鍾，長三尺六寸。南吕之笛：正聲應無射，下徵應中吕，長三尺二寸。應鍾之笛：正聲應應鍾，下徵應蕤賓，長三尺九寸九分六釐有奇。其法可謂詳矣。然不知去二變以全五音，去六十律以全十二律，其於先王之制不亦遠乎！」

十二箱笛

陳氏樂書曰：「十二箱笛之制，其長短之度，增損有所不同。故晉荀勖作律笛十二以正雅樂，黄鍾箱笛三尺八寸。元嘉中，鍾宗之減爲三尺七寸；奚縱又減五分爲三尺三寸七分，縱又減一寸一分爲三尺二寸六分。姑洗箱笛三尺五寸，宗之減爲二尺九寸七分，縱又減五分爲二尺九寸二分。蕤賓箱笛二尺九寸，宗之減爲二尺六寸，縱又減二分爲二尺五寸八分。自餘律笛無所損益，一仍蔡邕之制而已。至梁武帝又制十二笛寫四通聲，飲古鐘玉律，並周世古鍾焉。故黄鍾笛：三尺八寸，大吕三尺六寸，太蔟三尺四寸，夾鍾三尺二寸，姑洗三尺一寸，中吕二尺九寸，蕤賓二尺八寸，林鍾二尺七寸，夷則二尺六寸，南吕二尺五寸，無射二尺四寸，應鍾二尺三寸。然黄鍾之元九，合天地之氣，故其笛十有八調，上生者悉倍其韵，下生者傳差一調半。上生悉五指應飲，下生者悉三指應飲。下生中吕雖云不復生，至於數窮復本，又得上生。黄鍾天地自然之數也，黄鍾十八調，下生林鍾七調。黄鍾笛三拍聲，應林鍾笛飲聲。林鍾七調，上生太蔟十四調。林鐘笛五指聲，應太蔟笛應聲。太蔟十四調，下生南吕五調半。太蔟笛三指聲，應南吕笛飲聲。南吕五調半，上生姑洗十一調。南吕笛五指聲，應姑洗笛飲聲。姑洗十一調，下生應鍾四調。姑洗三指聲，應應鍾笛飲聲。應鍾四調，上生蕤賓八調。應鍾笛五指聲，應蕤賓笛飲聲。蕤賓八調，上生大吕十六調。蕤賓笛五指聲，應大吕笛飲聲。大吕十六調，下生夷則六調。大吕笛三指聲，應夷則笛飲聲。夷則六調，上生夾鍾十二調。夷則笛五指聲，應夾鍾笛飲聲。夾鍾十二調，下生無射四調半。夾鍾笛三指聲，應無射笛飲聲。無射四調半，上生中吕九調。無射笛五指聲，應中吕笛飲聲。雖當時號爲雅樂，考之先王之制，其不及遠矣。」

柯亭笛　昔蔡邕嘗經會稽柯亭，見屋東十六椽竹，取以爲笛，果有異聲。晉桓伊善音樂，爲江左第一。有蔡邕柯亭笛，常自實而吹之〔八二〕。至於爲王徽之作三調弄，豈得已哉！文士傳柯亭爲高還亭，誤矣。

烟竹笛　國史補載：李舟嘗於村舍得烟竹笛，以遺李牟，堅並鐵石。牟得之，當時號爲第一手。月夜泛江，倚舟吹之，其聲寥亮逸發，往往異於他笛，希代之器也。俄有客至，請笛吹之，呼吸盤辟，應指粉碎，舟亦失客所在，疑其爲蛟龍云。

鳳鳴笛　昔黄帝使伶倫採竹於嶰谷以爲律，斬竹於昆溪以爲笛，或吹之以作鳳鳴，或法之以作龍吟。由是觀之，古人制作，未有不貴其有循而體自然也。

校勘記

〔一〕大笙謂之巢　「巢」原作「簧」，據宋書卷一九樂志一、爾雅釋樂改。

〔二〕教眠瞭也　「教」原作「之」，據周禮笙師、通典卷一四四樂典四改。

〔三〕竹之貫匏　「之貫」原作「毋曰」，據釋名卷七釋樂器改。

〔四〕則革故而趨新　「故」字原脱，據樂書卷一二三補。

〔五〕豈不備矣哉　「矣」字原脱，據樂書卷一二三補。

〔六〕孟蜀主所進樂工不能吹　「主」原作「王」，據樂書卷一二三改。

〔七〕第一管頭子應鍾清聲應第二管　樂書卷一二三「聲」下有「應」字，當補。

〔八〕九　原脱，據樂書卷一二三補。

〔九〕仲吕管夾鍾正聲無應　「仲」原作「仙」，據樂書卷一二三改。

〔一〇〕正韵太蔟濁聲應商聲　「正」原作「後」，據樂書卷一二三改。
〔一一〕斯不然笙無大小之辨乎　樂書卷一二三作「斯不亦笙大小之辨乎」。
〔一二〕非阮逸所謂取其聲清和也　「取」字原脱，據樂書卷一二三補。
〔一三〕上丁入學　「丁」原作「下」，據樂書卷一二三、蔡氏月令改。
〔一四〕其所謂鐘磬竽瑟者　「者」原作「也」，據樂書卷一二三改。
〔一五〕横加口中　「加」，樂書卷一三一作「於」。
〔一六〕遥自取其二以其一與室中人對鼓之　樂書卷一二三「二」作「一」，「一」作「二」。
〔一七〕樂器有胡鼓胡箮　「器」字原脱，據元本、慎本、馮本及樂書卷一二三補。
〔一八〕柳存質　「柳」原作「相」，據樂書卷一五〇改。
〔一九〕與歌拍相和焉　「拍」原作「指」，據樂書卷一五〇改。
〔二〇〕其音温　「温」原作「濫」，據樂書卷一〇八改。
〔二一〕郭璞謂大者二十三管　「謂」字原脱，據樂書卷一二一補。
〔二二〕所以應十二之數　「十二」，樂書卷一二一作「日」。
〔二三〕以其迎寒逆暑　「暑」原作「署」，據樂書卷一二一改。
〔二四〕籥籥　「籥」原作「箈」，據樂書卷一二一改。
〔二五〕若夫大不至於不窮　「窮」原作「引」，據樂書卷一二一改。
〔二六〕然則鄭郭三孔之籥　「三」原作「王」，據樂書卷一二一改。

〔二七〕黃帝以聽爲之　樂書卷一二二「聽」下有「鳳」字。

〔二八〕小者曰篎　「曰」字原脱，據文義補。

〔二九〕以其聲大而高也　「其」字原脱，據樂書卷一二二補。

〔三〇〕匏竹在下　「竹」原作「者」，據樂書卷一二二、禮記郊特牲改。

〔三一〕皇皇　樂書卷一二二作「皇華」。

〔三二〕則舜升歌下管之詩　「舜」原作「舞」，據樂書卷一二二改。

〔三三〕豈非以後世之制言之歟　「非」字原脱，據樂書卷一二二補。

〔三四〕娥陵氏　「娥」原作「娀」，據樂書卷一二二改。

〔三五〕今太常笛從下而上一穴爲太蔟　「爲」字原脱，據樂書卷一二二補。

〔三六〕謂後穴與第三穴雙發是也　「發」原作「變」，據樂書卷一二二改。

〔三七〕小者尺有二寸　「寸」原作「其」，據樂書卷一二二改。

〔三八〕一孔上達寸有二分而横吹之　「上」字原脱，據樂書卷一二二補。

〔三九〕大塤謂之嘂　「嘂」原作「嚚」，據樂書卷一二二、爾雅釋樂改。下同。

〔四〇〕豈其大小異制然邪　「豈」原作「蓋」，據樂書卷一二二改。

〔四一〕書於淮海惟揚州　「淮海」原作「海岱」，據尚書禹貢改。又，「州」字脱，據同書補。

〔四二〕甚悲篥　「篥」，樂書卷一三〇作「栗」。

〔四三〕後訪尉遲　「訪」原作「詣」，據上引書卷及太平御覽卷五八四樂部二二觱篥改。

〔四四〕即自取銀字管於平般涉中吹之　「平」字原脱，據上引太平御覽書卷補。

〔四五〕元和太和以來　「太和」，樂書卷一三〇作「長慶」。

〔四六〕黄日遷楚林尚六六　「黄日遷」，樂書卷一三〇作「童口遷」。「尚六六」，同書作「王六六」。

〔四七〕以觱篥初弄通調　「通」，樂書卷一三〇作「道」。

〔四八〕乃隨拍制成其曲　「拍制」原作「曲撰」，「其」原作「此」，據樂書卷一三〇改。

〔四九〕西梁部用之　「西」原作「而」，據樂書卷一三〇改。

〔五〇〕朱褠衣革帶　「朱」原作「衣」，「革」原作「角」，據樂書卷一三〇改。

〔五一〕亦馬上嚴警用之也　「嚴」字原脱，據樂書卷一三〇補。

〔五二〕削之則華音著而胡音息豈非强中國弱夷狄之意歟　「著而胡音」四字原脱，「豈」原作「起」，據樂書卷一三〇補改。

〔五三〕蓋其遺制也　「制」原作「志」，據樂書卷一三〇改。

〔五四〕劉充渚　樂書卷一三〇作「劉光緒」。

〔五五〕其狀大類鞭焉者　「焉」原作「馬」，據樂書卷一三〇改。

〔五六〕越石中夜奏之　「中」原作「終」，據樂書卷一三〇、太平御覽卷五八一樂部十九笳改。

〔五七〕小校薛陽陶　「陽」原作「楊」，據元本、慎本、馮本及樂書卷一三〇改。

〔五八〕桂苑叢談所載也　「也」字原脱，據樂書卷一三〇補。

〔五九〕廣雅曰　「廣」原作「唐」，據樂書卷一三〇改。

〔六〇〕唐樂圖所載　「圖」字原脱，據樂書卷一三〇補。

〔六一〕大横吹部有節鼓　「節」原作「角」，據樂書卷一三〇改。

〔六二〕惟大横吹二十四曲内三曲　「二」字原作「三」，據樂書卷一三〇改。

〔六三〕横吹出自北國　「出」字原脱，據樂書卷一三〇補。

〔六四〕今教坊用横笛八孔鼓吹　「笛」字原脱，據樂書卷一三〇補。

〔六五〕而今高麗亦有用焉　樂書卷一三〇作「今高麗亦用焉」。

〔六六〕郭璞謂大簫二十三管　「謂」字原脱，據樂書卷一四七補。

〔六七〕軍中鼓吹之樂也　「軍中」原作「單吹」，據樂書卷一四七改。

〔六八〕十三管　「三」原作「二」，據樂書卷一四七改。

〔六九〕歌清娱春波之曲　「娱」，元本、慎本、馮本作「悮」，樂書卷一四七作「吴」。

〔七〇〕言黄鍾管如此　「管」字原脱，據樂書卷一四八補。

〔七一〕龍吟四澤欲興雨　「吟」原作「叫」，據元本、慎本、馮本及樂書卷一四八改。

〔七二〕以足十二律之音　「足」原作「定」，據樂書卷一四八改。

〔七三〕四竅在左　「在」原作「左」，「左」原作「右」，據元本、慎本、馮本及樂書卷一四八改。

〔七四〕其名曰昭華琯焉　「名」，樂書卷一四八作「銘」。

〔七五〕具黄鍾一均聲　「具」原作「足」，據樂書卷一四八改。

〔七六〕傅緯有六孔之説　「傅」，樂書卷一四九作「傳」。

〔七七〕裁音十二以應律　「二」，樂書卷一四九作「三」。

〔七八〕鍾宗之減爲三尺七寸　九字原脱，據樂書卷一四九補。

〔七九〕孫處秀善吹　「秀」字原脱，據樂書卷一四九補。

〔八〇〕制有十二笛　「笛」原作「律」，據樂書卷一四九改。

〔八一〕三宫二十一變也　「二」原作「三」，據樂書卷一四九改。

〔八二〕常自齎而吹之　「齎」原作「保」，據樂書卷一四九改。

卷一百三十九　樂考十二

木之屬 雅部

陳氏樂書曰：「木者，所以合止樂之器，其卦則巽，其方東南之維，其時春夏之交，其風清明，其律夾鍾，其聲一，其音直，立夏之氣也。先王作樂，斲之以爲敔柷之屬焉。樂記曰：『作爲椌楬，德音之音。』柷敔以椌楬爲用，椌楬以柷敔爲體。二者之聲，一合一止，未嘗不相待也。」

柷椌擊。敔楬戛。籈　止　柷、敔不知誰所造。樂記曰：「聖人作爲椌、楬。」謂柷、敔也。椌，苦江反。楬，苦八反。柷如漆桶，方二尺四寸，深一尺八寸，中有椎，柄連底，旁開孔。內手於中擊之，以舉樂。敔狀如伏虎，背上有二十七鉏鋙。碎竹以擊其首而逆戛之，以止樂。宋仁宗明道時，禮官言：「柷舊以方畫木爲之，外圖以時卉則可矣，而中設一色非稱也。先儒之説曰，有柄連底挏之〔一〕。鄭康成以爲投椎其中撞之。今當創法垂久，用明製作之意，有所本焉。柷之中，東方圖以青隱而爲青龍，南方圖以赤隱而爲丹鳳，西方圖以白隱而爲騶虞，北方圖以黑隱而爲靈龜，中央圖以黃隱而爲神螾。撞擊之法，宜用康成之法。」奏可。

陳氏樂書曰：「周官：『小師掌教播鼗柷敔。』周頌有瞽亦曰：『鼗磬柷圉。』蓋堂下樂器以竹爲本，以木爲末，則管籥本也，柷敔末也。柷之爲器，方二尺四寸，深一尺八寸，中有椎柄連底挏之，令左右擊也。陰始於二、四，終於八、十，陰數四、八，而以陽一主之，所以作樂，則於衆樂先之而已，非能成之也，有兄之道焉。此柷所以居宮縣之東，象春物之成始也。敔之爲器，狀類伏虎，西方之陰物也。背有二十七鉏鋙，三、九之數也。櫟之長尺，十之數也。陽成於三〔二〕，變於九，而以陰十勝之，所以止樂，則能以反爲文〔三〕，非特不至於流而失已，亦有足禁遏者焉〔四〕。此敔所以居宮縣之西，象秋物之成終也。書曰『戛擊』，禮曰『楷擊』，樂記曰『聖人作爲椌楬』，荀卿曰『鞉柷拊椌楬似萬物』，蓋柷、敔以椌、楬爲體，椌、楬以戛、楷擊爲用也。爾雅曰『所以鼓柷謂之止，所以鼓敔謂之籈〔五〕』，則柷以合樂而作之必鼓之，欲其止者戒之於蚤也；敔以節樂而止之必鼓之，欲其籈者潔之於後也。然樂之出虛，故其作樂虛。椌必欲空，琴必用挏，拊必用糠，皆以虛爲本也。及其止，則歸於實焉，此敔所以爲伏虎形歟。然樂之張陳戛擊必於堂上，柷、敔必於堂下，何邪？曰柷、敔，器也；戛擊所以作器也。器則卑而在下，作器者尊而在上，是作樂者在下，所以作之者在上，在上，命物者也；在下，受命者也。豈非貴賤之等然邪？今夫堂上之樂，象廟朝之治；堂下之樂，象萬物之治。荀卿以拊柷椌楬爲似萬物，則是以堂上之拊亦似之，誤矣。柷敔椌楬，皆一物而異名。荀卿以柷椌離而二之，亦誤矣。桓譚新論〔六〕，謂椌楬不如流鄭之樂，真有意哉！止者，柷之考拊名也。籈，櫟敔之名也。宋朝太樂：柷爲方色，以圖瑞物。東龍西虎，南鳳北龜，而底爲神螾。敔因唐制，用竹以二尺四寸折爲十二莖，樂將作，先擊其首〔七〕，次三戛鉏鋙而止，與舊敔四面畫山卉〔八〕、用木櫟鉏鋙者異矣。雖曰因時制宜，要之非有意義，孰若復古制之爲愈哉！先儒以柷爲立夏之音，又謂乾主立冬，陰陽終始，故聖人承天以制柷敔，一何疏邪！晉、宋故事，四廂各有柷、敔，同時戛作，亦非古人之制也。隋牛弘罷之，不亦宜乎！」

春牘　周制，春官笙師掌教春牘、應、雅以教祴樂。教，教視瞭〔九〕。春牘，以竹大五六寸，長七尺，短者一二尺，其端有兩空髹畫，以兩手築地。應長六尺五寸，其中有椎。雅狀如漆筩而弇口，大二圍，長五尺六寸，以羊韋鞔之，有兩紐疏畫。祴夏之樂，牘、應、雅教其春者，謂以築地，笙師教之，則三器在庭可知。疏：「春以人兩手築地，凡牘、應、雅，皆春之所爲也。以此三樂築地，與祴樂爲節。」春牘虛中如筩，無底，舉以頓地如春杵〔一〇〕，亦謂之「頓相」。相，助也，以節樂也。或謂梁孝王築睢陽城，擊鼓爲下杵之節。睢陽操用春牘〔一一〕，後代因之。

陳氏樂書曰：「應樂如應之應物〔一二〕，其獲也小矣。故小鼓謂之應，所以應大鼓，所倡之聲也。小春謂之春〔一三〕，所以應大春，所倡之節也。周官笙師掌教牘〔一四〕，長七尺，應則如桶而方六尺五寸，中象柷，有椎連底，左右相擊，以應柷也。斯不亦大小之辨乎！禮圖：其形正圓，而外皆朱。唐樂圖及大周正樂，皆外黑内朱〔一五〕。然以禮推之一，在木下爲本，在木上爲末，在木中爲朱。則木之爲物，含陽於内，南方之火所自而藏也。故應以木爲之，而内外朱焉，固其理也。彼持内黑之說，真臆論歟！」

木之屬 俗部

大拍版　小拍版　拍版，長闊如手，重大者九版，小者六版，以韋編之，胡部以爲樂節，蓋以代抃也。

抃，擊其節也。情發於中，手抃足蹈。抃者，因其聲以節舞。龜茲部伎人彈指爲歌舞之節，亦抃之意也。唐人或用之爲樂句。明皇嘗令黄幡綽撰譜，幡綽乃畫一耳進之。明皇問其故，對曰：「但能聰聽，則無失節。」奏可。謂善諷諫矣。宋朝教坊所用六版〔一六〕，長寸，上鋭薄而下圓厚，以檀若桑木爲之，豈亦柷、敔之變體歟？

立均　伶州鳩曰：「律所以立均出度也。」韋昭謂其制以木長七尺，擊之以絲，以均鐘聲，以出大小清濁之度，漢大予樂有之。宋均曰：「長八尺而施絃。」然古之神瞽，考中聲而量之以制度，則三五合而爲八尺，而施絃固足以考中聲，均鐘音而出度也。韋昭七尺之説，豈亦溺於七音之失？後世京房之準，晉之十二笛，梁之四通，皆所以考律和聲。而説者以爲定律之器始於管，種於鐘，移於笛，衍於通，蓋立均之變體也。胡人有五旦、五耽之名，亦均之異名歟。

腰鼓　腰鼓之制，非特用土也，亦有用木爲之者矣。土鼓，瓦音也。木鼓，木音也。其制同，其音異，禰衡衣絲衣所擊者是也。

撞木　古者撞鐘擊磬，必以濡木，以其兩堅不能相和故也〔一七〕。海中有魚曰鯨，有獸曰蒲牢，素憚鯨魚，擊鯨則蒲牢鳴，猶晉有石鼓不鳴，取蜀中桐材斲爲魚形，擊之則鳴。後世由是作蒲牢於鐘上〔一八〕，而狀鯨魚以撞之，則石磬之器，亦上削桐爲魚形以擊之，張衡謂「發鯨魚，鏗華鐘」是也。

八音之外

梵具玉螺。具之爲物，其大可容數升，蠡之大者也。南蠻之國取而吹之，所以節樂也。今之梵樂用之，以和銅鈸，釋氏所謂法螺，赤土國吹螺以迎隋使是也。梁武之樂，有童子伎倚歌梵具。

玉蠡　唐貞元中，五印度種落有驃國王子獻樂器，躬總樂凡一十二笛，皆演釋氏經唄，吹蠡擊鼓，或歌且舞，纓絡四垂，珠璣粲發，周流萬變，爛然可觀。蠡聲若竽籟。林邑每擊鼓以警衆，吹蠡以即戎，則蠡又不特用於樂矣。

骨管　牙管　哀笳，以羊骨爲管而無孔，惟恤禮用之。今鼓吹備而不用，以觱篥代之，鹵簿與熊羆十二案工員尚存焉。宋朝更以紅象牙管，竅而吹之，其聲與律，隔八相吹，仍存羊骨舊制焉。

玳瑁笛　宋嘉祐中，王疇欲定大樂，嘗就成都房庶取玳瑁古笛，以校金石。然則笛之爲器，豈特玉與竹哉？

桃皮管　桃皮觱篥　桃皮卷而吹之，古謂之管木，亦謂之桃皮觱篥。其聲應簫、笳，横吹之。南蠻、高麗之樂也。今鼓吹部其器亦存。

嘯葉　銜葉而嘯，其聲清震，橘柚尤善。或云卷蘆葉而爲之，形如笳者也。

筍虡　周禮冬官：「梓人爲筍虡。」樂器所縣横曰筍，植曰虡。天下之大獸五：脂者、膏者、羸者、羽者、鱗者。脂，牛羊屬。膏，豕屬。羸，謂虎豹貔螭爲獸淺毛者之屬。羽，鳥屬。鱗，龍蛇之屬也。宗廟之事，脂者、膏者以爲牲。致美味也。羸者、羽者、鱗者以爲筍虡。貴野聲也。厚脣弇口，出目短耳，大胸燿後，大體短脰，若是者謂之羸屬。恒有力而不能走，其聲大而宏。有力而不能走，則於任重宜；大聲而宏，則於鐘宜，若是者以爲鐘虡。是故擊其所縣而由其虡鳴。燿，讀爲哨，頎小也。宏，聲音大也。弇，於檢反。燿，所教反。哨音稍。疏云：「凡猛獸有力者，皆前粗後細，故云大胸燿後，出目短耳。」註不言何物，恐是麟獅之屬。鋭喙决吻，數目顧脰，小體騫腹，若是者謂之羽屬。恒無力而輕，其聲清揚而遠聞。無力而輕，則於任輕宜；其聲清揚而遠聞，則於磬宜，若是者以爲磬虡。故擊其所縣而由其虡鳴。吻，口腃也。顧，長脰貌，故書顧，或作牼。鄭司農云：牼讀爲鬜，頭無髪之鬜。數音促。顧，苦顏反。鬜，苦顏反。鬠，禿也。疏：「鳥乃喙長决物，食之時，則以近喙本决，故云决吻。」數目，目視急也。鷹屬獸，有力而聲大，故以爲鐘虡。鐘，大器也。禽鳥無力而聲清揚。揚者，發也。磬，小物，故以此爲虡。擊其所縣，若其聲之出於所刻者之上。小首而長，摶身而鴻，若是者謂之鱗屬，以爲筍。摶，圜也。鴻，傭也。疏云：「上論鐘磬之虡，用鳥獸不同，此論二者之筍，同用龍蛇鱗物。」凡攫閷援簭之類，必深其爪，出其目，作其鱗之而。謂筍虡之獸也。深，猶藏也。作，猶起也。之而，頰頌。閷，色界反。援音袁，簭音筮，頰頌，許慎曰：「忽反，禿也。」深其爪，出其目，作其鱗之而，則於眡必撥爾而怒，苟撥爾而怒，則任重宜，且其匪色必似鳴矣。匪，采貌。疏云：「鱗之而，頰之有髭鬚處也。匪，與『有匪君子』之『匪』同，采色也。雕刻之工精妙，則纔施采色，雖鐘磬未擊其物，已似能鳴矣。若刻畫不精，則無精神，則其狀頹如委墜，此及下經，覆釋上文。鐘虡之獸，攫着則殺之，援攬則噬之，如此必藏爪出目，作其鱗之而，皆可畏之貌也。頌，劉炫音壺，讀之爲是。」

鐘筍　磬筍　橫木兩端刻龍蛇鱗物之形。

鐘虡　植木刻猛獸之形爲之趾。

磬虡　植木刻羽鳥之形爲之趾。

業　業，大板也[一九]，所以飾筍爲縣也。捷業如鋸齒，或曰畫之。

崇牙　樅也，上飾刻畫之爲重牙，即業之上齒也。樅，峻峙貌。

樹羽　置羽也，置之於筍虡之角上。

璧翣　畫繒爲翣，戴以璧垂，五采羽於其下，樹於簨之角上。

曹氏曰：「業、虡、崇牙、樹羽，皆所以垂鐘磬也，其置飾則有漸。明堂位曰：『夏后氏之龍簨虡，商之崇牙，周之璧翣。』蓋横木爲簨，飾以鱗屬；植木爲虡，飾以贏羽之屬。又加大版於其上形捷業，然謂之業，此夏后氏之制也。至商人，又於龍簨之上，製畫爲重牙，以掛垂紘，所謂崇牙也。周人又畫繒爲翣，戴以璧玉，垂五采羽於其下，所謂植羽也。」

陳氏樂書曰：「樂出於虚而寓於器，本於情而見於文。寓於器則器異，異虡見於文則文同同筍。鐘虡飾以贏屬，磬虡飾以羽屬，器異、異虡故也。鐘磬之筍皆飾以鱗屬，其文若竹之有筍，然文同同筍故也。筍則横之，設以崇牙〔二〇〕，其形高以峻。虡則植之，設之以業，其形直以舉。是筍之上有業，業之上有崇牙。筍之兩端又有璧翣，鄭氏謂『戴璧垂羽』是也。蓋簨虡所以架鐘磬，崇牙、璧翣所以飾筍虡。夏后氏飾以龍，商飾以崇牙而無璧翣。至周則極文而三者具矣。故周頌曰『設業設虡，崇牙樹羽』是也。鬻子謂大禹銘於筍虡曰：『教寡人以道者擊鼓，教以義者擊鐘，教以事者振鐸，語以憂者擊磬，語以訟獄者揮鞀。』其言雖不經見，彼蓋有所受，亦足考信矣。周官典庸器，祭祀，帥其屬設筍虡〔二一〕，吉禮也。大喪，廞筍虡，凶禮也。喪禮，旌旃璧翣，與筍虡同者，爲欲使人勿之有惡焉爾。筍亦爲簨者，以生東南故也；虡亦爲虡者，以樂出虚故也。」

又曰：「秦始皇建千石之鐘，立萬石之虡。漢儀，高廟撞千石之鐘十枚，豈亦襲秦人侈心之弊而不釐正之邪〔二二〕？李尤銘曰：『漢因於周，由若重規人因秦器事有可施』其言過矣。漢、魏以來，有四廂金石之樂，其架少則或八或六，多則十六、二十。至隋、唐始益爲三十六架。高宗蓬萊宮充庭有七十二架，飾筍以飛龍，飾趺以飛廉，飾虡以摯獸，上列植羽，旁垂流蘇。武后稱制，飾宮縣之樂，廟朝以五采，軒縣以朱，五郊各從方色，非三代之制也。宋朝依倣古制，天子宮縣：鎛鐘十二虡，編鐘十二虡，編磬十二虡，凡三十六虡，各依辰次。每鎛鐘左右設編鐘，編磬，每辰次列三架，今太常按習御製曲譜〔二三〕，宮縣每奏一聲，鎛鐘一擊之，編鐘、磬三擊之，清濁先後，互相爲應，大昭小鳴，和之道也。虡亦爲鐻者，莊周述梓慶將削木爲鐻，未嘗敢以耗氣，齊七日忘吾四肢，然後入山林，觀天性，區別見，成鐻然後加手，故見者驚猶鬼神，抑何妙哉！」古者鐘磬虡，皆取中虛之木，故擊其所縣而由其虡鳴〔二四〕。今鐘磬之虡，以實木爲之，故其鳴不由虡，非先王制作之意。

九龍虡　其上爲蟠龍。昔吳闔閭伐楚，破九龍之鐘虡。淮南子述之，爲其不足法後世故也。其楚人之侈心乎！

大架　小架　編鐘磬之虡也。漢、魏以來，有四廂金石之樂，其樂縣之架，少則或六或八，多則十六、二十，至唐始益爲三十六架。高宗蓬萊宮有七十二架，其大小之辨可知矣。段安節雅樂部：宮縣四面五架，即古簨虡也。其上安金銅仰陽，以鷺鷥孔雀羽裝之，兩面綴以流蘇〔二五〕，以綵翠絲紱爲之〔二六〕。十二律鐘上有九乳，依月律排之。每面石磬及編鐘各一架，各列編磬十二，亦依律呂編之。雲韶部用玉磬四架，亦可謂詳矣。

熊羆架　熊羆架十二，悉高丈餘，用木雕之，其狀如床。上安版，四旁爲欄，其中以登。梁武帝始設十二案，鼓吹在樂縣之外，以施殿庭，宴饗用之，圖熊羆以爲飾故也。隋煬帝更於案下爲熊羆貙豹騰倚之狀，象百獸之舞，又施寶幰於上，用金彩飾之，奏萬宇清、月重輪等三曲，亦謂之十二案樂，非古人朴素之意也。

校勘記

〔一〕有柄連底挏之　「挏」原作「桐」，據文義改。下同。

〔二〕陽成於三　「於」字原脱，據樂書卷一二四補。

〔三〕則能以反爲文　「文」字原脱，據樂書卷一二四卷補。

〔四〕亦有足禁過者焉　「過」原作「過」，據樂書卷一二四改。

〔五〕所以鼓柷謂之止所以鼓敔謂之籈　「鼓柷」原作「歌敔」，「鼓敔」原作「鼓柷」，下「之」字原脱，據爾雅釋樂改補。

〔六〕桓譚新論　「桓」原作「華」，據樂書卷一二四改。

〔七〕樂將作先擊其首　「作」字原脱，「先」下原衍「止」字，據樂書卷一二四補删。

〔八〕與舊敔四面畫山卉　「敔」，元本、慎本、馮本及樂書卷一二四作「柷」。

〔九〕教視瞭　「教」原作「之」，據周禮笙師注改。

〔一〇〕春牘虚中如筩無底舉以頓地如春杵　「春牘虚中如筩無底舉以頓地如」十三字原脱，據舊唐書卷二九音樂志二及通典卷一四四樂典四補。

〔一一〕睢陽操用舂牘　「操」原作「掠」，據舊唐書卷二九音樂志二、通典卷一四四樂典四改。

〔一二〕應樂如應之應物　「應之應物」原作「鷹之應物」，據樂書卷一二四改。

〔一三〕小舂謂之舂　下「舂」字原作「應」，據樂書卷一二四改。

〔一四〕笙師掌教牘　「牘」下原衍「應牘」二字，據樂書卷一二四删。

〔一五〕皆外黑内朱　「外」原作「内」，「内」原作「外」，據樂書卷一二四改。

〔一六〕宋朝教坊所用六版　「坊」字原脱，據宋史卷一四二樂志一七載教坊所用樂器有拍板。此處顯脱「坊」字，據補。

〔一七〕以其兩堅不能相和故也　「其」原作「上」，據樂書卷一五〇改。

〔一八〕後世由是作蒲牢於鐘上　「由」原作「猶」，據樂書卷一五〇改。

〔一九〕大板也　「板」原作「枝」，據樂書卷一二四改。

〔二〇〕筍則横之設以崇牙　「之」原作「枝」，「以」原作「於」，據樂書卷一二四改。

〔二一〕帥其屬設筍虡　「帥」原作「師」，據樂書卷一二四、周禮典庸器改。

〔二二〕豈亦襲秦人侈心之弊而不釐正之邪　「人」原作「之」，據樂書卷一二四改。

〔二三〕今太常按習御製曲譜　「今」原作「令」，據樂書卷一二四改。

〔二四〕而由其虡鳴　「而」原作「令」，據樂書卷一二四改。

〔二五〕兩面綴以流蘇　「綴」原作「緬」，據樂書卷一五〇改。

〔二六〕以綵翠絲紱爲之　「絲」字原脱，據樂書卷一五〇補。

卷一百四十　樂考十三

樂懸

堂上樂圖

歌歌歌歌瑟琴
歌歌歌歌瑟琴
歌歌歌歌瑟琴
歌歌歌歌瑟琴
歌歌歌歌瑟琴
歌歌歌歌瑟琴
歌歌歌歌瑟琴
歌歌歌歌瑟琴
歌歌歌歌瑟琴
歌歌歌歌瑟琴
歌歌歌歌瑟琴
歌歌歌歌瑟琴

黃鍾鐘　黃鍾磬

拊

戛擊

堂下樂圖

文舞位

林鍾磬 林鍾鐘 編磬 編鐘 蕤賓磬 蕤賓鐘 編磬 編鐘 中呂磬 中呂鐘 編磬 編鐘

塤 缶 篪 篴 簫 竽 笙 籥 管

塤 缶 篪 篴 簫 竽 笙 籥 管

塤 缶 篪 篴 簫 竽 笙 籥 管

塤 缶 篪 篴 簫 竽 笙 籥 管

塤 缶 篪 篴 簫 竽 笙 籥 管

塤 缶 篪 篴 簫 竽 笙 籥 管

塤 缶 篪 篴 簫 竽 笙 籥 管

塤 缶 篪 篴 簫 竽 笙 籥 管

塤 缶 篪 篴 簫 竽 笙 籥 管

塤 缶 篪 篴 簫 竽 笙 籥 管

塤 缶 篪 篴 簫 竽 笙 籥 管

塤 缶 篪 篴 簫 竽 笙 籥 管

編磬 夷則鐘 夷則磬 編鐘 編磬 南呂鐘 南呂磬 編鐘 編磬 無射鐘 無射磬 編鐘

姑洗磬 姑洗鐘 編磬 編鐘 夾鍾磬 夾鍾鐘 編磬 編鐘 大蔟磬 大蔟鐘 編磬 編鐘

編鐘 應鍾鐘 應鍾磬 編磬 敔 編鐘 黃鍾鐘 黃鍾磬 編磬 柷 編鐘 大呂鐘 大呂磬 編磬

陳氏樂書曰：「古者治定制禮，功成作樂。舜之爲樂，戛擊鳴球，搏拊琴瑟以咏，堂上之樂也，以象廟朝之治，故繼之祖考來格，虞賓在位，群后德讓。下管鼗鼓，合止柷敔，笙鏞以間，堂下之樂也，以象萬物之治，故繼之鳥獸蹌蹌。禮記文王世子曰：『登歌清廟，下管象武。』郊特牲曰：『歌者在上，匏竹在下，貴人聲也。』仲尼燕居曰：『升歌清廟，示德也；下而管象，示事也。』祭義曰：『昔周公有勳勞於天下，成王賜之重祭，升歌清廟，下而管象。』燕禮大射曰：『升歌鹿鳴、四牡、皇皇者華，下管新宮。』由此觀之，周之升歌〔一〕，不過清廟、鹿鳴、四牡、皇皇者華，下管不過象武、新宮，則舜升歌下管之詩，雖無經見，要之歌以示德，管以示事一也。德成於上，歌咏於堂上；事成於下，管吹於堂下，豈非無所因爲上，有所待爲下邪？極而論之，堂上之樂以咏爲主，則聲依永也〔二〕；堂下之樂以間爲主，則律和聲也。兩者並用，然後上下合奏而不失中和之紀矣〔三〕。然則樂之張陳，戛擊必於堂上，柷敔必於堂下，何邪？曰：柷敔，器也，戛擊所以作器也。器則卑而在下，作器者尊而在上，貴賤之等也。六咏爲律，六間爲吕，言以間而不言律，與周官言「典同」同意。荀卿曰：『縣一鐘而尚拊。』大戴禮曰：『縣一磬而尚拊。』爲堂上之樂。則一鐘一磬尚拊，亦堂上之樂也。蓋古者歌詩搏拊而縣興，故一鐘，黄鍾之特鐘也；一磬，黄鍾之特磬也。方其工之升歌也，搏拊而鐘磬作焉。黄鍾之鐘鳴於堂上，而堂下之編鐘應之；黄鍾之磬鳴於堂上，而堂下之編磬應之，所以節歌者之句也。豈非以歌中聲之詩，必假中聲之鐘磬以發其音邪？宋朝堂上之樂，不設一鐘一磬而尚拊，臣恐未合先王之制、神瞽考中聲之意也。」

又曰：「古之君子，反情以和其志，比類以成其行，然後發以聲音，文以琴瑟，而堂上之樂作矣。動以干戚，飾以羽旄，從以簫管，而堂下之樂作矣。琴瑟作於堂上，象廟朝之治；簫管作於堂下，象萬物之治。則德自此顯，足以奮至德之光；氣自此調，足以動四氣之和，其於著萬物之理也何有？若夫荀卿謂君子以鐘鼓導志，以琴瑟樂心，動以干戚，從以磬管；周頌謂鍾鼓喤喤，磬管將將〔四〕，是又合堂上下之樂而雜論之，非分而序之故也。荀卿以堂上鞉柷椌楬爲似萬物，則是以堂上之拊似之，誤矣。」

樂書房中樂論曰：「燕禮，若與四方之賓燕，有房中之樂。周禮磬師教縵樂燕樂之鐘磬〔五〕。漢書曰：『漢有房中祠樂，高祖唐山夫人所作。』梁書曰：『周備六代之樂，至秦，餘韶、房中而已。』由是推之，房中之樂，自周至於秦、漢，蓋未嘗廢。其所異者特秦更爲壽人，漢更爲安世，魏更爲正世，至晉復爲房中也。漢惠帝使夏侯寬合之管絃。晉武帝別置女樂三十人於黃帳外奏〔六〕。隋高祖嘗謂群臣曰：『自古天子有女樂。』暉遠對曰：『窈窕淑女，鐘鼓樂之，則房中之樂也。』高祖大悅。然則房中之樂，非無鐘磬也。毛萇、侯芭、孫毓皆云有鐘磬是已。鄭康成、王肅謂房中之樂，絃歌周南、召南而不用鐘磬之節，后夫人之所諷誦以事君子也。陳統曰：『婦人尚柔，以靜爲體，不宜用鐘。』至隋牛弘修樂，採蕭統之説而然之，取文帝地厚、天高之曲，命嬪御登歌上壽而已，是不深考關雎、磬師之過也。賈公彥亦謂房中之樂，以祭祀則有鐘磬，以燕則無鐘磬，是亦文先儒之過，又從而爲之辭也。唐禮書房中之樂不用鐘鎛，以十二大磬代之，是不知一音不備，不足以爲樂也。」

周禮春官大司樂：掌凡樂事，大祭祀，宿懸，遂以聲展之。叩聽其聲，具陳次之，以知完不。小胥：正樂懸之位，王宮懸，諸侯軒懸，卿大夫判懸，士特懸，辨其聲。樂懸，謂鐘磬之屬懸於筍虡者。鄭衆云：「宮懸，四面懸；軒懸，去其一面；判懸，又去其一面；特懸，又去其一面。四面，象宮室四面有墻，故謂之宮懸。軒懸三面，其形曲，故春秋傳曰：『請曲縣繁纓以朝諸侯，禮也〔七〕。』」玄謂軒懸去南面，避王也。判懸，左右之合，又空北面〔八〕，特懸之於東方，或於階間而已。凡懸鐘磬，半爲堵，全爲肆。鐘磬者，編懸之二八十六枚，而在一虡謂之堵。鐘一堵，磬一堵，謂之肆。半之者，謂諸侯之卿大夫也。諸侯之卿大夫〔九〕，半天子之卿大夫，西懸鐘，東懸磬。士亦半天子之士〔一〇〕，懸磬而已。鄭衆云：「以春秋傳曰『歌鐘二肆』。」

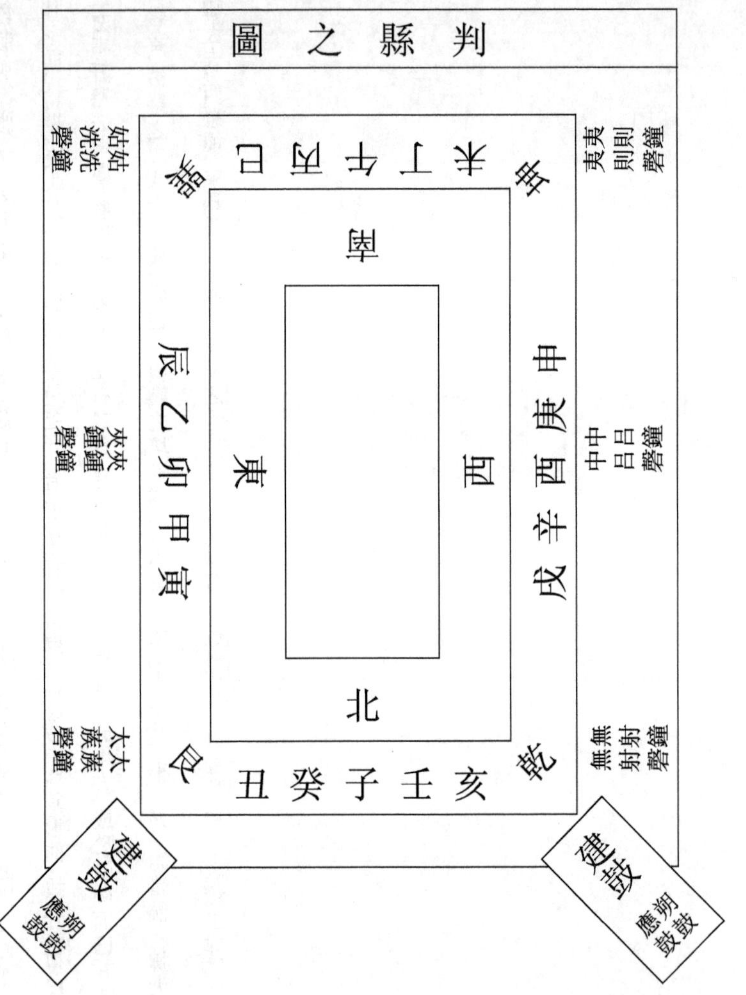
判縣之圖
坤 未 丁 午 丙 巳 巽
南
申 庚 酉 辛 戌
西
辰 乙 卯 甲 寅
東
乾 亥 壬 子 癸 丑 艮
北
夷則鎛 夷則磬
中呂鎛 中呂磬
無射鎛 無射磬
姑洗鐘 姑洗磬
夾鐘鐘 夾鐘磬
太蔟鐘 太蔟磬
建鼓 朔鼓 應鼓
建鼓 朔鼓 應鼓

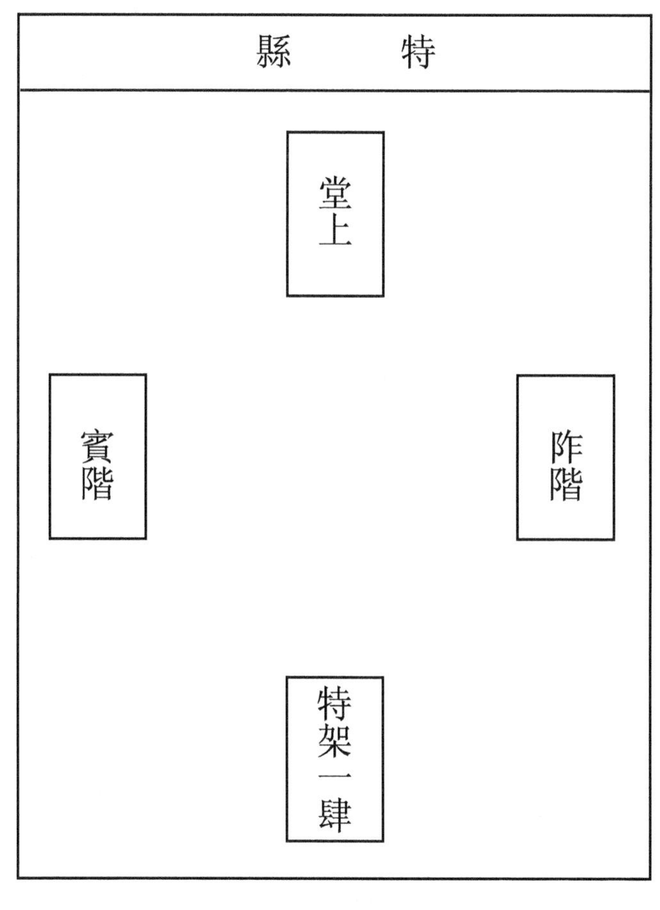
特縣
堂上
賓階
阼階
特架一肆

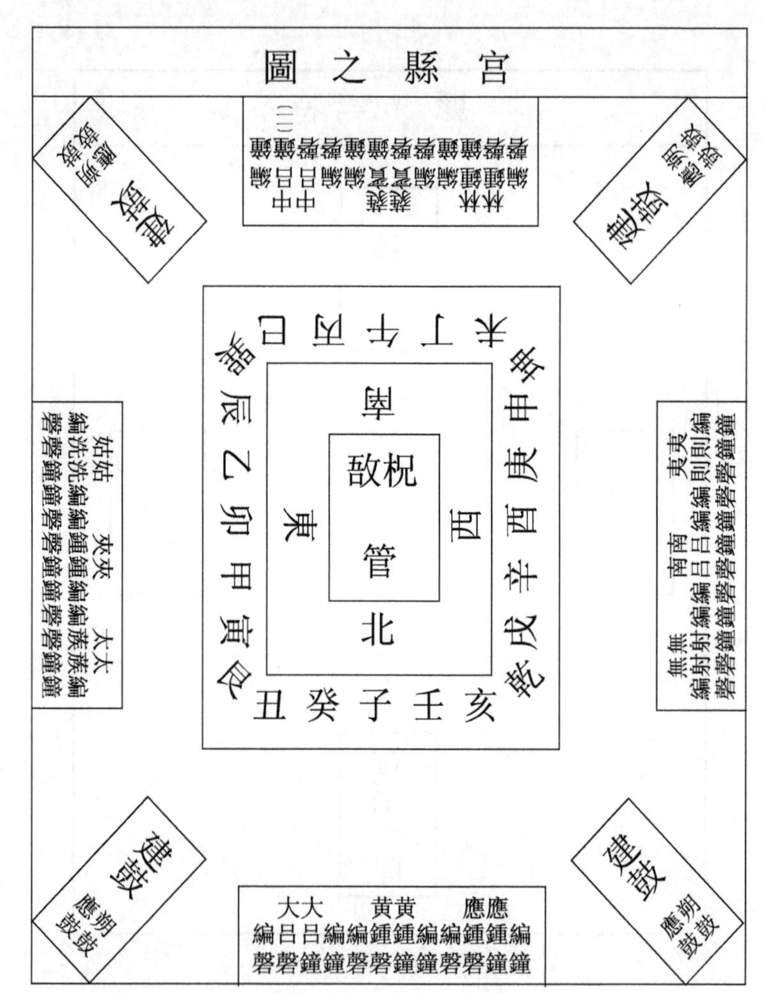
宮縣之圖
祝敔
管
東
北
建鼓
朔鼓
應鼓

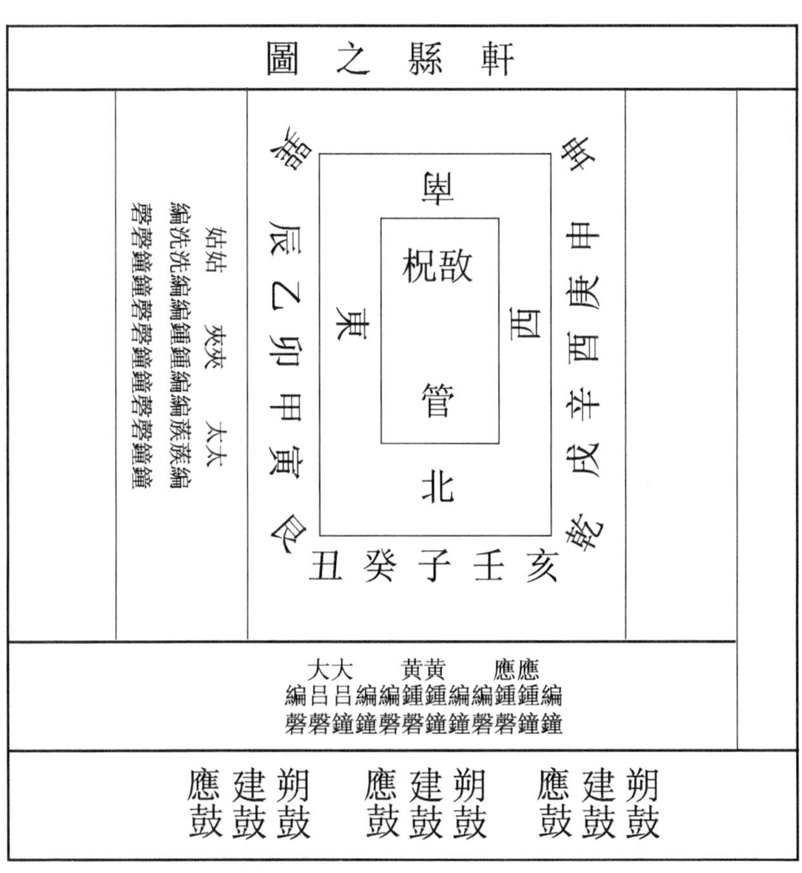
軒縣之圖
坤 申 庚 酉 辛 戌 乾
巽 辰 乙 卯 甲 寅 艮
亥 壬 子 癸 丑
南 西 東 北
敔 柷 管
姑姑 夾夾 太太
編洗洗編編鍾鍾編編蔟蔟編
磬磬鐘鐘磬磬鐘鐘磬磬鐘鐘
大大 黄黄 應應
編吕吕編編鍾鍾編編鍾鍾編
磬磬鐘鐘磬磬鐘鐘磬磬鐘鐘
朔鼓 建鼓 應鼓
朔鼓 建鼓 應鼓
朔鼓 建鼓 應鼓

陳氏樂書曰：「樂縣之制，自夏、商而上，未有聞焉。自夏、商而下，其略始見於尚書大傳，其詳備於周禮春官。以書大傳推之，古者天子將出〔一二〕，撞黃鍾，右五鐘皆應。黃鍾在陽，陽主動，君出則以動告靜，而靜者皆和，故馬鳴中律，步者有容，駕者有文，御者有數，周旋中規，折旋中矩，立則磬折，拱則抱鼓，然後奏登車，告出也。入撞蕤賓，左五鐘皆應，蕤賓在陰，陰主靜，君入則以靜告動，而動者皆和〔一三〕，故狗吠彘鳴，及倮介之蟲，莫不延頸以聽。在内者皆玉色，在外者皆金聲，然後少師奏登堂就席，告入也。然則十二鐘在縣之制，權輿於此歟！以周禮春官推之，大司樂〔一四〕：『凡樂事，大祭祀，宿縣，遂以聲展之。』小胥之職：『正縣樂之位，王宮縣，諸侯軒縣，卿大夫判縣，士特縣。辨其聲。凡縣鐘磬，半爲堵，全爲肆。』蓋縣鐘十二爲一堵，如墻堵然，二堵爲一肆。春秋襄十年，鄭人賂晉侯『歌鐘二肆』是也。宮縣四面，象宮室，王以四方爲家故也。軒縣缺其南，避王南面故也。判縣東西之，象卿大夫左右王也。特縣則一肆而已，象士之特立獨行也。郊特牲譏諸侯宮縣，漢武帝高張四縣，晉元帝備四廂金石〔一五〕，豈王宮縣歟？春秋譏衛仲叔于奚請曲縣。後漢光武賜東海恭王鐘簴之樂，豈諸侯軒縣歟？禮『大夫無故不徹縣』。楚子享郤至爲地室而縣焉。田蚡前庭羅鐘鼓，立曲旃，豈大夫判縣歟？鄉射『笙入於縣中〔一六〕，西面』，則東縣磬而已。鄉飲酒〔一七〕：『磬階縮霤，笙入磬南。』則縮縣而已。豈士特縣歟？通禮義纂曰：『軒縣三面，歌鐘三肆；判縣兩面，歌鐘二肆；特縣一面，惟磬而已。』其說是也。然則鄉射有卿大夫詢衆庶之事，鄉飲酒乃卿大夫之禮，皆特縣者〔一八〕。以詢庶賓賢能非爲己也，故皆從士制。燕禮，諸侯之禮，而工止四人，以從大夫之制，意亦類此。以儀禮考之，大射：『樂人宿縣於阼階東〔一九〕，笙磬西面，其南笙鐘，其南鎛，皆南陳。建鼓在阼階西，南鼓；應鼙在其東，南鼓〔二〇〕。西階之西，頌磬東面〔二一〕，其南鐘，其南鎛，皆南陳。一建鼓在其南，東鼓；朔鼙在其北。一建鼓在西階之東，南面。簜在建鼓之間，鼗倚於頌磬西紘。』由是觀之，宮縣四面，軒縣三面，皆鐘、磬、鎛也。判縣有鐘磬而無鎛，特縣有磬而無鐘，以王制論之則然，以侯制論之又半於王制矣。王之卿大夫判縣〔二二〕，東西各一肆，則諸侯之卿大夫東西各一堵。王之士特縣，南一肆，則諸侯之士一堵可知矣。鄭康成曰：『鐘磬十六在一虡爲一堵。』杜預曰：『縣鐘十六爲一肆。』後世四清之聲興焉。是亦傅會漢得石磬十六，遷就而爲之制也〔二三〕。服虔『一縣十九鐘』之説，不亦詭哉！」

又曰：「大射之儀，樂人宿縣於阼階東，笙磬西面，其南笙鐘，其南鎛，皆南陳。建鼓在阼階西，南鼓；應鼙在其東，南鼓。西階之西，頌磬東面，其南鐘，其南鎛，皆南陳。一建鼓在其南，東鼓；朔鼙在其北。一建鼓在西階之東，南面。簜在建鼓之間，鼗倚頌磬西紘。蓋堂上之階，自階而左爲阼，自階而右爲西，笙磬在阼階之東而面西，頌磬在西階之西而面東，由笙磬而南，鐘鎛所以應笙者也。由頌磬而南，鐘鎛所以應鼓者也〔二四〕。階雖分乎東西，其鐘鎛南陳一也。自阼階堂下言之，一建鼓在其西而面南，鼙在其東而亦面南焉。自西階堂下言之，一建鼓在其階之南而面東，朔鼙在其北而亦面東焉。一建鼓在其階之東，面南，簜在建鼓之間，鼗倚於頌磬之西紘，蓋諸侯之樂，備三面以爲軒縣。大射之儀，東西有鐘磬之縣推之，則天子宮縣，堂上之階，笙磬頌磬各十二縣。堂下阼階而南，特鐘特鎛亦各十二縣。西階而南，編鐘編鎛亦各十二縣，天數也。」魏志曰：「武帝至漢中，得杜夔説舊法，始復軒縣磬。」如今用之，受之於杜夔也。

又曰：「陰精之純莫如金，陽精之純莫如玉。天以陰陽立道，乾以西北定位。西，陰位也，於物爲金。北，陽位也，於物爲玉。孔子寓象於易，揚雄寓象於太玄，莫不有是説焉。今夫莫尊於天，莫親於地，先王所以奉事而祭祀之〔二五〕，以爲舉天下之物，無以稱其德者〔二六〕，惟金與玉而已。故金罍金爵以禮之，圭邸璧琮以祀之，則樂以金鐘、玉磬固其宜也。昔禹王天下，菲飲食而致孝乎鬼神，惡衣服而致美乎黻冕，豈有金鐘玉磬不施於天地，特施於廟朝哉？宋朝著令，天子親祠南郊及大饗登歌用金鐘玉磬，可謂得古人致美之意矣。比年以來，太樂丞葉防倣唐朝一時苟簡之制，欲移郊祀天地金鐘玉磬施諸廟朝，至於天地特用質素石磬而已，是厚於自奉而薄於天地，豈先王禮意哉？葉防所據雖出於唐，求之於經，亦不過書有『鳴球』、『格祖考』之文，然不知書舉『祖考』以見天地，而『鳴球』不特施廟朝也。釐而正之，實在聖時，庶乎神宗皇帝奉事天地誠意，被萬古垂而無窮矣。」通禮義纂曰：「天地尚質用石，宗廟及殿庭尚文用玉磬，必用之者聲清正，陰陽之祭，主於金石也。」

漢舊儀〔二七〕：「高廟撞千石之鐘十枚。」即上林賦所謂「撞千石之鐘，立萬石之虡」是也。鐘當十二，而此十枚，未識其義。議者皆言漢世不知用宮縣。按漢章、和世實用旋宮，漢代群儒備言其義，牛弘、祖孝孫所由準的，知漢代之樂爲最備。漢樂歌云『高張四縣』，謂宮懸也，後漢則亡矣。漢丞相田蚡，前堂羅鐘磬，置曲旃。光武又賜東海恭王鐘簴之樂，即漢代人臣尚有金石樂。晉喪亂以來，江右金石不具。本史云，至孝武帝太元中，破苻堅，獲樂工楊蜀等，正四廂樂，金石始備。諸家著晉史者，皆言太元四年四廂金石大備，其實樂府止有黄鍾、姑洗、蕤賓、太蔟四格而已，十二律不具，何謂四廂備樂之文，其義焉在？

魏散騎常侍王肅議曰：「王者各以其禮制事天地，今説者據周官單文爲經國大體，懼其局而不弘也。漢武帝東巡狩封禪還，祠太一於甘泉，祭后土於汾陰，皆盡用其樂。言盡用者，謂盡用宮懸之樂也〔二八〕。天地之性貴質者，蓋謂其器之不文，不謂庶物當減也。禮，天子宮懸，舞八佾。今祀圜丘方澤，宜以天子制，設宮懸之樂，八佾之舞。」奏可。

肅又議曰：「説者以爲周家祀天，唯舞雲門，祭地，唯舞咸池，宗廟，唯舞大武，似失其義矣。周禮賓客皆作備樂。左傳：『王子頽享五大夫，樂及遍舞。』六代之樂也。然則一會之日，具作六代之樂。天地宗廟，事之大者，賓客燕會，比之爲細。王制曰：『庶羞不踰牲，燕衣不踰祭服。』可以燕樂而踰天地宗廟之樂乎？周官：『以六律、六吕〔二九〕、五聲、八音、六舞大合樂，以致鬼神，以和邦國，以諧萬民，以安賓客，以悦遠人。』夫六律、六吕、五聲、八音，皆一時而作也，至於六舞獨分擘而用之，非所以厭人心也。又周官：『韎師掌教韎樂，韎，莫拜反。祭祀則帥其屬而舞之，大享亦如之。』韎，東夷之樂也。又：『鞮鞻掌四夷之樂與其聲歌，祭祀則吹而歌之，燕亦如之。』四夷之樂，乃入宗廟；先代之典，獨不得用。大享及燕曰如之者，明古今夷、夏之樂，皆主之於宗廟，而後播及其餘也。夫作先王樂者，貴能苞而用之也，納四夷之樂者，美德廣之所及也。高皇帝、太皇帝、太祖、高祖、文昭廟，皆宜兼用先代及武始、大均之舞。」尚書盧毓奏：「協律中郎將左延年議：『按周禮，以雲門祀天，咸池祀地，又令宗廟用宫縣，則祀天地宜用宫懸。』博士趙怡以爲古無四懸，四縣自周始爾，未有作古樂而用近縣也。按今天地之樂縣謂之上下管，與虞、舜笙鏞同，不言二縣，宜如故事，但設上下管而已。侍中繆襲議：『周存六代之樂，故各有所用。今樂制既亡，唯承漢氏韶、武，魏承舜，又周爲二王之統，故文始、大武、武德、武始、大鈞可以備四代之樂。奏黄鍾，舞文始以禮天地；奏太蔟，舞大武，以祀五郊、明堂；奏姑洗，舞武德，巡狩以祭四望山川；奏蕤賓，舞武始、大鈞，以祭宗廟。及二至，祀丘澤，於祭可兼舞四代。又漢有雲翹、育命之舞，不知所出。舊以祭天，今可兼以雲翹祀圜丘，兼以育命祀方澤，祀天地宜宫懸，如延年議。』司空衛臻議：『圜丘宜用大韶，樂宜宫縣。宗廟之樂，宜用武始、咸熙。』

宋文帝元嘉中，鍾宗之更調金石。至十四年，奚縱之又改之〔三〇〕。晉及宋、齊，縣鐘磬大準相似，皆十六架。

陳氏樂書曰：「自兩漢而下，晉及宋、齊，鐘磬之縣皆不過十六虡，黄鍾之宫：北方，北面，編鐘起西，其東編鐘，其東衡，其東鎛。太蔟之宫：東方，西面，起北。蕤賓之宫：南方，北面，起東。姑洗之宫：西方，東面，起南。所次並如黄鍾之宫。設建鼓於四隅，縣内四面，各有柷敔。梁武帝曰〔三一〕：『今太樂有黄鍾、姑洗、蕤賓、太蔟四格，號爲四廂〔三二〕，各置五鐘，别以五鐘應之。』然大傳言：『天子出，撞黄鍾，右五鐘皆應。』是起建丑月至建巳月也。入撞蕤賓，左五鐘皆應，是起建未月至建亥月也。合二五而十之，就黄鍾、蕤賓，則十二律之數備矣。晉太元中，楊蜀正四廂；宋元嘉中，鍾宗之調金石，不知乎此，乃用四律，律各鑄五鐘，奏樂之日，各以參之，置左則缺右，置右則缺左，失之遠矣。」

梁制，凡律呂十二月而各一鐘。天子宮縣，黃鍾、蕤賓在南北，自餘則在東西。黃鍾厢宜用鐘、磬各二十四，以應二十四氣也。當是時，因去衡鐘，設十二鎛鐘，各依辰位而應律。每一鎛鐘，設編鐘、磬各一簴〔三三〕，合三十六架，植鼓於四隅，元會備用焉。初，宋、齊以太蔟代夾鍾，在東厢西嚮，以姑洗代南呂，在西厢東嚮，不亦失乎！

梁武帝制曰：「先儒皆以宗廟宜設宮縣。按周官，奏黃鍾，歌大呂，舞雲門，以祀天神；奏太蔟，歌應鍾，舞咸池，以祭地祇；奏夷則，歌小呂，舞大濩，以享先妣；奏無射，歌夾鍾，舞大武，以享先祖。虞書云：『戛擊鳴球，搏拊琴瑟以咏，祖考來格。下管鼗鼓，合止柷敔，笙鏞以間。』周禮則分樂享祀，虞書則止鳴四縣。求之於古，無宮縣之文。按所以不宮縣者，事人禮縟，音辱，數也。事神禮簡。禮器云：『天子之堂九尺，而至敬不壇；天子龍衮，而至敬不文。』觀天下物無可以稱其德者，則以少爲貴。郊特牲云：『宗廟之器，可用也而不可使其利，所以交於神也，不可以同於所安樂之義也。』王肅初不分析此前數旨，直言用天子之制，若郊廟既均，其製二神禮文，復何以同？今宜祀天地宗廟，逐所應須便即設之，則非宮，非軒，非判，非特，直以致敬所以應施用耳。」

後魏，詔公孫崇、劉芳更造金石，又詔祖瑩理之。太樂令張乾龜謂：「瑩曰劉芳所造六格，郊丘宗廟用之。北厢黃鍾之均，實夷則之調，餘三厢，宮商不和，共用一笛。又有姑洗、太蔟二格，用之後宮，檢其聲韵〔三四〕，復是夷則。」鐘磬之縣，各有十四，瑩復更爲十六。其後元孚復詢張乾龜等，前置宮縣四厢筍虡十六，又有儀鍾十四簴，縣架首，初不叩擊。元孚始按律求聲，依十二月設縣，會旋相爲宮之義，又得律吕相生之體，亦可謂用心矣。然樂縣十二應十二中氣，古之制也，四廂十六虡〔三五〕，用四清之過也。

儀鍾十四虡，用正倍七音之過也。後周長孫紹遠謂樂以八爲數。時裴政上書以爲大舜欲聞七始，周武爰創七音，特林鍾作黄鍾以爲正調之首。詔與紹遠詳議，遂定以八數焉。後武帝讀史書，見武王克商而作七始，又欲廢八縣七，並除黄鍾正宫，用林鍾爲調首。紹遠復奏曰：「天子縣八，肇自先民，詳諸經義，又無廢八之典，且黄鍾爲君，天子正位，今欲廢之，未見其可！」後帝終廢七音。屬紹遠遘疾，慮有司遽損樂器，乃與樂部齊植言之。要之廢八縣七，非也；廢七縣八，亦非也。析之聖經，惟縣十二爲合古制矣。

隋初〔三六〕，宫縣四面，面各二虡，通十二鎛爲二十虡。各一員，建鼓四員，歌、琴、瑟、簫、筑、箏、搊箏、臥箜篌、小琵琶，四面各十人〔三七〕，在編磬下。笙、竽、長笛、横笛、簫、觱篥、篪、塤，四面各八人〔三八〕，在編鍾下。舞各八佾。宫縣簨虡，金五博山，飾以流蘇植羽，其樂器應漆者，天地之神皆朱。宗廟殿庭加五色漆，畫天神。縣内加雷鼓，地祇加靈鼓，宗廟加路鼓，殿庭不加鼓。縣工皆平巾幘，朱連裳。後牛弘等更定其制，襲後周故事，用七正七倍，合爲十四。長孫紹遠援國語、書傳七律七始之説，並據一均言之也〔三九〕。梁武帝加以濁倍三七而同爲簴。後魏公孫崇設鍾磬正倍參縣之，弘等並以爲非，而據周官縣鍾磬、堵、肆編縣二八之文，並引樂緯「宫爲君，商爲臣，君臣皆尊，各置一副，故加十四而架十六」，又參用儀禮及大傳爲宫架陳布之法。北方南向，應鍾起西，磬次之，黄鍾次之，鍾次之，大吕次之，皆東陳。一建鼓在其東，東鼓。東方西向，太蔟起北，磬次之，夾鍾次之，鐘次之，姑洗次之，皆南陳。一建鼓在其南，東鼓〔四〇〕，南方北向，中吕起東，鐘次之，蕤賓次之，磬次之，林鍾次之，皆西陳。一建鼓在其西，西鼓。西方東向，夷則起南，鐘次之，南吕次之，磬次之，無射次之，皆北陳。一建鼓在其北，西鼓。若大射，撤其北面，而加鉦鼓。祭天，雷鼓；祭地，靈鼓；宗廟，路鼓，各有鞉焉。儀禮，宫懸〔四一〕，四面設鎛鐘十二簴，各依辰位。甲、丙、庚、壬之位設鐘，乙、丁、辛、癸之位陳磬，共二十簴。宗廟殿庭郊丘及社用之。植建鼓於四隅，以象二十四氣。依月爲均，四廂同作〔四二〕，取詩毛公傳「四架皆同」之義也。每鎛鐘、建鼓別一工，鐘、磬簴別一工，歌工二，執節工一，每磬、簴、琴、瑟、箏、筑別一工，每鐘、簴、竽、笙、簫、笛、塤、篪別一工。縣内柷在東，敔在西，別一工。高祖時，宫架樂器裁有一部，殿庭用之，平陳又獲二部，宗廟郊丘分用之，至是並藏樂府，更造三部。五部二十格，工一百四十三。宗廟二十格，工一百五十；享宴二十格，工一百七；舞工各二等，並一百三十二。惟罷搊箏、卧箜篌、小琵琶、横笛、觱篥五器。然箏、筑尚存，亦未純周官之制歟！

唐樂縣之制：宫縣四面，天子用之。若祭祀，則前祀二日，太樂令設縣於壇南内壝之外，北嚮。東方、西方，磬虡起北，鐘虡次之；南方、北方，磬虡起西，鐘虡次之。鎛鐘十有二，在十二辰之位。樹雷鼓於北縣之内、道之左右，植建鼓於四隅。置柷、敔於縣内，柷在左，敔在右〔四三〕。設歌鐘、歌磬於壇上，南方北向。磬虡在西，鐘虡在東。琴、瑟、箏、筑皆一，當磬虡之次，匏竹在下。凡天神之類，皆以雷鼓；地祇之類，皆以靈鼓；人鬼之類，皆以路鼓。其設於庭，則在南，而登歌者在堂。若朝會，則加鐘磬十二虡，設鼓吹十二案於建鼓之外。案設羽葆鼓一，大鼓一，金錞一，歌、簫、笳皆二。登歌，鐘、磬各一虡，節鼓一，歌者四人，琴、瑟、箏、筑皆一，在堂上；笙、和、簫、篪、塤皆一，在堂下。若皇后享先蠶，則設十二大磬，以當辰位，而無路鼓。軒縣三面，皇太子用之。若釋奠於文宣王、武成王，亦用之。其制，去宮縣之南面。判縣二面，唐之舊禮，祭風伯、雨師、五嶽、四瀆用之。其制〔四四〕，去軒縣之北面，皆植建鼓於東北、西北二隅。特縣，去判縣之西面，或陳於階間，有其制而無所用。凡直者爲虡，横者爲簨〔四五〕。虡以縣鐘磬，皆十有六，周人謂之一堵，而唐人謂之一虡。自隋以前，宮縣二十虡。及隋平陳，得梁故事用三十六虡，遂用之。唐初，因隋舊，用三十六虡。高宗蓬萊宮成，增用七十二虡。至武后時省之。開元定禮，始依古制爲二十虡。至昭宗時〔四六〕，宰相張濬已修樂縣，乃言舊制太清宮、南北郊、社稷及諸殿庭用二十虡，而太廟、含元殿用三十六虡，濬以爲非古，而廟庭狹隘，不能容三十六，乃復用二十虡。而鐘虡四，以當甲丙庚壬，磬虡四，以當乙丁辛癸，與開元禮異，而不知其改制之時。或說以鐘磬應陰陽之位，此禮經所不著。宮縣、登歌，工人皆介幘，朱連裳，革帶，烏皮履。鼓人及階下二人皆武弁，朱褔衣，革帶，烏皮履，若在殿庭，加白練襤襠，白布襖，吹鼓二人亦如之。皇后庭、諸后廟及郊祭，立二十架，同舞八佾。先聖及皇太子朝廟並九架，舞六佾。縣間設柷敔各一，柷左敔右。錞于、撫拍、頓相、鐃、鐸次列於路鼓南。舞人列於縣北。登歌二架，登於堂上兩楹之前。編鐘在東，編磬在西。登歌工人坐堂上，竹人立堂下。殿庭加設鼓吹於四隅。燕享陳清樂、西涼樂〔四七〕。架對列於左右廂，設舞筵於其間。舊皇后庭但設絲管，隋大業尚侈，始置鐘磬，猶不設鎛鐘，以鎛磬代。武太后稱制，用鐘，因而莫革。

唐凡宮縣、軒縣之作，奏二舞以爲衆樂之容：一曰文舞，二曰武舞。宮縣之舞八佾，軒縣之舞六佾。

文舞之制，左執籥，右執翟，二人執纛以引之。文舞六十四人，供郊廟，服委貌冠，玄絲布大袖〔四八〕，白練領褾。白紗中單，絳領褾，絳布大口袴，革帶，烏皮履，白布襪。其執纛人衣冠各同。文舞謂之九功。武舞之制，左執干，右執鏚〔四九〕，二人執旌居前〔五〇〕，二人執鼗，二人執鐸，四人持金錞，二人奏之，二人執鐃以次之，二人執相在左，二人執雅在右。武舞六十四人，供郊廟，服平冕〔五一〕，餘同文舞。若供殿庭，服武弁，平巾幘，金支緋絲布大袖，裲襠〔五二〕，甲金飾，白練褴褶，錦騰蛇起梁帶豹文，大口布袴，烏布鞋。其執旌人衣冠各同當色舞人，餘同工人也。武舞謂之七德。凡簨虡，飾以崇牙、流蘇、樹羽。宮縣每架則金五博山，軒縣則金三博山。鼓承以花趺，覆以華蓋。樂縣橫曰簨，竪曰虡。飾簨以飛龍，飾趺以飛廉，鐘簨以鷙獸，磬虡以鷙鳥。上列樹羽，旁縣流蘇，周制也。縣以崇牙，殷制也。飾以博山，後代所加也。凡樂器之飾，天地之神尚赤，宗廟及殿庭尚彩，東宮亦赤。凡中宮之樂，則以大磬代鐘鼓，餘如宮縣之制。凡磬，天地之神用石，宗廟及殿庭用玉。凡有事於天神用雷鼓、雷鼗，地神用靈鼓、靈鼗，宗廟及帝社用路鼓、路鼗，皆建於宮縣之內。凡大宴會，設十部之伎於庭，以備華夷：一曰燕樂伎，有景雲之舞、慶善樂之舞〔五三〕、破陣樂之舞、承天樂之舞；二曰清樂伎；三曰西涼伎；四曰天竺伎；五曰高麗伎；六曰龜茲伎；七曰安國伎；八曰疏勒伎；九曰高昌伎；十曰康國伎。其十部所用工人、樂器，在清樂及四方樂篇中。每先奏樂三日，太樂令宿設縣於庭。其日，率工人入居次。協律郎舉麾，樂作；僕麾〔五四〕，樂止。文舞退，武舞進。

陳氏樂書曰：「天寶之亂，肅宗克復兩京。至德以來，惟正旦含元殿受朝賀，設宮架，自餘郊廟大祭，但有登歌〔五五〕，無壇下庭中樂舞矣。僖宗廣明之後，金奏幾亡，而搜募架器，略無存者。昭宗將謁郊廟，而有司請造架樂，於是宰相張濬爲修奉樂架〔五六〕，使悉集太常，諸工詢逮不得其法。博士商盈孫練故實，轉算取法，以鎛鐘之輕重高徑，還定編鐘，以相參檢，正黄鍾九寸五分，倍應鍾三寸三分半，凡爲四十八等，繪狀以聞。乃詔金工依法鑄之，得二百四十枚。濬先令處士蕭承訓、梨園樂工陳言較定石磬，至是合奏焉。音韻克諧。時營復太廟，其庭陋狹，濬因建議曰：『舊制，太廟、含元殿設架三十六格，南北郊、社稷、太清宫及餘殿各二十格。兵興以來，雅樂淪缺，請仍周漢故事，設樂虡二十。』詔以爲可，亦姑適時宜也〔五七〕。唐之樂架，雖稍罷隋之侈長，然自皇太子而下，並無樂架之制，而尊卑無别，非先王之舊也。」

後周世宗詔王朴詳定雅樂。朴以爲今之鐘磬在架者，皆唐商盈孫所定，雖有作器之名，而無相應之實。至於十二鎛鐘，不考宫商，但循環擊之，鐘磬徒架而已。朴乃作準求律，以備樂器。張昭等議，以爲朴之新法，可習而行之。未幾，朴卒。明年，周室禪位，故器服制度，粗而未完。

宋太祖建隆初，修復器服四架，二舞、十二案之制，位置陳布多仍唐舊〔五八〕。然承兵戰之餘，制度草創，故施於殿庭，樂止二十格。乾德中，祕書監尹拙建言，宜增三十六虡。唐設工員頗多，今則至少宜補其數，使無缺而已。於是詔定架工一百四十，登歌工二十五，樂虡三十六。舊編鐘之下，列笙竽笛簫塤篪之工；編磬之下，列偶歌琴瑟箏筑之工。其後悉集樂工重列於架中，歌者最在前，而以九絃琴、五絃、七絃琴，箏，瑟，筑分列歌工之左右，又塤篪笛簫巢竽之工十六，次歌者之後。真宗享，見昭應、景靈宫皆用備樂，景靈庭中只施二十格〔五九〕。唐制：大中小祠用樂，咸以宫架、軒架爲之序，雖有司攝事亦如之。至宋朝，惟天地、感帝、宗廟用樂，天子親行，宫架、登歌具焉。有司攝祠，止奏登歌。初，太祖即位，並準唐禮，郊祀樂，設二十虡。開寶中，祠南郊，有司設增三十六格。至太宗時，有司發其誤，欲復舊禮，詔不許，因遂爲常。真宗景德中，乃詔大祠悉用樂。仁宗又詔釋奠文宣王、武成王及祀先農得用樂。是時垂意制作，敕李照等改鑄鐘鎛，權損鐘磬架十六之數，用十二枚以應月律〔六〇〕。

先是，架隅建鼓不擊，別施散鼓於架內代之。乾德中，尹掘奏去散鼓，而樂工積習遂不能罷。又祀天地宗廟，雖設雷鼓、靈鼓、路鼓，擊不能聲，又無三鼓，至於簨虡刻畫，亦多失傳，或鷙禽飾於鐘虡，或猛獸負於磬趺，或木鳳棲於鼓上，或山華以爲植羽。至是悉詔有司革正其謬，更造建鼓、鼙應十二，依李照所奏，以月建爲均，與鎛鐘相應。照又謂別作晉鼓以爲樂節。按乾德詔書云：散鼓不用，復造三鼗，祀天以雷鼓八面，面各一工，前一工左播鼗，右擊鼓，餘七工皆隨擊焉。靈鼓、路鼓亦如之。又增大竽、大笙、雙鳳管、兩儀琴、十二絃琴五器於樂架，未幾，照所建白皆罷，真可爲太息也。然古之樂架，特鐘十二，編鐘十二，特磬十二，編磬十二，合四十八虡而爲宮架。今用三十六虡，恐未合先王之制也。誠詔有司去箏筑之器，削二變四清之聲，而講先王樂架之制，亦庶乎復古矣。

神宗元豐四年十一月，詳定所言：「『搏拊琴瑟以咏』，則堂上之樂，以象朝廷之治；『下管鼗鼓』，『合止柷敔』，『笙鏞以間』，則堂下之樂，以象萬物之治。後世有司失其傳，歌者在堂，兼設鐘磬；宮架在庭，兼設琴瑟；堂下匏竹，寘之於床：並非其序。請親祠宗廟及有司攝事〔六一〕，歌者在堂，不設鐘磬；宮架在庭，不設琴瑟；堂下匏竹，不寘於床。其郊壇上下之樂，亦以此爲正，而有司攝事如之。」又言：以小胥宮縣推之，則天子鐘、磬、鎛十二虡爲宮縣，明矣。故或以爲配十二辰，或以爲配十二次，則虡無過十二〔六二〕。先王之制廢，學者不能考其數。隋、唐以來，有謂宮懸當十二虡，甚者又以爲三十六虡〔六三〕。方唐之盛日，有司攝事，樂並用宮縣。至德後，太常聲音之工散亡，凡郊廟有登歌而無宮縣，後世因仍不改。請郊廟有司攝事，改用宮架十二〔六四〕。」太常以爲用宮架十二〔六五〕，則律吕均聲不足，不能成均。請如禮：宮架四面如辰位，設鎛鐘十二，而甲、丙、庚、壬設鐘，乙、丁、辛、癸設磬，位各一虡；四隅植建鼓，以象二十四氣。宗廟、郊丘如之。

徽宗政和三年四月，議禮局上親祠登歌之制：大朝會同。金鐘一，在東；玉磬一，在西：俱北向。柷一，在金鐘北，稍西；敔一，在玉磬北，稍東。搏拊二：一在柷北，一在敔北，東西相向。一絃、三絃、五絃、七絃、九絃琴各一，瑟四，在金鐘之南，西上；玉磬之南亦如之，東上。又於午階之東，太廟則於泰階之東，宗祀則於東階之西，大朝會則於丹墀香案之東。設笛二、篪一〔六六〕、巢笙二、和笙二，爲一列，西上。大朝會，和笙在笛南。壎一，在笛南。大朝會在篪南。閏餘匏一，簫一，各在巢笙南。又於午階之西，太廟則於泰階之西，宗祀則於西階之東，大朝會則於丹墀香案之西〔六七〕。設笛二、篪一、巢笙二、和笙二，爲一列，東上。壎一，在笛南。七星匏一、九星匏一，在匏笙南。簫一，在九星匏西。鐘、磬、柷、敔、搏拊、琴、瑟工各坐於壇上，太廟、宗祀、大朝會則於殿上。壎、篪、笙、笛、簫、匏工並列於午階之東西。太廟則於泰階之東西，宗祀則於兩階之間〔六八〕，大朝會則於丹墀香案之東西。樂正二人在鐘、磬南，歌工四人在敔東。俱東西相向。執麾挾仗色掌事一名，在樂虡之西，東向。樂正紫公服，大朝會服絳朝服，方心曲領，緋白大帶，金銅革帶，烏皮履。樂工黑介幘，執麾人平巾幘，並緋繡鸞衫、白絹袜袴、抹帶。大朝會同。

又上親祠宮架之制：景靈宮、宣德門、大朝會附。四方各設編鐘三、編磬三。東方，編鐘起北，編磬間之，東向。西方，編磬起北，編鐘間之，西向。南方，編磬起西，編鐘間之；北方，編鐘起西，編磬間之：俱北向。設十二鎛鐘、特磬於編架內，各依月律。四方各鎛鐘三、特磬三。東方，鎛鐘起北〔六九〕，特磬間之，東向。西方，特磬起北，鎛鐘間之，西向。南方，特磬起西，鎛鐘間之；北方，鎛鐘起西，特磬間之：皆北向。景靈宮、天興殿鎛鐘、編鐘、編磬如每歲大祠宮架陳設。植建鼓、鞞鼓、應鼓於四隅，建鼓在中，鞞鼓在左，應鼓在右。設柷、敔於北架內：柷一，在道東；敔一，在道西。設瑟五十二，朝會五十六。宣德門五十四。列爲四行：二行在柷東，二行在敔西。次，一絃琴七，左四右三。次，三絃琴一十有八；宣德門二十。次，五絃琴一十有八：宣德門二十。並分左右。次，七絃琴二十有三；次，九絃琴二十有三：並左各十有二，右各十有一。宣德門七絃、九絃各二十五，並左十有三，右十有二。次，巢笙二十有八，分左右。宣德門三十二。次，匏笙三，在巢笙之間，左二、右一。次，簫二十有八；宣德門、大朝會三十。次，竽二十；次，篪二十有八；宣德門三十六。朝會篪三十三：左十有七，右十有六。次，塤一十有八；宣德門、朝會二十。次，笛二十有八：並分左右。宣德門笛三十六。朝會三十三：左十有七，右十有六。雷鼓、雷鼗各一，在左；又雷鼓、雷鼗各一，在右：地祇：靈鼓、靈鼗各二。太廟：路鼓、路鼗各二。大朝會晉鼓二。宣德門不設。並在三絃、五絃琴之間，東西相向。晉鼓一，在匏笙間，少南北向。

副樂正二人在柷、敔之前，北向。歌工三十有二，宣德門四十。朝會三十有六。次柷、敔，東西相向，列爲四行，左右各二行。樂師四人，在歌工之南北，東西相向。運譜二人，在晉鼓之左右，北向〔七〇〕。執麾挾仗色掌事一名，在樂虡之右，東向。副樂正同樂正服，大朝會同樂正朝服。樂師緋公服，運譜綠公服，大朝會介幘，絳褠衣，白絹抹帶。樂工執麾人並同登歌執麾人服。朝會同。

又上親祠二舞之制：大朝會同〔七一〕。文舞六十四人〔七二〕，執籥翟；武舞六十四人，執干戚：俱爲八佾。文舞分立於表之左右〔七三〕，各四佾。引文舞二人，執纛在前，東西相向。舞色長二人，在執纛之前〔七四〕，分東西。若武舞則在執旌之前。引武舞，執旌二人，鼗二人，雙鐸二人，單鐸二人，鐃二人，持金錞四人，奏金錞二人，鉦二人，相二人，雅二人，各立於宫架之東西，北向，北上，武舞在其後。舞色長幞頭、抹額、紫繡袍。引二舞頭及二舞郎，並紫平冕、皂繡鸞衫、金銅革帶、烏皮履。大朝會引文舞頭及文舞郎並進賢冠、黄鸞衫、銀褐裙、緑褡襠、革帶、烏皮履；引武舞頭及武舞郎並平巾幘，緋鸞衫、黄畫甲身、紫褡襠、豹文大口袴〔七五〕、起梁帶、烏皮鞾。引武舞人，武弁、緋繡鸞衫、抹額、紅錦臂韝、白絹袴、金銅革帶、烏皮履。大朝會同。

又上大祠、中祠登歌之制：編鐘一，在東；編磬一，在西：俱北向。柷一，在編鐘之北，稍西；敔一，在編鐘之北〔七六〕，稍東。搏拊二：一在柷北，一在敔北，俱東西相向〔七七〕。一絃、三絃、五絃、七絃、九絃琴各一，瑟一，在編鐘之南，西上。編磬之南亦如之，東上。壇下午階之東，太廟、别廟則於殿下泰階之東，明堂、祠廟則於東階之西。設笛一、篪一、塤一，爲一列，西上。和笙一，在笛南；巢笙一，在篪南；簫一，在塤南。午階之西亦如之，東上。太廟、别廟則於泰階之西，明堂、祠廟則於西階之東〔七八〕。鐘、磬、柷、敔、搏拊、琴、瑟工各坐於壇上，明堂、太廟、别廟於殿上，祠廟於堂上。塤、篪、笛、笙、簫工並立於午階東西。太廟、别廟於泰階之東西，明堂、祠廟於兩階之間，若不用宫架，即登歌工人並坐。樂正二人在鐘、磬南，歌工四人在敔東，俱東西相嚮。執麾挾仗色掌事一名，在樂虡之西，東向。樂正公服，執麾挾仗色掌事平巾幘，樂工黑介幘，並緋繡鸞衫、白絹抹帶。

三京師府等每歲祭社稷，祀風師、雨師、雷神，釋奠文宣王，用登歌樂，陳設樂器並同，每歲大、中祠登歌〔七九〕。

又上大祠宮架、二舞之制：四方各設鎛鐘三，各依月律。編鐘一，編磬一。北方，應鐘起西，編鐘次之，黄鐘次之，編磬次之，大吕次之，皆北向。東方，太蔟起北，編鐘次之，夾鐘次之，編磬次之，姑洗次之，皆東向。南方，仲吕起東，編鐘次之，蕤賓次之，編磬次之，林鍾次之，皆北向。西方，夷則起南，編鍾次之，南吕次之，編磬次之，無射次之，皆西向。設十二特磬，各在鎛鐘之内。植建鼓、鞞鼓、應鼓於四隅〔八〇〕。設柷、敔於北架内，柷在左，敔在右。雷鼓、雷鼗各二，地祇用靈鼓、靈鼗，太廟、別廟以路鼓、路鼗。分東西，在歌工之南〔八一〕，瑟二，在柷東。次一絃、三絃、五絃、七絃、九絃琴各二，各爲一列。敔西亦如之。巢笙、簫〔八二〕、竽、篪、塤、笛各四，爲四列，在雷鼓之後；若地祇即在靈鼓後，太廟、別廟在路鼓後。晉鼓一，在笛之後：俱北向。副樂正二人在柷、敔之北。歌工八人，左右各四，在柷、敔之南，東西相向。執麾挾仗色掌事一名，在宮架西，北向。副樂正本色公服，執麾挾仗色掌事及樂正平巾幘，服同登歌樂工。凡軒架之樂三面，其制，去宮架之南面；判架之樂二面，其制，又去軒架之北面；特架之樂一面。文武二舞並同親祠，二舞郎並紫平冕、皂繡袍、銀褐裙、白絹抹帶，與親祠稍異。詔並頒行。

校勘記

〔一〕周之升歌　「升」原作「聲」，據樂書卷一一三改。

〔二〕則聲依永也　五字原脱，據樂書卷一一三補。

〔三〕然後上下合奏而不失中和之紀矣　「下」字原脱，據樂書卷一一三補。

〔四〕若夫荀卿謂君子以鐘鼓導志以琴瑟樂心動以干戚從以磬管周頌謂鍾鼓喤喤磬管將將　「志以琴瑟樂心動以干戚從以磬管周頌謂鍾鼓喤喤磬管將」二十四字原脱，據樂書卷一一三補。

〔五〕磬師教縵樂燕樂之鐘磬　「磬師」原作「笙師」，據周禮磬師改。

〔六〕晉武帝別置女樂三十人於黃帳外奏　「奏」字原脱，據樂書卷一一三補。

〔七〕請曲縣繁纓以朝諸侯禮也　「侯」下原衍「之」字，「也」字原脱，據周禮小胥注删補。

〔八〕又空北面　「又」原作「空」，據元本、慎本、馮本及周禮小胥注改。

〔九〕諸侯之卿大夫　六字原脱，據周禮小胥注補。

〔一〇〕士亦半天子之士　上「士」字原脱，據周禮小胥注補。

〔一一〕中呂鐘中呂磬　二「中呂」，樂書卷一一三皆作「南呂」。

〔一二〕古者天子將出　「古者」原作「自古」，據樂書卷一一三删補。

〔一三〕而動者皆和　「者」字原脱，據樂書卷一一三補。

〔一四〕大司樂　「樂」原作「農」，據周禮大司農、樂書卷一一三改。

〔一五〕晉元帝備四廂金石　「石」原作「玉」，據樂書卷一一三改。

〔一六〕鄉射笙入於縣中　「入」字原脱，據儀禮鄉射禮、樂書卷一一三補。

〔一七〕鄉飲酒　「酒」字原脱，據儀禮鄉飲酒禮補。

〔一八〕皆特縣者　「者」下原衍「也」字，據樂書卷一一三删。

〔一九〕樂人宿縣於阼階東　「於」原作「爲」，據儀禮大射、樂書卷一一三改。

〔二〇〕應鼙在其東南鼓　「其」字原脱，據儀禮大射補。

〔二一〕頌磬東面　「面」原作「南」，據儀禮大射改。

〔二二〕王之卿大夫判縣　「之」原作「制」，據樂書卷一一三改。

〔二三〕遷就而爲之制也　「制」原作「志」，據上引書卷改。

〔二四〕鐘鎛所以應鼓者也　「鼓」原作「歌」，據樂書卷一一三改。

〔二五〕先王所以奉事而祭祀之　「之」字原脱，據樂書卷一一三補。

〔二六〕無以稱其德者　「者」字原脱，據樂書卷一一三補。

〔二七〕漢舊儀　通典卷一四四樂典四作「漢儀」。

〔二八〕謂盡用宫懸之樂也　「謂盡用」三字原脱，據宋書卷一九樂志一補。

〔二九〕六吕　「吕」下原衍「同」字，據周禮大司樂删。

〔三〇〕至十四年奚縱之又改之　「至」字與「年」字原脱，「奚縱之」原作「奚縱」，據元本、慎本、馮本及通典卷一四一樂典一補改。

〔三一〕梁武帝曰　「梁」字原脱，據樂書卷一一四補。

〔三二〕號爲四廂　「廂」原作「指」，據樂書卷一一四改。

〔三三〕設編鐘磬各一簴　「簴」字原重，據樂書卷一一四删。

〔三四〕檢其聲韵　「韵」原作「用」，據魏書卷一〇九樂志改。

〔三五〕四厢十六虡　「虡」原作「義」，據樂書卷一一四改。

〔三六〕隋初　「初」字原脱，據樂書卷一一四補。

〔三七〕四面各十人　「四」字原脱，據隋書卷一四音樂志中補。

〔三八〕四面各八人　「四」字原脱，據隋書卷一四音樂志中補。

〔三九〕並據一均言之也　「均」字原脱，據隋書卷一四音樂志中補。

〔四〇〕一建鼓在其南東鼓　「南」原作「東」，「東」原作「南」，據隋書卷一五音樂志下改。

〔四一〕宫懸　「懸」原作「架」，據通典卷一四四樂典四改。

〔四二〕四厢同作　「厢」原作「廟」，據隋書卷一五音樂志下、通典卷一四四樂典四改。

〔四三〕柷在左敔在右　新唐書卷二一禮樂志一一「左」作「右」，「右」作「左」。

〔四四〕其制　「制」字原脱，據元本、慎本、馮本及新唐書卷二一禮樂志一一補。

〔四五〕凡直者爲虡横者爲簨　「虡」原作「簨」，「簨」原作「虡」，據舊唐書卷二九音樂志二、禮記明堂位注改。

〔四六〕至昭宗時　「時」字原脱，據新唐書卷二一禮樂志一一補。

〔四七〕西凉樂　「西」字原脱，據通典卷一四四樂典四補。

〔四八〕玄絲布大袖　「絲」原作「系」，據慎本及通典卷一四四樂典四改。

〔四九〕右執鍼　「鍼」原作「鉞」，據通典卷一四四樂典四改。

〔五〇〕二人執旌居前　「二」原作「一」，據通典卷一四四樂典四改。

〔五一〕服平冕　「服」字原脱，據通典卷一四四樂典四補。

〔五二〕禰襠　「禰」字原脱，據通典卷一四四樂典四補。

〔五三〕慶善樂之舞　「樂」字原脱，據通典卷一四四樂典四補。

〔五四〕僕麾　「僕」原作「十」，據通典卷一四四樂典四改。

〔五五〕但有登歌　「有」字原脱，據樂書卷一一四補。

〔五六〕於是宰相張濬爲修奉樂架　「宰相」二字原脱，據樂書卷一一四補。

〔五七〕亦姑適時宜也　「適」原作「通」，據樂書卷一一四改。

〔五八〕陳布多仍唐舊　「布」原作「而」，據元本、慎本、馮本及樂書卷一一四改。

〔五九〕景靈庭中只施二十格　「庭」字原脱，據樂書卷一一四補。

〔六〇〕用十二枚以應月律　「月」字原脱，據樂書卷一一四補。

〔六一〕請親祠宗廟及有司攝事　「請」原作「謂」，據宋史卷一二八樂志三改。

〔六二〕則虡無過十二　「虡」字原脱，據宋史卷一二八樂志三補。

〔六三〕有謂宮懸當十二虡甚者又以爲三十六虡　二「虡」字原脱，據宋史卷一二八樂志三補。

〔六四〕改用宮架十二　「宮」原作「樂」，據宋史卷一二八樂志三改。

〔六五〕太常以爲用宮架十二　「宮」原作「樂」，據宋史卷一二八樂志三改。

〔六六〕篪一　宋史卷一二八樂志三同。政和五禮新儀卷六親祠登歌「一」作「二」。

〔六七〕大朝會則於丹墀香案之西　「於」下原衍「西」，據宋史卷一二九樂志四、政和五禮新儀卷六親祠登歌删。

〔六八〕宗祀則於兩階之間　「則」字原脱，據宋史卷一二九樂志四、政和五禮新儀卷六親祠登歌補。

〔六九〕鎛鐘起北　「鎛鐘」二字原倒，據宋史卷一二九樂志四、政和五禮新儀卷六親祠登歌乙正。

〔七〇〕北向　「北」字原脱，據宋史卷一二九樂志四、政和五禮新儀卷六親祠登歌補。

〔七一〕大朝會同　「同」原作「附」，據宋史卷一二九樂志四改。

〔七二〕文舞六十四人　「舞」原作「武」，據局本及宋史卷一二九樂志四、政和五禮新儀卷六親祠宮架改。

〔七三〕文舞分立於表之左右　「舞」原作「武」，據宋史卷一二九樂志四、政和五禮新儀卷六親祠登歌改。

〔七四〕舞色長二人在執纛之前　「長」字及「執」字原脱，據宋會要樂五之二二補。

〔七五〕豹文大口袴　「大口」二字原倒，據宋史卷一二九樂志四、政和五禮新儀卷六親祠宮架乙正。

〔七六〕在編鐘之北　「之北」二字原脱，據宋會要樂五之二二、政和五禮新儀卷六大祠登歌補。「鐘」，宋史卷一二九樂志四作「磬」。

〔七七〕俱東西相向　「相」字原脱，據宋史卷一二九樂志四、宋會要樂五之二二、政和五禮新儀卷六大祠登歌補。

〔七八〕則於西階之東　「西」原作「兩」，據宋史卷一二九樂志四、政和五禮新儀卷六大祠登歌改。

〔七九〕每歲大中祠登歌　「歌」下原衍「樂」字，據宋史卷一二九樂志四刪。

〔八〇〕植建鼓鞞鼓應鼓於四隅　「植」下原衍「庭」字，據宋史卷一二九樂志四、政和五禮新儀卷六大祠登歌刪。

〔八一〕在歌工之南　宋會要樂五之二四同。宋史卷一二九樂志四、政和五禮新儀卷六大祠登歌「南」作「側」。

〔八二〕簫　原脱，據宋會要樂五之二四、政和五禮新儀卷六大祠登歌補。

卷一百四十一　樂考十四

樂歌

虞書：「帝曰：『夔！命汝典樂，教胄子。直而温，寬而栗，剛而無虐，簡而無傲。詩言志，歌永言，謂詩言志以導之，歌咏其義以長其言。聲依永，律和聲，聲謂五聲，律謂十二律，言當依聲律以和樂。八音克諧，無相奪倫，神人以和。』」倫，理。「禹曰：『於，帝念哉！德惟善政，政在養民。水、火、金、木、土、穀，惟修；正德、利用、厚生，惟和；九功惟叙，九叙惟歌。戒之用休，董之用威，勸之以九歌，俾勿壞。』」休，美。董，督也。言善政之道，美以戒之，威以督之，歌以勸之，使政勿壞，在此三者而已。左傳：「九功之德，皆可歌也，謂之九歌。六府、三事，謂之九功。水、火、金、木、土、穀，謂之六府；正德、利用、厚生，謂之三事。」「帝曰：『予欲聞六律、五聲、八音，在治忽，以出納五言，汝聽！』」言欲以六律和聲音，在察天下治理及忽怠者，又以出納仁義禮智信五德之言，施於民以成化，汝當審聽之。「工以納言，時而颺之。」工，樂官，掌誦詩以納諫，當是正其義而颺道之。「帝庸作歌曰：『敕天之命，惟時惟幾。』敕，正也。奉承天命以臨民，惟在順時，惟在慎微。乃歌曰：『股肱喜哉，元首起哉，百工熙哉。』皋陶拜手稽首颺言曰：『念哉！率作興事，慎乃憲，欽哉！屢省乃成，欽哉！』屢，數也。當數顧省汝成功，敬終以善無懈怠。乃賡載歌曰：『元首明哉，股肱良哉，庶事康哉。』又歌曰：『元首叢脞哉，股肱惰哉，萬事墮哉。』叢脞，言細碎無大略。君如此，則臣懈惰〔一〕，萬事墮廢，其功不成。歌以申戒也〔二〕。帝拜曰：『俞往欽哉。』」

舜作五絃之琴，以歌南風。其詩曰：「南風之時兮，可以阜吾人之財兮〔三〕；南風之薰兮，可以解吾人之慍兮。」

夏太康失道，畋遊十旬弗反。其弟五人，待於洛汭，述大禹之戒，作五子之歌。

右是爲虞、夏之詩，乃三百五篇以前者。蓋嘗以爲詩之體有三：曰風，曰雅，曰頌。風、雅雖有一國、天下之不同，然大概：風者，閭閻之間民庶之所吟諷，所謂陳詩以觀民風是也；雅者，朝廷之上君臣之所咏歌，所謂王政所由廢興是也，其詩則施之於宴享；頌者，美盛德告成功者也，其詩則施之於祭祀。然未有三百五篇之前，如康衢，如擊壤，則風之祖也；如九歌，如喜起，如南風，則雅之祖也；如五子之歌，則又變風、變雅之祖；若頌者，獨無所祖。書曰：「八音克諧，神人以和。」又曰：「搏拊琴瑟以咏，祖考來格。」則祭祀亦必有詩歌。而無可考者，意者太古之時，詩之體未備。和氣所感，和聲所播，形爲詩歌，被之金石管絃，施之燕享祭祀，均此詩也，未嘗不可通用，初不必歌功頌德，極揄揚贊嘆之盛而後謂之頌也。至周之時，風、雅、頌之别始截然。周室既東，而詩、樂亦頗殘缺失次，必孔子之聖，周流四方，參互考訂，然後能知其説，所謂「吾自衛反魯，然後樂正，雅、頌各得其所」是也。然肆夏、樊遏、渠即時邁、執競、思文也。本頌也，而叔孫穆子以爲天子享元侯之詩，豈周人雅、頌亦通用邪？或叔孫穆子之時，未經夫子釐正，故簡編失次，遂誤以頌爲雅邪？

周禮：大司樂掌成均之法，以治建國之學政，而合國之子弟焉。以樂語教國子，興、道、諷、誦、言、語。興者以善物喻善事，道者言古以刺今。倍文曰諷，以聲節之曰誦，發端曰言，答述曰語。太師教六詩：曰風，曰賦，曰比，曰興，曰雅，曰頌。以六德爲之本，以六律爲之音。瞽矇掌九德六詩之歌，以役太師。役，爲之使也。

前漢禮樂志：「周詩既備，而其器用張陳，周官具焉〔四〕。典者自卿大夫師瞽以下，皆選有道德之人，朝夕習業，以教國子。國子者〔五〕，卿大夫之子弟也，皆學九德，誦六詩，習六舞、五聲、八音之和。」「然自雅、頌之興，而所承衰亂之音猶在，是謂淫過凶嫚之聲，爲之設禁焉。」

陳氏樂書曰：「周官大司樂言奏九德之歌、九磬之舞。瞽矇掌九德之歌，以役太師。大磬，舜樂也，謂之九磬之舞；則大夏，禹樂也，謂之九德之歌，豈非九夏之樂乎？」

樂師：「凡射，王以騶虞爲節〔六〕，諸侯以貍首爲節，大夫以采蘋爲節，士以采蘩爲節，及徹，帥學士而歌徹。」註云：「徹者歌雍，雍在周頌臣工之什。」

儀禮鄉飲酒：「工歌鹿鳴、四牡、皇皇者華，笙南陔、白華、華黍；乃間歌魚麗，笙由庚；歌南有嘉魚，笙崇邱；歌南山有臺，笙由儀；乃合樂：周南關雎、葛覃、卷耳，召南鵲巢、采蘩、采蘋。孔氏曰：「召南三篇，越草蟲而取采蘋，蓋采蘋初在草蟲之前，孔子以後，簡札始倒。」工告於樂正曰：正樂備。」

燕禮：「工歌鹿鳴、四牡、皇皇者華，笙奏南陔、白華、華黍；乃間歌魚麗，笙由庚；歌南有嘉魚，笙崇邱；歌南山有臺，笙由儀。遂歌鄉樂：周南關雎、葛覃、卷耳，召南鵲巢、采蘩、采蘋。太師告於樂正曰：正歌備。」

陳氏樂書曰：「工歌，則琴瑟以咏而已，笙不與焉。笙入，則衆笙而已，間歌不與焉。間歌，則歌吹間作，未至於合樂也。合樂，則工歌，笙入間歌並作，而樂於是備矣。大用之天下，小用之一國，其於移風易俗，無自不可，况用之鄉人乎？風天下而正夫婦，實本於此。然則觀之者，豈不知王道之易易也哉？鄉飲酒義曰：『工入，升歌三終，主人獻之；笙入三終，主人獻之；間歌三終，合樂三終，工告樂備〔七〕，遂出。一人揚觶，乃立司正焉，知其能和樂而不流也。』由是觀之，工歌鹿鳴、四牡、皇華，所以寓君臣之教，則升歌三終也。笙入堂下，磬南北而立，樂南陔、白華、華黍，所以寓父子之教，則笙入三終也。間歌魚麗，笙由庚；歌南有嘉魚，笙崇邱；歌南山有臺，笙由儀，所以寓上下之教，間歌三終也。合樂：周南關雎、葛覃、卷耳，召南鵲巢、采蘩、采蘋，所以寓夫婦之教，則合樂三終也。三終雖主於詩篇，亦樂成於三，以反爲文故也。」

大射禮：「乃歌鹿鳴三終，乃管新宮三終，篇亡。奏貍首以射。」

射義曰：「天子以騶虞爲節，諸侯以貍首爲節，卿大夫以采蘋爲節，士以采蘩爲節。」詩云：「曾孫侯氏，四正具舉，大夫君子，凡以庶士，小大莫處。御于君所，以燕以射，則燕則譽。」註云：「騶虞、采蘋、采蘩，今詩篇名。貍首，逸。曾孫侯氏，謂諸侯也。」

春秋左氏傳曰：「文公四年，衛甯武子來聘，公與之宴，爲賦湛露及彤弓。不辭，又不答賦。使行人私焉。對曰：『臣以爲肄業及之也。肄，習也。魯人失所賦，甯武子佯不知，此所謂其愚不可及。昔諸侯朝正於王，朝而受正教也。王宴樂之，於是乎賦湛露，則天子當陽，諸侯用命也。諸侯敵王所愾而獻其功，敵，當也。愾，恨怒也。王於是乎賜之彤弓一，彤矢百，旅弓矢千，以覺報宴。覺，明也。今陪臣來繼舊好，方論天子之樂，故自稱陪臣。君辱貺之，其敢干大禮以自取戾？』」

「襄公四年，穆叔如晉報聘，晉侯享之，金奏肆夏之三，不拜；肆夏、樊、遏渠，即時邁、執競、思文也。工歌文王之三，又不拜；文王、大明、緜。歌鹿鳴之三，三拜。鹿鳴、四牡、皇皇者華。韓獻子使行人子員問之，曰：『子以君命辱於敝邑。先君之禮，藉之以樂，以辱吾子。吾子舍其大，而重拜其細，何也？』對曰：『三夏，天子之所以享元侯也，使臣不敢與聞；文王，兩君相見之樂也，臣不敢及；鹿鳴，君所以嘉寡君也，敢不拜嘉；四牡，君所以勞使臣也，敢不重拜；皇皇者華，君教使臣曰，必諮於周。臣聞之，訪問於善爲咨，咨親爲詢，咨禮爲度，咨事爲諏，咨難爲謀。臣獲五善，敢不重拜？』」

「襄公二十九年，吳公子札來聘，請觀於周樂，使工爲之歌周南、召南。曰：『美哉！始基之矣，猶未也，然勤而不怨矣。』爲之歌邶鄘衛，曰：『美哉，淵乎！憂而不困者也。吾聞衛康叔、武公之德如是，是其衛風乎！』爲之歌王，曰：『美哉！思而不懼，其周之東乎！』爲之歌鄭，曰：『美哉！其細已甚，民弗堪也，是其先亡乎！』爲之歌齊，曰：『美哉，泱泱乎，大風也哉！表東海者，其太公乎！國未可量也。』爲之歌豳，曰：『美哉，蕩乎！樂而不淫，其周公之東乎！』爲之歌秦，曰：『此之謂夏聲。夫能夏則大，大之至也，其周之舊乎！』爲之歌魏，曰：『美哉，渢渢乎！大而婉，險而易行，以德輔此，則明主也。』爲之歌唐，曰：『思深哉！其有陶唐氏之遺民乎！不然，何憂之遠也？非令德之後，誰能若是！』爲之歌陳，曰：『國無主，其能久乎？』淫聲放蕩，無所畏忌，故曰國無主。自檜以下無譏焉。爲之歌小雅，曰：『美哉！思而不貳，怨而不言，其周德之衰乎！猶有先王之遺民焉。』爲之歌大雅，曰：『廣哉，熙熙乎！曲而有直體，其文王之德乎！』爲之歌頌，曰：『至矣哉！直而不倨，曲而不屈，邇而不逼，遠而不攜，遷而不淫，復而不厭，哀而不愁，樂而不荒，用而不匱，廣而不宣，施而不費，取而不貪，處而不底，行而不流，五聲和，八風平，節有度，守有序，盛德之所同也。』」註云：「頌有殷、魯，故曰盛德之所同也。」

按：太史公言：「詩三百五篇，孔子皆絃歌之，以求合韶、武、雅、頌之音。」今觀季子請觀周樂，而魯人爲之歌諸詩：二南以下十五國風、二雅、三頌皆繫焉。則此三百五篇者，皆被之絃歌，掌之司樂，工師以時肄習之，所謂雅樂也。蓋非始於夫子矣。而晦庵辯桑中詩序，其説曰：「雅者，二雅是也；鄭者，緇衣以下二十一篇是也；衛者，邶、鄘三十九篇是也；桑間，衛之一篇，桑中之詩是也。二南、雅、頌，祭祀朝享之所用也，鄭、衛、桑、濮，里巷狹邪之所歌也。今不察此，乃欲爲之諱其鄭、衛、桑、濮之實，而文之以雅樂之名，又欲從而奏之宗廟之中，朝廷之上，則未知其將以薦之何等之鬼神，用之何等之賓客乎？」蓋鄭、衛國風，如桑中、溱洧諸篇，所言皆淫奔謔浪之辭，序者以爲刺奔，而晦庵盡斥序説，以爲淫奔之人所自賦之詩，故疑其非雅樂也。愚以爲未然。蓋季子所觀樂者，周樂也。使鄭、衛諸詩爲里巷狹邪所用，則周樂安得有之？而魯之樂工，亦安能歌異國淫邪之詩乎？然嘗因是考之，詩之被於絃歌也，不過以爲宴享賓客、祭祀鬼神之用。但求之三百五篇，惟周頌三十一篇、商頌五篇爲祭祀之詩，小雅鹿鳴以下，彤弓以上諸篇，爲宴享之詩，此皆其經文明白，而復有序説可證者也。至於周南以下十五國風，小雅自六月而下，大雅自文王而下，以至魯頌之四篇，則序者以爲美刺之詞，蓋但能言其文義之所主，而不能明其聲樂之所用矣。左傳所載列國諸侯、大夫聘享賦詩，大率多斷章取義，以寓己意，如秦穆公將納晉文公，宴之而賦六月；季武子譽韓宣子嘉樹，宴之而賦甘棠，蓋借二詩以明贊誦之意。又如荀林父送先蔑而爲賦板之卒章，叔孫豹食慶封而爲賦相鼠，蓋借二詩以明箴規之意。他若是者，不一而足，皆是因事寓意，非曰此宴必合賦此詩也。獨儀禮所載鄉飲酒禮、燕禮、射禮，工歌間歌合樂之節，及穆叔所言天子享元侯與兩君相見之禮，則專有其詩。然考其歌詩合樂之意，蓋有不可曉者。夫關雎、鵲巢，閨門之事，后妃、夫人之詩也，何預於鄉宴？而鄉飲酒、燕禮歌之。采蘋、采蘩，夫人、大夫妻能主祭之詩也，何預於射？而射禮用之；肆夏、樊、遏渠，宗廟配天之詩也，何預於宴飲？而天子享元侯用之；文王、大明、緜，文王興周之詩也，何預於交鄰？而兩君相見歌之。以是觀之，其歌詩之用，與詩人作詩之本意，蓋有判然而不相合者。不知其何說晉荀偃曰歌詩必類？而今如儀禮及穆叔所言，則類者少，不類者多。若必就其文詞之相類，則鄉飲酒所歌，必伐木、行葦之屬；射禮所歌，騶虞而下，必車攻、吉日之屬；天子享元侯，所歌必蓼蕭、湛露、彤弓之屬，方爲合宜。

子貢見師乙而問焉，曰：「賜聞聲歌各有宜，如賜者，宜何歌也？」師乙曰：「乙，賤工也，何足以問所宜。請誦其所聞，而吾子自執焉。寬而靜、柔而正者，宜歌頌；廣大而靜、疏達而信者，宜歌大雅；恭儉而好禮者，宜歌小雅；正直而靜、廉而謙者，宜歌風；肆直而慈愛者，宜歌商；温良而能斷者，宜歌齊。」「夫歌者，直己而陳德也，動己而天地應焉，四時和焉，星辰理焉，萬物育焉。故商者，五帝之遺聲也，商人識之，故謂之商；齊者，三代之遺聲也，齊人識之，故謂之齊。」「明乎商之音者，臨事而屢斷；明乎齊之音者，見利而讓。臨事而屢斷，勇也；見利而讓，義也。有勇有義，非歌，孰能保此？故歌者，上如抗，下如墜，曲如折，止如槀木，倨中矩，句中鉤，纍纍乎端如貫珠。故歌之爲言也，長言之也。說之，故言之；言之不足，故長言之；長言之不足，故嗟嘆之；嗟嘆之不足，故不知手之舞之，足之蹈之也。」

漢高祖既定天下，過沛，與故人父老相樂，醉酒歡哀，作風起之詩，令沛中僮兒百二十人習而歌之。至孝惠時，以沛宮爲原廟，皆令歌兒習吹以相和，常以百二十人爲員。文、景之間，禮官肄業而已。武帝定郊祀之禮，乃立樂府，采詩夜誦。即古之采詩也，哀帝罷樂府，非鄭、衛之音者，條奏。孔光、何武奏不可罷者，夜誦員五人，亦在其中也。師古曰：「采詩，依古遒人徇路，采取百姓謳謠，以知政教得失也。夜誦者，其言辭或秘不可宣露，故於夜中歌誦也。」有趙、代、秦、楚之謳。此非雅聲也。以李延年爲協律都尉，多舉司馬相如等數十人造爲詩賦，略論律呂，以合八音之調，延年及父母兄弟，皆故倡也。女弟得幸，爲李夫人。延年善歌，爲新變聲。是時上方興天地諸祠，欲造樂，令司馬相如等作詩頌，延年輒承意絃歌所造詩，謂之新聲曲。作十九章之歌。以正月上辛用事甘泉圜丘，使童男女七十人俱歌，昏祠至明。

漢郊祀之歌十九章：練時日一四十八句。帝臨二二十二句。青陽三三十二句。朱明四四十二句。西顥五五十二句。玄冥六六十二句。惟泰元七二十四句。建始元年，丞相匡衡奏罷「鸞路龍鱗」，更定詩曰「涓選休成」。天地八二十六句。丞相匡衡奏罷「黼繡周張」，更定詩曰「肅若舊典」。日出入九十三句。天馬十太一況一章十二句，元狩三年馬生渥洼水中作。天馬徠二十四句，太初四年誅宛王獲宛馬作〔八〕。又有二章，曰太一，曰蒲梢，各七言四句。見樂書，非此十九章內。天門十一三十二句〔九〕。景星十二二十四句〔一〇〕，元鼎五年得鼎汾陰作。齊房十三八句，元封二年芝生甘泉齊房作。　后皇十四八句。　華爗爗十五三十八句。　五神十六二十句。　朝隴首十七二十句，元狩元年行幸雍，獲白麟作。　象載瑜十八十二句[一一]。太始三年行幸東海，獲赤鴈作。　赤蛟十九二十八句。

陳氏樂書曰：「漢郊廟詩歌，未有祖宗之事，而八音均調，又不叶鍾律。內之掖庭才人，外之上林、樂府，皆以鄭聲施之朝廷，外戚之家至與人主爭女樂焉[一二]。自公卿大夫觀聽者，但識其鏗鏘而不諭其意，欲以風動衆庶，豈不難哉！又如天馬、赤蛟之類[一三]，皆歌之宗廟。汲黯曰：『凡王者作樂，上以承祖宗，下以化兆民。今陛下得馬作以爲歌，協於宗廟，先帝百姓豈能知其音邪？』其論不亦正乎！哀帝雅性不好音樂[一四]，雖有放罷鄭、衛之詔，減樂府之員，然不能據經倣古，製爲雅樂，亦亡益焉。」

漢有房中樂，本周樂，秦改曰壽人。房中者，婦人禱祠於房中，高祖唐山夫人所作也。高祖好楚聲，故房中樂楚聲也[一五]。孝惠二年，使樂府令夏侯寬備其簫管，更名曰安世樂。

安世房中歌十七章：大孝備矣八句。　七始華始十句。我定曆數八句。王侯秉德七句。　海內有姦八句。　大海蕩八句。　安其所八句。　豐草葽八句。　雷震震十句。　都荔遂芳十句[一六]。　桂華八句。　美若[一七]八句。　嘉薦芳矣八句。　皇皇鴻明六句。　浚則師德四句。　孔容之常八句。　承帝明德八句。

漢短簫鐃歌，亦曰鼓吹曲，多叙戰陣之事，凡二十二曲：朱鷺鷺惟白色，漢有朱鷺之祥，因而爲詩。　思悲翁　艾如張溫子昇曰：「辭云：『誰在閑門外，羅家諸少年。張機蓬艾側，結網槿籬邊。若能飛自勉，豈爲繒所纆？黄雀倘爲戒，朱絲猶可延。」此艾如張之事也。觀李賀詩有『艾葉綠花誰剪刻，中藏禍機不可測』，則以剪艾葉爲蔽張之具也。」上之回漢武帝元封初，因至雍，遂通回中道，後數遊幸焉。其歌稱「帝遊石闕，望諸國，月支臣，匈奴服。」蓋誇時事也。擁離　戰城南古辭云：「戰城南，死郭北，野死而不葬〔一八〕，烏可食。」此言野死不得葬，爲烏鳥所食，願爲忠臣義士，朝出戰而暮不得歸，後來作者皆體此意〔一九〕。巫山高古辭：「巫山高，高以大。淮水深，深以遊〔二〇〕。」大略言江、淮深，無梁以渡，臨水遠望，思歸而已。後之作者皆涉陽臺雲雨之説，非舊意也。上陵漢章帝元和二年，帝自作詩四篇：一曰思齊姚皇，二曰六麒麟，三曰竭肅雍，四曰涉屺，與鹿鳴、承元氣二曲爲宗廟食舉〔二一〕。又以重來、上陵二曲合八曲，爲上陵食舉。據此，所言自是八曲之一名，或作於章帝之前〔二二〕，亦不可知，蓋因上陵而爲之也。將進酒　有所思亦曰嗟佳人漢大樂食舉十三曲，第七曰有所思，亦以此樂侑食。芳樹　上邪　君馬黄古詞云：「君馬黄，臣馬蒼，二馬同逐臣馬良。」終言美人歸，以南以北，駕車馳馬，令我心傷。」但取第一句以命題，其主意不在馬也。雉子班　聖人出　臨高臺　遠如期亦曰遠期漢大樂食舉十三曲：一曰鹿鳴，二曰重來，三曰初造，四曰俠安，五曰來歸，六曰遠期，七曰有所思，八曰明星，九曰清涼，十曰涉大海，十一曰大置，十二曰承元氣，十三曰海淡淡。魏時以遠期、承元氣、海淡淡三曲爲不通利，故省之。石留　務成　玄雲　黄爵行　釣竿篇伯常子避仇河濱，爲漁父，其妻思之，而爲釣竿歌。每至河側，輒歌之。後司馬相如作釣竿詩，遂傳以爲樂曲。

夾漈鄭氏曰：「古之達禮三：一曰燕，二曰享，三曰祀，所謂吉、凶、軍、賓、嘉，皆主此三者以成禮。古之達樂三：一曰風，二曰雅，三曰頌，所謂金、石、絲、竹、匏、土、革、木皆主此三者以成樂。禮樂相須以爲用，禮非樂不行，樂非禮不舉。自后夔以來，樂以詩爲本，詩以聲爲用，八音六律爲之羽翼耳。仲尼編詩，爲燕、享、祀之時用以歌，而非用以説義也。古之詩，今之詞曲也。若不能歌之，但能誦其文而説其義，可乎？不幸腐儒之説起，齊、魯、韓、毛四家，各爲序訓，而以説相高。漢朝又立之學官，以義理相授〔二三〕，遂使聲歌之音，湮没無聞。然當漢之初，去三代未遠，雖經生學者不識詩，而太樂氏以聲歌肄業，往往仲尼三百篇瞽史之徒例能歌也。奈義理之説日勝〔二四〕，則聲歌之學日微。東漢之末，禮樂蕭然，雖東觀、石渠議論紛紜，無補於事。曹孟德平劉表而得漢雅樂郎杜夔，夔老矣，久不肄習〔二五〕，所得於三百篇者惟鹿鳴、騶虞、伐檀、文王四篇而已，餘聲不傳。太和末，又失其三。左延年所得惟鹿鳴一篇，每正旦大會，太尉奉璧，群臣行禮，東厢雅樂常作者是也。古者歌鹿鳴必歌四牡、皇皇者華三詩同節，故曰工歌鹿鳴之三，而用南陔、白華、華黍三笙以贊之，然後首尾相承，節奏有屬。今得一詩，而如此用，可乎？應知古詩之聲爲可貴也。至晉室鹿鳴一篇，又無傳矣。自鹿鳴一篇絶，後世不復聞詩矣。然詩者人心之樂也，不以世之污隆而存亡，豈三代之時，人有是心，心有是樂；三代之後，人無是心〔二六〕，心無是樂乎？繼三代之作者樂府也，樂府之作，宛同風、雅，但其聲散佚無所紀系，所以不得嗣續風、雅而爲流通也。按三百篇在成周之時，亦無所紀系。有季札之賢，而不别國風所在；有仲尼之聖，而不知雅、頌之分。仲尼爲此患，故自衛返也，問於太師氏，然後取其正焉。列十五國風，以明風土之音不同，分大、小二雅，以明朝廷之音有間。陳周、魯、商三頌之音，所以侑祭也；定南陔、白華、華黍、崇邱、由庚、由儀六笙之音，所以叶歌也。得詩而得聲者三百篇，則系於風、雅、頌；得詩而不得聲者則置之，謂之逸詩，如河水、祈招之類無所系也。今樂府之行於世者，章句雖存，聲樂無用。崔豹之徒，以義説名；吴兢之徒，以事解目。蓋聲失則義起，其與齊、魯、韓、毛之言詩無以異也〔二七〕。樂府之道，或幾乎息矣。」

按：「夾漈以爲詩本歌曲也，自齊、魯、韓、毛各有序訓，以説相高。義理之説既勝，而聲歌之學日微矣。愚嘗因其説而究論之，易本卜筮之書也，後之儒者知誦十翼，而不能曉占法；禮本品節之書也，後之儒者知誦戴記，而不能習儀禮。皆義理之説太勝故也，先儒蓋嘗病之矣。然詩也，易也，禮也，豈與義理爲二物哉？蓋詩者有義理之歌曲也，後世狹邪之樂府，則無義理之歌曲也。易者有義理之卜筮也，後世俗師之占書，則無義理之卜筮也。禮者有義理之品節也，秦、漢而後之典章，則無義理之品節也。郊特牲曰：『禮之所尊，尊其義也。失其義，陳其數，祝史之事也。故其數可陳也，其義難知也。』荀子曰：『不知其義，謹守其數，不敢損益，父子相傳，以持王公，是官人百吏所以取秩禄也。』蓋春秋、戰國之時，先王之禮制不至淪喪，故巫史、卜祝、小夫、賤隸皆能知其數，而其義則非聖賢不能推明之。及其流傳既久，所謂義者，布在方册，格言大訓，炳如日星，千載一日也，而其數則湮没無聞久矣。姑以漢事言之，若詩，若禮，若易，諸儒爲之訓詁，轉相授受，所謂義也；然制氏能言鏗鏘鼓舞之節，徐生善爲容，京房、費直善占，所謂數也。今訓詁則家傳人誦，而制氏之鏗鏘，徐生之容，京、費之占，無有能知之者矣。蓋其始也，則數可陳，而義難知；及其久也，則義之難明者，簡編可以紀述，論説可以傳授。而所謂數者，一日而不肄習，則亡之矣。數既亡，則義孤行。於是疑儒者之道有體而無用，而以爲義理之説太勝。夫義理之勝，豈足以害事哉！」

夾漈鄭氏曰：「三代既没，漢、魏嗣興，禮樂之來，陵夷有漸。始則風、雅不分，次則雅、頌無别，次則頌亡，次則禮亡。按上之回，聖人出，君子之作也，雅也；艾如張、雉子班，野人之作也，風也，合而爲鼓吹曲。燕歌行，其音本幽、薊，則列國之風也。煌煌、京洛行，其音本京華，則都人之雅也，合而爲相和歌。風者，鄉人之用；雅者，朝廷之用；合而用之，是爲風、雅不分。然享，大禮也；燕，私禮也。享則上兼用下樂，燕則下得用上樂，是則風、雅之音雖異，燕享之用則通。及明帝定四品，一曰大予樂，郊廟、上陵用之；二曰雅頌樂，辟雍享射用之；三曰黄門鼓吹樂，天子宴群臣用之；四曰短簫鐃歌樂，軍中用之。古者雅用於人，頌用於神。武帝之立樂府，采詩雖不辨風、雅，至於郊祀、房中之章，未嘗用於人事，以明神人不可以同事也。今辟雍享射，雅、頌無分，應用頌者而改用大予，應用雅者而改用黄門，不知黄門、大予於古爲何樂乎？風、雅通歌，猶可以通也；雅、頌通歌，不可以通也。曹魏準鹿鳴作於赫篇以祀武帝，準騶虞作巍巍篇以祀文帝，準文王作洋洋篇以祀明帝。且清廟祀文王，執競祀武王，莫非頌聲。今魏家三廟，純用風、雅，此頌之所以亡也。頌亡，則樂亡矣。是時樂雖亡，禮猶存。宗廟之禮不用之天，明有尊親也；鬼神之禮不用於人，知有幽明也。梁武帝作十二雅，郊、廟、明堂三朝之禮展轉用之，天地之事，宗廟之事，君臣之事，同其事矣。樂之失也自漢武始，其亡也自魏始，禮之失也自漢明始，其亡也自梁始。禮樂淪亡之所由，不可不知也。」

按：「夾漈此論，拳拳乎風、雅、頌之别，而以爲漢世頗謬其用。然漢明帝之樂凡四，今所傳者惟短簫鐃歌二十二曲，而所謂大予，所謂雅頌，所謂黄門鼓吹，則未嘗有樂章。至於短簫鐃歌，史雖以爲軍中之樂，多叙戰陣之事，然以其名義考之，若上之回，則巡幸之事也；若上陵，則祭祀之事也〔二八〕；若朱鷺，則祥瑞之事也。至艾如張、巫山高、釣竿篇之屬，則又各指其事而言，非專爲戰伐也。魏、晉以來，倣漢短簫鐃歌爲之而易其名。於是專叙其創業以來伐叛討亂肇造區宇之事，則純乎雅、頌之體，是魏、晉以來之短簫鐃歌，即古之雅、頌矣。」

漢鞞歌舞五曲：關中有賢女　章和二年中漢章帝所造。　樂久長　四方皇　殿前生桂樹

夾漈鄭氏曰：「右鞞舞之歌五曲，未詳所始，漢代燕享則用之。傅毅、張衡所賦，皆其事也。章和二年中〔二九〕，則章帝所作舊詞，並亡。曹植鞞舞詩序云：故西園鼓吹李堅者，能鞞舞。遭世亂，越關西，隨將軍段煨。先帝聞其舊伎，下書召堅。堅年踰七十，中間廢而不爲，又古曲甚多謬誤，異代之文，未必相襲，故依前曲作新歌五篇。晉泰始中，又製其詞焉。按鞞舞，本漢巴渝舞。高祖自蜀漢伐楚，其人勇而善鬬，好爲歌舞，帝觀之曰：『武王伐紂之歌。』使工習，號曰巴渝舞。其舞曲四篇：一曰矛渝，二曰安弩渝，三曰安臺，四曰行辭。其辭既古，莫能曉句讀。魏使王粲製其辭，粲問巴渝帥〔三〇〕，而得歌之本意，故改爲矛渝新福、弩渝新福、安臺新福、行詞新福四歌，以述魏德。其舞故常六佾〔三一〕，桓玄將僭位，尚書殿中郎袁明子啓增滿八佾。梁復號巴渝。隋文帝以非正典，罷之。」

陳氏樂書曰：「昔新都初獻樂於明堂，清厲而哀，非興國之聲，其爲東漢之資歟！東漢蔡邕叙樂四品，郊廟神靈一也，天子享燕二也。蕭子雲曰：南郊樂歌，二漢同用，五郊互奏之。至於廟樂，則明帝時東平王蒼等製歌舞一曲十四句，薦於世祖之廟。自時厥後，蓋亦有其文矣。至於臨朝享

燕，樂聲尤備。遭董卓之亂，典章焚蕩，故不存焉。當是時也，光武喜鄭聲，順、桓説悲聲，靈帝耽胡樂。若梁商大臣，朝廷之望也，會賓以薤露之歌爲樂；京師近地，諸夏之本也，嘉會以魁壘挽歌之技爲樂，豈國家久長之兆也？然則人主之爲樂，可不戒之哉！」

魏武帝平荆州，獲漢雅樂郎河南杜夔，使創定雅樂。又有散騎常侍鄧静、尹商善訓雅樂〔三二〕，歌師尹胡能歌宗廟郊祀之曲，舞師馮肅、服養〔三三〕，曉知先代諸舞，夔悉總領之。遠詳經籍，近採故事，考會古樂，始議軒縣鐘磬。而黄初中柴玉、左延年之徒，復以新聲被寵，改其聲韵。

魏短簫鐃歌十二曲：楚之平〔三四〕言魏也。代漢朱鷺。戰滎陽言曹公也。代漢思悲翁。獲吕布言曹公圍臨淮，擒吕布。代漢艾如張。克官渡言曹公破袁紹於官渡。代漢上之回。舊邦言曹公勝袁紹，還譙，收死亡士卒。代漢擁離。定武功言曹公初破鄴。代漢戰城南。屠柳城言曹公破三郡烏丸於柳城。代漢巫山高。平南荆言曹公平荆州。代漢上陵。平關中言曹公征馬超，定關中。代漢將進酒。應帝期〔三五〕言文帝受命應期。代漢有所思。邕熙言君臣邕穆、庶績咸熙〔三六〕。代漢芳樹。太和言明帝繼統，得太和。代漢上邪。

魏鞞舞歌五曲：明明魏皇帝代漢關中有賢女。太和有聖帝代漢章和二年中。魏曆長代漢樂久長。天生烝民代漢四方皇。爲君既不易代漢殿前生桂樹。

陳氏樂書曰：「魏文帝既受漢禪，雖有改樂舞之名，無變詩歌之實，故蕭子顯曰：魏辭不見，疑用漢辭也。沈約曰：魏國初建，使王粲改作登歌安世及巴渝詩而已〔三七〕。後並作於太祖之廟。今安世之辭不行於世，獨著巴渝詩歌焉〔三八〕。考之晉志，漢巴渝舞有矛渝、弩渝、安臺、行辭本歌曲四篇。其辭既古，莫能曉其句讀。魏初，乃使王粲更造其辭，爲矛渝、弩渝、安臺、行辭、新福歌曲。其述魏德，特行辭一篇而已。用之郊廟，豈足以形容功德告於神明也哉！」

吴使韋昭倣漢鐃歌作十二曲，以述功德：炎精缺言漢室衰微，孫堅奮起，志在匡救，王迹始此也。漢之季言堅悼漢之微，興兵討董卓也。攄武師言權卒父業征伐也。烏林言周瑜破魏武於烏林也。秋風言權悦以使人，人忘其死也。克皖城言權親破魏武於皖城。關背德言蜀將關羽背德而禽之也。通荆州言權與蜀交好，後關羽背德，終復舊好也。章洪德言權章其大德而遠方來附也。順曆數言權順圖籙之符而建大號也。承天命言以德踐位，道化至盛也。元化言修文武，則天行仁澤，天下喜樂也。

校勘記

〔一〕則臣懈惰 「惰」原作「怠」，據通典卷一四五樂典五改。

〔二〕歌以申戒也 「歌」原作「故」，據通典卷一四五樂典五改。

〔三〕可以阜吾人之財兮 「人」原作「民」，據通典卷一四五樂典五改。下同。

〔四〕周官具焉 「具」原作「興」，據漢書卷二二禮樂志改。

〔五〕自卿大夫師瞽以下皆選有道德之人朝夕習業以教國子國子者 「自」下二十五字原脱，據元本、慎本、馮本及漢書卷二二禮樂志補。

〔六〕王以騶虞爲節　「王」字原脱，據周禮樂師補。

〔七〕工告樂備　「告」原作「歌」，據樂書卷一五四改。

〔八〕獲宛馬作　「宛」字原脱，據漢書卷二二禮樂志補。

〔九〕三十二句　「二」原作「三」，據漢書卷二二禮樂志改。

〔一〇〕二十四句　「四」原作「六」，據漢書卷二二禮樂志改。

〔一一〕十二句　「二」原作「一」，據漢書卷二二禮樂志改。

〔一二〕外戚之家至與人主争女樂焉　十二字原脱，據樂書卷一六二補。

〔一三〕又如天馬赤蛟之類　「天」字原脱，「馬」下原衍「象」字，據樂書卷一六二補删。

〔一四〕哀帝雅性不好音樂　「雅性不好音樂」六字原脱，據樂書卷一六二補。

〔一五〕故房中樂楚聲也　「樂」原作「是」，據漢書卷二二禮樂志改。

〔一六〕都茘遂芳　按此四字爲桂華首句，桂華十句，疑下文「桂華八句」有誤。

〔一七〕美若　「若」原作「芳」，據劉奉世説改。按漢書卷二二禮樂志美若與嘉薦芳矣之間尚有神磑磑即即。

〔一八〕野死而不葬　通志卷四九樂略一無「而」字。

〔一九〕後來作者皆體此意　「皆」字原脱，據通志卷四九樂略一補。

〔二〇〕深以遊　通志卷四九樂略一、宋書卷二二樂志四作「難以遊」。

〔二一〕與鹿鳴承元氣二曲爲宗廟食舉　「氣」原作「器」，「曲」原作「典」，據元本、慎本、馮本及册府元龜卷五六五掌禮部作樂一改。

〔二二〕或作於章帝之前　「章」原作「武」，據通志卷四九樂略一改。

〔二三〕以義理相授　「授」原作「受」，據通志卷四九樂略一改。

〔二四〕奈義理之説日勝　「日」，通志卷四九樂略一作「既」。

〔二五〕夔老矣久不肄習　「矣久」二字原倒，據通志卷四九樂略一乙正。

〔二六〕人無是心　「人」字原脱，據通志卷四九樂略一補。

〔二七〕其與齊魯韓毛之言詩無以異也　「之」字原脱，據通志卷四九樂略一補。

〔二八〕則祭祀之事也　「則」字原脱，據通志卷四九樂略一補。

〔二九〕章和二年中　「中」字原脱，據通志卷四九樂略一補。

〔三〇〕巴渝帥　「帥」原作「師」，據通志卷四九樂略一改。

〔三一〕其舞故常六佾　「六佾」原作「二八」，據通志卷四九樂略一改。

〔三二〕尹商善訓雅樂　「訓」，通典卷一四一樂典一作「調」，太平御覽卷五六四樂部二雅樂中作「咏」。

〔三三〕舞師馮肅服養　通典卷一四一樂典、太平御覽卷五六四樂部二雅樂中均無「服養」。

〔三四〕楚之平　宋書卷二二樂志四、古今樂録作「初之平」。

〔三五〕應帝期　「帝」原作「定」，據宋書卷二二樂志四改。

〔三六〕庶績咸熙　「咸」字原脱，據宋書卷二二樂志四補。

〔三七〕使王粲改作登歌安世及巴渝詩而已　「改作」二字原脱，據樂書卷一六二補。

〔三八〕獨著巴渝詩歌焉　「巴」字原脱，據上引文補。「詩」原作「時」，據樂書卷一六二改。

卷一百四十二　樂考十五

樂歌

晉武帝受命之初，百度草創。泰始二年，詔郊祀明堂禮樂權用魏儀，遵周室肇稱殷禮之義，但改樂章而已，使傅玄爲之詞云。

祠天地五郊夕牲歌十句　祠天地五郊迎送神歌十句　饗天地五郊歌三十六句　天地郊明堂夕牲歌十六句　天地郊明堂降神歌十二句　天郊饗神歌四十句　地郊饗神歌四十四句　明堂饗神歌十二句　祠廟夕牲歌八句　祠廟迎送神歌十二句　祠征西將軍登歌八句　祠豫章府君登歌八句　祠潁川府君登歌八句　祠京兆府君登歌八句　祠宣皇帝登歌十二句　祠景皇帝登歌十二句　祠文皇帝登歌十二句　祠廟饗神歌二首一首二十二句一首二十三句〔一〕

杜夔傳舊雅樂四曲：一曰鹿鳴，二曰騶虞，三曰伐檀，四曰文王，皆古聲辭。及太和中，左延年改夔騶虞、伐檀、文王三曲，更自作聲節，其名雖存，而聲實異。唯因夔鹿鳴，全不改易。每正旦大會，太尉奉璧，群臣行禮，東厢雅樂常作者是也〔二〕。後又改三篇之行禮詩。第一曰於赫篇，咏武帝，聲節與古鹿鳴同。第二曰巍巍篇，咏文帝，用延年所改騶虞聲。第三曰洋洋篇，咏明帝，用延年所改文王聲。第四曰復用鹿鳴。鹿鳴之聲重用，而除古伐檀。及晉初，食舉亦用鹿鳴。至泰始五年，尚書奏，使太僕傅玄、中書監荀勖、黄門侍郎張華各造正旦行禮及王公上壽酒、食舉樂歌詩。荀勖云：「魏氏行禮、食舉，再取周詩鹿鳴以爲樂章。又鹿鳴以宴嘉賓，無取於朝，考之舊聞，未知所應。」勖乃除鹿鳴舊歌，更作行禮詩四篇，先陳三朝朝宗之義。又爲正旦大會、王公上壽歌詩〔三〕，並食舉樂歌詩，合十三篇。又以魏氏歌詩或二言，或三言，或四言，或五言，與古詩不類，以問司律中郎將陳頎。頎音祈。頎曰：「被之金石，未必皆當。」故勖造晉歌，皆爲四言，唯王公上壽酒一篇爲三言五言焉。張華以爲「魏上壽、食舉詩及漢氏所施用，其文句長短不齊，未皆合古。蓋以依咏絃節，本有因循，而識樂知音，足以制聲度曲，法用率非凡近之所能改。二代三京，襲而不變，雖詩章辭異，興廢隨時，至其韵逗留曲折，皆繫於舊，有由然也。是以一皆因就，不敢有所改易」。此則華、勖所明異旨也。時詔又使中書侍郎成公綏亦作焉，今並採列之云。

四厢樂歌

正旦大會行禮歌五首：成公綏撰，一首六十一句，一首九句，一首六十七句，一首一十七句，一首四十四句。正旦大會王公上壽酒歌荀勖撰，八句。食舉樂東西厢歌〔四〕荀勖撰，一百七十六句〔五〕。冬至初歲小會歌張華撰，二十句。宴會歌張華撰，二十二句。命將出征歌張華撰，二十句。勞還師歌張華撰，二十句。中宫所歌張華撰，十六句。宗親會歌張華撰，十六句。

泰始九年，命郭夏、宋識等造正德、大豫二舞，其樂章亦張華所作。

正德舞歌二十四句。　大豫舞歌二十四句。

永嘉之亂，四海分崩，伶官樂器，皆没於劉、石。至太元中，破苻堅，始獲樂工楊蜀等，閑習舊樂，於是四廂金石始備。乃使曹毗、王珣等增造宗廟歌詩，然郊祀遂不設樂云。

歌宣帝曹毗撰，十二句。　歌景帝曹毗撰，十二句。　歌文帝曹毗撰，十二句。　歌武帝曹毗撰，十二句。　歌元帝曹毗撰，十二句。　歌明帝曹毗撰，十二句。　歌成帝曹毗撰，十二句。　歌康帝曹毗撰，八句。　歌穆帝曹毗撰，十二句。　歌哀帝曹毗撰，十二句。　歌簡文帝王珣撰，十二句。　歌孝武帝王珣撰，十二句。　四時祠祀曹毗撰，二十三句〔六〕。

武帝令傅玄作短簫鐃歌曲二十二篇，以述功德。

靈之祥代朱鷺，三十句，言宣帝佐魏，有石瑞之祥。　宣受命代思悲翁，二十句，言宣帝禦諸葛亮〔七〕。　征遼東代艾如張，十句，言宣帝討滅公孫氏。　宣輔政代上之回，十九句，言宣帝之業。　時運多艱代雍離〔八〕，十二句，言宣帝討吳，有征無戰。　景龍飛代戰城南，二十一句，言景帝也。　平玉衡代巫山高，十三句，言景帝調萬國。　文皇統百揆代上陵二十三句，言文帝也。　因時運代將進酒，十句，言時運之變，聖策潛施。　惟庸蜀代有所思，二十六句，言文帝平蜀。　天序代芳樹，十五句，言用人盡其才。　大晉承運期代上邪，十四句，言應籙受圖。　金靈運代君馬黃，三十六句，言晉乘金運。　於穆我皇代稚子班，三十五句，言武帝也。　仲春振旅代聖人出，二十一句，言晉蒐田以時。　夏苗田代臨高臺，二十二句，言蒐田爲苗除害。　仲秋獮田代遠如期，二十二句，言蒐狩以時，不廢武事。　順天道代石留，二十九句，言仲冬大閱，用武修文也。　唐堯代務成，二十句，言聖皇即位，化被四表。　玄雲仍漢舊名，二十八句，言用人各盡其才。　伯益代黃爵行，二十八句，言聖皇受命，神雀來也。　釣竿仍漢舊名，三十八句，言德配堯舜，有呂望之佐。

晉鼙舞歌詩五篇：洪業篇代魏明明魏皇帝，六十句。　天命篇代魏太和有聖帝，三十四句。　景皇篇代魏魏曆長，五十一句。　天晉篇代魏天生蒸民，五十句。　明君篇代魏爲君既不易，五十二句。

拂舞，出自江左。舊云吴舞，檢其歌，非吴辭也。亦陳於殿庭。楊泓序云：「自到江南，見白符舞，或言白鳧鳩舞，云有此來數十年矣。察其辭旨，乃是吴人患孫皓虐政，思屬晉也。」今列於後。

拂舞歌五篇：白鳩篇二十二句，亦曰白鳧舞。　濟濟篇二十四句。　獨禄篇二十四句，或作獨鹿。　碣石篇晉樂奏魏武帝分爲四篇：一曰觀滄海，二曰冬十月，三曰土不同；四曰龜雖壽，凡四篇，每篇各一十四句。　淮南王篇舊説淮南王安求仙，禮方士，遂與八公相携而去，其家臣小山之徒，思戀不已，乃作是歌，言安仙去，此則恢誕家爲此説耳。不然，亦是後人附會也。

夾漈鄭氏曰：「按晉楊泓舞序云：『自到江南，見白符舞〔九〕』。符即鳧也。白鳧舞即白鳩舞也。白鳧之辭出於吴，其本歌云：『平平白鳧，思我君惠，集我金堂。』謂晉爲金德，吴人患孫皓虐政而思從晉也。然碣石章又出於魏武，則知拂舞五篇，並晉人採集三國之前所作，惟白鳧不用吴舊歌而更作之，命以白鳩焉。」

胡角，本以應胡笳之聲，後漸用之横吹，有雙角，即胡樂也。張博望入西域，傳其法於西京，惟得摩訶兜勒一曲〔一〇〕。李延年因胡曲更造新聲二十八解，乘輿以爲武樂。後漢以給邊將〔一一〕，和帝時，萬人將軍得用之〔一二〕。魏晉以來，二十八解不復具存，用者有黄鵠、隴頭〔一三〕、出關、入關、出塞、折楊柳、黄覃子、赤之楊、望行人十曲。

鼓角横吹十五曲：黄鵠一作鶴。吟　隴頭吟亦曰隴頭水。　望行人　折楊柳　關山月　洛陽道　長安道　豪俠行　梅花落胡笳曲。　紫騮馬　驄馬復有驄馬驅，非横吹曲。　雨雪　劉生不知何代人，齊梁以來，所謂劉生之辭，皆稱其任俠，周遊三秦間。或云抱劍專征，爲符節郎。　古劍行　洛陽公子行

夾漈鄭氏曰：「右鼓角横吹曲。按周禮『以鼖鼓鼓軍事』。舊云用角，其説謂蚩尤氏帥魑魅與黄帝戰於涿鹿之野，帝命吹角爲龍吟以禦之。其後魏武帝北征烏桓，越涉沙漠，軍士聞之悲思，於是減爲中鳴，尤更悲矣。按此有十五曲，後之角工所傳者只得梅花耳。今太常所試樂工第三等，五十曲抽試十五曲，及鳴角人習到大梅花、小梅花可汗曲，是梅花又有小大之别也。然角之制始於胡，中國所用鼓角，蓋習胡角而爲也。黄帝之説，多是謬悠，况鼓角與胡角聲類既同，故其曲亦相參用。而梅花之辭，本於胡笳，今人爲角鳴爲邊聲，初由邊徼所傳也。關山月、洛陽道、長安道、豪俠行、梅花落、紫騮馬、驄馬八曲，後代所加也。」

相和歌　相和，漢舊歌也，絲竹更相和，執節者歌。本一部，魏明帝分爲二，更遞夜宿。本十七曲〔一四〕，朱生、宋識、列和等復合之爲十三曲〔一五〕。

吴歌雜曲　並出江南，晉宋以來，稍有增廣。凡此諸曲，始皆徒歌，既而被之絃管。又有因絃管金石，造歌以被之。魏世三調歌辭之類是也。

鳳將雛　漢代舊歌曲也。應璩百一詩云「爲作陌上桑，反言鳳將雛」，然則其來久矣。將由聲音訛變以至於此矣。

碧玉歌　晉汝南王妾名，寵愛〔一六〕，故作歌之。

懊憹歌　石崇緑珠所作絲布澀難縫一曲而已。東晉隆安初，人聞訛謡之曲云：「春草可攬結，女兒可攬纈〔一七〕。」齊高帝謂之中朝歌。

子夜　子夜歌者，有女子曰子夜，造此歌。晉武太元中，琅琊王軻之家有鬼歌子夜〔一八〕，庾僧虔家亦有鬼歌之，則子夜太元以前人也。

長史變　晉司徒左長史王廞臨敗所製〔一九〕。

阿子歌　歡聞歌　晉穆帝升平初，童子輩或歌於道，歌畢，輒呼「阿子，汝聞否？」又呼「歡聞否？」以爲送聲，後人演其聲，以爲此二曲〔二〇〕。宋齊時，用莎乙子之語，稍訛異也。

桃葉歌　晉王子敬妾名，緣於篤愛，所以作歌。

前溪歌　車騎將軍沈充所製。

團扇歌　晉中書令王珉與嫂婢有情，愛好甚篤，嫂鞭撻過苦，婢素善歌，而珉好持白團扇，故云「團扇復團扇，持許自遮面。憔悴無復理，羞與郎相見。」

公莫舞　即巾舞也。蓋取高祖鴻門會飲，項伯以袖隔之，使不得害高祖。且語莊云：「公莫！」古人相呼爲「公」，言公莫害漢王也〔二一〕，亦謂之公莫曲。後之舞者用巾，蓋像項伯衣袖之遺式。本即舞，後人因爲辭焉。

白紵舞　按舞辭有巾袍之言。紵本吴地所出，疑是吴舞也〔二二〕。晉俳歌又云：「皎皎白緒，節節爲雙。」吴音呼緒爲紵，疑白紵即白緒也。

鐸舞歌一篇　幡舞歌一篇　鼓舞伎六曲〔二三〕，並陳於元會。

宋武帝永初中，太常鄭鮮之等撰立新歌，王韶之所撰歌辭七曲並施於郊廟。文帝元嘉中，南郊始設登歌，詔顔延之造郊天夕牲、迎送神、饗歌詩三篇。孝武大明中，使殷淡造文帝太后廟歌〔二四〕。明帝又自造昭宣二太后歌詩〔二五〕。謝莊造明堂歌，王儉造太廟二室及郊配辭。其他多仍晉舊。

督護歌　彭城内史徐逵之爲魯軌所殺，宋武帝使内直督護丁旿音五。收殮殯之〔二六〕。逵之妻，帝長女也，呼旿至閤下，自問殮送之事，每問，輒嘆息曰：「丁督護！」其聲哀切，後人因其聲，廣其曲焉。歌是宋武帝所製，云：「督護上征去〔二七〕，儂亦惡聞許。願作石尤風，四面斷行旅。」

讀曲歌　宋人爲彭城王義康所製。其歌云：「死罪劉領軍，誤殺劉四弟。」

烏夜啼　宋臨川王義慶所作。元嘉十七年，徙彭城王義康於豫章郡〔二八〕，義慶時爲江州，至鎮，相見而哭，爲文帝所怪，徵還。義慶大懼，伎妾聞烏夜啼聲，叩齋閤云：「明日應有赦。」其年更爲兖州刺史，因作此歌。故其和云：「籠窗窗不開〔二九〕，烏夜啼〔三〇〕，夜夜憶郎來〔三一〕。」今所傳歌似非義慶本旨，詞曰：「歌舞諸年少，娉婷無種迹。菖蒲花可憐，聞名不相識。」

石城樂　宋臧質所作。石城在竟陵，質嘗爲竟陵太守，於城上眺矚，見群少歌謡通暢，因此作曲。云：「生長石城下，開門對城頭。樓中美年少〔三二〕，出入見依投。」

莫愁樂　出於石城樂。石城女子名莫愁，善歌謡，歌云：「莫愁在何處，莫愁石城西。艇子打兩槳，催送莫愁來。」

容齋洪氏隨筆曰：「莫愁者，郢州石城人，今郢有莫愁村。畫工傳其貌，好事者多寫寄四方。唐書樂志曰：『莫愁樂者，出於石城樂。石城有女子名莫愁，善歌謠。』古詞曰『莫愁在何處，莫愁石城西。艇子打兩槳，催送莫愁來』者是也。李義山詩曰：『海外徒聞更九州，他生未卜此生休。空傳虎旅鳴宵柝，無復鷄人送曉籌。此日六軍同駐馬，他時七夕笑牽牛。如何四紀爲天子，不及盧家有莫愁。』此莫愁者，洛陽人。梁武帝河中之歌曰『河中之水向東流，洛陽女兒名莫愁。莫愁十三能織綺，十四采桑南陌頭。十五嫁爲盧家婦，十六生兒似阿侯。盧家蘭室桂爲梁，中有鬱金蘇合香。頭上金釵十二行，足下絲履五文章。珊瑚掛鏡爛生光，平頭奴子擎履箱。人生富貴何所望？恨不早嫁東家王』者是也。盧氏之盛如此。所云『不早嫁東家王』，莫詳其義。近世周美成樂府西河一闋，專咏金陵，所云『莫愁艇子曾繫』之語，豈非誤指石頭城爲石城乎？」

襄陽樂　劉道彦爲襄陽太守，有惠政，由此有襄陽樂歌。

壽陽樂　南平穆王爲豫州作〔三三〕。

棲烏夜飛　荊州刺史沈攸之作。攸之舉兵發荊州來〔三四〕，未敗之前，思歸京師，所以歌云：「日落西山還去來。」

三洲歌〔三五〕　諸商客數由巴陵三江口往還，因共作此歌。又因三洲曲而作採桑。

齊高帝建元初，有司奏郊廟雅樂歌辭舊，使學士、博士並撰，擇而用之，至於請敕之外，凡肄學者，亦令製焉。參議太廟登歌，宜用司徒褚淵辭，餘悉用黄門郎謝超宗辭。然超宗所撰，又多删顔延之、謝莊之詞，用爲新曲而已〔三六〕。鼓吹之樂，宋、齊並用漢曲。竄易其名，以實當代之事，其充庭用十六曲，高祖乃去其四，存其十二，以合四時。如漢曲朱鷺易爲木紀，漢曲有所思易爲期運集之類是已。

估客樂　齊武帝所作。帝爲布衣時，常游樊、鄧，踐祚以後追憶往事，作是歌。使太樂令劉瑤教習，百日無成。或啓釋寶月善音律，乃使寶月奏之，便就。敕歌者常重爲感憶之聲〔三七〕。梁改爲商旅行。其辭二首。一曰：「昔經樊、鄧役，假楫梅根渚〔三八〕。感昔念往事，意滿情不叙。」二曰：「有信數寄書，無信長相憶。莫作瓶落井，一去無消息。」

楊叛兒　本童謡也。齊隆昌時，女巫之子曰楊旻者，隨母入内，及長，爲太后所寵愛。童謡云：「楊婆兒，共戲來。」語訛轉「婆」爲「叛」也。歌云：「暫出白門前，楊柳可藏烏。歡作沈水香，儂作博山爐。」

梁武帝即位之初，思弘古樂。帝素善鍾律，詳悉舊事，遂自製定禮樂，乃定郊禋、宗廟及三朝之樂。國樂以「雅」爲稱，取詩序云：「言天下之事，形四方之風，謂之雅。雅者，正也。」作樂歌十二，則天數也，其辭並沈約所製，凡三十曲〔三九〕：俊雅三曲，四言；取禮記「司徒論選士之序而升之學，曰俊士」也。衆官出入，奏俊雅。二郊、太廟、明堂，三朝同用。皇雅三曲，五言；取詩「皇矣上帝，臨下有赫」也。皇帝出入，奏皇雅，二郊、太廟同用。胤雅一曲，四言；取詩「君子萬年，永錫祚胤」也〔四〇〕。皇太子出入，奏之，三朝用焉。寅雅一曲，三言；取尚書周官「貳公弘化，寅亮天地」也。王公出入，奏寅雅，三朝用焉。介雅三曲，五言；取詩「君子萬年，介爾景福」也。上壽酒，奏介雅，三朝用焉。需雅八曲，七言；取易「雲上於天需，君子以飲食宴樂」也。食舉，奏需雅，三朝用焉。雍雅三曲，四言；取禮記「大享，客出以雍徵」也。徵饌，奏雍雅，三朝用焉。　滌雅一曲，四言；取禮記「帝牛必在滌三月」也。牲出入，奏滌雅，北郊、明堂、太廟同用。　牷雅一曲，四言；取春秋左傳「牲牷肥腯」也。薦毛血，奏牷雅，北郊、明堂、太廟同用。　誠雅三曲，二曲三言，一曲四言；取尚書「至誠感神」也。南北郊、明堂、太廟並用。誠雅，降神及迎送奏之。　獻雅一曲，四言；取禮記祭統「尸飲五，洗玉爵獻卿」。今之飲福酒，亦古獻爵之意也。皇帝飲酒，奏獻雅。北郊、明堂、太廟同用。　禋雅一曲，四言。取周禮太宗伯「以禋祀祀昊天上帝」也。北郊、明堂、太廟之禮，埋燎俱奏禋雅。

夾漈鄭氏曰：「有宗廟之樂，有天地之樂，有君臣之樂。尊親異制，不可以不分；幽明異位，不可以無別。按漢叔孫通始定廟樂，有降神、納俎、登歌、薦祼等曲。武帝始定郊祀之樂，有十九章之歌。明帝始定黃門鼓吹之樂，天子所以宴群臣也。嗚呼！風、雅、頌三者不同聲，天地、宗廟、君臣三者不同禮。自漢之失，合雅而風，合頌而雅，其樂已失，而其禮猶存。至梁武十二曲成，則郊廟、明堂、三朝之禮，展轉用之；天地、君臣、宗廟之事，同其事矣。此禮之所以亡也。雖曰本周九夏而爲十二雅，然九夏自是樂奏，亦如九淵、九莖可以播之絲竹，有譜無辭，而非雅、頌之流也。」

梁南北郊、明堂、宗廟之禮，加有登歌。其歌詩一十八曲。南郊，皇帝初獻奏登歌，二曲，三言。北郊，皇帝初獻奏登歌，二曲，四言。　宗廟，皇帝初獻奏登歌，七曲，四言。　明堂，偏歌五帝登歌，五曲，四言。　太祖太夫人廟舞歌，一曲，四言。　太祖太夫人廟登歌，一曲，四言。　大壯舞歌，一曲，四言。　大觀舞歌，一曲，四言。

相和五引：角、徵、宮、商、羽。每引一首。鼓吹：宋齊並用漢曲，又充庭用十六曲。梁高祖去四曲，留其十二，合四時也。更製新歌，以述功德。

木紀謝代朱鷺，言齊謝梁升也。　賢首山代思悲翁，言武帝破魏軍於司部，肇王迹也。　桐柏山代艾如張，言武帝牧司，王業彌章也。　道亡代上之回，言東昏喪道，義師起樊、鄧也。　忱威代雍離，言破加湖元勳也。　漢東流代戰城南，言義師克魯山城也。　鶴樓峻代巫山高，言平郢城，兵威無敵也。　昏主恣淫慝代上陵，言東昏政亂，武帝起兵，弔民伐罪也。　石首局代將進酒，言義師平京城，廢昏定大事也。　期運集代有所思，言武帝膺籙受禪，德盛化遠也。　於穆代芳樹，言大梁開運，君臣和樂，休祚方遠也。　惟大梁代上邪，言梁德廣運，仁化洽也。

武帝崇信佛法，置佛法十曲，名爲正樂。又有法樂童子伎、童子倚歌梵唄〔四一〕，設無遮大會則爲之。

善哉　大樂　大歡　天道　仙道　神王　龍王　滅過惡　除愛水　斷苦輪〔四二〕

襄陽蹋銅蹄　武帝西下所作也。帝鎮雍，有童謡云：「襄陽白銅蹄，反縛揚州兒。」及義師之興，實以鐵騎，揚州之士皆面縛，果如謡言。故即位之後，更造新聲，帝自爲詞三曲，又令沈約爲三曲，以被管絃。

上聲歌　此因上聲促柱得名。或用一調，或用無調名，如古歌詞，所謂哀思之音，不合中和。梁武因之改辭無邪句。

常林歡　宋、梁間曲。宋、梁世荊、雍爲南方重鎮〔四三〕，皆王子爲之牧，江左詞詠，莫不稱之，以爲樂土。故宋隋王誕作襄陽之歌，齊武帝追憶樊、鄧，作估客樂是也〔四四〕。梁簡文樂府歌云：「分手桃林岸，遂別峴山頭。若欲寄音信，漢水向東流。」又曰：「宜城投酒今行熟，停鞍繫馬暫棲宿。」桃林在漢水上，宜城在荆州北。荆州有長林縣。江南謂情人爲歡。「常」「長」聲相近，蓋樂人誤「長」爲「常」〔四五〕。

陳並用梁樂，唯改七室舞辭。　皇祖步兵府君神室奏凱容舞辭　皇祖正員府君神室奏凱容舞辭　皇祖懷安府君神室奏凱容舞辭　皇高祖安成府君神室奏凱容舞辭　皇曾祖太常府君神室奏凱容舞辭　皇祖景皇帝神室奏景德凱容舞辭　皇考高祖武皇帝神室奏武德舞辭。

右各一曲四言。

後主嗣位，沈荒淫佚，遣宫嬪習北方簫鼓，謂之代北，酒酣則奏之。江南遂亡，舉宗北歸，是代北之應也。

玉樹後庭花其辭曰：「玉樹後庭花，花開不復久。」亦短祚之明兆也。　黄鸝留　金釵兩臂垂或言煬帝作。　堂堂

右四曲，並陳後主時所造，恒與宫女學士及朝臣相唱和爲詩，太樂令何胥採其尤輕艷者，以爲此曲。

桃葉　陳之世，盛歌王獻之桃葉曲，曰：「桃葉復桃葉，渡江不用楫。但渡無所苦，我自迎接汝。」後隋晉王伐陳，始營於桃葉山下，韓擒虎渡江，陳大將任蠻奴至新林以導北軍。

後魏來自雲、朔，肇有諸夏，樂操土風，未忘其俗。道武天興初，吏部郎鄧彦海奏上廟樂〔四六〕，創制宫懸，而鐘管不備。樂章既闕，雜以簸邏迴歌。至太武平河西，得沮渠蒙遜之伎，賓、嘉大禮皆雜用焉。此聲所興，蓋苻堅之末，呂光出平西域，得胡戎之樂，因又作改變，雜以秦聲，所謂秦漢樂也。孝文頗爲詩歌，以勖在位，謡俗流傳，布諸音律。大臣馳騁漢、魏，旁羅宋、齊，功成奮豫，代有制作，莫不各揚廟

舞，自造郊歌，宣暢功德，輝光當世，而移風易俗，浸以陵夷。

按：歷代樂歌，惟南之宋、齊，北之拓跋魏無所考見，此段姑摭隋書禮樂志序數語以括之。前編宋、齊二段皆出陳氏樂書，俱言其大概耳。宋、齊運祚短促，元魏出夷戎，故史籍不備，後來難以稽據云。

北齊文宣初禪，未遑改制，至武成之時，始定四郊、宗廟、三朝之樂，各有樂章。

大禘圜丘及北郊歌辭：夕牲群臣入門，奏肆夏，一曲，四言。　迎神奏高明，一曲，四言。登歌辭同。　牲出入，奏昭夏，一曲，四言。　薦毛血，奏昭夏，一曲，四言。群臣出，奏肆夏；進熟，群臣入，奏肆夏，辭同初入。　進熟，皇帝入門，奏皇夏，一曲，四言。　皇帝陞丘，奏皇夏，一曲，四言。壇上登歌辭同。　皇帝初獻，奏高明，一曲，三言。　皇帝奠爵訖，奏高明樂、覆燾之舞，一曲，四言。　皇帝獻太祖配饗神座，奏武德之樂、昭烈之舞，一曲，四言。皇帝小退，當昊天上帝神座前，奏皇夏，辭同上皇夏。　皇帝飲福酒，奏皇夏，一曲，五言。皇帝詣東陛，還便坐，又奏皇夏，辭同初入門。　送神，降丘南陛，奏高明，一曲，五言。皇帝之望燎位，又奏皇夏，辭同上皇夏。　柴壇既燎，奏昭夏，一曲，四言。皇帝自望燎還本位，奏皇夏，辭同上皇夏。　皇帝還便殿，奏皇夏，一曲，四言。群臣出，奏肆夏，辭同上肆夏。祠感帝，用圜丘辭。　五郊迎氣，奏高明。每帝各一曲。

祠五帝於明堂樂歌辭：先祀一日，夕牲，群官入自門，奏肆夏，一曲，四言。　太祝令迎神，奏高明樂、覆燾舞辭，一曲，三言。　太祖配饗，奏武德樂、昭烈舞辭，一曲，四言。五方天地奏高明之樂、覆燾之舞，辭同迎氣。　牲出入，奏昭夏，一曲，四言。　薦毛血，奏昭夏，一曲，四言。群臣出，奏肆夏；進熟，群臣入，奏肆夏，同上肆夏辭。　進熟，皇帝入門，奏皇夏，一曲，四言。皇帝升壇，奏皇夏，辭同。　皇帝初獻，奏高明樂、覆燾舞辭，一曲，三言。　皇帝祼獻，奏高明樂、覆燾舞辭，一曲，四言。　皇帝飲福酒，奏皇夏，一曲，五言。太祝送神，奏高明樂、覆燾舞，一曲，三言。　皇帝還便殿，奏皇夏，一曲，四言。

享廟樂辭：先祀一日，夕牲，群臣入，奏肆夏，一曲，四言。　迎神，奏高明登歌，一曲，四言。　牲出入，奏昭夏，一曲，四言。　薦毛血，奏昭夏，一曲，四言。三公出，奏肆夏；進熟，群臣入，奏肆夏，辭同。　進熟，皇帝入北門，奏皇夏，一曲，四言。　太祝祼地，奏登歌，一曲，四言。皇帝詣東陛，奏皇夏；升殿，又奏皇夏，辭同。　皇帝升殿，殿上作登歌，一曲，四言。　皇帝初獻皇祖司空公神室，奏始基樂、恢祚舞辭〔四七〕，一曲，四言。　初獻皇祖吏部尚書神室，同上樂、舞辭，一曲，四言。　初獻皇祖秦州使君神室，同上樂、舞辭，一曲，四言。　獻太祖武貞公神室，同上樂、舞辭，一曲，四言。　獻皇祖文穆皇帝神室，同上樂、舞辭，一曲，四言。　皇帝獻高祖神武皇帝神室，奏武德樂、昭烈舞辭〔四八〕，一曲，四言。　獻文襄皇帝神室，奏文德樂、宣政舞辭，一曲，四言。　獻文宣皇帝神室，奏文正樂、光大舞辭〔四九〕，一曲，四言。　皇帝還東壁，飲福酒，奏皇夏，一曲，四言。　送神，奏高明樂辭〔五〇〕，一曲，三言。　皇帝詣便殿，奏皇夏，一曲，四言。群官出，奏肆夏，辭同。

元會大饗，協律不得升陛，黃門舉麾於殿上。　今列其歌辭：賓入門，四厢奏肆夏，一曲，四言。　皇帝出閤，奏皇夏，一曲，四言。　皇帝當扆，群臣奉賀，奏皇夏，一曲，四言。　皇帝入宁變服，黃鍾、太蔟二厢奏皇夏，一曲，四言。　皇帝變服，移幄座於西厢，帝出升御座，姑洗奏皇夏，一曲，四言。　王公奠璧，奏肆夏，一曲，四言。　上壽，黄鍾厢奏上壽曲辭，一曲，三言。　皇太子入，至座位，酒至御，殿上奏登歌，三曲，四言。　食至御前，奏食舉樂辭，十曲，三言〔五一〕。　文舞將作，先設階步辭，一曲，四言。　文舞辭，一曲，四言。　武舞將作，先設階步辭，一曲，四言。　武舞辭，一曲，四言。　皇帝入，鍾鼓奏皇夏辭，一曲，四言。

鼓吹二十曲，皆改古名，以叙功德。

水德謝代朱鷺，言魏謝齊興。　出山東代思悲翁，言神武戰廣阿，破爾朱兆，創大業。　戰韓陵代艾如張，言神武滅四胡，定京洛。　殄關隴代上之回，言神武誅賀拔岳，定關隴。　滅山胡代雍離，言神武屠劉蠡升〔五二〕，高車、蠕蠕向化。立武定〔五三〕代戰城南，言神武立魏主，天下安，遷於鄴。　戰芒山代巫山高，言神武破周十萬之師。　禽蕭明代上陵，言文襄破梁兵，俘馘萬計〔五四〕。　破侯景代將進酒，言文襄殄侯景，克復河南。　定汝潁代君馬黄，言文襄擒周大將於長葛，平汝、潁。　克淮南代芳樹，言文襄遣將南剪梁國，盡取江北之地。　嗣丕基代有所思，言文宣統纘大業。　聖道洽代雉子班，言文宣克隆堂構，無思不服。　受魏禪代聖人出，言文宣應天順人也。　平瀚海代上邪，言文宣平殄蠕蠕。　服江南代臨高臺，言梁主蕭繹遠來附化。　刑罰中代遠如期，言孝昭舉直錯枉，獄訟無怨。　遠夷至代石留行，言化霑海外，西夷遣使朝貢也。　嘉瑞臻代務成，言河清龍見，符瑞總至也。　成禮樂代玄雲，言功德化洽，制禮作樂。

古又有黄雀、釣竿二曲，略而不用，並議定其名，被於鼓吹。

無愁　伴侣　後主賞胡戎樂，耽愛無已。於是繁手淫聲，爭新哀怨。故曹妙達、安未弱、安馬駒之徒，至有封王開府者，遂服簪纓而爲伶人之事〔五五〕。後主亦自能度曲，親執樂器，倚絃而歌。別採新聲，爲無愁、伴侣曲，音韵窈窕，極於哀思，使胡兒閹宦輩齊唱和之，曲終樂闋，莫不殞涕。雖行幸道路，或時馬上奏之，樂往哀來，以至亡國。

後周太祖迎魏武入關，聲樂闕焉。恭帝元年，平荆州，大獲梁氏樂器，乃詔曰：「六樂尚矣，其聲歌之節，舞蹈之容，寂寥已絶〔五六〕，不可得而詳也。但方行古人之事，可不本於兹乎〔五七〕？自宜依準成周，制其歌舞〔五八〕，祀五帝日月星辰。」於是有司詳定：郊廟祀五帝日月星辰〔五九〕，用黄帝樂，歌大吕；祭九州、社稷、水旱雩禜，用唐堯樂，歌應鍾；祀四望、饗諸侯，用虞舜樂，歌南吕；祀四類，幸辟雍，用夏禹樂，歌函鍾；祭山川，用殷湯樂，歌小吕；饗宗廟，用周武王樂，歌夾鍾。皇帝出入，奏皇夏；賓出入，奏肆夏；牲出入，奏昭夏；藩國客出入，奏納夏；功臣出入，奏章夏；皇后進羞，奏深夏；宗室會聚，奏族夏；上酒宴樂，奏陔夏；諸侯相見〔六〇〕，奏鶩夏。皇帝大射，歌騶虞，諸侯歌貍首，大夫歌采蘋，士歌采蘩。其文雖具，而未及施用，而閔帝受禪。明帝踐祚，雖革魏氏之樂，未臻雅正。天和元年，武帝初造山雲舞〔六一〕，以備六代。建德二年，六代樂成，奏於崇信殿。其宫縣，依梁三十六架。朝會皇帝出入，奏皇夏；太子出入，奏肆夏；王公出入，奏鶩夏；諸侯正日獻玉帛，奏納夏；宴族人，奏族夏；大會至尊執爵，奏登歌十八曲；舉食，奏深夏。

陳氏樂書曰：「嗚呼！六樂復於後周，而後周無成王之治；後庭作於大唐，而大唐無煬帝之亂。是無他，樂在人和，不在聲音故也。」

圜丘歌辭：降神，奏昭夏，一曲，七言。皇帝將入門，奏皇夏，一曲，四言。俎入，奏昭夏，一曲，四言。　奠玉帛〔六二〕，奏昭夏，一曲，四言。　皇帝升壇，奏皇夏，一曲，四言。　皇帝初獻，作雲門舞，一曲，三言。　皇帝初獻配帝，作雲門舞，一曲，四言。　皇帝初獻及獻配帝畢，奏登歌，一曲，三言。　皇帝飲福酒，奏皇夏，一曲，四言。　撤奠，奏雍樂〔六三〕，一曲，三言。　帝就望燎位，奏皇夏，一曲，四言。　帝還便坐，奏皇夏，一曲，四言。　降神，奏昭夏。　奠玉〔六四〕，奏昭夏。　初獻，奏登歌。舞辭同圜丘。　望坎位，奏皇夏。　各一曲，四言。

祀五帝歌辭：奠玉帛，奏皇夏；　初獻，奏皇夏；　各一曲，四言。　皇帝初獻青帝，奏雲門舞，一曲，三言。　初獻配帝，奏舞，一曲，四言。　初獻赤帝，奏雲門舞，一曲，七言。　獻配帝，奏舞，一曲，四言。　初獻黃帝，奏雲門舞，一曲，五言。　初獻配帝〔六五〕，奏舞，一曲，五言。　初獻白帝，奏雲門舞，一曲，四言。　初獻配帝〔六六〕，奏舞，一曲，四言。　初獻黑帝，奏雲門舞，一曲，六言。　初獻配帝〔六七〕，奏舞，一曲，六言〔六八〕。

宗廟歌辭：皇帝入廟門，奏皇夏，一曲，四言。　降神，奏昭夏，一曲，四言。　俎入，皇帝升階〔六九〕，奏皇夏，一曲，四言。　皇帝獻皇高祖奏皇夏，一曲，五言　獻皇曾祖德皇帝，奏皇夏，一曲，五言。　獻皇祖太祖文皇帝，奏皇夏，一曲，五言。　獻文宣皇太后，奏皇夏，一曲，四言。　獻閔皇帝，奏皇夏，一曲，五言〔七〇〕。　皇帝還東壁，飲福酒，奏皇夏，一曲，四言。　還便坐，奏皇夏，一曲，四言。

宣帝革前代鼓吹〔七一〕，制爲十五曲，以頌功德。

玄精季代朱鷺，言魏道陵遲，太祖肇基王業。　征隴西代思悲翁，言太祖起兵，誅侯莫陳悅，清隴西。　迎魏帝代艾如張，言太祖迎孝武西幸，都關中。　平竇泰代上之回，言太祖討擒竇泰。　復恒農代雍離，言太祖攻復陝城，震關東。　克沙苑代戰城南，言太祖俘斬齊衆於沙苑。　戰河陰代巫山高，言太祖破齊於河上。　平漢東代上陵，言太祖命將平隋郡安陸。　取巴蜀代將進酒，言太祖遣軍定蜀。　拔江陵代有所思，言太祖遣將擒蕭繹，平南土。　受魏禪代芳樹，言閔帝受禪即位。　宣重光代上邪，言明帝入承大統。　哲皇出代君馬黃，言高祖繼統天下向風。　平東夏代雉子班，言高祖平齊，定山東。　禽明徹代聖人出，言高祖禽陳將吴明徹。

隋高祖嘗詔李元操、盧思道等製清廟歌辭十二曲，令齊樂工曹妙達於太樂教習，以代周歌。　太廟之中，迎神七言，象元基曲，獻奠登歌六言，象傾杯曲，送神五言，象行天曲。　其後牛弘等但改其聲，使合鍾律，而調經敕定，不敢易也。　至仁壽初，煬帝爲皇太子，乃上言曰：「清廟歌辭，文多浮麗，不足以揄揚功德，請更議之。」於是製詔牛弘、許善心等更詳故實，改定樂辭。　其祀圜丘，皇帝入，至版位，及降神，奏昭夏；升壇，奏皇夏；受玉帛，登歌，奏昭夏；初獻，奏誠夏；飲福酒〔七二〕，奏需夏；反爵於坫，復位，及就燎位，復大次〔七三〕，奏皇夏。　有司未及施行。　煬帝大業初，又令柳顧等多增開皇樂器，大益樂員，郊廟歌辭，並依舊制，惟新造高祖廟歌九曲而已。　繼又令祕書省定殿前樂工歌十四首〔七四〕，太常刪定樂曲一百四首：五曲宮調，黃鍾也；一曲應調，大吕也；二十五曲商調，太蔟也；十四曲角調，姑洗也；十三曲變徵調，蕤賓也；八曲徵調，林鍾也；二十五曲羽調，南吕也；十三曲變宮調，應鍾也。　凡此以詩爲本，參以古調，雖欲播之絃歌，被之金石，亦竟無成功焉。

圜丘：降神〔七五〕，奏昭夏，一曲，五言。　皇帝升壇，奏皇夏，一曲，四言。　皇帝就燎，還大次，並奏皇夏，辭同。登歌辭，一曲，四言。皇帝初獻，奏諴夏辭，一曲，四言。皇帝既獻，奏文舞辭，一曲，四言。皇帝飲福酒，奏需夏，一曲，四言。武舞辭，一曲，四言。送神，奏昭夏，一曲，三言。

五郊歌辭五首：迎送神、登歌，與圜丘同。青帝歌辭，奏角音，一曲，四言。赤帝歌辭，奏徵音，一曲，四言。黃帝歌辭，奏宮音，一曲，四言。白帝歌辭，奏商音，一曲，四言。黑帝歌辭，奏羽音，一曲，四言。

感帝奏諴夏辭，一曲，四言。迎送神、登歌，與圜丘同。雩祭奏諴夏辭，一曲，七言。迎送神、登歌，與圜丘同。䄍祭奏諴夏辭，一曲，四言。迎送神、登歌，與圜丘同。朝日、夕月歌辭二首，迎送神、登歌，與圜丘同。朝日奏諴夏辭，一曲，五言。夕月奏諴夏辭，一曲，五言。方丘歌辭四首：唯此四者異，餘並同圜丘。迎神奏昭夏辭，一曲，三言。奠玉帛登歌，一曲，四言。皇地祇歌辭，奏諴夏，一曲，四言。送神歌辭，奏昭夏，一曲，三言。

神州奏諴夏辭，一曲，四言。迎送神、登歌，與圜丘同。

社稷歌辭四首：迎送神、登歌，與圜丘同。春祈社，奏諴夏，一曲，四言。春祈稷，奏諴夏，一曲，四言。秋報社，奏諴夏，一曲，四言。秋報稷，奏諴夏，一曲，四言。

先農，奏諴夏辭，一曲，四言。迎送神，與方丘同。

先聖先師，奏諴夏辭，一曲，四言。

太廟歌辭：迎神歌辭，一曲，四言。登歌辭，一曲，四言。俎入歌辭，一曲，四言。郊丘、社、廟同。　皇高祖太原府君神室歌辭、皇曾祖康王神室歌辭、皇祖獻王神室歌辭、皇考太祖武元皇帝神室歌辭，已上並一曲，四言。　飲福酒歌辭，一曲，四言。郊丘、社、廟同。　送神歌辭，一曲，三言。　元會：皇帝出入殿庭，奏皇夏辭，一曲，四言。郊丘、社、廟同。　皇太子出入，奏肆夏辭，一曲，四言。　食舉歌辭，八曲，七言。　上壽歌辭，一曲，三言。　宴群臣祭歌辭，一曲，四言。　文舞歌辭，一曲，四言。　武舞歌辭，一曲，四言。　大射登歌辭，一曲，五言。　凱樂歌辭三首：述帝德，一曲，四言。　述諸軍用命，一曲，四言。　述天下太平，一曲，四言。　皇后房内歌辭，一曲，四言。　地厚天高　高祖潛龍時，頗好音樂，常倚琵琶作歌二首，名曰地厚、天高，記言夫婦之義，因即取之爲皇后房内曲，命婦人並登歌、上壽並用之。

驍壺　蓋投壺樂也，隋煬帝所造。以投壺有躍矢爲驍壺，今謂之「驍壺」。

泛龍舟　煬帝幸江都宫所作。又令太樂令白明達造新聲期萬歲樂、藏鈎樂、七夕樂、相逢樂〔七六〕、舞席同心髻、玉女行觴、神仙留客、擲磚續命〔七七〕、鬭鷄子、鬭百草、還舊宫樂〔七八〕，掩抑摧藏，哀音斷絶。

唐高祖受禪，軍國多務，未遑改創，樂府尚用隋氏舊文。至武德九年，始命太常少卿祖孝孫考正雅樂，乃作大唐雅樂，以十二律各順其月，旋相爲宫。按禮記：「大樂與天地同和。」詩云：「治世之音安以樂，其政和。」故製十二和之樂，合三十一曲，八十四調。

一曰豫和　二曰順和　三曰永和　四曰肅和　五曰雍和　六曰壽和　七曰太和　八曰舒和　九曰昭和　十曰休和　十一曰正和　十二曰承和其所用已見樂門〔七九〕。

夾漈鄭氏曰：「祖孝孫本梁十二雅以作十二和，故可采也。周太祖迎魏帝入關，平荆州，大獲梁氏之樂，乃更爲九夏之奏。皇帝出入奏皇夏，賓出入奏肆夏，牲出入奏昭夏，藩國客出入奏納夏，有功臣出入奏章夏，皇后進羞奏深夏，宗室會聚奏族夏，上酒宴樂奏陔夏，諸侯相見奏驁夏。雖曰本於周賓祭之樂，抑亦取於梁氏十二雅，有其議而未能行，後復變更。大抵自兩朝以來，祀饗之章，隨時改易，任理不任音，任情不任樂，明樂之人，不能主樂，主樂之司，未必明樂，所行非所作，所作非所行。惟梁武帝自曉音律，又詔百司各陳所聞，帝自糾擿前違，裁成十二雅，付之大樂，自此始定。雖制作非古，而聲有倫，準十二律以法天之成數，故世世因之而不能易也。」

唐太常樂章：

太清宫薦獻大聖祖玄元皇帝，奏混成紫極之舞。天寶元年四月十四日，有司奏請降神用混成之樂，送神用泰一之樂，樂章十一。檢撰人名姓未獲。

饗德明興聖皇帝廟，酌獻並奏長發之舞，樂章九。吏部侍郎李紓撰〔八〇〕。獻祖宣皇帝室酌獻，奏光大之舞。

貞觀十四年，祕書監顔師古議，皇祖弘農府君、宣簡公、懿皇三廟之樂，請同奏長發之舞〔八一〕。至開元十三年，封禪定廟樂，改用光大之舞，樂章闕。懿祖光皇帝室酌獻，奏長發之舞。開元十三年定議，依舊用長發之舞。至貞元十四年四月，太常奏，與德明興聖、獻祖廟並同用宫懸，祭月饗之。樂章闕。

太祖景皇帝室酌獻，奏大政之舞。貞觀十四年，祕書監顔師古定議，請奏永錫之舞；給事中許敬宗議，奏大有之舞。至開元十年改定，用大政之舞，樂章闕。

世祖元皇帝室酌獻，用大成之舞。貞觀十四年，祕書監顔師古議，請奏大有之舞，許敬宗議改用大成之舞，樂章闕。

高祖太武皇帝室酌獻，奏大明之舞。貞觀十四年，祕書監顔師古議，奏大明之舞。

太宗文武大聖大廣孝皇帝室酌獻，奏崇德之舞。

先是，文德皇后廟樂，貞觀十四年，顔師古請奏光大之舞，許敬宗議同。及太宗祔廟，遂停光大之舞，唯奏崇德之舞。樂章闕。

高宗天皇大聖大弘孝皇帝室酌獻，奏鈞天之舞。

中宗孝和大聖大昭孝皇帝室酌獻，奏太和之舞。

睿宗玄真大聖大興孝皇帝室酌獻，奏景雲之舞。已上廟，貞觀十四年六月〔八二〕，顔師古、許敬宗已定樂章廟舞之號。至開元二十九年六月十日，太常又奏，準十三年封禪日，有司所定九廟酌獻用舞之號，皆列於次。

玄宗至道大聖大明孝皇帝室酌獻，奏廣運之舞。中書令郭子儀撰樂章。

肅宗文明武德大聖大宣孝皇帝室酌獻，奏惟新之舞〔八三〕。吏部尚書劉晏撰樂章。

代宗睿文孝武皇帝室酌獻，奏保大之舞。中書令郭子儀撰樂章。

德宗神武孝文皇帝室酌獻，奏文明之舞。尚書左丞、平章事鄭餘慶撰樂章。

順宗至德大聖大安孝皇帝室酌獻，奏大順之舞。中書侍郎、平章事鄭絪撰樂章。

憲宗聖神章武孝皇帝室酌獻，奏象德之舞。中書侍郎、平章事段文昌撰樂章。

穆宗睿聖文思孝皇帝室酌獻，奏和寧之舞。中書侍郎、平章事牛僧孺撰樂章。

敬宗睿武昭愍孝皇帝室酌獻，奏大鈞之舞。中書侍郎韋處厚撰樂章。

文宗元聖昭獻孝皇帝室酌獻，奏大成之舞。中書侍郎崔珙撰樂章。

武宗至道昭肅孝皇帝室酌獻，奏大定之舞。中書侍郎李回撰樂章。

宣宗聖武獻文孝皇帝室酌舞號。檢未獲。

懿宗昭聖恭惠孝皇帝室酌舞號。檢未獲。

僖宗惠聖恭定孝皇帝室酌舞號。檢未獲。

昭宗聖穆景文孝皇帝室酌獻，奏咸寧之舞〔八四〕。撰樂章人闕。

饗讓皇帝廟樂章六。吏部侍郎李紓撰。

饗諸太子廟樂章六。檢撰人姓名未獲。

儀坤廟樂章十二。散騎常侍徐彦伯撰。

惠昭太子廟樂章六。左散騎常侍歸登，諫議大夫杜羔，給事中李逢吉、孟簡，職方郎中、知制誥王涯等共撰。

悼懷太子廟樂章六。檢撰人姓名未獲。

莊恪太子廟樂章六。給事中裴泰章、蘇條等共撰。

祀五帝樂章十五。顯慶元年，左僕射于志寧撰。

立春日祀青帝壇，降神奏角音之舞，六變。立夏日，祀赤帝壇，降神奏徵音之舞，六變。季夏土王，祀黃帝壇，降神奏宮音之舞，六變。立秋日，祀白帝壇，降神奏商音之舞，六變。立冬日，祀黑帝壇，降神奏羽音之舞，六變。冬至日，祭昊天上帝，樂章三，奏豫和之舞，六變〔八五〕。夏至日，祭皇地祇，樂章三，奏順和之舞，六變。開元十二年，禮部侍郎賀知章撰。

祭神州地祇，樂章三，奏順和之舞，八變。貞觀十七年，太府卿蕭璟撰。

春分日，祀朝日，樂章三，奏元和之舞，六變。顯慶元年，禮部侍郎許敬宗撰。至乾元元年，中書舍人徐浩又撰。

祭太社太稷，樂章四。貞觀十七年，左僕射于志寧撰。

祭風師，樂章四，降神奏元和之舞。貞元六年，祕書監包佶撰。

祭雨師、雷師，樂章五，降神奏元和之舞。貞元六年，祕書監包佶撰。

䄍祭百神，樂章四，降神奏豫和之舞。禮部侍郎許敬宗撰。

祭先農，樂章三，奏豐和之舞，一變。顯慶三年，太子洗馬郭瑜撰。

祭先蠶，樂章二，奏永和之舞。顯慶三年，太子洗馬郭瑜撰。

釋奠，樂章八，文宣公廟奏宣和之舞。顯慶三年，國子博士范頵等撰。

武成王廟樂章五，奏宣和之舞，三變〔八六〕。貞元六年，原王傅于邵撰。

祀九宮貴神，樂章六，奏元和之舞。檢撰人姓名未獲。

祭龍池，樂章十。開元元年，內出編入雅樂。十六年，築壇於興慶宮，以仲春之月祭之。紫微令姚元崇等撰。

殿庭元日、冬至朝會，樂章七。元日迎送皇帝，奏太和。開元十三年，侍中源乾曜撰。

群官行，奏舒和。上公上壽，奏休和。顯慶五年，中書侍郎李義府撰。

皇帝受酒登歌，奏昭和。中宮朝會，樂章四。皇后正和再奏〔八七〕。中書侍郎李義府撰。

東宮朝會，樂章五。迎送皇太子，奏永和。中書侍郎李義府撰。

太子受酒登歌，奏昭和。

鄉飲，樂章十七。檢撰人姓名未獲。

鹿鳴三奏，南陔一奏，嘉魚四奏，崇邱一奏，關雎五奏，鵲巢三奏。

大射，樂章四。檢撰人姓名未獲。

皇帝射，騶虞一奏〔八八〕；王公射，貍首一奏；卿大夫射，采蘋一奏；士射，采蘩一奏〔八九〕。

唐七朝五十五曲〔九〇〕。舞曲夷樂並不在此。

傾盃曲長孫無忌作。　樂社樂曲魏徵作。　英雄樂曲虞世南作。　黃驄疊曲太宗破竇建德，所乘馬名黃驄驃。及征高麗，死於道，頗哀之，命樂工製黃驄疊曲。

右四曲，太宗內宴，詔無忌等作之，皆宮調也。

景雲河清歌亦名燕歌。高宗即位，景雲見，河水清，張文收采古義爲景雲河清歌。　慶善樂　破陣樂　承天樂　一戎大定樂將伐高麗，宴洛陽城門觀，屯營教舞。按親征用武之勢。　八紘同軌樂象高麗平，天下大定。　夷美賓曲遼東平，李勣作是曲以獻。

右七曲，高宗朝所作也。

立部伎八曲：太常選坐部伎無性識者，退入立部伎。又選立部伎無性識者，退入雅樂部，則雅聲可知。一安樂〔九一〕 二太平樂安樂、太平並周、隋遺音。 三破陣樂 四慶善樂 五大定樂 六上元樂 七聖壽樂 八光聖樂

坐部伎六曲：一燕樂 二長壽樂 三天授樂〔九二〕 四鳥歌萬歲樂武后時，有鳥能人言萬歲。 五龍池樂明皇爲平王時，賜第隆慶坊之南，地忽變爲池。中宗遊池，厭其祥。明皇即位，乃作龍池樂。 六小破陣樂

夜半樂明皇自潞州還京師，舉兵，夜半誅韋后，故作夜半樂、還京樂。 還京樂 文成曲明皇作。 霓裳羽衣曲河西節度使楊敬忠獻。一説羅公遠與明皇遊月宮，見仙女數百，皆素練霓裳衣舞，問其曲，曰霓裳羽衣。帝默記其音而還，故作是曲。 元真道曲道士司馬承禎奉詔作。 大羅天曲茅山道士李會元作。 紫清上聖道曲工部侍郎賀知章作。 景雲 九真 紫極 小長壽 承天樂 順天樂六曲並大清宮成，太常卿韋縚作。 君臣相遇樂曲商調，韋縚作。 荔枝香明皇幸驪山，楊貴妃生日，命小部張樂長生殿，因奏新曲，未有名。會南方進荔枝，故名荔枝香。 梨園法曲法曲，本隋樂。其音清而近雅。煬帝厭其聲淡，明皇愛法曲，選坐伎三百，教梨園宫女數百，亦爲梨園弟子。 涼州 伊州 甘州天寶樂曲，皆以邊地名之。又詔選調法曲與胡部新聲合作。 千秋節明皇生日。

右三十四曲，並明皇朝所作也。

容齋洪氏隨筆曰：「今樂府所傳大曲皆出於唐，而以州名者五：伊、涼、熙、石、渭也。涼州今轉爲梁州，唐人已多誤用，其實從西涼府來也。凡此諸曲，唯伊、涼最著，唐詩詞稱之極多，聊記十數

聯，以資談助。如：『老去將何散旅愁？新教小玉唱伊州』，『求守管絃聲款逐，側商調裏唱伊州』，『鈿蟬金鴈皆零落，一曲伊州淚萬行』，『公子邀歡月滿樓，雙成揭調唱伊州』，『賺殺唱歌樓上女，伊州誤作石州聲』，『胡部笙歌西部頭，梨園弟子和涼州』，『唱得涼州意外聲，舊人空數米嘉榮』，『霓裳奏罷唱梁州，紅袖斜翻翠黛愁』，『行人夜上西城宿，聽得涼州雙管逐』，『丞相新裁別離曲，聲聲飛出舊涼州』，『只愁拍盡涼州杖，畫出風雷是撥聲』，『一曲涼州今不清，邊風蕭颯動江城』，『滿眼由來是舊人，那堪更奏梁州曲』，『昨夜蕃軍報國仇〔九三〕，沙州都護破梁州』，『邊相皆承主恩澤，無人解道取涼州』。皆王建、張祜、劉禹錫、王昌齡、高駢、温庭筠、張籍諸人詩也。」

夾漈鄭氏曰：「按今之樂，有伊州、涼州、甘州、渭州之類，皆西地也。又按隋煬帝所定九部夷樂，西涼、龜兹、天竺、康居之類〔九四〕，皆西夷也。觀詩之雅、頌，亦自西周始。凡是清歌妙舞，未有不從西出者。八音之音，以金爲主；五方之樂，惟西是承。雖曰人爲，亦莫非稟五行之精氣而然〔九五〕。」

陳氏樂書曰：「唐明皇天寶中，樂章多以邊地名曲，如涼州、甘州、伊州之類。曲終繁聲，名爲入破，已而三州之地悉爲西蕃蹈籍，境寖削矣。故江南僞唐李煜樂曲有念家山破，識者謂不祥之兆也。我宋龍興，開寶八祀，悉收其地，煜乃入朝，國破念家山之應也。今誠削去繁聲，革入破之名，庶幾古樂之發也。」

又曰：「竊觀唐之樂歌，突厥鹽歌於龍朔〔九六〕，而閻知微卒有陷突厥之誅；楊柳唱於永淳，而徐敬業卒構揚、柳二州之亂。寶慶之曲作，而太子任咎；堂堂之曲奏，而唐祚中絶。以至舞媚、桑條、黄麞、契苾之作〔九七〕，未有無其應者。由是知聲音之道實與政通，而治亂之兆皆足聽而知之，况其昭昭者乎？然明皇雅好度曲，未嘗使蕃漢雜奏。迨天寶之末，始詔選調法曲與胡部新聲合作，識者異之。明年，遂及禄山之難，豈得無所感召而然哉？然則帝王奏樂可不謹乎！」

按：鄭氏主於聲音而言，陳氏主於證應而言，故其説不同。然成周之時，未嘗不以夷樂參用於祭享之間也。迹明皇所以召釁稔禍者，自有其故，豈皆入破合奏致之乎？

寶應長寧樂代宗由廣平王復二京，梨園供奉官劉日進作以獻。十八曲，宫調。　廣平太一樂大曆元年作。

右二曲，代宗朝所作也。

定難曲河東節度馬燧獻。　中和樂德宗生日自作。　繼天誕聖樂德宗生日，昭義節度王虔休所獻，以宫爲調。　孫武順聖樂山南節度于頔所獻。

右四曲，德宗朝所作也。

雲韶法曲　霓裳羽衣舞曲

右二曲，文宗詔太常卿馮定采開元雅樂作也。臣下功高者賜之樂，又改法曲爲仙韶曲。

萬斯年曲

右一曲，武宗朝李德裕命樂工作萬斯年以獻。

播皇猷曲

右一曲，宣宗每宴群臣，備百戲，帝自製新曲，故有播皇猷之作。

柳宗元撰唐鐃歌鼓吹十二曲：

晉陽武言隋亂極，唐師起晉陽拯亂。二十六句。　獸之窮言李密既敗來歸唐，斥東土。二十二句。　戰武牢言太宗討王世充竇建德。十八句。　涇水黄言太宗討平薛仁杲，定秦地。二十四句。　奔鯨沛言輔公祏反江、淮，師討平之。十八句。　苞枿言討平蕭銑，定楚地。二十八句。　河右平言平李軌，定河西。十八句。　鐵山碎言破突厥，取其地。二十二句。　靖本邦〔九八〕言劉武周襲有晉陽，太宗滅之。十四句。　吐谷渾言命李靖討滅吐谷西海。二十六句。　高昌言命李靖討滅高昌。二十二句。　東蠻言克東謝蠻。二十二句。

按：自漢有鐃歌鼓吹曲，而魏、晉以來相襲爲之，大概皆以頌時主之功德。唐無其詞，子厚此文進於元和間謫永州之時，元未嘗施用也。

校勘記

〔一〕一首二十二句一首二十三句　按晉書卷二三樂志上所載祠廟饗神歌，一首僅十八句，另一首則二十七句。

〔二〕東廂雅樂常作者是也　「者」字原脱，據晉書卷二三樂志上、宋書卷一九樂志一補。「者」，宋書作「郎」。

〔三〕王公上壽歌詩　「詩」原作「食」，據晉書卷二二樂志上改。

〔四〕食舉樂東西廂歌　「廂」原作「廟」，據晉書卷二三樂志上、樂府詩集卷八改。

〔五〕一百七十六句　原作「一百六十七句」，據晉書卷二二樂志上改。

〔六〕二十三句　「三」原作「五」，據晉書卷二三樂志下、樂府詩集卷八改。

〔七〕言宣帝禦諸葛亮　「亮」原脱，據晉書卷二三樂志下補。

〔八〕代雍離　「雍」原作「擁」，據晉書卷二三樂志下改。

〔九〕見白符舞　「符」原作「鳧」，據通志卷四九樂略一改。

〔一〇〕一曲　晉書卷二三樂志下同原刊。通志卷四九樂略「一」作「二」。

〔一一〕後漢以給邊將　「將」字原脱，據通志卷四九樂略一補。

〔一二〕萬人將軍得用之　「用」字原脱，據樂府詩集卷二一補。

〔一三〕隴頭　晉書卷二三樂志下、通典卷一四一樂典一、樂府詩集卷二一俱作「隴頭」。

〔一四〕本十七曲　「本」字原脱，據晉書卷二三樂志下補。

〔一五〕朱生宋識列和等復合之爲十三曲　「等」原作「者」，據晉書卷二三樂志下、通志卷四九樂略一改。

〔一六〕寵愛　「愛」原作「好」，據樂府詩集卷四五改。

〔一七〕春草可攬結女兒可攬擷　樂府詩集卷四六「春草」作「草生」，「擷」作「抱」。

〔一八〕琅琊王軻之家有鬼歌子夜　「之」字原脱，據晉書卷二三樂志下、宋書卷一九樂志一補。

〔一九〕晉司徒左長史王廞臨敗所製　「左」字原脱，據晉書卷二三樂志下、宋書卷一九樂志一補。

〔二〇〕後人演其聲以爲此二曲　宋書卷一九樂志一同原刊。晉書卷二三樂志下「演」作「衍」。

〔二一〕言公莫害漢王也　「言公」原作「莫」，據晉書卷二三樂志下改。

〔二二〕疑是吴舞也　「疑」，晉書卷二三樂志下、宋書卷一九樂志一作「宜」。

〔二三〕鼓舞伎六曲　「伎」原作「使」，據晉書卷二三樂志下改。

〔二四〕殷淡造文帝太后廟歌　「殷淡」原作「商談」，據宋書卷一九樂志一改。

〔二五〕明帝又自造昭宣二太后歌詩　「宣」原作「宜」，據宋書卷一九樂志一、樂府詩集卷八改。

〔二六〕收殮殯之　「殮殯」二字原倒，據宋書卷一九樂志一乙正。

〔二七〕督護上征去　「上征去」，樂府詩集卷四五作「初征去」。

〔二八〕徙彭城王義康於豫章郡　「豫」字原脱，據通志卷四九樂略一補。按通典避唐諱脱，本書沿用通典之文未補。

〔二九〕故其和云籠窗窗不開　通典卷一四五樂典五同。「和」，通志卷四九樂略一作「辭」。

〔三〇〕烏夜啼　樂府詩集卷四七「烏」上有「教坊記曰」四字。

〔三一〕夜夜憶郎來　樂府詩集卷四七，此五字在上文「故其和云」句下。

〔三二〕開門對城頭樓中美年少　通典卷一四五樂典五同。舊唐書卷二九音樂二作「開門對城樓，城中美年少。」

〔三三〕南平穆王爲豫州作　「豫州」原作「荆河州」，據樂府詩集卷四九改。按「荆河」，通典避唐諱改，本書沿用通典之文，未曾回改。

〔三四〕攸之舉兵發荆州來　通典卷一四五樂典五同。「來」，樂府詩集卷四九作「東下」。

〔三五〕三洲歌　「洲」原作「州」，據通典卷一四五樂典五、樂府詩集卷四八改。下同。

〔三六〕用爲新曲而已　「爲」原作「者」，據通典卷一四二樂典二改。

〔三七〕敕歌者常重爲感憶之聲　「常」字原脱，據舊唐書卷二九音樂志二、樂府詩集卷四八補。

〔三八〕假楫梅根渚　「假楫」，舊唐書卷二九音樂志二、樂府詩集卷四八作「阻潮」。

〔三九〕凡三十曲　「三」原作「二」，據隋書卷一三音樂志上、樂府詩集卷三改。

〔四〇〕永錫祚胤　「祚」原作「爾」，據詩大雅既醉改。

〔四一〕童子倚歌梵唄　「倚歌梵唄」原作「愛水斷苦轉等」，據隋書卷一三音樂志上改。

〔四二〕斷苦輪　「輪」原作「轉」，按「斷苦輪」爲正樂佛法十曲之一，見隋書卷一三音樂志上，此處誤「輪」爲「轉」。據隋書卷一三音樂志上改。

〔四三〕宋梁世荆雍爲南方重鎮　「宋」原作「宗」，「梁」字原脱，據舊唐書卷二九音樂志二、通志卷四九樂略一改補。

〔四四〕作估客樂是也　舊唐書卷二九音樂志二同。通志卷四九樂略一脱此六字，據補。

〔四五〕蓋樂人誤長爲常　「蓋」下原衍「取」字，據舊唐書卷二九音樂志二、通志卷四九樂略一删。

〔四六〕吏部郎鄧彦海奏上廟樂　「廟」字原脱，據隋書卷一四音樂志中、册府元龜卷五六七掌禮部作樂三補。

〔四七〕恢祚舞辭　「祚」字原脱，據隋書卷一四音樂志中、册府元龜卷五六七掌禮部作樂三補。

〔四八〕昭烈舞辭　「辭」字原脱，據隋書卷一四音樂志中補。

〔四九〕光大舞辭　「辭」字原脱，據隋書卷一四音樂志中補。

〔五〇〕高明樂辭　「樂」字原脱，據隋書卷一四音樂志中補。

〔五一〕十曲三言　按隋書卷一四音樂志中所載十曲中，不盡三言而雜有四言、五言者。

〔五二〕言神武屠劉盭升　「劉」字與「升」字原脱，據隋書卷一四音樂志中補。

〔五三〕立武定　「立」字原脱，據隋書卷一四音樂志中補。

〔五四〕俘馘萬計　「萬計」二字原脱，據隋書卷一四音樂志中補。

〔五五〕遂服簪纓而爲伶人之事　「遂」字原脱，據隋書卷一四音樂志中補。

〔五六〕寂寥已絶　四字原脱，據隋書卷一四音樂志中、册府元龜卷五六七掌禮部作樂三補。

〔五七〕但方行古人之事可不本於兹乎　十三字原脱，據隋書卷一四音樂志中、册府元龜卷五六七掌禮部作樂三補。

〔五八〕自宜依準成周制其歌舞　「成周」，上引隋書卷一四音樂志中、册府元龜卷五六七掌禮部作樂三無此。

〔五九〕於是有司詳定郊廟祀五帝日月星辰　十五字原脱，據隋書卷一四音樂志中、册府元龜卷五六七掌禮部作樂三卷補。

〔六〇〕諸侯相見　「相」字原脱，據隋書卷一四音樂志中補。

〔六一〕武帝初造山雲舞　「武帝」二字原脱，據隋書卷一四音樂志中補。

〔六二〕奠玉帛　「帛」字原脱，據隋書卷一四音樂志中補。

〔六三〕撤奠奏雍樂　「撤」原作「擁」，「雍」原作「擁」，據隋書卷一四音樂志中改。

〔六四〕奠玉　隋書卷一四音樂志同。疑「玉」下脱「帛」字。

〔六五〕初獻配帝　「初」字原脱，據隋書卷一四音樂志中補。

〔六六〕初獻配帝　「初」字原脱，據隋書卷一四音樂志中補。

〔六七〕初獻配帝　「初」字原脱，據隋書卷一四音樂志中補。

〔六八〕一曲六言　按隋書卷一四音樂志中所載爲一曲三言。

〔六九〕皇帝升階　「皇帝」二字原脱，據隋書卷一四音樂志中補。

〔七〇〕奏皇夏一曲五言　據隋書卷一四音樂志中載，此下尚有「皇帝獻明皇帝，奏皇夏」，一曲五言；「皇帝獻高祖武皇帝，奏皇夏」，一曲五言。

〔七一〕宣帝革前代鼓吹　「宣」原作「皇」，據隋書卷一四音樂志中改。

〔七二〕飲福酒　「酒」字原脱，據隋書卷一五音樂志下補。

〔七三〕復大次　「大」字原脱，據隋書卷一五音樂志下補。

〔七四〕繼又令祕書省定殿前樂工歌十四首　「樂」字原脱，據隋書卷一五音樂志下補。

〔七五〕降神　「神」字原脱，據隋書卷一五音樂志下、樂府詩集卷四補。

〔七六〕又令太樂令白明達造新聲期萬歲樂藏鈎樂七夕樂相逢樂　通典卷一四五樂典五同。隋書卷一五音樂志下「太樂令」作「樂正」，「期」作「創」，「七夕樂相逢樂」作「七夕相逢投壺樂」。

〔七七〕擲磚續命　通典卷一四五樂典五同。「續」，隋書卷一五音樂志下作「續」。

〔七八〕還舊宮樂　通典卷一四五樂典五同。隋書卷一五音樂志下作「還舊宮長樂花及十二時等曲」。

〔七九〕其所用已見樂門　「門」原作「用」，據元本、慎本、馮本改。

〔八〇〕吏部侍郎李紓撰　「紓」原作「紵」，據唐會要卷三三太常樂章改。下同。

〔八一〕請同奏長發之舞　「請」原作「諸」，據唐會要卷三三太常樂章改。

〔八二〕已上廟貞觀十四年六月　「已上廟貞觀」五字原脱，「月」下原衍「日」字，據唐會要卷三三太常樂章補删。

〔八三〕奏惟新之舞　「舞」原作「聲」，據唐會要卷三三太常樂章改。

〔八四〕奏咸寧之舞　「寧」原作「享」，據新唐書卷二一禮樂志一一、唐會要卷三三太常樂章改。

〔八五〕冬至日祭昊天上帝樂章三奏豫和之舞六變　十八字原脱，據唐會要卷三三太常樂章補。

〔八六〕奏宣和之舞三變　「奏」下原衍「宣」字，「變」原作「舞」，據唐會要卷三三太常樂章删改。

〔八七〕皇后正和再奏　唐會要卷三三太常樂章作「皇后受册奏正和」，疑是。

〔八八〕騶虞一奏　「一」原作「二」，據唐會要卷三三太常樂章改。

〔八九〕卿大夫射采蘋一奏士射采蘩一奏　原作「迎送皇帝入閤奏太和」，據唐會要卷三三太常樂章改。

〔九〇〕唐七朝五十五曲　「七」字原脱，據通志卷四九樂略一補。

〔九一〕一安樂　通典卷一四六樂典六同。「樂」原作「舞」，據舊唐書卷二九音樂志二改。

〔九二〕三天授樂　通志卷四九樂略一「樂」下有「武后天授年作」六字注文。

〔九三〕昨夜蕃軍報國仇　「仇」原作「儲」，據容齋隨筆卷一四大曲伊凉改。

〔九四〕康居之類　「康」原作「唐」，據通志卷四九樂略一改。

〔九五〕亦莫非稟五行之精氣而然　「稟」原作「樂」，據通志卷四九樂略一改。

〔九六〕突厥鹽歌於龍朔　「鹽」原作「監」，據樂書卷一六四改。

〔九七〕契苾之作　「契」原作「挈」。按武則天垂拱年間，東都有契苾兒歌，契苾，張易之小字，見新唐書卷三五五行志二，此處「挈」顯爲「契」之誤，據改。

〔九八〕靖本邦　「本」原作「平」，據柳河東集卷一唐鐃歌鼓吹曲十二篇改。

卷一百四十三　樂考十六

樂歌

梁製十二雅樂章，凡二十五曲。太祖開平二年，始議饗廟郊祀，詔張兗、楊煥等共撰樂曲。郊祀降神奏慶和，皇帝行奏慶順，奠玉幣登歌奏慶平，迎俎奏慶肅〔一〕，敬祖室奏象功舞歌〔二〕，烈祖室奏昭德舞歌〔三〕。其後裴文矩奏而更之〔四〕，故昊天上帝降神奏永同，皇帝行奏大同，奠玉幣奏順同，酌獻奏壽同，飲福酒奏福同，退文迎武奏混同，亞獻終獻奏咸熙；朝會迎送皇帝奏大同，群臣行奏混同，其歌聲靡曼而胡鄭交奏。後唐並用唐樂，惟撰定廟室六曲而已。懿祖室奏昭德之歌，獻祖室奏文明之歌，太祖室奏應天之歌，昭宗室奏永平之歌，莊宗室奏雍熙之歌〔五〕。晉郊廟樂章史志不録，疑當時未暇論著也。惟大周正樂記崔棁言，所造朝會十一曲，當時已被於樂府。而盧詹、張允等所撰宗廟十五曲，標題雜舛，豈未嘗被於絃歌而然邪？

陳氏樂書曰：「竊觀漢高祖天福中，元日大饗，樂工登歌，其聲大類薤露、虞殯，而舞亦不成列，則禮樂已消亡矣。是時出狩於鄴，而安重進、安鐵胡舉兵已叛，豈禮樂崩壞所致然邪？漢高祖受命初年，張昭改宗廟樂歌，撰次郊祀朝會等曲甚備。而五郊迎氣諸祀，但記用樂，不見其曲，所可紀者特宗廟七室之樂而已。故太祖室奏至德之歌〔六〕，文祖室奏靈長之歌，德祖室奏積善之歌，翼祖室奏顯仁之歌，顯祖室奏章慶之歌，高祖室奏觀德之歌。由此觀之，豈張昭所建未之或用邪？」

周樂章　五代自梁、唐、晉、漢以來，樂器散失殆盡，唯大祠郊廟用樂，凡十有四焉。南郊四祭：降神奏昭順，六變〔七〕，行奏治順〔八〕，奠幣奏感順，迎俎奏禋順，初獻奏福順，飲福、亞獻、終獻同上，進文奏忠順，迎武奏善勝，送神奏昭順。太廟五祭：迎神奏肅順，九成，行奏治順，酌獻奏感順，迎俎奏禋順，飲福奏福順，送文舞出、亞獻，上奏忠順，迎武舞入〔九〕、終獻，上奏善勝，徹及送神奏肅順。宣懿廟五祭：迎神奏恭順，九成，行奏治順，酌獻奏大順，迎俎奏禋順，飲福奏和順，亞獻，上奏忠順，終獻，上奏感順。自餘祠祭，並不用樂焉。

宋太祖皇帝既受命，詔太常竇儼定樂，改周樂章十二順爲十二安，蓋取治世之音安以樂之義。太宗親撰郊祀昊天四曲。真宗繼撰廟饗二曲，景靈宮酌獻十一曲，又命竇儼、吕夷簡、陶穀、王隨、宋綬之屬相繼爲之。

南郊祀昊天上帝八首：翰林學士竇儼撰。降神用高安，一章八句。皇帝親行用隆安，一章四句。奠玉帛用嘉安，一章四句。奉俎用豐安，一章四句。酌獻用禧安，一章四句。飲福用禧安〔一〇〕，一章八句。亞獻、終獻並用正安，一章四句。送神用高安。一章四句。

又八首：舍人院撰。降神用高安，文德之舞，六變，一章八句。皇帝升降用隆安，凡行禮皆用，一章四句。奠玉帛用嘉安，一章四句。奉俎用豐安，一章四句。酌獻用禧安，一章四句。飲福用禮安，一章八句。亞獻、終獻並用正安，一章四句。　送神用高安。一章四句。

祀感生帝八首：翰林學士承旨陶穀等撰。降神用大安，一章八句。　太尉行用保安，一章四句。　奠玉幣用慶安，一章四句。　奉俎用咸安，一章四句。　酌獻用崇安，一章四句。　飲福用廣安，一章八句。　亞獻、終獻並用文安，一章四句。　送神用普安。一章四句。

大祠，合三十九首：景定三年，兩制分撰。祀皇地祇：降神用靜安，一章八句。　奠玉幣，酌獻並用嘉安〔一二〕，一章八句。　送神用靜安。一章四句。　祀青帝降神用高安，一章八句。　奠玉幣，酌獻並用嘉安，一章八句。　送神用高安。一章四句。　祀赤帝，祀黃帝，祀白帝，祀黑帝，以上降神、奠、酌、送神用樂，並同青帝。樂章章句同，各有辭。　祭神州皇地祇：降神用靜安，一章八句。　奠玉幣，酌獻並用嘉安，一章八句。　送神用靜安。一章四句。　朝日：降神用高安，一章八句。　奠玉幣，酌獻並用嘉安，一章八句。　送神用高安。一章四句。　夕月　蜡百神：降神、奠、酌獻，送神樂，並同朝日。樂章章句同，各有辭。　祭社稷：降神用靜安，一章八句。　奠玉幣，酌獻並用嘉安，一章八句。　送神用高安，一章四句。　太尉行用正安，以下凡諸大祀同用一章八句。　司徒奉俎用豐安，一章八句。　飲福用廣安。一章八句。

封禪四首：翰林學士承旨扈蒙等撰。封祀壇，降神用禧安，一章八句。　宣祖配座酌獻用禧安，一章八句。社首壇迎神用靜安，一章八句。　太祖配座酌獻用禧安。一章八句。

又十首：翰林學士鼂迥、李宗諤、楊億分撰。　山上圜臺降神用高安，一章八句。　昊天上帝座酌獻用封安，一章八句。　太祖配座酌獻用封安，一章八句。　太宗配座酌獻用封安〔一三〕，一章八句。　亞獻用恭安，一章八句。

終獻用順安。一章八句。社首壇降神用靖安，一章八句。皇地祇座酌獻用禪安，一章八句。太祖配座酌獻，太宗配座酌獻。用樂同皇地祇，樂章句同，各有辭。

祀汾陰十首：黿迥等撰。后土壇降神用靖安，一章八句。奠玉幣登歌用嘉安，一章四句。奉俎用豐安，一章四句。后土地祇座酌獻用博安，一章八句。太祖配座酌獻，太宗配座酌獻、飲福，用樂並同上。樂章章句同，各有辭。亞獻、終獻並用正安，一章八句。后土廟降神用靖安〔一三〕，一章八句。酌獻用博安。一章八句。

集太廟十六首：十四首，翰林學士竇儼撰。一首，翰林李昉撰。一首，翰林學士宋白撰。迎神用禮安〔一四〕，一章八句。皇帝行用隆安，一章八句。奠瓚用瑞木〔一五〕，一章八句。馴象、一章四句。玉烏、一章四句。皓雀，一章四句〔一六〕。此三首有其辭而未嘗用之。奉俎用豐安，一章八句。禧祖室酌獻用大善，一章八句。順祖室酌獻用大寧，一章八句。翼祖室酌獻用大順，一章八句。宣祖室酌獻用大慶，一章八句。太祖室酌獻用大定，一章八句。太宗室酌獻用大盛，一章八句。飲福用禧安，辭同南郊。亞獻用正安，一章四句。終獻用正安，一章四句。徹豆用豐安，一章八句〔一七〕。送神用理安。辭同南郊。

又十七首〔一八〕：十四首，知制誥楊億撰。一首，翰林學士承旨李維撰。二首，祥符中真宗御撰。降神用理安，一章八句。太尉行用正安〔一九〕，有司攝祭同，一章八句。奠瓚用瑞安〔二〇〕。一章八句。奉俎用豐安，一章八句。禧祖室酌獻用大善，一章八句。順祖室酌獻用大寧，一章八句。翼祖室酌獻用大順，一章八句。宣祖室酌獻用大慶，一章八句。太祖室酌獻用大定，一章八句。太宗室酌獻用大盛，一章四句。真宗室酌獻用大明，一章八句。飲福用禧安，一章八句。亞獻、終獻並用正安，一章四句。徹豆用豐安，一章八句。送神用理安，一章四句。奉祀告饗奠瓚用萬國朝天，一章四十句。亞獻、終獻並用平晉樂。一章四十句。

皇后廟十五首〔二一〕：三首，翰林學士竇儼撰。六首，太常少卿張禹錫撰。二首，翰林學士宋白、司封郎中朱昂撰。一首，翰林學士李宗諤撰。迎神用肅安，一章八句。太尉行用舒安，一章四句。司徒奉俎用豐安，一章四句。孝明皇后室酌獻用惠安，一章八句。孝惠皇后室酌獻用奉安，一章八句。孝章皇后室酌獻用懿安〔二二〕，一章八句。懿德皇后室酌獻用順安，一章八句。淑德皇后室酌獻用嘉安，一章八句。莊穆皇后室酌獻用理安，一章八句。莊懷皇后室酌獻用永安〔二三〕，一章八句。元德皇后廟酌獻用興安，一章八句。飲福酒用禧安，一章四句。亞獻用恭安，一章四句。終獻用順安，一章四句。徹豆用豐安，辭同太廟〔二四〕。送神用歸安。一章八句。

享先農六首：翰林學士宋白等撰，餘同南郊。降神用靜安，一章八句。奠玉幣用敷安〔二五〕，一章八句。奉俎用豐安，一章四句。亞獻用正安，一章四句。終獻用正安，一章四句。送神用靜安。一章八句。

奉天書六首：三首，翰林學士李宗諤撰。三首，翰林學士晁迥、楊億分撰。又一首，學士院撰。朝元殿酌獻用瑞文，一章八句。含芳園用瑞文，泰山社首壇升降用瑞文，一章八句。奉香酌獻用瑞安，〔二六〕一章八句。又大中祥符七年春，祀禮畢，天書迎至應天府，有雲物之瑞，因命別製是曲，以紀休應，與舊辭皆用一章四句。升降用靈文。一章八句。

奉聖祖玉清昭應宮景靈宮十一首〔二七〕：真宗御撰。降聖用真安，一章十二句。奉香用靈安，一章八句。奉饌用吉安，一章八句。玉皇位配獻用慶安，一章八句。聖祖位酌獻用慶安，一章八句。太祖位用慶安〔二六〕，一章八句。太宗位用慶安，一章八句。亞獻、終獻並用沖安，一章八句。飲福酒用慶安，一章八句。徹饌用吉安，一章八句，送聖用真安。一章八句。

迎奉聖像四首：鼂迥、楊億分撰。玉皇位酌獻用慶安，一章八句。聖祖位酌獻用慶安，一章四句。太祖位酌獻用慶安，一章八句。太宗位酌獻用慶安。一章八句。

朝謁太清宫九首：兩制分撰。太尉奉聖號寶册用真安，一章八句。寶册升殿用大安，一章八句。降聖用真安，一章十二句。奉玉幣用靈安，一章八句。奉饌用吉安，一章八句。酌獻用大安，一章八句。飲福用大安，一章八句。亞獻、終獻並用正安，一章八句。送聖用真安。一章八句。

上聖號五首：鼂迥撰。玉清昭應宫奏告用隆安，一章八句。初殿奉册寶用登安，一章十句。二聖殿奉絳紗袍用登安，景靈宫奉寶册用登安，一章八句。太極觀奉寶册用登安。一章八句。

太廟告饗七首：四首，李宗諤撰。一首，鼂迥撰。一首，李維撰。一首，李迪撰。告受天書用瑞安，一章八句。太祖、太宗加上尊謚用顯安。一章八句。東封畢，恭謝酌獻用封安；一章八句。祀汾陰畢，躬謝酌獻用正安，聖祖降，親告用瑞安。一章八句。元德皇后升祔用顯安，一章八句。六室加謚用顯安。一章八句。

祀汾陰畢，親謝元德皇太后廟三首：學士分撰。迎神用肅安，一章八句。奉俎用豐安，一章四句。送神用理安。一章八句。

五嶽廟加帝號祭告八首：兩制分撰。迎神用静安，一章八句。册入内用正安，一章八句。酌獻用嘉安，五章，章八句。送神用静安。一章八句。

上尊號一首：册寶入門用正安。一章八句。

正冬朝會二十八首：四首，竇儼撰。二十四首，陶穀等撰。皇帝升座用隆安，一章八句。公卿入門用正安，一章八句。上壽用禧安，二章，章八句。皇帝舉酒第一盞用白龜，一章八句。皇帝舉酒第二盞用甘露，一章八句。皇帝舉酒第三盞用紫芝，一章八句。皇帝舉酒第四盞用嘉禾，一章八句。皇帝舉酒第五盞用玉兔，一章八句。群官舉酒用正安，三章，章八句。群官第一盞酒罷，作玄德升聞，二章，章八句。六變，六章，章八句。第二盞酒罷，作天下大定，二章，章八句。六變。六章，章八句。

又二十三首：翰林學士蘇易簡等撰。餘通用建隆、乾德樂章。上壽用和安，二章，章八句。皇帝舉酒第一盞用祥麟，第二盞用丹鳳，第三盞用河清，第四盞用白龜，第五盞用瑞麥，右並一章八句。群官舉一盞酒罷，作化成天下，二章，章八句。六變，六章，章八句。第二盞酒罷，作威加海内，二章，章八句，六變。六章，章八句。

又十四首：扈迴等分撰。皇帝升座用隆安，一章八句。公卿入門用正安，一章八句。上壽用和安，一章八句。皇帝舉酒第一盞用祥麟，第二盞用丹鳳，第三盞用河清，並一章八句。群官舉酒用正安，三章，章八句。第一盞酒罷，作盛德升聞，二章，章八句。第二盞酒罷，作天下大定，二章，章八句。降座用隆安。一章八句。

又五首：李宗諤等分撰。皇帝舉酒第一盞用醴泉，第二盞用神芝，第三盞用慶雲，第四盞用靈鵲，第五盞用瑞木。並一章八句。

南郊回仗、御樓三首：翰林學士竇儼撰。車駕至樓前用采茨，升座用隆安，降座用隆安。並一章八句。

又四首：知制誥楊億撰。車駕至樓前用采茨，索扇用隆安，升座用隆安，降座用隆安。並一章八句。

籍田回仗、御樓二首：宋白等撰。車駕至樓前用采茨，升座用隆安。並一章八句。

乾興元年，御樓二首：李維等撰。升座用隆安，降座用隆安。並一章八句。

天安殿册五嶽帝一首：楊億撰。册出入用正安。一章八句。

册皇太子二首：翰林學士宋白等撰。皇太子出入用正安，群官稱賀用正安。各一章八句。

鄉飲酒三十四章：淳化三年，兩制分撰。鹿鳴，六章，章八句。南陔，二章，章八句。嘉魚，八章，章四句。崇邱，二章，章八句。關雎，十章，章四句。鵲巢，六章，章四句。

鼓吹曲

南郊三首：判太常寺和峴撰。導引　六州　十二時各一首。

封禪四首：導引　六州　十二時　親告太廟導引各一首。

奉祀太清宫三首：導引　六州　十二時各一首。

詣玉清昭應宫奉告導引一首。

親饗太廟導引一首。

南郊恭謝三首：導引　六州　十二時各一首。

天書導引七首：詣泰山二首。詣太清宫二首。詣玉清昭應宫二首。詣南郊一首。

建安軍迎奉聖像導引四首：玉皇大帝　聖祖天尊　太祖皇帝　太宗皇帝各一首。

聖像赴玉清昭應宫導引四首：同上。

奉寶册導引三首：玉清昭應宫　景靈宫　太廟各一首。

仁宗御撰樂章

直舍人院劉敞請皇帝親製迎送神樂章表：「臣聞唯孝能饗，唯聖能作，何則？升降之節，俎豆之事，祝史所兼預者，非孝之首也；金石之奏，羽籥之容，工師所勉及者，非樂之本也。故卿雲之歌，待虞舜而後著；清廟之什，必姬旦而後顯。誠以奮至德之光，欽敕天之命，非群下淺識所可及也。伏見陛下發明詔，躬孝思，將以孟冬穀旦，大袷大室，此實曠古之上儀，奉先之懿典，焜燿千載，燕翼萬世。誠宜被飾厥文，揮綽厥聲，使幽蔀震響，蒙昏聳觀。今容官肆儀，御瞽展器，有司之事，略皆備矣。至於樂有迎神、送神之章，所以合乎六律，播乎八風；詔告天地之間，揄揚肹蠁之際；上當對越先烈，以稱長發之祥，下可垂之永年，以襲舊六之業。兹體甚大，難以屬人。伏惟尊號陛下性與道合，藝由天縱，制作軼河洛，聲身中律度。誠少留睿思，裁成能事，日月光華，金玉英潤，於以妥安神靈，萬福來集，發揚耳目，庶尹允諧，則度越周、漢，浸尋姚姒，豈紫芝、赤鴈浮夸淺近之比哉！」

景祐元年，親饗景靈宫：降真，大安；送真，大安。並一章四句。

親饗太廟二首：迎神，興安；酌獻真宗室，大明〔二九〕。並一章八句。

景祐二年，親祀南郊，三聖並侑二首：奠幣，廣安；　酌獻，彰安。並一章四句。

親饗奉慈廟四首：章獻明肅皇太后室奠瓚，達安〔三〇〕。一章四句。　酌獻，厚安。一章八句。　章懿皇太后室奠瓚，報安。一章四句。　酌獻，衍安。一章八句。

常祀南郊二首：太祖配位奠幣，定安；　酌獻，英安。並一章四句。

孟春祈穀祀昊天上帝：太宗配位奠幣，仁安；　酌獻，紹安。並一章四句。

孟春祀感生帝：宣祖配位奠幣，皇安；　酌獻，肅安。並一章四句。

孟春雩祀昊天上帝：太宗配位奠幣，獻安；　酌獻，感安〔三一〕。並一章四句。

夏至祭皇地祇：太祖配位奠幣，恭安；　酌獻，英安。並一章四句。

季秋大饗明堂：真宗配位奠幣，誠安；　酌獻，德安。並一章四句。

孟冬祭神州地祇：太宗配位奠幣，化安；　酌獻，韶安。並一章八句。

章惠皇太后室奠瓚，翕安。一章四句。　酌獻，昌安。一章八句。

皇祐二年，親祀明堂六首：降神，誠安；一章八句〔三二〕。　昊天上帝皇地祇、五天帝神州地祇、奠玉幣，鎮安；一章八句。　酌獻，慶安；一章八句。　三聖配位奠幣，信安；一章八句。　酌獻，孝安；一章八句。　送神，誠安。一章八句。

至和元年，太廟祫饗三首：迎神，興安；　奠瓚，嘉安；　送神，興安。並一章八句。

熙寧六年至政和五年，因事更定，增爲樂章，凡三百八十有四。　親祠南郊，罷並侑之禮，其奠幣之曲如左。其樂章除郊廟大祭禮文，別無沿革者，所改創詞曲章句，更不具述。親祔廟及熙寧以後，更定之禮文，其樂章略具如左：

熙寧饗明堂二首：英宗奠幣，誠安；一章四句。　酌獻，德安。一章四句。

饗太廟五首：英宗酌獻，大英〔三三〕；一章八句。　送神，興安；一章八句。　禘祫孟饗、臘饗，宗正卿升殿，正安；一章四句。　祫享仁宗，大和；一章八句。　英宗，大康。一章八句。

上仁宗、英宗徽號，册寶入門，升殿，顯安。一章八句。

五方帝、九宮貴神、皇地祇等以下祭祀：亞、終獻，文安。一章四句。

祠高禖，亞、終獻，文安；　升降，正安。各一章八句。

望祭嶽鎮海瀆：東望：迎神，凝安；　升降，同安；　奠玉幣，明安；　酌獻，成安；　送神，凝安。並一章八句。　南望：迎神，　酌獻，　送神。　中望：迎神，　酌獻，　送神。　西望：迎神，　酌獻，　送神。　北望：迎神，　酌獻，　送神。樂章章句並同東望，各有辭。

司中司命：迎神，欣安；　升降，欽安；　奠幣，容安；　酌獻，雍安；　送神，欣安。並一章八句。

風師：迎神，欣安；　升降，欽安；　酌獻，亞、終獻〔三四〕，雍安；　奠幣，容安；　送神，欣安。並一章八句。

雨師：迎神、升降、酌獻、亞獻、奠幣、送神。樂章章句並同風師，各有辭。

先蠶：迎神，明安；　升降，翊安；　奠幣，娛安；　酌獻，美安；　亞、終獻，惠安；　送神，祥安〔三五〕。並一章八句。

五龍：迎神，禧安；　升降，雅安；　奠幣，文安；　酌獻，愷安；　亞、終獻，嘉安；　送神，登安。並一章八句。

武成王廟：初獻升降，同安。一章八句。

蜡祭：東西郊降神，熙安；　升降，肅安；　奠幣，欽安；　捧俎，承安；　酌獻，懌安；　亞、終獻，慶安；　送神，宣安。並一章八句。　南、北方迎神，簡安；　升降，穆安；　奠幣，吉安；　酌獻，禔安；　亞、終獻，曼安；　送神，成安。並一章八句。

皇帝上尊號：册寶，　入門，正安一章八句。　皇后：册寶〔三六〕，　出入，正安；　升座，乾安；　降座，乾安。並一章八句。

正冬朝會：皇帝初舉酒，慶雲；　再舉酒，嘉禾；　三舉酒，靈芝。並一章八句。

元符二年親祀南郊：六變，夾鍾宮三奏，黄鍾角一奏，太蔟徵一奏，姑洗羽一奏。　常祀皇地祇：八變，林鍾宮二奏，太蔟角二奏，姑洗徵二奏，南吕羽二奏。　感生帝：降神，六變，夾鍾宮三奏，大安。

五方帝：青帝，降神，六變，夾鍾宮三奏，黄鍾角一奏，太蔟徵一奏，姑洗羽一奏，高安。　赤帝，降神，六變，夾鍾宮三奏，高安。　黄帝，降神，六變，夾鍾宮三奏，高安。　白帝，降神，六變，夾鍾宮三奏，高安。　黑帝，降神，六變，夾鍾宮三奏，高安。　太廟朝饗：迎神，九變，黄鍾宮三奏，大吕角二奏，太蔟徵二奏，應鍾羽二奏，興安。　太廟常饗〔三七〕：迎神，九變，黄鍾宮三奏，大吕角二奏，太蔟徵二奏，應鍾羽二奏，興安。　親祀明堂：降神，六變，夾鍾宫三奏，黄鍾角一奏，太蔟徵一奏，姑洗羽一奏，誠安。　景靈宫薦饗：降聖，六變，夾鍾宫三奏，黄鍾角一奏，太蔟徵一奏，姑洗羽一奏，太安。　神州地祇：迎神，八變，林鍾宫二奏，寧安。　太社太稷：迎神，八變，林鍾宫二奏，靈安。　朝日：降神，六變，夾鍾宫三奏，高安。　夕月：降神，六變，夾鍾宫二奏，高安。已上樂章，並不詳具。

先農：迎神，凝安；　升降，同安；　奠幣，明安；　酌獻，成安；　送神，凝安。並一章八句。　文宣王廟：迎神，凝安；　初獻升降，同安；　奠幣，明安；　酌獻，成安。並一章八句。　兖國公位：酌獻，成安；　送神，凝安。　舒王位〔三八〕：酌獻，成安。並一章八句。　武成王廟：迎神，凝安；　奠幣，明安；　酌獻，成安。並一章八句。　留侯位：　酌獻、送神，凝安。一章八句。

高禖：降神，六變，夾鍾宫三奏，高安。

增上神宗徽號，寶册升殿，顯安。一章八句。

大朝會：皇帝初舉酒，靈芝；　再舉，壽星；　三舉，甘露。各一章八句。

哲宗受傳國寶，命官改製樂章凡三章，大朝會上壽用之。　其一，永昌；　其二，神光；　其三，翔鶴。各一章八句。

上太皇太后、皇太后、皇太妃册寶：皇帝升座，乾安；　皇帝降座，乾安。　太皇太后升座，坤安；降座，坤安〔三九〕。　太尉等奉册寶出入門，正安。各一章八句。

南郊禮成，迴仗御樓：采茨一章八句。　乾安二章，章八句。

大觀三年製聞喜燕：狀元以下，入門，正安。　第一盞，賓興賢能；　第二盞，於樂辟雍；　第三盞，樂育英材；　第四盞，樂且有儀；　第五盞，正安之曲。各一章八句。

政和二年鹿鳴燕：第一，正安〔四〇〕；　第二，樂育賢材；　第三，賢賢好德；　第四，烝我髦士；　第五，利用賓王。各一章八句。

祭九鼎：帝鼐降神，景安；　奉饌，豐安；　亞、終獻，文安。　春分，蒼鼎亞、終獻，成安；　立夏，罡鼎迎神，凝安，　亞、終獻，成安；　夏至，彤鼎酌獻，成安；　立秋，阜鼎酌獻，成安；　秋分，晶鼎亞、終獻，成安；　立冬，魁鼎迎神，凝安，酌獻，成安；　冬至，寶鼎奠幣，明安。並一章八句。

鼓吹曲

英宗祔廟導引一章，　熙寧二年〔四一〕，仁宗、英宗御容赴西京會聖宮、應天禪院奉安導引一章，　章惠皇太后神主赴西京導引一章，　中太一宮奉安神像導引一章，　英宗御容赴景靈宮奉安導引一章。

十年，南郊，皇帝歸青城，用降僊臺一曲。

元豐二年，慈聖光獻皇后發引長行四曲〔四二〕：儀仗內導引一曲；　警場內三曲；　六州，　十二時，　祔陵歌。各一首。

三年，虞主回京四首〔四三〕：儀仗內導引一曲，　警場內三曲；　六州，　十二時，　虞主歌。各一首。

虞主祔廟儀仗内導引一首。

景靈宮諸廟神御導引一首〔四四〕。

慈孝寺彰德殿遷章獻明肅皇后御容赴景靈宮衍慶殿奉安導引一首〔四五〕。

神宗皇帝靈駕發引自京至陵所樂曲：導引，六州，十二時，永祐陵歌。各一首。

虞主回京畿樂曲：導引，六州，十二時，虞神。各一首。

神主祔廟導引一首。

高宗朝郊祀樂章：紹興十三年郊祀，始命學士院製宮廟獻饗及圜壇行禮，登門肆赦樂章，凡五十有八。至二十八年，以臣僚有請改定，於是御製樂章十有三及徽宗元御製仁宗廟樂一，共十有四篇。餘則分命大臣與兩制儒館之士，一新撰述，並懿節别廟樂曲，凡七十有四。明堂親饗、時饗、祫饗樂章：紹興元年，太常言明堂大禮，當用樂章，已循次用歌管按譜聲律協，請下學士院製撰。於是翰林學士汪藻以所撰樂章奏御，付於太常。至七年宮廟獻饗，始用登歌，大樂乃命隨樂增製。紹興末升侑徽宗，以成嚴父之禮。太常復請重加删潤，務令詞意相叶，内出奠幣、酌獻等篇。

紹興十五年，正旦朝會，以群臣固請，歸尊慈極，始用樂，樂章十。

紹興十一年皇帝發皇太后册寶。

十三年皇帝發皇后册寶。樂章並如中興前。

冬至圜丘，祀昊天上帝；紹興中，分館職撰一十七曲。　孟春祈穀，紹興中，分館職撰三曲。　孟夏雩祀，紹興中，分館職撰一曲。　季秋大饗明堂。紹興中，分館職撰一十五曲。

祀神州地祇，紹興中，分館職撰一十六曲。　朝日，　夕月，紹興中，分館職撰各十曲。　風師，紹興中，分館職撰六曲。　雨師雷師，紹興中，分館職撰七曲，　太社太稷，紹興中，分館職撰一十七曲。　親饗先農，紹興中，學士院撰一十一曲〔四六〕。　親耕籍田，紹興十六年，學士院撰七曲。　先蠶。紹興中，分館職撰六曲。

蜡祭東方百神，紹興中，分館職撰一十四曲。　西方百神，紹興中，分館職撰一十四曲。　南方百神，乾道中，分館職撰七曲。　北方百神。乾道中，分館職撰七曲。

釋奠至聖文宣王：迎神用凝安，　黃鍾爲宮，　大呂爲角，　大蔟爲徵，　應鍾爲羽。　初獻盥洗用同安，　陞殿用同安〔四七〕，奠幣用明安，　捧俎用豐安。　文宣王位酌獻用成安。　兖國公酌獻，曲名同文宣王。　鄒國公酌獻，曲名同文宣王。　亞、終獻用文安，三位並用此章。　徹俎用娛安，　送神。曲名同迎神。

昭烈武成王：紹興初，分館職撰七曲。　感生帝紹興中，分命館職撰一十六曲。　高禖紹興十七年，學士院撰一十曲。

九宮貴神紹興中，分館職撰一十曲〔四八〕。　火祀熒惑紹興中，分館職撰一十二曲。　出火大辰紹興中，分館職撰一十二曲。

納火大辰紹興中，分館職撰一十二曲。　祚德廟紹興中，分館職撰八曲。

祀五方帝〔四九〕：青帝　赤帝　黃帝　白帝　黑帝紹興中，分館職撰一十二曲。

祀五方嶽鎮海瀆：東方　南方　中央　西方　北方紹興中，分館職撰各九曲。

孝宗朝郊廟樂章，並遵用高宗朝所製，其重加删潤者凡七章。　是時翼祖廟係祧，酌獻，樂不復用。

欽宗升祔及製廟樂，雖在紹興末年，至是始奏於廟云。

孝宗時，郊祀前二日，朝獻景靈宮，樂曲並同郊祀。除陞殿、還大次二章再加删潤外，有製撰不同者，凡八章。明堂親饗樂曲並同高宗朝，其上帝奠幣、地祇奠幣、上帝酌獻、太祖酌獻、皇帝入小次、亞獻、送神、還大次，各有删潤。

乾道七年，皇帝恭上太上皇帝、太上皇后尊號册寶樂章三十三首。

乾道七年，册命皇太子樂章四首。

光宗朝樂章，並遵孝宗朝所用，其別廟樂改撰二篇，明堂未嘗親饗。寧宗朝郊廟樂章除遵用高宗御製十三章外，多更撰新篇，其景靈宮降聖、太廟迎神、圜壇降聖，四聲迭奏，舊皆四聲同一歌辭，今始隨所奏聲各撰一曲。其三朝朝獻樂章，詣飲福位，舊與升殿同；終獻，舊典與亞獻同；朝饗樂章詣室，舊與升殿同；還位，舊與入門同；亞、終獻亦同。今並各製一篇。僖、宣二祖既祧，不復用廟樂。孝宗、光宗皆用祔廟後撰樂章。祫祭樂章，僖祖東向，昭穆以次設十二幄。慶元始祧僖、宣，別爲廟而就饗奏樂云。

寧宗時，姜夔進大樂議。

其議登歌當與奏樂相合：周官歌奏，取陰陽相合之義。歌者，登歌、徹歌是也；奏者，金奏、下管是也。奏六律主乎陽，歌六吕主乎陰〔五〇〕，聲不同而德相合也。自唐以來始失之。故趙慎言云〔五一〕：「祭祀有下奏太蔟、上歌黄鍾，俱是陽律，既違禮經，抑乖會合。」今太常樂曲，奏夾鍾者奏陰歌陽〔五二〕，其合宜歌無射，乃或歌大呂〔五三〕；奏函鍾者奏陰歌陽，其合宜歌蕤賓，乃或歌應鍾；奏黃鍾者奏陽歌陰，其合宜歌大呂，乃雜歌夷則、夾鍾、仲呂、無射矣。苟欲合天人之和，此所當改。

其議祀享惟登歌、徹豆當歌詩：古之樂，或奏以金，或吹以管，或吹以笙，不必皆歌詩。周有九夏，鐘師以鐘鼓奏之，此所謂奏以金也。大祭祀登歌既畢，下管象武。管者，簫、篪、篴之屬。象武皆詩而吹其聲，此所謂吹以管者也。周六笙歌〔五四〕，自南陔皆有聲而無其詩，笙師掌之以供祭饗，此所謂吹以笙者也。周升歌清廟，徹而歌雍詩，一大祀惟兩歌詩。漢初，此制未改，迎神曰嘉至，皇帝入曰永至：皆有聲無詩。至晉始失古制，既登歌有詩，夕牲有詩，饗神有詩，迎神、送神又有詩。隋、唐至今，詩歌愈富，樂無虛作。謂宜倣周制，除登歌、徹歌外，繁文當删，以合乎古。

其議作鼓吹曲以歌祖宗功德：古者，祖宗有功德，必有詩歌，七月之陳王業是也。歌於軍中，周之愷樂，愷歌是也。漢有短簫鐃歌之曲，凡二十二篇，軍中謂之騎吹，其曲曰戰城南、聖人出之類是也。魏因其聲，製爲克官渡等曲十有二篇；晉亦製爲征遼東等曲二十篇；唐柳宗元亦嘗作爲鐃歌十有二篇，述高祖、太宗功烈。我朝太祖、太宗平僭僞，一區宇；真宗一戎衣而却醜虜〔五五〕；仁宗海涵春育，德如堯、舜；高宗再造大功，上儷祖宗。願詔文學之臣，追述功業之盛，作爲歌詩，使知樂者協以音律，領之太常，以播於天下。

夔乃自作聖宋鐃歌曲：宋受命曰上帝命，平上黨曰河之表，定維揚曰淮海濁〔五六〕，取湖南曰沅之上，得荆州曰皇威暢，取蜀曰蜀山邃〔五七〕，取廣南曰時雨霈，下江南曰望鍾山，吴越獻國曰大哉仁，漳、泉獻士曰謳歌歸，克河東曰伐功繼，征澶淵曰帝臨墉，美致治曰維四葉〔五八〕，歌中興曰炎精復：凡十有四篇，上於尚書省。書奏，詔付太常。

校勘記

〔一〕迎俎奏慶肅　「肅」原作「蕭」，據舊五代史卷一四四樂志上、樂書卷一六四改。

〔二〕敬祖室奏象功舞歌　「敬」原作「恭」，據舊五代史卷一四四樂志上改。

〔三〕烈祖室奏昭德舞歌　「烈」原作「列」，據舊五代史卷一四四樂志上、五代會要卷七廟樂改。

〔四〕其後裴文矩奏而更之　「裴」，樂書卷一六四作「梁」。

〔五〕莊宗室奏雍熙之歌　樂府詩集卷一二、册府元龜卷五七〇掌禮部作樂六，自上文「懿祖室奏昭德之歌」以下各室樂舞之「歌」皆作「舞」。舊五代史卷一四四樂志上、五代會要卷七廟樂、樂府詩集卷一二、册府元龜卷五七〇掌禮部作樂六「莊宗室奏」下有「武成之舞，明宗室奏」八字，疑此處有脱文。

〔六〕故太祖室奏至德之歌　舊五代史卷一四四樂志上、五代會要卷七廟樂、册府元龜卷五七〇掌禮部作樂六皆無此句，此處疑衍。

〔七〕六變　五代會要卷七雅樂、樂府詩集卷七無此二字。

〔八〕行奏治順　「治順」二字原倒，據舊五代史卷一四五樂志下、五代會要卷七雅樂、樂府詩集卷一三乙正。

〔九〕迎武舞入　「武」字原脱，據五代會要卷七雅樂補。

〔一〇〕飲福用禧安　「禧」原作「禮」，據宋史卷一三二樂志七改。

〔一一〕奠玉幣酌獻並用嘉安　「酌」字原脱，據宋史卷一三三樂志八補。

〔一二〕太宗配座酌獻用封安　「封」原作「高」，據宋史卷一三五樂志十改。

〔一三〕后土廟降神用靖安　「靖」原作「静」，據宋史卷一三五樂志十改。

〔一四〕迎神用禮安　「禮」原作「理」，據宋史卷一三四樂志九改。

〔一五〕奠瓚用瑞木　「瓚」原作「幣」，「木」原作「文」，據宋史卷一三四樂志九改。

〔一六〕皓雀一章四句　「皓雀一章四句」六字，宋史卷一三四樂志九無。

〔一七〕徹豆用豐安一章八句　此下有「送神用理安辭同南郊」九字，宋史卷一三四樂志九無。

〔一八〕又十七首　按下文所列樂名僅十六首。

〔一九〕太尉行用正安　「行」字原脱，據宋史卷一三四樂志九補。

〔二〇〕奠瓚用瑞安　「瓚」原作「幣」，「安」原作「文」，據宋史卷一三四樂志九改。按上文「集太廟十六首」中，奠瓚用瑞安。

〔二一〕皇后廟十五首　按總計注文所列各人所撰共十二首，而下文所列樂名則十六首。

〔二二〕孝章皇后室酌獻用懿安　「章」原作「宣」，據宋史卷一三四樂志九改。

〔二三〕莊懷皇后室酌獻用永安　「安」原作「和」，據上引書卷改。

〔二四〕徹豆用豐安辭同太廟　按宋史卷一三四樂志九無此句。

〔二五〕奠玉幣用敷安　「敷」原作「嘉」，據宋史卷一三七樂志一二改。

〔二六〕奉香酌獻用瑞安　「酌獻」二字原倒，據宋史卷一三五樂志一〇乙正。

〔二七〕奉聖祖玉清昭應宮景靈宮十一首　按宋史卷一三五樂志一〇無「景靈宮」三字。

〔二八〕太祖位用慶安　「位」字原脱，據宋史卷一三五樂志一〇補。

〔二九〕酌獻真宗室大明　「酌獻」原在「真宗室」下，據宋史卷一三四樂志九乙正。

〔三〇〕達安　「達」原作「逵」，據宋史卷一三四樂志九改。

〔三一〕孟春雩祀昊天上帝太宗配位奠幣獻安酌獻感安　按宋史卷一三二樂志七載仁宗御製孟春雩祀樂章二首，太祖配位奠幣獻安，酌獻感安，並一章四句，疑此處「孟春」爲「孟夏」之誤，「太宗」爲「太祖」之誤。

〔三二〕降神誠安一章八句　此下有「昊天上帝皇地祇五天帝神州地祇」十四字，宋史卷一三三樂志八無。

〔三三〕大英　「英」原作「安」，據宋史卷一三四樂志九改。

〔三四〕酌獻亞終獻　「終」字原脱，據宋史卷一三七樂志一二補。

〔三五〕送神祥安　「祥」原作「禪」，據宋史卷一三七樂志一二改。

〔三六〕皇后册寶　按宋史卷一三八樂志一三載皇太后册寶三首，出入正安，並陞座乾安，降座乾安，並一章八句，內容與此全同，疑引處「皇」下脱「太」字。

〔三七〕太廟常饗　「常饗」原舛在「太廟」下，據宋史卷一三四樂志九乙正。

〔三八〕舒王位　宋史卷一三七樂志一二作「鄒國公位」。按宋史卷一〇五禮志八，政和三年，新儀成，「以仲秋上丁日釋奠，以兖國公顏回、鄒國公孟軻、舒王王安石配享殿上」。

〔三九〕太皇太后升座坤安降座坤安　宋史卷一三八樂志一三，二「坤」字皆作「乾」。

〔四〇〕第一正安　按宋史卷一三九樂志一四作「初酌酒，正安」，下文「第二」、「第三」、「第四」、「第五」分別作「再酌」、「三酌」、「四酌」、「五酌」。

〔四一〕熙寧二年　「二」原作「三」，據元本、慎本、馮本及宋史卷一四〇樂志一五改。

〔四二〕慈聖光獻皇后發引長行四曲　宋史卷一四〇樂志一五無「長行」二字。

〔四三〕虞主回京四首　「四首」二字原脱，據宋史卷一四〇樂志一五補。

〔四四〕景靈宮諸廟神御導引一首　「諸廟神御」，宋史卷一四〇樂志一五作「神御殿成」。

〔四五〕奉安導引一曲　「奉安」二字原倒，據宋史卷一四〇樂志一五乙正。

〔四六〕學士院撰一十一曲　「一十一」原作「一十二」，據宋史卷一三七樂志一二改。

〔四七〕陞殿用同安　「用同安」三字原脱，「用」，據文例補。「同安」，據宋史卷一三七樂志一二補。

〔四八〕分館職撰一十曲　「一十曲」原作「十一曲」，宋史卷一三三樂志八作「十首」，據乙正。

〔四九〕祀五方帝　「方」字原脱，據宋史卷一三二樂志七補。

〔五〇〕奏六律主平陽歌六呂主乎陰　原訛作「奏六律主乎陰」，據宋史卷一三一樂志六改。

〔五一〕趙慎言云　「慎」原作「謹」，據宋史卷一三一樂志六改。

〔五二〕奏夾鐘者奏陰歌陽　「陰」原作「陽」，「陽」原作「陰」，據宋史卷一三一樂志六改。

〔五三〕乃或歌大吕　「歌」原作「奏」，據宋史卷一三一樂志六改。

〔五四〕周六笙歌　「歌」，宋史卷一三一樂志六作「詩」。

〔五五〕真宗一戎衣而却醜虜 「醜虜」，宋史卷一三一樂志六作「契丹」。

〔五六〕淮海濁 「濁」原作「清」，據姜夔白石道人歌曲改。

〔五七〕蜀山邃 「山」原作「土」，據白石道人歌曲改。

〔五八〕美致治曰維四葉 「致」原作「仁」，據白石道人歌曲改。

卷一百四十四　樂考十七

樂舞

雲門大卷　大司樂以樂舞教國子，舞雲門大卷。鄭注：「黄帝樂曰雲門大卷。黄帝能成名萬物，以明民共財。言其德如雲之所出，民得以有族類也。」

陳氏樂書曰：「『周官大司樂舞雲門，以祀天神。』傳曰：『雲出天氣，雨出地氣。』則堯之樂，以雲門名之，以天氣所由出入故也。世之論者，以黄帝之樂爲咸池〔一〕，亦曰雲門大卷。然雲門大卷取諸天，咸池取諸地，其可合而一之乎？周官以雲門爲六變之樂，郭友直以十二成言之〔二〕，不知奚據而云？魏王朗謂自雲門至大武，皆太廟舞樂名。然則六樂之用衆矣，豈特爲太廟設哉？」

大咸　大司樂鄭注：「大咸，咸池，堯樂也。堯能殫均刑法以儀民，言其德無所不施。」

陳氏樂書曰：「莊周嘗謂黄帝之咸池，又謂黄帝張咸池之樂於洞庭之野。樂緯、呂氏春秋、前漢志、白虎通、李善亦謂黄帝作咸池。則咸池爲黄帝之樂信矣。鄭康成、賈公彦釋周禮，遽以雲門大卷爲黄帝樂，大咸爲堯樂，是溺於世次先後之説，而不知考正名實之過。咸池雖黄帝所作，而堯亦修而用之，故其作大章之樂未足以爲備，至修用黄帝之樂然後備樂矣，故曰大章，章之也；咸池，備矣。雲門大卷、大章所以表堯之體天道也，咸池所以表堯之體地道也，不然，其能光被四表，格於上下者哉？昔武仲嘗謂咸池、六英所以陳清廟，協人神也。然清廟，周人祀文王之詩也，而以咸池之樂陳之，豈周人兼而用之乎？考之周官，舞咸池以出地示。傳曰：『洗光咸池。』則咸池日所出之地，八變之樂也。古者一變爲一成，則八變其八成歟？郭友直以十成言之，非也。」

大磬　大司樂鄭注：「大磬，舜樂也，言其能紹堯之道也。」磬，上昭反。

吴季札見舞韶箾者，箾音簫。曰：「德至矣哉！大矣！如天之無不幬也，如地之無不載也。雖甚盛德，其篾以加矣。」

陳氏樂書曰：「周官舞大磬以祀四望，又以之禮人鬼。則磬之爲樂，無所不通。奏之天地之間，則四望之神可格也；奏之宗廟之中，則人鬼之靈可禮也。書曰：『簫韶九成。』蓋帝王功成作樂，所以象成者也。遭秦煨燼之餘，六樂殘缺，惟餘韶、武而已。漢室龍興，更爲文始、五行之舞，其名雖存，而實已亡矣。」

舜帝乃誕敷文德，舞干羽于兩階。干，楯；羽，翳也。皆舞者所執。修闡文教，舞文舞於賓主階間，抑武事。七旬，有苗格。討之不服，不討自來，明御之者必有其道。

大夏　大司樂鄭注：「大夏，禹樂也。禹治水平土，言其德能大中國也。」

吴季札見舞大夏者，曰：「美哉！勤而不德，非禹其誰能修之！」

陳氏樂書曰：「周官大司樂言『奏九德之歌，九磬之舞』，瞽矇『掌九德六詩之歌〔三〕，以役大師』。春秋傳曰：『水、火、金、木、土、穀，謂之六府。正德、利用、厚生，謂之三事。六府三事，謂之九功。九功之德，皆可歌也，謂之九歌。』磬，舜樂也，謂之九磬之舞；則大夏，禹樂也，謂之九德之歌，得非九夏之樂乎？鐘師：『凡樂事以鐘鼓奏九夏：王夏、肆夏、昭夏、納夏、章夏、齊夏、族夏、祴夏、驁夏。』杜子春曰：『王出入奏王夏，尸出入奏肆夏，牲出入奏昭夏，四方來賓奏納夏，臣有功奏章夏，夫人祭奏齊夏，族人侍奏族夏，客醉而出奏祴夏，公出入奏驁夏。』蓋王者之於天下，出而與物相見，則粲然有文明之華、功業之大，然多故生於豐大之時，而無故見於隨時之義，則其出而與民同患，又不可不思患而預戒之也。禹作九夏之樂，本九功之德以爲歌，而夏書曰『勸之以九歌，俾勿壞』，曷嘗不先患慮之而戒之哉？且天下之民以王爲之君，九夏之樂以王夏爲之君，故王出入奏王夏。尸非神也，象神而已，然尸之於神，在廟則均全於君，是與之相敵而無不及矣，故尸出入奏肆夏。牲所以食神，實以召之也，神藏於幽微，而有以召之，則洋洋乎如在其上，如在其左右，不亦昭乎？故牲出入奏昭夏。外之爲出，内之爲納，四方之賓，或以朝而來王，或以祭而來享，非可却而外之也。容而納之，係屬之賓客，悦遠人之道也，故四方賓來奏納夏。東南爲文，西南爲章，則章者文之成，明之著者也。人臣有功不錫樂以章之，則其卒至於黮闇不明，非崇德報功之道也，故臣有功奏章夏。古者將祭，君致齊於外，夫人致齊於内，心不苟慮，必依於道，手足不苟動，必依於禮。夫然致精明之德，可以交神明矣，故夫人祭奏齊夏。族人侍王，内朝以齒，明父子也；外朝以官，體異姓也。合之以道，不過是矣，故族人侍奏族夏。既醉而出，並受其福；醉而不出，是謂伐德。非特於禮爲然，樂亦如之。是以先王之於樂，未嘗不以裓示戒焉，故客醉而出奏裓夏。大射，公入鷔，則公與王同德，爵位莫重焉。然位不期驕而驕至，禄不期侈而侈生，則自放驕慠之患，難乎免於身矣。是以先王之於樂，未嘗不以鷔示戒焉，故公出入奏鷔夏。蓋禮勝易離，樂勝易流，九夏之樂，必終於裓、鷔者，以反爲文故也。若然，尚何壞之有乎？詩言『鐘鼓既戒』，與此同意。九夏之樂，有其名而亡其辭，蓋若豳雅、豳頌矣。虞、夏之世，非特有文舞，亦有武舞矣，『舞干羽于兩階』是也。後周朝會之禮，帝出入奏王夏，太子出入奏肆夏，王公出奏鷔夏，諸侯獻玉帛奏納夏，宗室會聚奏族夏，食舉奏深夏。北齊文、宣之世，宗廟群臣出入奏肆夏，牲出入、薦毛血奏昭夏，入門、升壇、飲福、就燎奏王夏。梁武之時，凡客出入及帝出閤、入宁、升堂並奏肆夏。然則禹奏九夏而王道成，齊、梁、後周亦奏之而王道衰者，非九夏之樂不善也，爲其徒有禹樂之名，而無禹樂之實故也。禹樂謂之大夏，而季札曰『美哉！勤而不德』者，以其不自滿，假有大而能謙必豫故也。公羊子家駒曰：『朱干玉戚以舞大夏，八佾以舞大武。』大夏，文樂也，以八佾舞之則可，以朱干玉戚舞之，豈所宜哉？禮記明堂位言：『朱干玉戚，冕而舞大武；皮弁素積，裼而舞大夏。』祭統言：『朱干玉戚以舞大武，八佾以舞大夏。』其言非不當也，然不專施於周公之廟，而或用於群公之廟，非成王崇德報功之意也。雖然備九夏之樂，惟天子爲然，元侯不與焉；享元侯則肆昭納三夏而已，大夫不與焉。故大夫而肆夏，自趙文子始也。周禮謂之肆、昭、納，魯語謂之繁遏渠。故杜子春以爲『每夏而有二名也』。吕叔玉謂肆夏，時邁也；繁遏，執競也；渠，思文也〔四〕，豈非不知三夏禹樂非周樂然邪！

大濩　大司樂鄭注：「大濩，湯樂也。湯以寬治民而除其邪，言其德能使天下得所也。」

吴季札見舞韶濩者，曰：「聖人之弘也，而猶有慙德，聖人之難也。」

陳氏樂書曰：「吕氏春秋曰：『湯命伊尹作爲大濩，歌晨露〔五〕，周人舞之以享先妣。』荀卿曰：『步中武、象，趨中韶、濩，所以養耳也。』春秋之時，宋人作桑林之舞以享晉侯，則大濩、桑林之舞，商人之後作之，非始湯也。荀卿言周之勺、武起，而韶、濩廢，是不知周兼用六樂之意也。」

大武　大司樂鄭氏注：「大武，武王樂也。武王伐紂，以除其害，言其德能成武功。」

吴季札見舞象箾、南籥者，象箾，舞所執。南籥，以籥舞也。皆文王之樂。曰：「美哉！猶有憾。」美哉，美其容也。文王恨不及已致太平也。見舞大武者，武王樂。曰：「美哉！周之盛也，其若此乎！」

樂記：「夫武，始而北出，再成而滅商，三成而南，四成而南國是疆，五成而分，周公左，召公右，六成復綴，以崇天子。夾振之，而四伐，盛威於中國也。分夾而進，事蚤濟也；久立於綴，以待諸侯之至也。」注，並見樂歷代沿革。

陳氏樂書曰：「春秋傳曰：『於文止戈爲武，戈則器也，所以示事；止則象也，所以示志。』詩序曰：『桓，講武類禡也。』桓，武志也。言武志，則講武其事也。大武之義，不過如此。蓋樂之一變爲一成，文樂九成，九變故也；武樂六成，六變故也。周人始作備樂而合乎祖，不過大武而已，其成於變可知也。記曰：『武，始而北出，再成而滅商，三成而南，四成而南國是疆，五成而周公左，召公右，六成復綴，以崇天子。』則二王之後，戾止而觀厥成者，得非所以崇天子之意歟！周官大司樂：

『奏無射，歌夾鍾，舞大武，以享先祖。』然則舞奏大武，歌是詩而舞之可知矣。記有言『八佾以舞大武』，語其數也；『朱干玉戚以舞大武』，語其器也；『冕而舞大武』，語其服也。周官、樂記皆先大夏，後大武，以世次先後言之。祭義、明堂位皆先大武，後大夏者，尊時王之制故也。」

象　内則：「成童舞象。」注：「先學勺，後學象，文武之次也。成童，十五以上。」

陳氏樂書曰：「吉事有祥，象事知器。維周之禎則福之，先見事之有祥者也。象舞則王事兆見，事之器者也。吉事之祥，寓之於象事之器，則文王舞象成者，孰非形容文王所以有天下之象邪？樂記曰：『樂者非謂絃歌干揚，樂之末節也，童子舞之。』内則曰：『成童舞象。』蓋文王之時，雖王事兆見，而大統猶未既集也。以未既集之統，舞之以未成人之童，此所以謂之象舞歟？文王世子、明堂位、祭統、仲尼燕居皆言下而管象，春秋傳亦曰象箾、南。蓋文王之樂，歌維清於堂上，奏鐘鼓於堂下，舞象於庭，其所形容者，熙邦國之典而已，未及於法則也；肇上帝之禋而已，未及於群祀也。熙邦國之典，則人受之矣；肇上帝之禋，則天受之矣。然則維周之禎，豈過是哉？先儒以象爲武王樂，而託以三象之說，誤矣。」

勺　内則：「十有三年，學樂、誦詩、舞勺。」

陳氏樂書曰：「勺水爲汋，勺酒爲酌，是酌者有挹而損之之道也。大武之樂，武王作之於前，成王酌先祖之道，以成之於後。其事則武，其道則養天下。然武所以毒天下而反有以養之者，以武有七德，而安民、和衆、阜財固在其中矣。其作樂告成而形容之，不亦可乎？燕禮言『若舞則勺』，記言

『十有三年舞勺，成童舞象』，皆小舞也。朱干玉戚，冕而舞大武，則大舞也。周官大舞以大司樂掌之，小舞以樂師掌之。然則周之舞，豈不重於武宿夜乎？此勺、象所以不言大，異乎大武配六樂而謂之大也，豈非以大統大勳至是然後集邪？傳曰：『舜樂莫盛於韶，周樂莫盛於勺。』以韶爲盛，則是以勺爲盛，不知莫重於武之説也。白虎通謂周公之樂曰『勺其爲智』，亦疏矣。」

夾漈鄭氏曰：「古有六舞，後世所用者韶、武二舞而已。後世之舞，亦隨代皆有制作，每室各有形容，然究其所常用及其制作之宜，不離是文、武二舞也。臣疑三代之前，雖有六舞之名，往往其所用者亦無非文、武二舞，故孔子謂韶盡美又盡善，武盡美矣未盡善，不及其他。誠以舞者聲音之形容也，形容之所感發，惟二端而已。自古制治不同，而治具亦不離文、武之事也。然雲門、大咸、大韶、大夏、大濩、大武凡六舞之名，南陔、白華、華黍、崇邱、由庚、由儀凡六笙之名，當時皆無辭，故簡籍不傳，惟師工以譜奏相授耳。古之樂惟歌詩則有辭，笙舞皆無辭，故大武之舞，秦始皇改曰五行之舞，大韶之舞〔六〕，漢高帝改曰文始之舞，魏文帝復文始曰大韶舞，五行舞曰大武舞，並有譜無辭，雖東平王蒼有武德舞之歌，未必用之。大抵漢、魏之世，舞詩無聞。至晉武帝泰始九年，荀勖曾典樂，更文舞曰正德，武舞曰大豫，使郭夏、宋識爲其舞節，而張華爲之樂章。自此以來，舞始有辭，而有辭失古道矣。」

帗舞　樂師：掌教國子小舞，有帗舞。鼓人：凡祭祀百物之神，鼓帗舞者。舞師：掌教帗舞，帥而舞社稷之祭祀。女巫：掌歲時祓除，旱暵則舞雩。蓋帗之爲言祓也。社稷及百物之神，皆爲民祓除，故以帗舞舞之。然則教國子以是責之，保社稷故也。鄭司農曰：「帗舞者，全羽；羽舞者，析羽。」鄭康成曰：「帗，析五采繒爲之。」今靈星舞子持之是也。其亦互備之歟！

羽舞　樂師：凡舞有羽舞〔七〕。舞師：掌教羽舞，帥而舞四方之祭祀。籥師：掌教國子舞羽歙籥。祭祀則鼓羽籥之舞，賓客饗食亦如之。詩曰「右手秉翟」，所謂羽舞者，翟羽可用爲儀，執之以舞，所以爲蔽翼者也。春秋之時，隱公問羽數於衆仲，衆仲曰〔八〕：「天子用八，諸侯用六，大夫四，士二。」羽舞之制，自天子達於士，名位不同，舞亦異數，不過降殺以兩而已。諸侯用六羽，則是考仲子之宫而用之，非僭而何？聖人言初獻，所以貶之也。

皇舞　舞師：掌教皇舞，帥而舞旱暵之事。樂師：掌教國子小舞，有皇舞。蓋皇，陰類也，而能爲其類之長，陰中之陽也。旱暵則欲達陰中之陽，故以皇舞舞之，與巫師、女巫之舞同意。皇舞者，以羽冒覆頭上，衣飾翡翠之羽。又曰：「皇，雜五采羽；如鳳凰色。」

旄舞　傳曰：「葛天氏之樂，三人操犛牛尾而歌八闋。」則旄者，其犛牛之尾歟〔九〕！古之人非特操之以歌，亦操之以舞。旄牛之尾，舞者所持以指麾，猶旌旄。注：「犛牛之尾，鄉士所設，以標識者也。」周官：「旄人掌教舞散樂，舞夷樂。」然則旄舞，豈亦旄人所教邪！

干舞　司干：掌舞器。祭祀，舞者既陳，則授舞器；既舞，則受之。賓饗亦如之。司兵：祭祀，授舞者兵。司戈盾：祭祀，授旅賁殳〔一〇〕，故士戈盾，授舞者兵亦如之。言兵則不止於干，言干則一器而已。郊特牲曰：「朱干設錫，冕而舞大武。」明堂位曰：「朱干玉戚，冕而舞大武。」樂記曰：「樂者非謂干揚也，樂之末節也，故童子舞之。」祭統曰：「及入舞〔一二〕，君執干戚就舞位。」則干者自衛之兵，非伐人之器也。自天子達於童子，未嘗不執是舞之，所以象其有武事也，然亦特樂之末節而已。故樂師教國子以之者，欲其由末以知本也；舞師祭山川以之者，以其有阻固扞蔽之功也。漢舞先武德，後文始；唐舞先七德，後九功。其意以爲武以威衆而平難，文以附衆而守成。平難在所先，守成在所後。唐太宗謂封德彝曰：「朕始雖以武功興，終以文德綏海内。」謂文容不如蹈厲，斯言過矣。考之於古，周官：「司兵掌五兵五盾，以待軍事。」詩曰「龍盾之合」，又曰「蒙伐有苑」，春秋傳曰「狄虒彌建大車之輪以爲櫓」，國語曰「官師奉文犀之渠以爲盾」。先儒以櫓爲大盾，以伐爲中干，則盾之見於經傳有櫓、干、伐、渠之異名，其爲盾一也。盾之爲物，以革爲之，其背曰瓦。左傳曰「中其楯瓦」是也。其瓦設錫，記曰「朱干設錫」是也。朱質而繪以龍，龍之外，又繪以雜羽。蒙，雜羽也。其繫之也以繡韋，其屬繡韋也以紛。書曰「敿乃干」。敿者，繫以紛也。國語曰「輕罪贖以鞼盾」，則鞼土繡韋也。舞者所執之干，其制如此。隋初，武舞三十二人執戈，三十二人執戚，皆配以盾，而半執龍盾，半執龜盾，蓋惑於鄭氏「其背如龜」之説也。是不知所謂如龜者〔一三〕，其背耳，非其飾也。孔安國釋書之禹謨，以舞干羽爲文舞，又失之矣。今之鹵簿，即干櫓之櫓，豈古者「櫓」「鹵」通用邪！

人舞　以手舞之而無所執。舞以干戚羽旄爲飾，以手舞足蹈爲容，故樂記樂師均以人之手舞終焉。通禮義纂曰：「古者臣之於君，有拜手稽首之禮。」自後魏以來，臣之受恩者，皆以手舞足蹈爲喜忭之極也，豈亦源流於此歟！

野舞　地官：「舞師掌教小舞，凡野舞則皆教之。」教舞至於野人不遺，則舞師所教，亦無所不至矣。

正義曰：「大司樂所教雲門以下六舞是大舞；舞師所教帗舞以下七者是小舞。內則云『十三舞勺，成童舞象』，是小舞。又云『二十舞大夏』，即此六舞也。」

陳氏樂書曰：「執干揚而舞之，兵舞也；列五采繒爲之，帗舞也；析衆鳥羽爲之，羽舞也；以凰之羽爲之，皇舞也；以旄牛之尾爲之，旄舞也。鄭司農曰：『社稷以帗，宗廟以羽，四方以皇，辟雍以旄，兵事以干，星辰以人。』鄭康成曰：『四方以羽，宗廟以人，山川以干，旱暵以皇。』然古之於大祭祀，有備樂必有備舞。春秋書『有事於太廟，萬入去籥』〔一三〕，則宗廟用干與羽矣。若夫散而用之，則有所不備，故山川以干，社稷以帗，四方以羽，旱暵以皇，二鄭之論疏矣。大司樂曰『舞咸池以祭地示』，則社稷不特帗舞也〔一四〕；『舞大夏以祭山川』，則山川不特兵舞也。於咸池之類，言其章不言其器，於帗舞之類，言其器不言其章，互備故也〔一五〕。書言『舞干羽于兩階』，樂記『比音而樂之，及干戚羽旄謂之樂』，郊特牲、明堂位、祭統皆言：『朱干玉戚，以舞大武；皮弁素積，以舞大夏。』簡兮之詩言『碩人俁俁，公庭萬舞』，繼之『左手執籥，右手秉翟』，要皆先武後文者，蓋堯、舜揖遜，其舞先干後羽，以苗民逆命故也；湯武征伐，其舞先武後文者，以有武功爲大故也。」

按：正義以雲門大卷、大咸、大夏、大濩、大武爲大舞，以帗舞、羽舞、皇舞、旄舞、干舞、人舞爲小舞。然以愚觀之，雲門以下，舞之名也，若帗，若羽，若皇，若旄，若干，若人，則舞之具也。有此六者之具，然後可以舞，此六代之舞，非於小舞之外，別有所謂大舞也。蓋六代之舞，其名雖異，而所用之具則同。然必謂之帗舞、羽舞云者，以其或施之社稷，或施之山川旱暵之屬，其用各有不同耳。舞師所教，是各指其所習而言，故謂之帗舞、羽舞。大司樂所教，是通指其集大成而言，故謂之雲門、大咸，譬之爲學帗、羽、皇、旄、干、人，則誦詩讀書是也。雲門至大武，則作文是也。而誦詩讀書，固所以作文也。樂書互相備之說得之。

舞器

相　狀如鼙，韋表糠裹，以漆跌局，承而擊之，所以輔樂。樂記：「治亂以相。」諸家樂圖多以相爲節。是相所以輔樂，亦所以節舞。今太樂武舞用之。二工在舞者之左，手撫兩端，以節舞者之步，豈亦得相之遺制歟！或謂相即拊也，誤矣。樂記言「會守拊鼓」於前，而以「治亂以相」繼之，則拊以倡樂，相以節樂，豈得同爲一器乎？

應　小春謂之應，所以應大春所倡之節也。周官笙師掌教牘，長七尺，應則如桶而方，六尺五寸，中象柷有椎連底，左右相擊以應柷也。禮圖，其形正圓而内外皆朱。

牘　以竹爲之，五寸，殺其聲而使小，所以節樂也。故舂牘，周官以笙師掌之，以教祴樂焉，祴以示戒節之故也。蓋牘有長短，長者七尺，短者三尺，虛中如筩而無底，其端有兩竅而髹畫之，列之於庭，以兩手築地，爲賓出之節也。

雅　笙師掌教雅，以教祴夏。蓋賓出以雅，欲其醉不失正也；工舞以雅，欲其訊疾不失正也。先儒謂狀如漆桶而弇口，大二圍，長五尺六寸，以羊韋鞔之，旁有兩紐，疏畫武舞，工人所執所以節舞也。

戈　周官司戈盾：「祭祀，授舞者兵。」文王世子：「春夏學干戈。」漢迎秋樂亦用之。隋初，武舞三十二人執戈，三十二人執戚，皆配以盾焉。然則古之人寓習兵於樂舞之間，至於干戈戚揚弓矢之類，靡所不執，其除戎器，戒不虞之意可知矣。

籥　籥師：「祭祀鼓羽籥之舞。」文王世子：「秋冬學羽籥。」賓之初筵曰：「籥舞笙鼓。」春秋：「萬入去籥。」則秉籥而舞，其來尚矣。詩曰：「左手執籥，右手秉翟。」蓋籥所以爲聲，翟所以爲容也。

弓矢　大司樂：「大射，令奏騶虞，詔諸侯以弓矢舞。」樂師：「燕射，帥射夫以弓矢舞〔一六〕。」蓋周人之制。

戚　禮曰：「朱干玉戚，以舞大武。」蓋干，盾也，所以自蔽；戚，斧也，所以待敵。朱干，白金以飾其背。記曰「朱干設鍚」是也。玉戚，剥玉以飾其柄。楚工尹路曰「剥玉以爲鏚柲」是也。舞武執干戚，則舞夏執籥翟矣。然朱所以象事，玉所以象德。武以自蔽者爲主，而待敵者非得已也。故其宣布著盡以爲事者，欲自蔽而已。至於持以待敵者，温純之德耳，此武舞之道。漢高祖令舞人執干戚，舞武德之舞；光武迎秋氣，親執干戚，舞雲翹、育命之舞，亦庶乎近古也。然武盡美矣，未盡善也，故干戚之舞，又非所以爲備樂歟。宋朝太樂舞器，第加繪飾而已，其去古制遠矣，可不復之乎！

揚鉞。　詩曰：「干戈戚揚。」樂記曰：「樂者，非謂干揚也，故童子舞之。」廣雅曰：「鉞，戚斧也。」毛萇謂：「揚，鉞也。」孔安國謂：「劉，斧屬。」蓋揚、鉞、戚、斨、劉，皆斧也，特所由之名異耳。黄鉞以金飾其柄也，玉戚以玉飾其柄也，蓋皆有剛斷之材焉。

翟　詩曰：「右手秉翟。」左傳曰：「五雉爲五工正。」爾雅有「鸕諸雉、鷮雉、鳩雉、鷩雉、秩秩海雉、鸐山雉、雗汗雉、鵫雉、翬雉、鷂雉，南方曰雩（一七），儔。東方曰鶅，北方曰鵗，西方曰鷷」。而舞之所取者，特鸐山雉耳，以其羽尤可用爲儀故也。南齊鄭義更以翟爲笛飾以髦，籥飾以羽。梁武帝曰：「翟是五雉之一，取其毳羽以秉之耳，寧謂羌笛邪？」其説是也。今太樂以雉羽攢叠爲之，而髹畫其柄，豈亦近古制歟！春秋公羊傳魯隱公五年（一八）：「考仲子宮，初獻六羽。」何休曰：「鴻羽也，所以象文德之風化疾也。」是泥於漸卦「其羽可用爲儀」之説，不知禮有夏籥之文，詩有秉翟之義也。

鷺　宛丘曰：「無冬無夏，值其鷺羽。」「無冬無夏，值其鷺翿。」蓋鷺羽，舞者所執；鷺翿，舞者所建。既值其所執之鷺羽，又值其所建之鷺翿，是常舞而不知反也。宛丘刺之，豈不宜哉！今太樂文舞，不以翟羽，而以鷺羽舞之，素而無文，特陳國之淫樂，非先王雅舞也。易而復古，此其時乎！

翿　纛　羽葆幢　君子陽陽曰：「左執翿。」宛丘曰：「值其鷺翿。」爾雅曰：「翿，纛也。」郭璞以爲今之羽葆幢。蓋舞者所建以爲容，非其所持者也。今太樂所用高七尺，干首棲木鳳，注髦一重，綴纁帛，畫升龍焉。二工執之，分立於左右，以引文舞，亦得古之遺制也。

旌　春秋時，宋人作桑林之舞，以享晉侯。舞師題以旌夏。晉侯懼，退，入於房。去旌，卒享而還。旌夏，大旌也。舞者行列以大旌表識之也。大射禮：「舉旌以宮，偃旌以商。」亦其類歟！然武樂，象成者也，故得以旌參之，今太樂所用。注旄三重，高纛等，二工分立左右，以引武舞，亦得古之遺制。

節　爾雅曰：「和樂謂之節。」蓋樂之聲有鼓以節之，其舞之容有節以節之。故先代之舞，有執節二人之説。至今因之，有析朱縉三重之制，蓋有自來矣。

麾翬干。周官：「巾車掌木路，建大麾，以田，以封蕃國。」書曰「左仗黄鉞，右秉白旄以麾。」則麾，周人所建也。後世叶律郎執之，以令樂工焉。其制高七尺，干飾以龍首，綴纁帛，畫升龍於上。樂將作則舉之，止則偃之。堂上則立於西階，堂下則立於樂縣之前，少西。唐樂録謂之「翬干」，今太常武舞用之。

箾　大周正樂：「舞箾謂之箾。」春秋傳：「見舞象箾、南籥者。」杜預曰：「舞所執。」然其詳不可得而知矣。

舞衣

冕　記曰：「朱干玉戚，冕而舞大武。」祭統曰：「冕而總干，率其群臣，以樂皇尸。」樂記曰：「食三老、五更於太學，天子冕而總干，所以教諸侯之弟也。」由此觀之，天子冕而總干，郊祀則衮冕也，宗廟則衮冕、驚冕也，食老、更則驚冕而已。唐制：天子之制，大裘冕者，祀天地之服也；下至平冕者，郊廟舞郎之服也。先王之制冕而總干，非特施於郊廟，雖食老、更於太學亦用焉。以宗廟之禮，食老、更之賢德，亦可謂敬之至矣。若夫諸侯朱干設錫，冕而舞大武，則又僭天子之禮，古人不爲也。由此論之，諸侯冕而舞大武，禮經猶以爲僭，况舞郎之舞，其可用平冕乎？然則如之何而可？曰：爵弁以舞文，韋弁以舞武，不亦可乎！

按：冕服，先王之盛禮也，非郊廟祭祀之大事不服之。然天子親冕而總干，則施之於郊廟及養老之時，蓋敬之至而以盛禮事之也。唐人乃以平冕爲舞郎之服，則是樂工可以服王公之服矣。竊意古人舞者，必自有其服，書所謂「胤之舞衣」是也。其曰「冕而總干」云者，蓋以祭祀養老之時，君服冕以從事，遂親起舞以示敬，非曰舞者必合服冕也。又如祭祀之時，君親牽牲割牲，養老之時，君親執醬執爵，其時亦必皆以冕服從事，猶冕而總干之類也。然遂謂祭祀之牽牲割牲者，養老之執醬執爵者，雖賤，有司皆服人君之服可乎？君親耕藉田，則冕而朱紘躬秉耒，亦豈凡秉耒者皆可冕服乎？後世不明其義，而以平冕爲舞郎之服，誤矣。流傳既久，南唐之時，優伶遂有乞取大殷皇帝平天冠爲戲以資笑噱者，蓋後世之視舞，同乎戲劇，而又因其誤以平冕爲舞服，遂亦以戲衫視冕矣。

皮弁　明堂位曰：「皮弁素積，裼而舞大夏。」蓋皮弁以白鹿皮爲之，其衣則布十五升，其色象之，則素衣其衣也，素積其裳也。大武所以象征誅，必朱干玉戚、冕而舞之者，以武不可覿故也。大夏所以象揖遜，必皮弁素積、裼而舞之者，以文不可匿故也。記曰：「裘之裼也見美也，服之襲也充美也。」禮不盛，服不充，故大裘不裼，則襲充可知也。由是觀之，裼襲未嘗相因也。干戚羽籥未嘗並用也。於大夏言裼而舞，則大武冕而舞必用襲矣。於大武之舞言干戚，則大夏之舞必用羽籥矣。

陳氏樂書曰：「書曰：『胤之舞衣在西房。』孔安國曰：『胤國所爲舞者之衣皆中法〔一九〕。』然古者皮弁素積冕服之外無所經見，特漢舞者之衣法五方色，謂之五行之舞。漢去三代未遠，疑亦得古遺制也。唐趙慎言曰：『今祭器茵褥總隨五方，五郊衣服獨乖其色，舞者常持皂飾，工人皆服絳衣，臣愚竊不便之。其舞人工人衣服，請依方色。宗廟黄色，仍各以所主標袖。』亦可謂知言矣！今誠祖述其制而行之，使舞工之服，五郊各放五色〔二〇〕，天祀以玄，地祭以黄，宗廟以繡，亦庶乎近古。若夫宗廟以黄，則不知地示果用何色邪？」

舞綴兆　樂記：「其治民勞者，其舞行綴遠；其治民逸者，其舞行綴短。」注：「綴謂酇，舞者之位也。兆，其外營域也。民勞則德薄，酇相去遠，舞人少也。民逸則德盛，酇相去近，舞人多也。」

陳氏樂書曰：「周官：『大胥以六樂之會正舞位，小胥巡舞列。』經曰：『行其綴兆，行列得正焉。』蓋位則酇也，所以爲綴列則佾也，所以爲行，正之以辨其序，巡之以肅其慢。則治民勞者，酇遠而佾寡，其德殺故也；治民逸者，酇短而佾多，其德盛故也。非故不同，凡各稱德而已。天子之於諸侯，生則旌以舞，没則表以謚。觀舞之行綴，足以知臨民之德；聞謚之異同，足以知爲治之行。然則爲諸侯者，孰不敏德崇行，以法天下後世爲哉！今之舞者不列於庭，而列於堂下，其退文進武，不復有出入之序，非古人所謂『八佾舞於庭，序出入舞者』之意也。至於進退疾徐之際，又不復盡筋骨之力，以要鐘鼓拊會之節，非古人所謂『文以揖遜，武以擊刺』之意也。講而習之，正今日急務也。」

萬舞　商頌曰：「萬舞有奕。」衛風曰：「公庭萬舞。」魯頌曰：「萬舞洋洋。」春秋曰：「萬入去籥。」左氏傳曰：「考仲子之宫，將萬焉。」又曰：「楚令尹子元欲蠱文夫人，館於宫側而振萬焉。」晉志曰：「萬舞象功。」是舞也，先王所以習戒備，自商至周所不易也。何休釋公羊萬舞之説，以爲象武王以萬人伐紂，

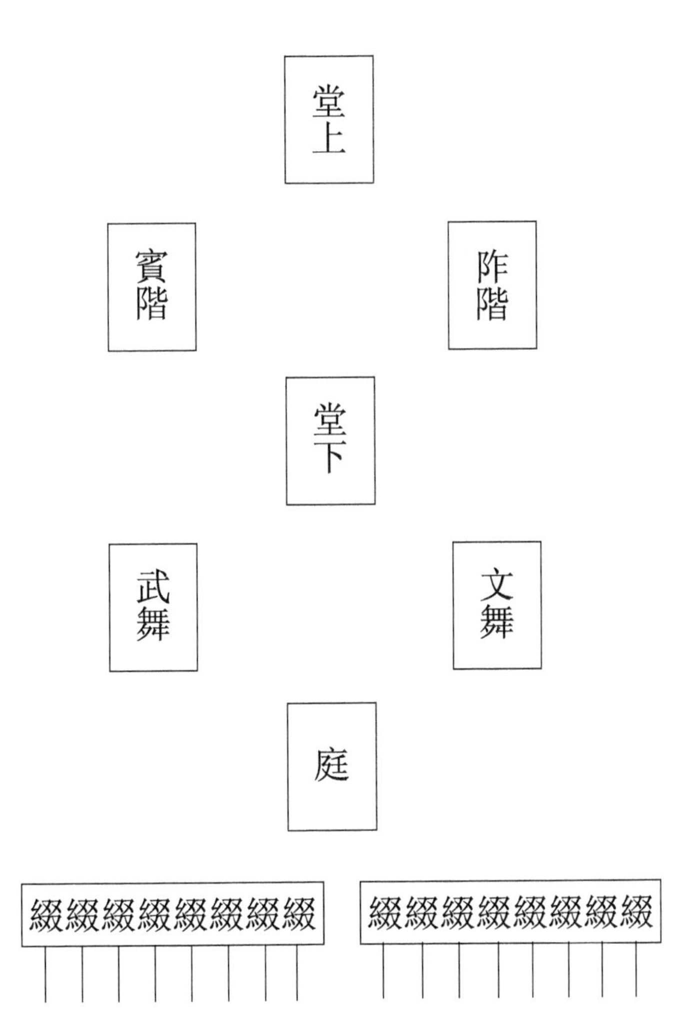
堂上
賓階
阼階
堂下
武舞
文舞
庭
綴綴綴綴綴綴綴綴
綴綴綴綴綴綴綴綴

不亦失乎！武舞，一也。謂之干舞，其名也；謂之萬舞，其數也。禮樂所謹，不過名數而已。

東萊呂氏曰：「萬舞，文、武二舞之總名也。干舞，武舞之別名也。籥舞，文舞之別名也。文舞又謂之羽舞。鄭康成據公羊傳以萬舞爲干舞，蓋公羊釋經之誤也。春秋書『萬入去籥』，言文、武二舞俱入，以仲遂之喪，於二舞之中，去其有聲者，故去籥焉。文舞舞羽吹籥，公羊乃以萬舞爲武舞〔三〕，與籥舞對言之，失經意矣。若萬舞止爲武舞，則簡兮與商頌何爲獨言萬舞而不及於文舞邪？左氏載『考仲子之宫，將萬焉。』婦人之廟，亦不應獨用武舞也。然則萬舞爲二舞總名，明矣。」

漢制：高廟奏武德、文始、五行之舞；孝文廟奏昭德、文始、四時、五行之舞；孝武廟奏盛德、文始、四時、五行之舞。武德舞者，高祖四年作，以象天下樂已行武以除亂也。文始舞者，曰本舜韶舞也，高祖六年更名曰文始，以視不相襲也。五行舞者，本周舞也，秦始皇二十六年更名曰五行也。四時舞者，孝文所作，以示天下之安和也。蓋樂已所自作，明有制也。師古曰：「言自制作也。」樂先王之樂，明有法也。師古曰：「遵前代之法。」孝景采武德舞以爲昭德，以尊太宗廟。至孝宣，采昭德舞爲盛德，以尊世宗廟。諸帝廟皆常奏文始、四時、五行舞云。高祖六年又作昭容樂、禮容樂。昭容者，猶古之昭夏也，主出武德舞。蘇林曰：「言昭容樂生於武德舞。」禮容者，主出文始、五行舞。舞入無樂者，將至至尊之前，不敢以樂也。出用樂者，言舞不失節，能以樂終也。大抵皆因秦舊事焉。

陳氏樂書曰：「周存六代之舞，至秦惟餘韶、武而已。漢興，制氏世職太樂，第識鏗鏘鼓舞之末節，未始知其義也。然漢舞宗廟之酎，卑者之子不得而預。其豫之者，上則二千石之子，下則五大夫之子，取適子高五尺已上，年十二到三十，顏色和、身體脩治者以爲舞人，雖與周人異制，亦未失用國子之實也。今之舞者，不過用市井畎畝之人，素不知歌舞者爲之，其何以格神明、移風俗乎！」

公莫舞　即巾舞也。相傳云項莊劍舞，項伯以袖隔之，使不得害高帝。且語莊云：「公莫。」古人相呼曰「公」，云莫害漢王也〔三〕。後之用巾，蓋像項伯衣袖之遺制。

巴渝舞　漢高帝自蜀漢將定三秦，閬中范且率賨人以從帝，爲前鋒，號「板楯蠻」，勇而善鬭。既定秦中，以功封閬中侯。其俗喜舞，高祖樂其猛鋭，數觀其舞，後使樂人習之。閬中有渝水，因其所居，故名曰巴渝舞。

武帝時，用事甘泉圜丘，用女舞童三百。

東漢光武隴蜀平後，乃增廣郊祀，凡樂奏青陽、朱明、西皓、玄冥及雲翹、育命舞。

立春之日，迎春於東郊，歌青陽，八佾舞雲翹之舞；立夏之日，迎夏於南郊，歌朱明，八佾舞雲翹之舞；先立秋十八日，迎黄靈於中兆，歌朱明，八佾舞雲翹、育命之舞；立秋之日，迎秋於西郊，歌西皓，八佾舞育命之舞；立冬之日，迎冬於北郊，歌玄冥，八佾舞育命之舞。祭祀志。又獻帝起居注曰：「建安八年，公卿迎氣北郊，始復用八佾。」皇覽曰：「迎禮春、夏、秋、冬之樂，又順天道，天子迎春於東堂，唱之以角，舞之以羽翟，此迎春之樂也。迎夏於南堂，唱之以徵，舞之以鼓鞉，此迎夏之樂也。迎秋於西堂，唱之以商，舞之以干戚，此迎秋之樂也。迎冬於北堂，唱之以羽，舞之以干戈，此迎冬之樂也。」先立秋十八日，郊黄帝，至立秋，迎氣於黄郊，奏黄鍾之宫，歌帝臨，冕而執干戚，舞雲翹育命，所以養時訓也。

明帝永平三年十月，蒸祭光武廟。初奏文始、五行、武德之舞。前書曰：「文始舞者，本舜韶舞也，高祖六年更名曰文始，其舞人執羽籥。五行本周舞也，秦始皇二十六年更名曰五行，其舞冠冕衣服法五行色。武德者，高祖四年作，言行武以除亂也，其舞人執干戚。」光武草創，禮樂未備，今始奏之，故云初也。

永平八年〔二三〕，公卿奏議世祖廟登歌八佾舞名〔二四〕。東平王蒼議，以爲：「漢制舊典，宗廟各奏其樂，不皆相襲，以明功德。秦爲無道，殘賊百姓，高皇帝受命誅暴，元元各得其所，萬國咸熙，作武德之舞。孝文皇帝躬行節儉，除誹謗，去肉刑，澤施四海，孝景皇帝製昭德之舞。孝武皇帝功德茂盛，威震海外，開地置郡，傳之無窮，孝宣皇帝製盛德之舞。光武皇帝受命中興，撥亂反正，武暢方外，震服百蠻，戎狄奉貢，宇内治平，登封告成，脩建三雍，肅穆典祀，功德巍巍，比隆前代，以兵平亂，武功盛大。歌所以咏德，舞所以象功，世祖廟樂名宜曰大武之舞。」

章帝即位，議顯宗廟樂。東平王蒼上言：「昔孝文廟樂曰昭德之舞，孝武廟樂曰盛德之舞。今皆祫食於高廟〔二五〕，昭德、盛德之舞不進〔二六〕，與高廟同樂。今孝明皇帝在世祖廟，當同樂，盛德之樂無所施。如自立廟作武德之舞。」上從王議，祠靈星，舞者用童男十六人。舞者象教田，初爲芟除，次耕種芸耨，駈爵及穫刈舂簸之形，象其功也。

和帝即位，有司奏：「上尊章帝廟曰肅宗，共進武德之舞。」制曰：「可。」

校勘記

〔一〕以黄帝之樂爲咸池　「以」，樂書卷一六六作「謂」。

〔二〕郭友直以十二成言之　「成」下原衍「直」字，據樂書卷一六六删。

〔三〕掌九德六詩之歌　「六詩」二字原脱，據周禮瞽矇補。

〔四〕思文也　「思文」二字原倒，據樂書卷一六六乙正。

〔五〕歌晨露　「歌」字原脱，據樂書卷一六七、吕氏春秋仲夏紀補。

〔六〕大韶之舞　四字原脱，據通志卷四九樂略一補。

〔七〕凡舞有羽舞　「凡」下「舞」字原作「國」，據周禮樂師改。

〔八〕衆仲曰　「衆仲」二字原脱，據元本、慎本、馮本及樂書卷一六八補。

〔九〕則旄者其犛牛之尾歟　「則」原作「欲」，據元本、慎本、馮本及樂書卷一六八改。

〔一〇〕授旅賁殳　「賁」原作「者」，據周禮司戈盾改。

〔一一〕及入舞　「入」字原脱，據禮記祭統補。

〔一二〕是不知所謂如龜者　「如」字原脱，據樂書卷一六八補。

〔一三〕萬入去籥　「入去」原作「舍」，據左傳經宣公八年六月壬午條、樂書卷一六八改。

〔一四〕則社稷不特帗舞也　「也」字原脱，據樂書卷一六八補。

〔一五〕互備故也　「故」字原脱，據樂書卷一六八補。

〔一六〕帥射夫以弓矢舞 「帥」原作「師」，據局本及周禮樂師改。

〔一七〕南方曰雩 「雩」原作「蒿」，據局本及爾雅釋鳥改。

〔一八〕魯隱公五年 「五」原作「六」，據公羊傳改。

〔一九〕胤國所爲舞者之衣皆中法 「爲」原作「謂」，據樂書卷一七一改。

〔二〇〕五郊各放五色 下一「五」字，樂書卷一七一作「方」。

〔二一〕公羊乃以萬舞爲武舞 「萬舞」原作「萬武」，據局本改。

〔二二〕云莫害漢王也 「云」字原脱，據宋書卷一九樂志一、通典卷一四五樂典五補。

〔二三〕永平八年 後漢書祭祀志下注引東觀書作「永平三年八月丁卯」。

〔二四〕公卿奏議世祖廟登歌八佾舞名 「舞」下原衍「功」字，後漢書祭祀志下注引東觀書誤同。據盧文弨群書拾補校續漢書祭祀志下删。

〔二五〕今皆祫食於高廟 「廟」原作「祖」，據後漢書祭祀志下注引東觀書改。

〔二六〕昭德盛德之舞不進 「盛德」二字原脱，據後漢書祭祀志下注引東觀書補。

卷一百四十五　樂考十八

樂舞

魏武帝平荆州，獲漢雅樂郎杜夔。時舞師馮肅曉知先代諸舞，使夔總之。始設軒懸，復先代古樂。文帝受禪，改漢安世樂爲正世，嘉至樂爲迎靈，昭容樂爲昭業，漢巴渝舞爲昭武，雲翹舞爲鳳翔，育命舞爲靈應，武德舞爲武頌，文始舞爲大韶，五行舞爲大武。明帝太和初，詔議廟樂，改大予樂爲大樂，大樂，漢舊名也。太祖武皇帝樂曰武始之舞，高祖文皇帝樂曰咸熙之舞，烈祖皇帝樂曰章斌之舞。凡此三舞，天地宗廟薦享及朝饗用之，總名大鈞之樂也。王肅等議設宫縣之樂、八佾之舞，高皇、大帝、太祖、高祖、文昭廟，皆當兼用先代及武始、大鈞之舞，以文始、大武、武德、武始、大鈞，可以備四代之樂，猶周存六代之樂也。故奏黄鍾，舞文始以禮天地；奏太蔟，舞大武以祀五郊明堂；奏姑洗，舞武德巡守以祭四望山川；奏蕤賓，舞武始、大鈞以祀宗廟二至，祀邱澤可兼舞四代。又漢雲翹、育命之舞，舊以祀天，今可兼以雲翹祀圜丘，育命祀方澤。卒如肅議，亦近古盛制也。

鞞舞　未詳所起，然漢已施於燕享矣。傅毅、張衡所賦，皆其事也。魏曹植鞞舞歌序曰：「漢靈帝西園鼓吹有李堅者，能鞞舞，遭亂西隨段煨。先帝聞其舊伎〔一〕，召之。堅既中廢，兼古曲多謬誤，異代之文，未必相襲，故依前曲改作新歌五篇。不敢充之黄門，近以成下國之陋樂焉。」

晉武帝受命之初，百度草創，郊祀明堂，權用魏樂，而改樂章，繼而命荀勖領其事，使郭夏〔二〕、宋識等造正德、大豫二舞，又改魏昭武舞曰宣武之舞，羽籥舞曰宣文之舞。咸寧初，詔定祖宗之號，而廟樂乃廢宣武、宣文之舞，同用正德、大豫之舞。勖既以新律造二舞，次更修正鐘磬。勖薨，復詔其子藩修定，以施郊廟。

鼙舞　漢曲，至晉加以柸，謂之代寧舞也。張衡舞賦云：「歷七鼙而蹤躡。」王粲七釋云〔三〕：「七鼙陳於廣庭。」顔延之云：「遞間開於鼙扇。」鮑昭云：「七鼙起長袖。」皆以七鼙爲舞也。干寶云：「晉武帝太康中，天下爲晉代寧舞，矜手以接鼙反覆之。」至危之象，言晉代之士苟貪飲食，智不及遠。至宋，改爲宋世寧。齊改爲齊代昌舞〔四〕，唐謂之鼙舞，隸清樂部中。

白紵舞　按舞辭有巾袍之言。紵本吴地所出，疑是吴舞也〔五〕。晉俳歌又云：「皎皎白緒，節節爲雙。」吴音呼「緒」爲「紵」，疑「白紵」即「白緒」也。

鐸舞　漢曲也。晉鞞舞歌亦五篇〔六〕，及鐸舞歌一篇、幡舞一篇〔七〕、鼓舞伎六曲，並陳於元會。其舞故常二八〔八〕，桓玄將即真，太樂遺衆伎，尚書殿中郎裴明子啓增八佾。相承不復革。宋明帝自改舞曲，歌詞猶存，舞並闕，其鞞舞〔九〕，梁謂之鞞扇舞也。幡舞、扇舞後並亡。

宋武帝紹晉衰亂之後，改正德舞爲前舞，大豫舞爲後舞。文帝元嘉中，令奚縱參議宗廟舞事，會軍興而寢。至孝武，有司奏：「宋承晉氏，未有稱號；前舞、後舞，有乖古制。」於是前舞爲凱容之舞，後舞爲宣烈之舞。既而建平王宏又議，以凱容爲韶舞，宣烈爲武舞，故以正德爲宣化之舞，大豫爲興和之舞。郊廟初獻，奏凱容、宣烈之舞；終獻，奏永安之樂。何承天三代樂序稱正德、大豫舞，蓋出三代容樂，其聲節有古之遺音焉，然不知二舞乃出宣武〔一〇〕、宣文、魏大武三舞也。宣武〔一一〕，魏韶舞也。宣文，魏武始舞也。魏改巴渝爲昭舞，五行爲大武。凱容舞執籥秉翟，則魏武始舞也。宣烈舞有牟弩、有干戚。牟弩，漢巴渝舞也，干戚，周舞也。由是言之，何承天之論，未爲知樂者也。明帝又自改鞞舞曲歌辭。大明中，以鞞、拂雜舞合之鐘石〔一二〕，施之殿庭。順帝昇明中，王僧虔以爲乖於雅體，何其知言邪！

文帝元嘉十三年，司徒彭城王義康於東府正會，依舊給伎。總章工馮大列：「相承給諸王伎十四種，其舞伎三十六人。」太常博士傅崇議以爲：「未詳此人數所由。唯杜氏注左傳佾舞云，諸侯六六三十六人，以爲非也。夫舞者所以節八音也，八音克諧，然後成樂，故樂必以八人爲列，自天子至士，降殺以兩，兩者，減其二列耳。杜以爲一列又減二人，至士止餘四人，豈復成樂？按服虔注左傳云：『天子八八，諸侯六八，大夫四八，士二八。』其議甚允。今諸王不復舞佾，其總章舞伎，即古之女樂也。殿庭八八，諸王則應六八。春秋，鄭伯納晉悼公女樂二八，晉以一八賜魏絳，此樂以八八爲列之證也。若如議者，唯天子有八，則鄭應納晉二六，晉應賜絳一六也。自天子至士，其文物典章，尊卑差級，莫不以兩。未有諸侯既降二列，又一列輒減二人〔一三〕，近降大半，非唯八音不具，於兩義亦乖。」

齊武帝祠南郊，初獻，奏文德宣烈之樂〔一四〕，次奏武德宣烈之樂。太祖高皇帝配享，奏高德宣烈之樂。北郊，初獻，奏地德凱容之樂，次奏昭德凱容之樂。明堂之樂，並同二郊之奏。宗廟：太祖神室，奏高德宣烈之樂，穆后，奏穆德凱容之樂，高宗〔一五〕，奏明德凱容之舞。

齊永明中，釋寶月爲太樂令，鄭義秦論曰：「笛飾以旄，籥飾以羽，今笛籥並用羽。」舊制：進賢冠，幘不簪筆，朱衣褾服，中厠，皂緣，曲領，白布袜，複舄。義秦乃改簪筆，笛籥同用竹，朱漆。籥三孔，笛一頭，五色旄，籥兩頭，葆羽旄，著烏皮履〔一六〕。梁武帝辨之曰：「詩云『左手執籥，右手秉翟。』筆笏以記事受言，舞者何事簪筆邪？」

梁室肇有天下，任昉宗王肅之議：凡郊廟備六代之樂，武帝非之，以爲仲尼晏朝之意，於是不備宮架，不徧舞六代。至於郊廟及三朝設架，則非宮非軒，非判非特，直以至恭所應施用而已，何其率邪！故其命武舞爲大壯，文舞爲大觀。南郊，舞奏黄鍾，取陽始化也；北郊，舞奏林鍾，取陰始化也。明堂、宗廟，舞奏蕤賓，取恭名陰主之義也；三朝，則大壯奏夷則，大觀奏姑洗，取其月王也。彼謂魏、晉以降，不應以巴渝夷狄之舞雜周舞，真篤論歟！

梁武帝時，太常任昉奏：「據魏王肅議，周禮，賓客皆作備樂。況天地宗廟，事之大者。周官『以六律、六吕、五聲、八音、六舞大合樂〔一七〕，以致鬼神〔一八〕，以和邦國』，請依王肅，祀祭郊廟備六代樂。」帝曰：「按言『大合樂』者，是使六律與五聲克諧，八音與舞蹈合節耳，豈謂致鬼神祇用六代樂也。其後即言『乃分樂而序之，以祭以享以祀』，此則曉然已明，肅則失其旨矣。推檢記載，初無宗廟郊禋徧舞之文。唯明堂位云〔一九〕：『以禘禮祀周公於太廟，朱干玉戚，冕而舞大武，皮弁素幘，裼而舞大夏。納夷蠻之樂於太廟，言廣魯於天下也。按所以舞大武、大夏者，止欲備其文武二舞耳，非兼用六代也。夏以文受，周以武功，所以故兼之〔二〇〕。而不用濩者，濩，武舞也。周監於二代，質文乃備。納蠻夷樂者，此明功德所須，蓋止施禘祭，不及四時也。今四海之祭而不徧舞者何？夫祭尚於敬，不欲使樂繁禮縟。故季氏逮闇而祭，日不足則繼之以燭，雖有强力之容，肅敬之心，皆倦怠矣。有司跛彼義反。倚乙利反。以臨祭，其爲不敬大矣。他日祭，子路與焉，質明而始行事，晏朝而退。孔子聞之，曰：『誰謂由也而不知禮乎？』儒者知子頹宴饗猶舞六代，不知有司跛倚，不敬已大。若依肅議，用六代樂者，郊堂既有迎神之樂，又登歌各頌功德，徧以六律，繼以出入，方待樂終，然後罷祭者，此則乖仲尼韙晏朝之旨。若三獻禮畢，即便卒事，則無勞於徧舞也。」

陳武帝宗祀朝饗並遵梁制。武舞奏大壯，夷則作，夾鍾參應之，七月金始王，取其剛斷也。文舞奏大觀，姑洗作，應鍾參應之，三月萬物必榮，取其布惠也。文帝天嘉五年，詔劉平、張崖定二郊、明堂儀，改天嘉中所用齊樂，盡以「韶」爲名。更舞七德之舞，工執干楯，曲終復綴。出就縣東，繼舞九叙之舞，工執羽籥。

後魏道武帝定中山，獲其樂縣，自製樂舞，追尊祖考。諸帝樂用八佾，奏皇始之舞。冬至祭天於南郊圜丘，樂用皇矣，奏雲和之舞；夏至祭地於北郊方澤，樂用天祚，奏大武之舞。及破赫連昌〔二一〕，獲古雅樂，平涼州，得其伶人、器服，並擇而存之；後通西域，又以悦般國鼓舞設於樂府。文帝時，公孫崇典知樂事〔二二〕，嘗言於帝曰：「樂府先傳正聲，有王夏、登歌、鹿鳴之屬，又有文始、五行、勺舞〔二三〕。及太祖初興，製皇始之舞〔二四〕，又有吴夷、東夷、西戎之舞，凡七舞，用之郊廟。中京造次，但用文始、五行、皇始三舞而已。皇魏四祖三宗之樂，宜有表章。」帝乃詔劉芳更定文、武二舞，始於大饗用之。後祖瑩等建言，請以韶舞爲崇德，武舞爲章烈，總名曰嘉成。詔可其議，特準古六代之樂，易嘉成爲大成，然赫連昌、涼州、悦般國之樂，吴夷、東夷、西戎之舞，並列之太樂，是不知先王之時，夷樂作於國門右辟之説也。

北齊之舞，作覆燾以享天地之神，作恢祚以獻高祖武帝之室，宣政以獻文襄之室，光大以獻文宣之室，朝饗用文、武之舞，咸有階步。其雜樂歌舞之伎，自文襄以來〔二五〕，皆所樂好。至河清以後，傳習尤甚，無足紀焉。

後周武帝初造山雲之舞，又定大夏、大濩〔二六〕、大武、正德、武德，以備六代之樂。南北郊、雩壇、太廟、禘祫、朝會並用之，然不製神室之舞，非古人所以象德昭功之意也。

城舞　後周武帝平齊作永安樂，行列方正，象城郭，謂之城舞。用八十人，刻木爲面，狗喙獸耳，以金飾之，垂綫爲髮，畫襖皮帽，舞蹈姿致，猶作羌胡狀。

隋文帝平陳之後，盡得宋、齊舊樂，更詔牛弘等定文武之舞，辨器服之異。又準樂記象德擬功，初來就位，總干而山立，思君道之難也；發揚蹈厲，威而不殘也；武亂皆坐，四海咸安也；武，始而受命，再成而定山東，三成而平蜀道，四成而北狄是通，五成而江南是拓，六成復綴，以闡太平。文帝〔二七〕曰：「不用象功德，直象事可也。」近代舞出入皆作樂，謂之階步，咸用肆夏，周官所謂「出入奏鐘鼓」是也，並依定焉。梁帝罷之，不知經之過也。魏、晉以來，有矛俞、弩俞及諸儒導引之類，既非正典，悉罷不用，亦可謂治古之舉也。其後定令置七部樂，而牛弘又請存鞞、鐸、巾、拂四舞，與新伎並陳。宴會，同設於西涼前奏之。帝曰：「音聲節奏及舞，悉宜依舊。惟舞人不捉鞞、拂爾。」牛弘當世儒宗，而措論如是，抑何不知先王雅樂之甚哉！

隋文舞工六十四，並黑介幘〔二八〕，冠進賢冠，絳紗連裳，白內單〔二九〕，皂褾、領、襈、裾，革帶，烏皮履。十六工執翣，十六工執帗，十六工執旄，十六工執羽，左手皆執籥。二工執纛，引前，左舞員外，衣冠亦如之。武舞工六十四，並服武弁，朱褠衣，革帶，烏皮履。左執朱干，右執玉戚。二工執旌，居前；二工執鼗，二工執鐸。金錞二，四工舉〔三〇〕，二工作，二工執鐃，二工執相，在左；二工執雅，在右，各一工作焉。自旌以下，夾引。武舞者在舞員外，衣冠亦如之。然朱干玉戚，古天子之舞也，舞工以之，不亦過乎？

唐高祖時，祖孝孫定樂，更文舞曰治康，武舞曰凱安，舞者各六十四人。文舞：左籥右翟，與執纛而引者二人，皆委貌冠，黑素，絳領，廣裦，白絝，革帶，烏皮履。武舞：左干右戚，執旌居前者二人，執鼗執鐸皆二人，金錞二，輿者四人，奏者二人，執鐃二人，執相在左，執雅在右，皆二人夾導，服平冕，餘同文舞。朝會則武弁，平巾幘，廣裦，金甲，豹文絝，烏皮鞾。執干戚夾導，皆同郊廟。凡初獻，作文舞之舞；亞獻、終獻，作武舞之舞。太廟降神以文舞，每室酌獻，各用其廟之舞。禘祫遷廟之主合食，則舞亦如之。儀鳳二年，太常卿韋萬石定凱安舞六變：一變象龍興參墟；二變象克定關中；三變象東夏賓服；四變象江淮平；五變象獫狁伏從；六變復位以崇，象兵還振旅。

初，太宗時，詔祕書監顏師古等撰定弘農府君至高祖太武皇帝六廟樂曲舞名，其後變更不一，而自獻祖而下廟舞，略可見也。獻祖曰光大之舞，懿祖曰長發之舞，太祖曰大政之舞，世祖曰大成之舞，高祖曰大明之舞，太宗曰崇德之舞，高宗曰鈞天之舞，中宗曰大和之舞，睿宗曰景雲之舞，玄宗曰大運之舞，肅宗曰惟新之舞，代宗曰保大之舞，德宗曰文明之舞，順宗曰大順之舞，憲宗曰象德之舞，穆宗曰和寧之舞，敬宗曰大鈞之舞，文宗曰文成之舞，武宗曰大定之舞，昭宗曰咸寧之舞。其餘闕而不著。

唐之自製樂凡三大舞：一曰七德舞，二曰九功舞，三曰上元舞。

七德舞者，本名秦王破陣樂。太宗爲秦王，破劉武周，軍中相與作秦王破陣樂曲。及即位，宴會必奏之，謂侍臣曰：「雖發揚蹈厲，異乎文容，然功業由之，被於樂章，示不忘本也。」右僕射封德彝曰：「陛下以聖武戡難，陳樂象德，文容豈足道哉！」帝矍然曰：「朕雖以武功興，終以文德綏海内，謂文容不如蹈厲，斯過矣。」乃製舞圖，左圓右方，先偏後伍，交錯屈伸，以象魚麗、鵝鸛。命呂才以圖教樂工百二十八人，被銀甲執戟而舞，凡三變，每變爲四陣，象擊刺往來，歌者和曰：「秦王破陣樂。」後令魏徵與員外散騎常侍褚亮、員外散騎常侍虞世南、太子右庶子李百藥更製歌辭，名曰七德舞。舞初成，觀者皆扼腕踴躍，諸將上壽，群臣稱萬歲，蠻夷在庭者請相率以舞。太常卿蕭瑀曰：「樂所以美盛德形容，而有所未盡，陛下破劉武周、薛舉、竇建德、王世充，願圖其狀以識。」帝曰：「方四海未定，攻伐以平禍亂，製樂陳其梗概而已。若備寫擒獲，今將相有嘗爲其臣者，觀之有所不忍，我不爲也。」自是元日、冬至朝會慶賀，與九功舞同奏。舞人更以進賢冠，虎文袴，螣蛇帶，烏皮鞾，二人執旌居前。其後更號神功破陣樂。

九功舞，本名功成慶善樂。太宗生於慶善宫，貞觀六年幸之，宴從臣，賞賜閭里，同漢沛、宛。帝歡甚，賦詩，起居郎呂才被之管絃，名曰功成慶善樂。以童兒六十四人，冠進德冠，紫袴褶，長褏，漆髻，屣履而舞，號九功舞。進蹈安徐，以象文德。麟德二年詔：「郊廟、享宴奏文舞〔三〕，用功成慶善樂，曳履，執紼，服袴褶，童子冠如故。武舞用神功破陣樂，衣甲，持戟，執纛者被金甲，八佾，加簫、笛、歌、鼓，列坐縣南，若舞即與宮縣合奏。其宴樂二舞仍別設焉。」

上元舞者，高宗所作也。舞者百八十人，衣畫雲五色衣，以象元氣。其樂有上元、二儀、三才、四時、五行、六律、七政、八風、九宮、十洲、得一、慶雲之曲，大祠享皆用之。至上元三年，詔：「惟圜丘、方澤、太廟乃用，餘皆罷。」又曰：「神功破陣樂不入雅樂，功成慶善樂不可降神，亦皆罷。」而郊廟用治康、凱安如故。

儀鳳二年，太常卿韋萬石奏：「請作上元舞，兼奏破陣、慶善二舞。而破陣樂五十二徧，著於雅樂者二徧；慶善樂五十徧，著於雅樂者一徧；上元舞二十九徧，皆著於雅樂。」又曰：「雲門、大咸、大磬、大夏，古文舞也。大濩、大武，古武舞也。爲國家者，揖讓得天下，則先奏文舞；征伐得天下，則先奏武舞。神功破陣樂有武事之象，功成慶善樂有文事之象，用二舞，請先奏神功破陣樂。」初，朝會常奏破陣舞，高宗即位，不忍觀之，乃不設。後幸九成宮，置酒，韋萬石曰：「破陣樂舞，所以宣揚祖宗盛烈，以示後世，自陛下即位，寢而不作者久矣。禮，天子親總干戚，以舞先祖之樂。今破陣樂久廢，群下無所稱述，非所以發孝思也。」帝復令奏之，舞畢，嘆曰：「不見此樂垂三十年，追思王業勤勞若此，朕安可忘武功邪！」群臣皆稱萬歲。然遇饗燕奏二樂，天子必避位，坐者皆興。太常博士裴守真以爲「奏二舞時，天子不宜起立。」詔從之。及高宗崩，改治康舞曰化康以避諱。武后毁唐太廟，七德、九功之舞皆亡，唯其名存。自後復用隋文舞、武舞而已。

開元八年，瀛州司法參軍趙慎言言：「按周禮以樂舞教國子，舞雲門、大咸、大濩、大武。是知古之舞者，即諸侯之子孫〔三二〕，容服鮮麗，故得神祇降福，靈光燭壇。今之舞人，並容貌蕞陋〔三三〕，屠沽之流，用以接神，欲求降福，固亦難矣。隋猶以品子爲之，號爲『二舞郎』。逮乎聖朝，遂變斯制，誠願革茲近誤，考復古道。其二舞人，取品子年二十以下，顏容修正者爲之，令太常博士主之，准國子學給料〔三四〕，行事之外，習六樂之道，學五禮之儀，經十周年〔三五〕，量文武授散官，號曰『雲門生』。又五郊工人、舞人衣服，合依方色〔三六〕。按周禮以蒼璧禮天，以黃琮禮地，以青珪禮東方，以赤璋禮南方，以白琥禮西方，以玄璜禮北方，是知五方帝德，色玉不同，四時文物，各隨方變，冀以同色相感，同事相宜。陰陽交泰，莫不由此。今祭器裀褥，總隨於五方，五郊衣服，獨乖於方色，舞者常持皂飾，工人恒服絳衣，以臣愚知，深爲不便。其工人、舞人衣服〔三七〕，各依方色。其宗廟黃色，仍各以所主色褾袖。又以樂治身心，禮移風俗，請立樂教，以化兆民。周禮曰：『以樂德教國子，中和祇庸孝友』，其國子諸生，請教以樂經，同於禮傳，則人人知禮，家家知樂，自然風移俗易，災害不生。其樂經章目雖詳，稍乖旨要，請委通明博識修撰訖，然後頒下。」

大定舞　本出破陣樂。舞者百四十人，被五采文甲，持槊，歌云「八紘同軌樂」，以象平遼東而邊隅大定也。

聖壽舞　唐高宗、武后作。舞用百四十人，金銅冠五色畫衣。舞之行列必成字，凡十六變而畢。有

「聖超千古，道泰百王，皇帝萬年，寶祚彌昌」之字。然先王作樂，有六變而止者，有八變而止者，有九變而止者，未聞十六變也，不亦失大樂必易之意邪？

光聖舞　唐明皇作。舞者八十人，鳥冠〔三八〕，五采畫衣。兼以上元、聖壽之容，以歌王業所興也。

讌樂舞　唐張文收所造也。舞工二十人，緋綾爲袍，絲布爲袴。又分四部：景雲舞八人，慶善舞四人，破陣舞四人〔三九〕，承天舞四人。樂用玉磬一格〔四〇〕，大方響一格，搊箏、筑、卧箜篌、大箜篌、小箜篌、大琵琶、小琵琶、大五絃琵琶、小五絃琵琶、吹葉、大笙、小笙、大觱篥、小觱篥、大簫、小簫、正銅鈸、和銅鈸、長笛、短笛、楷鼓、連鼓、鞉鼓、桴鼓各一，工歌二。開元以後並亡。唯景雲舞僅存爾。

長壽舞　武后長壽年所製。舞者十有二人，衣冠皆畫。

天授舞　武后天授年所製。舞者四人，畫衣五采，鳳冠。

萬歲舞　鳥歌萬歲樂舞，唐武太后所造也。當是時，宮中養鳥能人言，又常稱萬歲，故爲樂以象之。舞者三人，緋大袖，並畫鸜鵒，冠作鳥像。嶺南有鳥，似鸜鵒稍大，乍視不可辨，久養之能言，南人謂之吉了。亦云料。開元初，廣州獻之，言音雄重如丈夫，委曲識人情，慧於鸚鵡遠矣。漢書武帝紀書南越獻能言鳥，豈謂此邪？北方常言鸜鵒踰嶺乃能言，傳者誤矣。

龍池舞　唐明皇所作。初，帝在藩邸，居隆慶坊〔四一〕，坊之南忽變爲池，望氣者異焉。中宗末年，汎舟池中。及即位，以坊爲宮，池水逾大，瀰漫數里，故爲此樂以歌其祥。舞者十有二人爲列，服五色紗雲衣，芙蓉冠，無憂履，四工執蓮花以引舞，一奏而五疊。

小破陣樂舞　唐明皇造。舞者四人，金甲冑，蓋生於立部伎也。

師子舞　唐太平樂，亦謂之五方師子舞。師子摯獸，出於西南夷，天竺、師子等國。綴毛爲之，各高丈餘，人居其中，像其俛仰馴狎之容。二人持繩秉拂，爲習弄之狀。五師子各放其方色。百四十人歌太平樂，舞以足，持繩者服飾作崑崙狀。

中和舞　唐德宗造。舞因成八卦。仲春麟德殿會百僚觀新樂詩且叙其舞曰：「朕以仲春之首，紀爲令節，聽政之暇，韵於歌詩，象中和之容，作中和之舞。」

六合還淳舞　唐調露二年，上御洛城南樓，賜宴太常〔四二〕，奏六合還淳之舞。

順聖舞　昔于司空頔撰順聖樂以進，每宴必使奏之。其曲將半，行綴皆伏，一人舞於中央，幕客韋授笑曰：「何用窮兵獨舞？」觀其言雖詼諧，然亦不爲無味矣。豈古所謂譎諫邪？

承天舞　承天樂舞四人，紫袍，進德冠，並銅帶。

聖主回鑾舞　唐大足元年〔四三〕，天后幸京師，同州刺史蘇環進聖主還京樂舞，上御行宫樓觀之，賜以束帛，令編之樂府。

一戎大定舞　唐龍朔元年，上召李勣、阿史那、上官儀等宴於城門，觀屯營新教之舞，名之一戎大定樂，皆親征遼東，形容用武之象也。

神宫大樂舞　唐武后長壽中，親享萬象神宫，因製此舞，用舞者九百人，作之神宫之庭焉。

霓裳舞　唐文宗每聽樂，鄙鄭、衛聲，詔奉常習開元中霓裳羽衣舞，以雲韶樂和之。舞曲成，太常卿馮定總樂工閱之於庭，端凝若植。文宗乃召升階，自吟定送客西江詩，因錫禁中瑞錦，令録所著古體詩以獻。豈莊周所謂「目擊而道存者」邪？自兵亂以來，霓裳羽衣曲其音遂絶。江南僞主李煜樂工曹者，素善琵琶，因按譜得其聲。煜后周氏亦善音律，又自變易，徐鉉問曹曰：「法曲本緩而此聲太急何也？」曹曰：「宫中人易之。」議者以爲非吉祥也。後歲餘而周氏卒矣。

景雲舞　舞者八人，花錦爲袍，五綾爲袴，緑雲冠，黑皮鞾。

坐部舞　立部舞　唐安樂、太平、破陣、慶善、大定、上元、聖壽、光聖等舞，皆雷大鼓，雜以龜茲之樂。大定樂加金鉦，唯慶善舞獨用西涼樂。舊破陣、上元、慶善三舞，皆更其衣冠，合之鍾石，別享郊廟。以破陣爲七德之武舞，慶善爲九功之文舞。自武后僭亂，毁唐宗廟，斯禮竟廢矣。安樂等八舞皆立奏之，樂府謂之立部伎也。自長壽、天授、鳥歌、萬歲、龍池、小破陣等舞，皆用龜兹樂〔四四〕，舞人皆穿皮鞾，惟龍池舞備用雅樂，而無鍾石，舞人躡履〔四五〕。讌樂等六舞皆坐奏之，樂府謂之坐部伎也。唐之雅樂，其雜夷蠻之制如此，然則卒致胡雛之禍者有以也夫。

傾盃舞　唐明皇常令教舞馬百駟，分爲左右部。時塞外亦以善馬來貢，上俾之教習，無不曲盡其妙。因命衣以文繡，絡金鈴，飾其鬛間，雜以珠玉，其曲謂之傾盃樂。凡數十疊，奮首鼓尾，縱横應節，又施三層板牀，乘馬而上，忭轉如飛；或命壯士舉榻，馬舞其上，樂工數十環立，皆衣以淡黄衫，文玉帶，必求妙齡姿美者充之。每遇千秋節，大宴勤政樓，奏立、坐二部伎畢，則自内厩引出舞之。其後明皇幸蜀，而舞馬散在民間，禄山頗心愛之，自是以數十匹置之范陽，後爲田承嗣所得，而雜於戰馬，置之外棧。既而軍中饗士，樂作馬舞，不能自止。厮養輩謂其爲妖，擁篲以擊之，馬立，其舞不中節〔四六〕，抑揚頓挫，尚存故態，厩吏遽以爲怪，白承嗣箠之，終斃於櫪下，惜哉！由是觀之，山海經述海外太樂之野，夏后啓於此舞九代馬，穆天子傳有馬舞之舞，亦信有之矣。

軟舞　唐開成末，有樂人崇胡子能軟舞，其腰支不異女郎也。然舞容有大垂手，有小垂手，或像驚鴻，或如飛燕。婆娑，舞態也；蔓延，舞綴也。然則，軟舞蓋出體之自然，非此類歟！

健舞　唐教坊樂：垂手羅、迴波樂、蘭陵王、春鶯囀、半社渠、借席、烏夜啼之屬，謂之軟舞〔四七〕；阿遼、柘枝、黄章、拂林、大渭州、達摩支之屬，謂之健舞。故健舞曲有大杆〔四八〕、阿連、柘枝、劍器、胡騰〔四九〕；軟舞有涼州〔五〇〕、蘇合香、柘枝、團圓旋〔五一〕、甘州焉。

嘆舞　唐咸通中，伶人李可及善音律，尤能囀喉爲新聲，音辭曲折，聽者忘倦。京師屠沽少年效之，謂之拍彈。時同昌公主喪除，懿宗與郭淑妃悼念不已，可及爲嘆百年舞曲。舞人皆盛飾珠翠，仍畫魚龍地衣以列之。曲終樂闋，珠翠覆地。調語悽惻，聞者流涕，懿宗嘗厚賜之。時宰相曹確屢論之，不納。至僖宗朝，卒爲崔彦昭所奏，死於嶺表，豈得放鄭遠佞之意邪？

杜氏通典：「前代樂飲，酒酣，必起自舞。詩云『屢舞僊僊』是也。宴樂必舞，但不宜屢耳。前代譏在屢舞，不譏舞也。漢武帝樂飲，長沙定王舞是也。魏晉以來，尤重以舞相屬，謝安以屬桓嗣是也。近代以來，此風絶矣。宋孝武帝大明中，以鞞、拂、雜舞合之鍾石，施於廟庭。鶴舞、馬舞，竹書、穆天子傳亦有之。宋鮑昭又有鶴舞賦。此舞或時而有，非樂府所統。今翔麟、鳳苑厩有蹀馬，俯仰騰躍，皆合曲節，朝會用樂，則兼奏之。」

梁太祖開平初，造崇德之舞，以祀昊天；開平之舞，以享宗廟。然廟有四室，室爲一舞。一室曰大合之舞，二室曰象功之舞，三室曰來儀之舞，四室曰昭德之舞。

後唐依前制，獨宗廟四室別立舞名。懿祖用昭德之舞〔五二〕，獻祖用文明之舞，太祖用應天之舞，昭宗用永平之舞，莊宗用武成之舞，明宗用雍熙之舞。

晉高祖初，詔崔棁等制定樂舞。棁等講求唐制，盡復其器服工員。改文曰昭德之舞，武曰成功之舞〔五三〕，始爲大會陳之，並推取教坊諸工以備行列，屈信俯仰，頗有儀度。其後太常更自廣募工員，多出市人，閱習未幾，而元會朝饗，遂用寺工，以陳於廷，進退無旅，而歌如虞殯。當時識者觀之，知晉之將亡，兆於此矣。

漢高祖即位之初，太常張昭進言，唐有治康、凱安、七德、九功四舞，不可廢罷，宜更名號，示不相襲也。故治康曰治安之舞，凱安曰振德之舞，九功曰觀象之舞，七德曰講功之舞。治安、振德用之郊廟，觀象、講功施之燕享。又宗廟四室，室別名舞，一室曰靈長之舞，二室曰積善之舞，三室曰顯仁之舞，四室曰章慶之舞。未幾，高祖廟有司上觀德之舞云。

周廣順初，太常卿邊蔚奏，改治安爲政和之舞，振德爲善勝之舞，觀象爲崇德之舞，講功爲象成之舞。宗廟樂舞：信祖廟舞肅雍之舞，僖祖廟舞章德之舞，義祖廟舞善慶之舞，慶祖廟舞觀成之舞，太祖廟舞明德之舞，世宗廟舞定功之舞。

宋朝建隆之初，竇儼首議更周樂舞之名，以崇德舞爲文德之舞，象成舞爲武功之舞，權籍教坊及開封府樂户子弟充之，冠服用唐舊制而已。

太祖皇帝乾元殿朝群臣，更詣大明殿上壽，詔用文德、武功之舞。然郊廟殿廷同制，其容綴未稱朝廷揖遜之意，故和峴建言，宜先奏文舞焉。殿廷所用文舞，宜爲盛德升聞之舞，取舜受堯禪，玄德升聞之義也。舞工用百二十八人〔五四〕，八佾之數，判爲八列，列十六工，皆著履，執拂，服袴褶，冠進賢冠〔五五〕。二工執五采纛引之。文容、變數，略倣舊儀。次奏武舞，宜爲天下大定之舞，取武王一戎衣而天下大定之義也。舞工亦準文舞之數，被金甲持戟，二工執五色旗引之。一變象六師舉，二變象上黨平，三變象維揚定，四變象荆湖復，五變象卬蜀來，六變象師還振旅。至於鐃、鐸、雅、相、金、錞、鼗、鼓並舞〔五六〕，舞工冠服，仍舊而已。

太宗淳化中，峴弟嶸復奏：「昔改殿廷二舞，以光太祖功烈，今亦應更定舞名，其舊用盛德升聞，宜更名化成天下之舞，取易稱『化成天下』之義也。天下大定更名威加海内之舞，取漢高祖爲威加海内之歌也。蓋其舞亦六變焉，一變象講武，二變象漳、泉歸，三變象杭、越朝，四變象殄并、汾，五變象清銀、夏，六變象兵還振旅，每變樂一曲而已。」詔從之。和峴弟兄可謂善因時而造者。

真宗又詔殿廷二舞復用乾德舊名。祥符中，崇奉玉清昭應宫等諸祠，每乘輿薦獻，並作備樂，别號文舞曰發祥流慶之舞，武舞曰降真觀德之舞。又因太宗裁萬國朝天之曲，造同和之舞；裁平晉之曲，造定功之舞，郊、廟並奏之。天聖中，孫奭進言，太常雅樂：郊廟酌獻，上用登歌，不作文舞；亞獻又不作武舞，止奏正安而已。於是劉筠等議：「自是宗廟酌獻，復用文舞、武舞，工先入以須亞獻，而亞獻、終獻並舞正安之曲。郊祀天地與宗廟既異，廟室各有稱頌功德，故文舞迎神之後，各奏逐室之舞。郊祀降神，奏高安之曲，文舞已作及皇帝酌獻〔五七〕，惟登歌奏禧安之樂，而舞綴不作，亞獻、終獻仍用武舞焉。」明道中，冬至，皇帝率群臣於文德殿莊獻明肅皇太后行上壽之禮，設宮縣，進厚德無疆之文舞，四海會同之武舞，各三變而罷。

宋祖宗廟室樂舞之名　僖祖室曰大善之舞，順祖室曰大寧之舞，翼祖室曰大順之舞，宣祖室曰大慶之舞，太祖室曰大定之舞，太宗室曰大盛之舞，真宗室曰大明之舞，仁宗室曰大仁之舞，英宗室曰大英之舞，神宗室曰大成之舞。諸后之室，凡行酌獻之禮，孝惠、孝章位，同奏大統之曲；淑德位，奏大昌之曲；章懷位，奏大治之曲。自餘隨帝室所奏云。

陳氏樂書曰：「竊觀祖宗之室曲異異舞〔五八〕，至於后室，一用文德之舞，而武舞不用焉。豈非惑於先儒婦人無武事之説邪〔五九〕？春秋書初獻六羽，非無武舞也，特舉羽以見干耳。如曰不然，閟宮祀姜嫄之詩，何以美萬舞洋洋乎？古人亦常振萬於文夫人之側，亦足考信矣。方今誠於諸后之室，並奏文、武之舞，以娛樂神靈，以形容德美，真曠代甚盛之舉，而不失先王之制也。」

又曰：「周人教國子之舞，有大司樂，有小司樂，又舞師下士二人，胥四人，舞徒四十人。然則古之舞者，非獨給繇役之賤者而已。雖貴爲國子〔六〇〕，爵爲下士亦預焉。漢太樂律：卑者之子，不得舞宗廟之酎。除吏二千石至六百石，關内侯至五大夫之子，取其適者五尺以上，年十二至三十，顔色和，身體修治者〔六一〕以爲舞人。古國子，下士之實也。唐之郊廟，舞工不合古制。趙慎言奏議，隋代猶以品子爲之，號『二舞郎』。唐興，遂變其制，誠願復古道，取品子年二十以下，容質修正者，備二舞之員。令太常博士主之，准國子學給料，閒日得習六樂，學五禮。滿十歲，量文武授散官，號『雲門生』。其制亦可謂近古矣。然不設課試之法，勸沮之術，未爲備制也。聖朝舞郎之制，尚仍唐舊。誠推慎言之法，輔之以課試勸沮之方，以之饗郊廟，接神祇，未有不降格而來饗矣。今日不得不爲之留意也。」

神宗元豐二年，詳定所以朝會樂而有請者十：其三，定文舞、武舞各爲四表，表距四步爲酇綴，各六十四。文舞者服進賢冠，左執籥，右秉翟，分八佾，二工執纛引前，衣冠同之。舞者進蹈安徐，進一步則兩兩相顧揖，三步三揖，四步爲三辭之容，是爲一成。餘成如之。自南第一表至第二表爲第一成，至第三表爲再成，至北第一表爲三成，覆身卻行〔六二〕，至第三表爲四成，至第二表爲五成，復至南第一表爲六成，而武舞入。今文舞所秉翟羽，則集雉尾置於髹漆之柄，求之古制，實無所本。聶崇義圖，羽舞所執類羽葆幢，析羽四重，以結綬繫於柄，此纛翳之謂也。請按圖以翟羽爲之。其四，武舞服平巾幘，左執干，右執戈。二工執旌居前；執鼗、執鐸各二工；金錞二，四工舉；二工執鐲、執鐃；執相在左，執雅在右，亦各二工〔六三〕，夾引舞者，衣冠同之。分八佾於南表前，先振鐸以通鼓，乃擊鼓以警戒，舞工聞鼓聲，則各依酇綴總干正立定位〔六四〕，堂上長歌以咏嘆之。於是播鼗以導舞，舞者進步，自南而北，至最南表，以見舞漸。然後左右夾振鐸，次擊鼓，以金錞和之，以金鐲節之，以相而輔樂，以雅而陔步。舞者發揚蹈厲，爲猛賁遹速之狀。每步一進，則兩兩以戈盾相嚮，一擊一刺爲一伐，四伐爲一成〔六五〕，成謂之變。至第二表爲一變；至第三表爲二變；至北第一表爲三變；舞者覆身嚮堂，卻行而南，至第三表爲四變；乃擊刺而前，至第二表回易行列，春、雅節步分左右而跪，以右膝至地，左足仰起，象以文止武爲五變；舞蹈而進，爲兵還振旅之狀，振鐸、搖鼗、擊鼓，和以金錞，廢鐲鳴鐃，復至南第一表爲六變而舞畢。古者，人君自舞大武，故服冕執干戚。若用八佾而爲擊刺之容，則舞者執干戈。説者謂武舞戰象，樂六奏，每一奏之中，率以戈矛四擊刺。戈則擊兵，矛則刺兵，玉戚非可施於擊刺，今舞執干戚，蓋沿襲之誤。請左執干，右執戈。

哲宗元祐四年十二月，始命大樂正葉防撰三朝二舞儀〔六六〕。武舞曰威加四海之舞：第一變：舞人去南表三步，總干而立，聽舉樂，三鼓，前行三步，及表而蹲；再鼓，皆舞，進一步，正立；再鼓，皆持干荷戈，相顧作猛賁遹速之狀；再鼓，皆轉身向裏，以干戈相擊刺，足不動；再鼓，皆回身向外，擊刺如前；再鼓，皆正立舉手，蹲；再鼓，皆舞，進一步轉面相向立，干戈各置腰〔六七〕；再鼓，各前進，以左足在前，右足在後，左手執干當前，右手持戈在腰爲進旅；再鼓，各相擊刺，再鼓，各退身復位，整其干爲退旅；再鼓，皆正立，蹲；再鼓，皆舞，進一步正立；再鼓，皆轉面相向，秉干持戈坐作；再鼓，各相擊刺；再鼓，皆起，收其干戈爲克捷之象；再鼓，皆正立，遇節樂則蹲〔六八〕。第二變：聽舉樂，依前蹲；再鼓，皆舞，進一步正立；再鼓，皆正面，作猛賁趫速之狀〔六九〕；再鼓，各轉身向裏相擊刺，足不動；再鼓，各轉身向外擊刺如前；再鼓，皆正立，蹲；再鼓，皆舞，進一步，陳其干戈，左右相顧爲猛賁趫速之狀〔七〇〕，再鼓，皆併入行，以八爲四；再鼓，皆兩兩對相擊刺；再鼓，皆回，易行列，左在右，右在左；再鼓，皆舉手，蹲；再鼓，皆舞，進一步正立；再鼓，各分左右；再鼓，各揚其干戈；再鼓，交相擊刺；再鼓，皆總干正立，遇節樂則蹲。第三變：聽舉樂則蹲；再鼓，皆舞，進一步轉面相向；再鼓，整干戈以象登臺講武；再鼓，皆擊刺於東南；再鼓，皆案盾舉戈，東南嚮而望，以象漳、泉奉土；再鼓，皆擊刺於正南；再鼓，皆按盾舉戈，南嚮而望，以象杭、越來朝；再鼓，皆舞，進一步正立〔七一〕；再鼓，皆擊刺於西北；再鼓，皆案盾舉戈，西北嚮而望，以象克殄并、汾；再鼓，皆擊刺於正西；再鼓，皆按盾舉戈，西嚮而望，以象肅清銀、夏；再鼓，皆舞，進一步正跪，右膝至地，左足微起；再鼓，皆置干戈於地，各拱其手，象其不用；再鼓〔七二〕，皆左右舞蹈，象以文止武之意；再鼓，皆就拜，收其干戈，起而躬立；再鼓，皆舞，退，鼓盡即止，以象兵還振旅。文舞曰化成天下之舞：第一變：舞人立南表之南，聽舉樂則蹲；再鼓，皆舞，進一步正立；再鼓，皆稍前而正揖；合手自下而上；再鼓，皆左顧左揖；再鼓，皆右顧右揖；再鼓，皆開手，蹲；再鼓，皆舞〔七三〕，進一步正立；再鼓，皆少却身，初辭，合手自上而下；再鼓，皆右顧，以右手在前、左手推出爲再辭；再鼓，皆左顧，以左手在前、右手推出爲固辭；再鼓，皆合手，蹲；再鼓，皆舞，進一步正立；再鼓，皆俛身相顧，初謙，合手當胸；再鼓，皆右側身、左垂手爲再謙；再鼓，皆左側身、右垂手爲三謙；再鼓，皆躬而授之，遇節樂則蹲。第二變：聽舉樂則蹲；再鼓，皆舞，進一步轉面相向；再鼓，皆稍前相揖；再鼓，皆左顧左揖；再鼓，皆右顧右揖；再鼓，皆開手，蹲，正立；再鼓，皆舞，進一步復相向；再鼓，皆却身爲初辭；再鼓，皆舞，辭如上儀；再鼓，皆再辭；再鼓，皆固辭；再鼓，皆合手，蹲，正立；再鼓，皆舞，進一步；再鼓，相向；再鼓，皆顧爲初謙；再鼓，皆再謙；再鼓，皆三謙；再鼓，皆躬而授之，正立，遇節樂則蹲〔七四〕。第三變：聽舉樂則蹲；再鼓，皆舞，進一步兩兩相向；再鼓，皆相趨揖；再鼓，皆左揖如上；再鼓，皆右揖；再鼓，皆開手，蹲，正立；再鼓，皆舞，進一步復相向；再鼓，皆却身初辭；再鼓，皆再辭；再鼓，皆固辭；再鼓，皆合手，蹲，正立；再鼓，皆舞，進一步，兩兩相向〔七五〕；再鼓，皆相顧初謙；再鼓，皆再謙；再鼓，皆三謙，躬而受之，正立，節樂則蹲。凡二舞綴表器及引舞振作，並與大祭祀之舞同。協律郎陳沂按閱，以謂節奏詳備，自是朝會則用之。

徽宗政和二年，議禮局上親祠二舞之制。詳見樂懸門。

高宗紹興十三年，詔討論郊廟樂舞。僖祖廟用基命之樂舞，翼祖廟用大順之樂舞，宣祖廟用天元之樂舞，太祖廟用皇武之樂舞，太宗廟用大定之樂舞，真宗、仁宗廟樂舞曰熙文、曰美成，英宗、神宗廟樂舞曰治隆、曰大明，哲宗、徽宗、欽宗廟樂舞曰重光、曰承元、曰瑞慶，皆以無射宫奏之。詳見樂制門。

寧宗即位，孝宗廟奏用大倫之樂舞，光宗廟奏用大和之樂舞。

校勘記

〔一〕先帝聞其舊伎　通志卷四九樂略一同。宋書卷一九樂志一、樂府詩集卷五三「舊」下有「有」字。

〔二〕郭夏　「夏」，宋書卷一九樂志一作「瓊」。

〔三〕王粲七釋　「七」字原脱，據宋書卷一九樂志一補。

〔四〕齊改爲齊代昌舞　「舞」字原脱，據通典卷一四五樂典五補。

〔五〕疑是吴舞也　「疑」，宋書卷一九樂志一作「宜」。

〔六〕晉鞞舞歌亦五篇　「歌」字原脱，據通典卷一四五樂典五補。

〔七〕幡舞一篇　通典卷一四五樂典五同。宋書卷一九樂志一作「幡舞歌一篇」，多一「歌」字。

〔八〕其舞故常二八　宋書卷一九樂志一無「常」字。通典卷一四五樂典五作「鞞舞故二八」。

〔九〕其鞞舞　「舞」字原脱，據宋書卷一九樂志一補。

〔一〇〕然不知二舞乃出宣武　「武」原作「舞」，據樂書卷一七六改。

〔一一〕宣武　「武」原作「舞」，據樂書卷一七六改。

〔一二〕以鞞拂雜舞合之鐘石　「拂」原作「枾」，據局本及通典卷一四五樂典五改。

〔一三〕又一列輒減二人　「又一列」三字原脱，據通典卷一四七樂典七補。

〔一四〕奏文德宣烈之樂　「樂」原作「舞」，據南齊書卷一一樂志、樂書卷一七六改。

〔一五〕高宗　「宗」原作「祖」，據南齊書卷一一樂志改。

〔一六〕著烏皮履　「烏」原作「焉」，據樂書卷一七八改。

〔一七〕以六律六吕五聲八音六舞大合樂　「以」下原衍「下」字，「吕」作「同」，據通典卷一四七樂典七、周禮大司樂删改。

〔一八〕以致鬼神　「以」字原脱，據通典卷一四七樂典七、周禮大司樂補。

〔一九〕唯明堂位云　「堂」下原衍「之」字，據通典卷一四七樂典七、周禮大司樂删。

〔二〇〕所以故兼之　「故」，通典卷一四七樂典七無。

〔二一〕及破赫連昌　按破赫連昌獲古雅樂者爲太武帝而非道武帝，事見魏書卷一〇九樂志、通典卷一四二樂典二。

〔二二〕公孫崇典知樂事　「事」原作「章」，據樂書卷一七七改。

〔二三〕又有文始五行勺舞　「又」原作「而」，據魏書卷一〇九樂志、樂書卷一七七改。

〔二四〕製皇始之舞　「製」上原衍「所」字，據魏書卷一〇九樂志删。「製」，同書作「置」。

〔二五〕自文襄以來　「文」字原脱，據元本、慎本、馮本及隋書卷一四音樂志中補。

〔二六〕大濩　「濩」原作「漢」，據隋書卷一四音樂志中改。

〔二七〕文帝　「帝」原作「武」，據局本及樂書卷一七七改。

〔二八〕並黑介幘　「幘」字原脱，據隋書卷一五音樂志下補。

〔二九〕白内單　隋書卷一五音樂志下無「白」字。

〔三〇〕四工舉　「舉」，隋書卷一五音樂志下作「與」。

〔三一〕郊廟享宴奏文舞　「宴」原作「祀」，據新唐書卷二一禮樂志一一改。

〔三二〕即諸侯之子孫　「之」字原脱，據唐會要卷三二雅樂上補。

〔三三〕並容貌蕞陋　「蕞」原作「蕞」，據唐會要卷三二雅樂上改。

〔三四〕准國子學給料　「料」原作「科」，據唐會要卷三二雅樂上改。

〔三五〕經十周年　「經」字原脱，據唐會要卷三二雅樂上補。

〔三六〕合依方色　「方」原作「五」，據唐會要卷三二雅樂上改。

〔三七〕其工人舞人衣服 「舞人」二字原脱，據唐會要卷三三雅樂上補。

〔三八〕鳥冠 「鳥」，樂書卷一八〇作「鳳」。似是。

〔三九〕破陣舞四人 五字原脱，據通典卷一四六樂典六、樂書卷一八〇補。

〔四〇〕樂用玉磬一格 「一」原作「二」，據舊唐書卷二九音樂志二、通典卷一四六樂典六改。

〔四一〕居隆慶坊 「隆」原作「龍」，據樂書卷一八〇改。

〔四二〕賜宴太常 「宴」字原脱，據樂書卷一八一補。

〔四三〕唐大足元年 「足」原作「定」。按唐無大定年號，舊唐書卷六則天皇后紀，大足元年，「冬十月，幸京師」，與此地紀年同。此處「定」顯爲「足」之誤，據改。

〔四四〕皆用龜兹樂 「用」原作「同」，據舊唐書卷二九音樂志二、樂書卷一八一改。

〔四五〕舞人躡履 「人」字原脱，據舊唐書卷二九音樂志二補。

〔四六〕馬立其舞不中節 「立」，樂書卷一八二作「謂」。

〔四七〕謂之軟舞 「舞」字原脱，據樂書卷一八二補。

〔四八〕大杆 樂府雜録舞工作「棱大」，樂書卷一八二作「火襖」。

〔四九〕劍器胡旋胡騰 「器」原作「氣」，「騰」原作「勝」，據樂府雜録舞工改。

〔五〇〕軟舞有凉州 「凉」原作「舞」，據樂府雜録舞工改。同書「凉州」下並有「緑腰」。「凉」，樂書卷一八二作「梁」。

〔五一〕柘枝團圓旋 「柘」原作「拙」，「圓」原作「亂」，據樂府雜録舞工改。

〔五二〕懿祖用昭德之舞 「祖」原作「宗」，據樂書卷一七八、册府元龜卷五七〇掌禮部作樂六改。

〔五三〕武曰成功之舞　「舞」原作「武」，據元本、慎本、馮本、局本及樂書卷一七八改。

〔五四〕舞工用百二十八人　「八」字原脱，據宋史卷一二六樂志一補。

〔五五〕冠進賢冠　下「冠」字原脱，據宋史卷一二六樂志一補。

〔五六〕至於鐃鐸雅相金錞鼗鼓並舞　「金」、「鼓」二字原脱，據宋史卷一二六樂志一補。

〔五七〕文舞已作及皇帝酌獻　「獻」原作「泛齊」，據宋史卷一二六樂志一改。

〔五八〕竊觀祖宗之室曲異異舞　下「異」字原作「之」，據樂書卷一七二改。

〔五九〕豈非惑於先儒婦人無武事之説邪　「惑」原作「感」，據樂書卷一七二改。

〔六〇〕雖貴爲國子　「貴」字原脱，據樂書卷一七二補。

〔六一〕年十二至三十顏色和身體修治者　「者」原作「身」，據樂書卷一七二改。按「年三十」，本卷上下文及唐會要卷三二雅樂上引趙慎言奏議皆「年二十」，後漢書百官志大予樂令條注引盧植禮注則作「年三十」。

〔六二〕覆身卻行　「身」字原脱，據宋史卷一二七樂志二補。

〔六三〕亦各二工　「工」字原脱，據宋史卷一二七樂志二補。

〔六四〕正立定位　「定」原作「安」，據宋史卷一七二樂志二改。

〔六五〕四伐爲一成　「四伐」二字原脱，據宋史卷一七二樂志二補。

〔六六〕始命大樂正葉防撰三朝二舞儀　宋史卷一二八樂志三，「三朝二舞儀」作「朝會二舞儀」。

〔六七〕干戈各置腰　「置」原作「直」，據宋史卷一二八樂志三改。

〔六八〕皆正立遇節樂則蹲　「皆」與「樂」字原脱，據宋史卷一二八樂志三補。

〔六九〕作猛賁趫速之狀　「猛賁趫速之狀」六字原脱，據宋史卷一二八樂志三補。

〔七〇〕爲猛賁趫速之狀　「猛」、「趫」二字原脱，據宋史卷一二八樂志三補。

〔七一〕進一步正立　「進」字原脱，據宋史卷一二八樂志三補。

〔七二〕各拱其手象其不用再鼓　「各」上原衍「西」字，「鼓」原作「舉」，據宋史卷一二八樂志三删改。

〔七三〕皆舞　「舞」字原脱，據宋史卷一二八樂志三補。

〔七四〕遇節樂則蹲　「遇」字原脱，據宋史卷一二八樂志三補。

〔七五〕兩兩相向　上「兩」字原脱，據宋史卷一二八樂志三補。

卷一百四十六　樂考十九

俗部樂 女樂

清樂者其始即清商三調是也，並漢氏以來舊曲〔一〕。樂器形制，並歌章古調，與魏三祖所作者，皆備於史籍。屬晉朝遷播，夷羯竊據，其音分散。苻永固平張氏，於涼州得之。宋武平關中，因而入南，不復存於內地。及隋平陳後獲之。文帝聽之，善其節奏，曰：「此華夏正聲也。昔因永嘉，流於江外，我受天明命，今復會同。雖音逐時遷，而古制猶在。可以此爲本，微更損益，去其哀怨，考而補之。以新定呂律，更造樂器。」因置清商署，總謂之清樂。

先遭梁、陳亡亂，而所存蓋尠。隋室以來，日益淪缺。隋開皇時初定令，置七部樂：一曰國伎，二曰清商伎，三曰高麗伎，四曰天竺伎，五曰安國伎，六曰龜兹伎，七曰文康伎。即禮畢也。又雜有疏勒、扶南、康國、百濟、突厥、新羅、倭國等伎。其後牛弘請存鞞、鐸、巾、拂等四舞，與新伎並陳，因稱四舞。漢魏以來，並施於宴饗。鞞舞，漢巴渝舞也。鐸舞，傅玄代魏辭云「振鐸鳴金」，成公綏賦云「鞞鐸舞庭，八音並陳」是也。拂舞，即吳舞白符鳩是也。巾舞者，公莫舞是也。平陳後，並在宴會與雜伎同設於西涼前奏之，帝曰：「其音聲節奏及舞，悉宜依舊，惟舞人不須捉鞞、拂等。」煬帝大業，中定清樂、西涼、龜兹、天竺、康國、疏勒、安國、高麗、禮畢，以爲九部。樂器工衣創造成，大備於兹。

唐高祖即位，仍隋制設九部樂：燕樂伎，樂工舞人無變者。清商伎者，隋清樂也。有編鐘、編磬、獨絃琴、擊琴、瑟、秦琵琶、卧箜篌、筑、箏、節鼓，皆一；笙、笛、簫、篪、方響、跋膝〔二〕，皆二。歌二人，吹葉一人〔三〕，舞者四人，並習巴渝舞。西涼伎，有編鐘、編磬，皆一；彈箏、搊箏、卧箜篌、竪箜篌、琵琶、五絃、笙、簫、觱篥、小觱篥、笛、横笛、腰鼓、齊鼓、檐鼓，皆一；銅鈸二，具一。白舞一人，方舞四人。天竺伎，有銅鼓、羯鼓、都曇鼓、毛員鼓、觱篥、横笛、鳳首箜篌、琵琶、五絃、貝〔四〕，皆一；銅鈸二，舞者二人。高麗伎，有彈箏、搊箏、鳳首箜篌、卧箜篌、竪箜篌、琵琶，以蛇皮爲槽，厚寸餘，有鱗甲，楸木爲面，象牙爲捍撥，畫國王形。又有五絃、義觜笛、笙、葫蘆笙、簫、小觱篥、桃皮觱篥、腰鼓、齊鼓、檐鼓〔五〕、龜頭鼓、鐵板、貝、大觱篥。胡旋舞，舞者立毬上，旋轉如風。龜兹伎，有彈箏、竪箜篌、琵琶、五絃、横笛、笙、簫、觱篥、答臘鼓、毛員鼓、都曇鼓、侯提鼓、雞婁鼓、腰鼓、齊鼓、檐鼓、貝，皆一；銅鈸二。舞者四人。設五方師子，高丈餘，飾以五方色〔六〕。每師子有十二人，畫衣，執紅拂，首加紅袜，謂之師子郎。安國伎，有竪箜篌、琵琶、五絃、横笛、簫、觱篥、正鼓、和鼓、銅鈸〔七〕，皆一；舞者二人。疏勒伎，有竪箜篌、琵琶、五絃、簫、横笛、觱篥、答臘鼓、羯鼓、侯提鼓、腰鼓、雞婁鼓，皆一；舞者二人。康國伎，有正鼓、和鼓，皆一；笛、銅鈸，皆二。舞者二人。工人之服皆從其國。

隋樂每奏九部樂終，輒奏文康樂，一曰禮畢。太宗時，命削去之，其後遂亡。禮畢者，本出自晉太尉庾亮家〔八〕。亮卒，其伎追思亮，因假爲其面，執翳以舞，象其容，取其謚以號之〔九〕，謂文康樂。每奏九部樂終則陳之，故以禮畢爲名。其曲有散華樂等，隋平陳得之，入九部樂。器有笙、笛、簫、篪、鈴槃、鞞、腰鼓等七種〔一〇〕，三懸爲一部。工人二十二人。既平高昌，收其樂。有竪箜篌、銅角一；琵琶、五絃、横笛、簫、觱篥、答臘鼓、腰鼓、鷄婁鼓、羯鼓，皆二人〔一一〕。工人布巾，袷袍，錦襟，金銅帶，畫袴。舞者二人，黄袍褏，練襦，五色條帶，金銅耳璫，赤鞾。自是初有十部樂。

其後因内宴，詔長孫無忌製傾盃曲，魏徵製樂社樂曲，虞世南製英雄樂曲。帝之破竇建德也，乘馬名黄驄驃，及征高麗，死於道，頗哀惜之，命樂工製黄驄疊曲。四曲，皆宫調也。

五絃，如琵琶而小，北國所出，舊以木撥彈，樂工裴神符初以手彈，太宗悦甚，後人習爲搊琵琶。

高宗即位，景雲見，河水清，張文收采古誼爲景雲河清歌，亦名燕樂。有玉磬、方響、搊箏、筑、卧箜篌、大小箜篌、大小琵琶、大小五絃、吹葉、大小笙、大小觱篥、簫、銅鈸、長笛、尺八、短笛，皆一；毛員鼓、連鞉鼓、桴鼓、貝，皆二。每器工一人，歌二人。工人絳袍，金帶，烏鞾。舞者二十人。分四部：一景雲舞，二慶善舞，三破陣舞，四承天舞。景雲樂，舞八人，五色雲冠，錦袍，五色袴，金銅帶。慶善樂，舞四人，紫袍，白袴。破陣樂，舞四人，綾袍，絳袴。承天樂，舞四人，進德冠，紫袍，白袴。景雲舞，元會第一奏之。

高宗以琴曲寖絶，雖有傳者，復失宫商，令有司修習。太常丞吕才上言：「舜彈五絃之琴，歌南風之詩，是知琴操曲弄皆合於歌。今以御雪詩爲白雪歌。古今奏正曲復有送聲，君唱臣和之義，以群臣所和詩十六韵爲送聲十六節〔一二〕。」帝善之，乃命太常著於樂府。才復撰琴歌白雪等曲，帝亦製歌詞十六，皆著樂府。

帝將伐高麗，燕洛陽城門，觀屯營教舞，按新征用武之勢，名曰一戎大定樂，舞者百四十人，被五采甲〔一三〕，持槊而舞，歌者和之曰：「八紘同軌樂〔一四〕。」象高麗平而天下大定也。及遼東平，行軍大總管李勣作夷美賓之曲以獻。調露二年，幸洛陽城南樓，宴群臣，太常奏六合還淳之舞，其容制不傳。高宗自以李氏老子之後也，於是命樂工製道調。

自周、陳以上，雅鄭淆雜而無別，隋文帝始分雅、俗二部，至唐更曰「部當」。

凡所謂俗樂者，二十有八調：正宮、高宮、中吕宮、道調宮、南吕宮、仙吕宮、黄鍾宮爲七宮；越調、大石調、高大石調、雙調、小石調、歇指調、林鍾商爲七商；大石角、高大石角、雙角、小石角、歇指角、林鍾角、越角爲七角；中吕調、正平調、高平調、仙吕調、黄鍾羽、般涉調、高般涉爲七羽。皆從濁至清，迭更其聲，下則益濁，上則益清，慢者過節，急者流蕩。其後聲器寖殊，或有宫調之名，或以倍四爲度，有與律吕同名，而聲不近雅者。其宫調乃應夾鍾之律〔一五〕，燕設用之。

絲有琵琶、五絃、箜篌、箏，竹有觱篥、簫、笛，匏有笙，革有杖鼓、第二鼓、第三鼓、腰鼓、大鼓，土則附革而爲鞚，木有拍板，方響，以體金應石而備八音。倍四本屬清樂，形類雅音，而曲出於胡部。復有銀字之名，中管之格，皆前代應律之器也。後人失其傳，而更以異名，故俗部諸曲，悉源於雅樂。

周、隋管絃雜曲數百，皆西涼樂也。鼓舞曲，皆龜兹樂也。唯琴工猶傳楚、漢舊聲及清調，蔡邕五弄、楚調四弄，謂之九弄。隋亡，清樂散缺，存者纔六十三曲〔一六〕。其後傳者：平調、清調，周房中樂遺聲也；白雪，楚曲也；公莫舞，漢舞也；巴渝，漢高祖命工人作也；明君，漢元帝時作也；明之君，漢鞞舞曲也；鐸舞，漢曲也；白鳩，吴拂舞曲也；白紵，吴舞也；子夜，晉曲也；前溪，晉車騎將軍沈玩作也；團扇，晉王珣歌也〔一七〕；懊儂，晉隆安初謡也；長史變，晉司徒左長史王廞作也；丁督護，晉、宋間曲也；讀曲，宋人爲彭城王義康作也；烏夜啼，宋臨川王義慶作也；石城，宋臧質作也；莫愁，石城樂所作也〔一八〕；襄陽，宋隨王誕作也；烏夜飛，宋沈攸之作也；估客樂，齊武帝作也；楊叛，北齊歌也；驍壺，投壺樂也；常林歡，宋、梁間曲也；三洲，商人歌也；採桑，三洲曲所作也；玉樹後庭花、堂堂，陳後主作也；泛龍舟，隋煬帝作也。又有吴聲四時歌、雅歌、上林、鳳雛、平折、命嘯等曲，其聲與其辭皆訛失，十不傳其一二。

蓋唐自太宗、高宗作三大舞，雜用於燕樂，其他諸曲出於一時之作，雖非純雅，尚不至於淫放。武后之禍，繼以中宗昏亂，固無足言者。

教坊自唐武德以來，置署在禁門内。開元後，其人寖多。凡祭祀、大朝會，則用太常雅樂；歲時宴享，則用教坊諸部樂。前代有讌樂、清樂、散樂，隸太常，後稍歸教坊。

舊制：雅俗之樂，皆隸太常。玄宗精曉音律，以太常禮樂之司，不應典倡優雜伎，乃更置左、右教坊，以教俗樂。命右驍衛將軍范及爲之使，又選樂工數百人，自教法曲於梨園，謂之「皇帝梨園弟子」。又教宫女使習之。選伎女置宜春院，給賜其家。禮部侍郎張廷珪上疏，深以鄭聲爲戒。上嘉賞之，而不能用。

致堂胡氏曰：「玄宗謂『太常不應典倡優雜伎』是也。而更置坊院，盛選宮女以實之，此則煬帝所爲也。傳曰：『君以此始，必以此終。』玄宗之亡也，直坐好樂而已。而廷臣獨張廷珪一人進諫，又不見納。昔顏回亞聖之資，問爲邦於孔子，孔子既語以四代之制，且曰：『放鄭聲，遠佞人。鄭聲淫，佞人殆。』夫以顏子尚當戒此，況玄宗處富貴之極乎？大臣之責，務引其君以當道，格其非心而防其微漸者也。姚崇於是昧其所職矣。夫鄭、衛之音，進俯退俯，姦聲以濫，溺而不止，及優侏儒，獶雜子女，淫於色而害於德，而使人主玩心儲神，夜以繼日，雖英明剛毅，或未免於移其志意，況玄宗中人之質乎！」

玄宗時，分樂爲二部：堂下立奏，謂之立部伎；堂上坐奏，謂之坐部伎。太常閱坐部，不可教者隸立部，又不可教者，乃習雅樂。

立部伎八〔一九〕：一安舞，二太平樂，三破陣樂，四慶善樂，五大定樂，六上元樂，七聖壽樂，八光聖樂。安舞、太平樂，周、隋遺音也。破陣樂以下用大鼓，雜以龜兹樂，其聲震厲。大定樂又加金鉦。慶善樂專用西涼樂，聲頗閑雅〔二〇〕。每享郊廟，則破陣、上元、慶善三舞皆用之。

坐部伎六：一燕樂，二長壽樂〔二一〕，三天授樂，四鳥歌萬歲樂，五龍池樂，六小破陣樂。天授、鳥歌，皆武后作也。天授，年名。鳥歌者，有鳥能人言萬歲，因以製樂。自長壽樂以下，用龜兹舞，唯龍池樂則否。

明皇開元中，宜春院伎女謂之内人，雲韶院謂之宫人，平人女選入者謂之搊彈家。内人帶魚，宫人則否。每勤政樓大會，樓下出隊，宜春人少，則以雲韶足之。舞初出幕皆純色縵衣〔三〕。至第二疊，悉萃場中，即從領上褫籠衫懷之，次第而出，繞聚者數匝，以容其更衣，然後分隊。觀者俄見藻繡爛然，莫不驚異。凡内伎出舞，教坊諸工，唯舞伊州五天。二曲餘曲，盡使内人舞之。

文宗時，教坊進霓裳羽衣舞女三百人。唐舊制：承平無事，三二歲必於盛春殿内錫宴宰相及百辟，備韶、濩九奏之樂，設魚龍曼延之戲，連三日，抵暮方罷。宣宗天賦聰哲，於音律特妙，每將錫宴，必裁新曲，俾禁中女伶迭相教授。至是日，出數十百輩，衣以珠翠緹繡，分行列隊，連袂而歌，其聲清怨，殆不類人間。其曲有曰播皇猷者，率高冠方履，褒衣博帶，趨步俯仰，皆合規矩，于于然有唐堯之風焉。有曰葱西，士女踏歌隊者，其詞大率言葱嶺之民樂河、湟故地，歸國復爲唐民也〔三〕。有曰霓裳曲者，率皆執幡節，被羽服，態度凝澹，飄飄然疑有翔雲飛鶴，變見左右。如是者數十曲，皆理世之聲，教坊伎兒輩遂寫其曲，奏於外。自是往往流傳民間，然錫宴宰輔百辟，至於連日抵暮，是不知詩人「在宗載考」之意也。以禁中女伶連袂歌怨，以盡臣下之歡，豈不幾於君臣相謔邪！唐之所以衰亂不振者，彼誠有以召之也，可不戒哉！

宋初循舊制〔四〕，教坊凡四部。其後平荆南，得樂工三十二人；平西川，得一百三十九人；平江南，得一十六人；江南有坐部，至是不用。平太原，得一十九人；餘藩臣所貢者八十三人；又太宗藩邸有七十一人。由是，四方執藝之精者皆在籍中。

每春秋聖節三大宴：其第一、皇帝升座，宰相進酒，次並翰林使進。庭中吹觱篥，以衆樂和之；賜群臣酒，皆就坐，宰相飲，作傾盃樂；百官飲，作三臺。第二、皇帝再舉酒，群臣立於席後，凡舉御酒皆然。樂以歌起。第三、皇帝舉酒，如第二之制，以次進食。第四、百戲皆作。第五、皇帝舉酒，如第二之制。第六、樂工致辭，繼以詩一章〔二五〕，謂之「口號」，皆述德美及中外蹈咏之情。初致辭，群臣皆起，聽辭畢，再拜。第七、合奏大曲。第八〔二六〕、皇帝舉酒，殿上獨彈琵琶。第九、小兒隊舞，亦致辭以述德美。第十、雜劇罷，皇帝起更衣。第十一、皇帝再坐，舉酒，殿上獨吹笙。第十二、楚蹴鞠〔二七〕。第十三、皇帝舉酒，殿上獨彈箏。第十四、女弟子隊舞，亦致辭如小兒隊。第十五、雜劇。第十六、皇帝舉酒，如第二之制。第十七、奏鼓吹曲，或用法曲〔二八〕，或用龜兹。第十八、皇帝舉酒，如第二之制，食罷。第十九、用角觝，宴畢。

其御樓賜酺同大宴〔二九〕。崇德殿宴契丹使，惟無後場雜劇及女弟子舞隊。每上元觀燈〔三〇〕，樓前設露臺，臺上奏教坊樂，舞小兒隊〔三一〕。臺南設燈山，燈山前陳百戲，山棚上用散樂、女弟子舞〔三二〕。餘曲宴會〔三三〕、賞花、習射、觀稼，凡所遊幸，但奏樂行酒，惟慶節上壽及將相入辭賜酒〔三四〕，則止奏樂。都知、色長二人攝太官令，升殿對立，逡巡周〔三五〕，大宴則酒唱徧〔三六〕，曲宴宰相群臣，雖各舉酒，通用慢曲，而舞三臺耳。

所奏凡十八調，四十大曲：一曰正宫調，其曲三，曰梁州、瀛府、齊天樂；二曰中吕宫〔三七〕，其曲二，曰萬年歡、劍器；三曰道調宫，其曲三，曰梁州、薄媚、大聖樂〔三八〕；四曰南吕宫，其曲二，曰瀛府、薄媚；五曰仙吕宫，其曲三，曰梁州、保金枝、延壽樂；六曰黄鍾宫，其曲三，曰梁州、中和樂、劍器；七曰越調，其曲二，曰伊州、石州；八曰大石調，其曲二，曰清平樂、大明樂；九曰雙調，其曲三，曰降聖樂、新水、採蓮；十曰小石調，其曲二，曰胡渭州、嘉慶樂；十一曰歇指調，其曲三，曰伊州、君臣相遇樂、慶雲樂；十二曰林鍾商，其曲三，曰賀皇恩、汎清波、胡渭州；十三曰中吕調，其曲二，曰緑腰、道人歡；十四曰南吕調，其曲二，曰緑腰、罷金鉦；十五曰仙吕調，其曲二，曰緑腰、彩雲歸；十六曰黄鍾羽，其曲一，曰千春樂；十七曰般涉調，其曲二，曰長壽仙、滿宫春；十八曰正平調，無大曲，小曲無定數。不用者有十調：一曰高宫，二曰高大石，三曰高般涉，四曰越角，五曰大石角，六曰高大石角，七曰雙調角，八曰小石角，九曰歇指角，十曰林鍾角。樂用琵琶、箜篌、五絃、琴〔三九〕、笙、箏、觱篥、笛〔四〇〕、方響、羯鼓、杖鼓、大鼓、拍板〔四一〕。

法曲部，其曲二，一曰道調宫望瀛，二曰小石調獻仙音。樂用琵琶、箜篌、五絃、笙、觱篥、笛、方響、拍板。龜兹曲部，其曲二，皆雙調，一曰宇宙清，二曰感皇恩。樂用觱篥、笛、羯鼓、腰鼓、揩鼓、鷄婁鼓、鼗鼓、拍板。鼓笛部，樂用三色笛、杖鼓、拍板。

隊舞之制，其名各十。小兒隊凡七十二人：一曰柘枝隊，衣五色繡羅寛袍，戴胡帽，繫銀帶；二曰劍器隊，衣五色繡羅襦，裹交脚幞頭，紅羅繡抹額，帶器仗〔四二〕；三曰婆羅門隊，衣紫羅僧衣，緋掛子，執錫鐶拄杖；四曰醉胡騰隊，衣紅錦襦，繫銀鞊鞢〔四三〕，戴氊帽；五曰諢臣萬歲樂隊，衣紫緋緑羅寛衫，諢裹簇花幞頭〔四四〕；六曰兒童感聖樂隊，衣青羅生色衫，繫勒帛，總兩角；七曰玉兔渾脱隊，衣四色繡羅襦，繫銀帶，冠玉兔冠；八曰異域朝天隊，衣錦襖〔四五〕，繫銀束帶，冠番冠，執寶盤；九曰兒童解紅隊，衣紫緋繡襦，繫銀帶，冠花砌鳳冠，帶綬帶；十曰射鵰迴鶻隊，衣盤鵰錦襦，繫銀鞊鞢，射鵰盤。

女弟子隊〔四六〕凡一百五十三人：一曰菩薩蠻隊，衣緋生色窄砌衣〔四七〕，冠卷雲冠；二曰感化樂隊，衣青羅生色通衣，背梳髻，繫綬帶；三曰拋毬樂隊，衣四色綉羅寬衫，繫銀帶，捧綉毬；四曰佳人翦牡丹隊，衣紅生色砌衣，戴金鳳冠，翦牡丹花；五曰拂霓裳隊，衣紅仙砌衣，碧霞帔，戴仙冠，紅綉抹額；六曰採蓮隊，衣紅羅生色綽子，繫暈裙，戴雲鬟髻，乘綵船，執蓮花；七曰鳳迎樂隊，衣紅仙砌衣〔四八〕，戴雲鬟鳳髻；八曰菩薩獻香花隊，衣生色窄砌衣，戴寶冠，執香花盤；九曰彩雲仙隊，衣黃生色道衣，紫霞帔，冠仙冠，執旌節〔四九〕，鶴扇；十曰打毬樂隊，衣四色窄繡羅襦，繫銀帶，裹順風脚簇花幞頭，執毬仗。大抵若此，而從宜變易。

建隆中，教坊都知李德昇作長春樂曲；明年，教坊高班都知郭延美又作紫雲長壽樂鼓吹曲〔五〇〕，以奏御焉。

太宗洞曉音律，前後親製大小曲及因舊曲創新聲者〔五一〕，總三百九十。凡製大曲十八，曲破二十九，小曲二百七十；因舊曲造新聲者五十八，若宇宙賀皇恩、降聖萬年春之類，皆藩邸所作，以述太祖美德，諸曲多秘。而平晉普天樂者〔五二〕，平河東回所造，萬國朝天樂者，又明年所造，每宴饗常用之。殿前都虞候崔翰嘗侍大宴，聞鷄唱，因問伶官蔚茂多曰：「此可被管絃乎？」茂多因依其聲，製曲曰鷄叫子。又民間作新聲者甚衆，而教坊不知也。

陳氏樂書曰：「宋朝禁坊所傳，不過小兒女樂三種而已。女伎舞六十四人，引舞四人〔五三〕，執花四十人，丱童四人，從伎四十人，作語一人，凡總一百五十三。舞名有十焉。大宴酺會，禁坊進二種舞，每舞各進一色，舞疊方半，則工伎止立，間以俳優戲畢。賞於崇德殿宴契丹人使，但作小兒舞一種而已。其他端門望夜，錫慶院賜群臣及酺宴，則舞工三十六人。凡此本唐宮中嬉燕之樂，伶蕭相傳，故附曲作舞而已。雖冠服小異，而工員常定，非如坐、立二部出於當時之君有因而作也。至於優伶常舞大曲，惟一工獨進，但以手袖爲容，蹋足爲節，其妙串者雖風旋鳥騫，不踰其速矣。然大曲前緩，疊不舞，至入破，則羯鼓、震鼓、大鼓與絲竹合作，句拍益急，舞者入場，投節制容，故有催拍歇拍之異〔五四〕，姿制俯仰，百態橫出，然終於倡優詭玩而已，故賤工專習焉。鄭、衛之樂也，雖放之可也。」

雲韶部者，黃門樂也。開寶中平嶺表，擇廣州内臣之聰警者，得八十人，令於教坊習樂藝，賜名曰簫韶部。雍熙初，改曰雲韶部。有主樂内品八十人，歌三人，雜劇二十四人，琵琶四人，笙四人，箏四人，板四人，方響三人，觱篥八人，笛七人，杖鼓七人，羯鼓二人，大鼓二人，傀儡八人。每上元觀燈，上巳、端午觀水嬉，皆命作樂於宮中。遇南至、元正、清明、春秋祭社之節，親王内中宴射，則亦用之。奏大曲十三：一曰中呂宮萬年歡；二曰黃鍾宮中和樂〔五五〕；三曰南呂宮普天獻壽，此曲亦太宗所製〔五六〕；四曰正宮梁州；五曰林鍾商泛清波；六曰雙調大定樂；七曰小石調喜新春；八曰越調胡渭州；九曰大石調清平樂；十曰般涉調長壽仙；十一曰高平調罷金鉦；十二曰中呂調綠腰；十三曰仙呂調綵雲歸。樂用琵琶、箏、笙〔五七〕、觱篥、笛、方響、杖鼓、羯鼓、大鼓、拍板。雜劇用傀儡。

鈞容直者，軍樂也。有内侍一人或二人監領，有押班二人，置樂二百三十二人，舊有百三十六人。景德二年，加歌二人，雜劇四十人，板十人，琵琶七人，笙九人，箏九人，觱篥四十五人，笛三十五人，方響十一人，杖鼓三十四人，大鼓八人，羯鼓三人，唱誕十人，小樂器一人，排歌四十人，掌撰詞一人。太平興國三年，詔籍軍中之善樂者，命曰引龍直。每巡省遊幸、親征，則騎導車駕而奏樂；若御樓觀燈、賜酺或賞花、習射、觀稼，則亦與教坊同應奉。賜酺則載第一山車。端拱二年，又選捧日、天武、拱聖軍曉暢音律者，增多其數，以中使監視，藩臣以樂工上貢者亦隸之。淳化四年〔五八〕改名鈞容直，取鈞天之義。初用樂工，同雲韶部。大中祥符五年，因鼓工温用之請，增龜兹部，如教坊。其奉天書及四宫觀皆用之。又有東西班樂，亦太平興國中選東西班習樂者，樂器獨用銀字觱篥、小笛、小笙。每騎從車駕而奏樂，或巡方則夜奏於行宫殿庭〔五九〕。又諸軍皆有善樂者〔六〇〕，每車駕親祀迴，則衣緋緑衣，自青城至朱雀門，列於御道之左右，奏樂迎奉。其聲相屬，聞十數里。或軍中宴設亦奏之。復有掉刀槍牌蕃歌等，不常置〔六一〕。及置清衛軍選習樂者，令鈞容直教之〔六二〕，内侍主其事，其園苑賜會及館待契丹使。又有親從親事樂〔六三〕，及開封府衙前樂。園苑又分用諸軍樂，諸州皆有衙前樂營。

教坊自太常親製曲三百九十，乾興以來通用之。仁宗洞曉音律，每禁中度曲，出以賜教坊，或命教坊使撰進，凡五十四曲，朝廷多用之。教坊，其後隸宣徽院，有使、副使、判官、都色長、色長〔六四〕、高班、大小都知。

仁宗嘗問輔臣以古今樂之異同，王曾對曰：「古樂用於天地、宗廟、社稷、山川、鬼神，而聽者莫不和悦。今樂則不然，徒娱人耳目，蕩人心志。自昔人君流連荒亡，莫不繇此。」帝曰：「朕於聲伎未嘗留意，内外燕遊皆勉强耳。」

兩朝史樂志論曰：「世號太常爲雅樂，而未嘗施於燕享，豈以正聲爲不美聽哉？夫樂者，樂也，其道雖微妙難知，至於奏之而使人悅豫和平，此不待知音而後能也。嘗竊觀於太常，其樂縣鐘、磬、塤、篪、搏拊之器，與夫舞綴、羽、籥、干、戚之制，蓋皆倣諸古矣，逮振作之，則聽者不知爲樂，而觀者厭焉，豈所謂古樂其聲真若此哉！孔子曰『惡鄭聲』，恐其亂雅。亂之云者，似是而非也。孟子亦曰『今樂猶古樂』，然今太常獨與教坊樂音殊絶，何哉？昔者李照、胡瑗、阮逸改鑄鐘磬，處士徐復笑之曰：『聖人寓器以聲，不先求其聲而更其器，其可用乎！』照、瑗、逸制作久之，卒無所成。蜀人房庶亦深訂其非是，因著書論古樂與今樂本末不遠，其大略以謂：『上古世質，器與聲朴，後世稍變焉。金石，鐘磬也，後世易之爲方響；絲竹，琴簫也，後世變之爲箏笛；匏，笙也，攢之以斗；塤，土也，變而爲甌；革，麻料也，擊而爲鼓；木，柷敔也，貫之爲板。此八音者，於世甚便，而不達者指廟樂鎛鐘、鎛磬、宫軒爲正聲，而概謂胡部、鹵部爲淫聲。殊不知大輅起於椎輪，龍艘生於落葉，其變則然也。古者食以俎豆，後世易之以桮盂；古者簟席以爲安，後世更之以榻案。雖使聖人復生，不能舍桮盂、榻案而復俎豆〔六五〕、簟席之質也。然則八音之器，豈異於此哉！孔子曰：「放鄭聲，鄭聲淫」者，豈以其器不若古哉！亦疾其聲之變耳。試使知樂者，由今之器，寄古之聲，去其惉懘靡曼而歸之中和雅正，則感人心、導和氣，不曰治世之音乎！然則世所謂雅樂者，未必如古，而教坊所奏，豈盡爲淫聲哉！』當數子紛紛改制鍾律而復庶之論，指意獨如此，故綴其語存之，以俟知音者焉。」

按：「夫子曰：『樂云樂云，鐘鼓云乎哉！』孟子曰：『今之樂，猶古之樂也。』先儒亦謂『樂只是一個和。』由是觀之，所謂樂者，和，其本也；聲器，其末也。使其政和而世治，則雖管絃皆教坊之新聲，度曲皆任韎之雜樂，毋害其爲安且樂也。如其政乖而世亂，則雖聲歌下管盡合簫韶，金石柷敔一循雅奏，毋害其爲怨而怒也。房庶之言當矣。然庶當李照、阮逸制樂之時，特爲此論，後來乃復創爲古本漢書有『一黍之起，積一千二百黍之廣』之説，欲改定律呂。范蜀公力主其説，别撰新樂上進，則復效照、逸之爲，而與素論背馳，何邪？」

鈞容直　嘉祐元年，係籍三百八十三人。六年，增置四百三十四人。詔以爲額，闕即補之〔六六〕。其後，監領内侍言鈞容直與教坊樂並奏，聲不諧。詔罷鈞容舊十六調，取教坊十七調肄習之，雖間有損益，然其大曲、曲破並急慢諸曲，與教坊頗同矣。

元豐官制行，以教坊隸太常寺。同天節、寶慈、慶壽宫生辰，皇子、公主生，凡國之慶事，皆進歌樂詞。若行幸，則鈞容直奏樂以導從，其制與教坊同。熙寧九年，教坊副使花日新言：「樂聲高，歌者難繼。方響部器不中度，絲竹從之。宜去噍殺之急，歸嘽緩之易，請下一律，改造方響，以爲樂準。絲竹悉從其聲，則音律諧協，以導中和之氣。」詔從之。十一月，奏新樂於化成殿，帝諭近臣曰：「樂聲降一律，已得寬和之節矣。」增賜方響爲駕三十，命太常下法駕、鹵部樂一律，如教坊云。

政和三年，詔：「以大晟樂播之教坊，頒行天下。」尚書省言：「大晟燕樂已撥歸教坊，所有習學之人，元隸大晟府教習，今當並令就教坊習學。」從之。

四年，禮部奏：「教坊樂，春或用商聲，孟或用季律，甚失四時之序。乞以大晟府十有二月所定聲律,令教坊閲習。」從之,仍令祕書省撰詞。

陳氏樂書曰:「宋朝循用唐制,分教坊爲四部。收荆南,得工三十二人;破蜀,得工一百三十九人;平江南,得工十六人〔六七〕,始廢坐部;定河東,得工十九人;藩臣所獻八十三人;及太宗在藩邸,有七十餘員,皆籍而内之,繇是精工能手大集矣。其器有琵琶、五絃、箏、箜篌、笙、簫、觱篥、笛、方響、杖鼓、羯鼓、大鼓、拍板,並歌十四種焉。自合四部以爲一,故樂工不能徧習,第以大曲四十爲限,以應奉遊幸二燕,非如唐分部奏曲也。唐全盛時,内外教坊近及二千員,梨園三百員,宜春、雲韶諸院〔六八〕,及掖庭之伎,不關其數,太常樂工動萬餘户。聖朝教坊裁二百員,並雲韶、鈞容東西班不及千人,有以見祖宗勤勞庶政,罔淫於樂之深意也。然均調尚間以讌樂胡部之聲,音器尚襲法曲龜兹之陋,非先王制雅頌之音也。革而正之,豈非今日急務邪!」

高宗建炎初,省教坊。紹興十四年復置,凡樂工四百六十人,以内侍充鈴轄。紹興末復省。

孝宗隆興二年天申節,將用樂上壽,上曰:「一歲之間,只兩宫誕日外,餘無所用,不知作何名色。」大臣皆言:「臨時點集,不必置教坊。」上曰:「善。」乾道後,北使每歲兩至,亦用樂,但呼市人使之,不置教坊,止令修内司先兩旬教習。舊例用樂人三百人,百戲軍百人,百禽鳴二人,小兒隊七十一人,女童隊百三十七人,築軍毬三十二人,起立門行人三十二人,旗鼓四十人,以上並臨安府差。相撲等子二十一人。御前忠佐司差。上命罷小兒及女童隊,餘用之。

中興四朝樂志叙曰:「古者,燕樂自周以來用之。唐貞觀增隋九部爲十部,以張文收所製歌名燕樂，而被之管絃。厥後至坐部伎〔六九〕，琵琶曲，盛流於時〔七〇〕，匪直漢氏上林樂府、縵樂不應經法而已。國朝初置教坊，得江南樂，已汰其坐部不用。承平因舊曲創新聲〔七一〕，轉加流麗。政和間，詔以大晟雅樂施於燕饗，御殿按試，補徵、角二調，播之教坊，頒之天下〔七二〕。然當時樂府奏言：樂之諸宮調多不正，皆俚俗所傳。及命劉昺輯燕樂新書，亦惟以八十四調爲宗，非復雅音，而曲燕昵狎，至有援『君臣相説之樂』以藉口者。末俗漸靡之弊，愈不容言矣。紹興在宥，始蠲省教坊樂，凡燕禮，屏坐伎。乾道繼志述事，間用雜攢以充教坊之號，取具臨時，而廷紳祝頌〔七三〕，務在嚴恭，亦明以更不用女樂，頒旨聖子神孫，世守家法。於是中興燕樂，比前代猶簡，而養君德之淵粹者良多。

蔡元定嘗爲燕樂一書，證俗失以存古義，今采其略附於下：

黄鍾用『合』字，大吕、太蔟用『四』字，夾鍾、姑洗用『一』字，夷則、南吕用『工』字，無射、應鍾用『凡』字，各以上、下分爲清濁。其中吕、蕤賓、林鍾不可以上、下分，中吕用『上』字，蕤賓用『勾』字，林鍾用『尺』字。其黄鍾清用『六』字，大吕、太蔟、夾鍾清各用『五』字，而以上、下緊別之。緊『五』者，夾鍾清聲，俗樂以爲宫。此其取律寸、律數、用字紀聲之略也。

一宫、二商、三角、四變爲宫，五徵、六羽、七閏爲角。五聲之號與雅樂同，惟變徵以於十二律中陰陽易位，故謂之變；變宫以七聲所不及，取閏餘之義，故謂之閏。四變居宫聲之對，故爲宫。俗樂以閏爲正聲，以閏加變，故閏爲角而實非正角。此其七聲高下之略也。

聲由陽來，陽生於子、終於午。燕樂以夾鍾收四聲：曰宫、曰商、曰羽、曰閏。閏爲角，其正角聲、變聲、徵聲皆不收，而獨用夾鍾爲律本。此其夾鍾收四聲之略也。

宮聲七調：曰正宮、曰高宮、曰中呂宮、曰道宮、曰南呂宮、曰仙呂宮、曰黄鍾宮，皆生於黄鍾。商聲七調：曰大石調、曰高大石調、曰雙調、曰小石調、曰歇指調、曰商調、曰越調，皆生於太蔟。羽聲七調：曰般涉調、曰高般涉調、曰中呂調、曰正平調〔七四〕、曰南呂調、曰仙呂調、曰黄鍾調，皆生於南呂。角聲七調：曰大石角、曰高大石角、曰雙角、曰小石角、曰歇指角、曰商角、曰越角，皆生於應鍾。此其四聲二十八調之略也。

竊考元定言燕樂大要，其律本出於夾鍾，以十二律兼四清爲十六聲，而夾鍾爲最清，此所謂靡靡之聲也。觀其律本，則其樂可知。變宮、變徵既非正聲，而以變徵爲宮，以變宮爲角，反紊亂正聲。若此夾鍾宮謂之中呂宮、林鍾宮謂之南呂宮者，燕樂聲高，實以夾鍾爲黄鍾也。所收二十八調，本萬寶常所謂非治世之音，俗又於七角調各加一聲，流蕩忘返，而祖調亦不獲存矣。聲之感人，如風偃草，宜風俗之日衰也！夫姦聲亂色，不留聰明；淫樂慝禮，不接心術。使心知百體，皆由順正以行其義，此正古君子所以爲治天下之本也。紹興、乾道以來以清静無欲爲天下先，教坊迄弛不復置云。」

校勘記

〔一〕並漢氏以來舊曲　「曲」原作「典」，據隋書卷一五音樂志下、唐會要卷三三清樂改。

〔二〕跋膝　原作「槃鞞」，據元本、慎本、馮本及新唐書卷二一禮樂志一一改。
〔三〕吹葉一人　「一」字原脱，據新唐書卷二一禮樂志一一補。
〔四〕貝　「貝」原作「具」，據新唐書卷二一禮樂志一一改。下同。
〔五〕檐鼓　原脱，據新唐書卷二一禮樂志一一補。
〔六〕飾以五方色　新唐書卷二一禮樂志一一無「方」字。
〔七〕銅鈸　通典卷一四六樂典六作「銅鈸二，其他樂器皆一」。
〔八〕本出自晉太尉庾亮家　「出」字原脱，據通典卷一四六樂典六補。
〔九〕取其謚以號之　「其」字原脱，據隋書卷一五音樂志下補。
〔一〇〕腰鼓等七種　「種」原作「鐘」，據隋書卷一五音樂志下改。
〔一一〕有竪箜篌銅角一琵琶五絃横笛簫觱篥答臘鼓腰鼓鷄婁鼓羯鼓皆二人　新唐書卷二一禮樂志一一同，疑「人」字衍。舊唐書卷二九音樂志二作「樂用答臘鼓一、腰鼓一、鷄婁鼓一、羯鼓一、簫二、横笛二、篳篥二、琵琶二、五絃琵琶二、銅角二、箜篌一，箜篌今亡。」
〔一二〕以群臣所和詩十六韵爲送聲十六節　「十六節」原作「其節」，據新唐書卷二一禮樂志一一改。
〔一三〕被五采甲　舊唐書卷二九音樂志二作「被五彩文甲」。
〔一四〕八紘同軌樂　「紘」原作「絃」，據舊唐書卷二九音樂志二、新唐書卷二一禮樂志一一改。
〔一五〕其宫調乃應夾鍾之律　「宫」原作「鍾」，據新唐書卷二二禮樂志一二改。
〔一六〕存者纔六十三曲　「六十三」原訛作「三十六」，據新唐書卷二二禮樂志一二乙正。

〔一七〕晉王垌歌也　「晉王垌」新唐書卷二二禮樂志一二作「晉王珉」。

〔一八〕所作也　「作」，新唐書卷二二禮樂志一二作「出」。下同。

〔一九〕立部伎八　「伎」字原脱，據新唐書卷二二禮樂志一二補。

〔二〇〕聲頗閑雅　「雅」原作「雜」，據新唐書卷二二禮樂志一二改。

〔二一〕長壽樂　「樂」字原脱，據新唐書卷二二禮樂志一二補。

〔二二〕舞初出幕皆純色縵衣　「舞」原作「帶」，「出」字原脱，據樂書卷一八五改補。

〔二三〕有曰葱西士女踏歌隊者其詞大率言葱嶺之民樂河湟故地歸國復爲唐民也　「士女」原作「女士」，「葱嶺之民」原作「葱嶺之士」，據新唐書卷二二禮樂志一二乙改。

〔二四〕宋初循舊制　「初」原作「朝」，據宋史卷一四二樂志一七改。

〔二五〕繼以詩一章　「章」字原脱，據宋史卷一四二樂志一七補。

〔二六〕第八　「八」下原衍「合奏」二字，據宋史卷一四二樂志一七删。

〔二七〕第十二楚蹴鞠　「楚」字，宋史卷一四二樂志一七無。

〔二八〕奏鼓吹曲或用法曲　「吹」原作「笛」，「或用法曲」四字原脱，據宋史卷一四二樂志一七改補。

〔二九〕其御樓賜酺同大宴　「樓」字與「同」字原脱，據宋史卷一四二樂志一七補。「賜」原作「則」，據元本、慎本、馮本及同書改。

〔三〇〕每上元觀燈　「每」上原衍「臺南設燈山」五字，據宋史卷一四二樂志一七删。

〔三一〕舞小兒隊　「舞」上原衍「樂」字，據宋史卷一四二樂志一七删。

〔三二〕女弟子舞　「舞」原舛在「女」上，據宋史卷一四二樂志一七乙正。
〔三三〕餘曲宴會　「會」字原脱，據宋史卷一四二樂志一七補。
〔三四〕惟慶節上壽及將相入辭賜酒　「惟」原作「雜」，據局本及宋史卷一四二樂志一七改。
〔三五〕逡巡周　「逡」原作「告」，據宋史卷一四二樂志一七改。
〔三六〕酒唱徧　原作「唱酒徧」，據宋史卷一四二樂志一七乙正。
〔三七〕二曰中呂宫　「宫」原作「調」，據宋史卷一四二樂志一七改。
〔三八〕大聖樂　「聖」原作「勝」，據宋史卷一四二樂志一七改。
〔三九〕琴　原脱，據宋史卷一四二樂志一七補。
〔四〇〕觱篥笛　宋史卷一四二樂志一七無「笛」字。
〔四一〕大鼓拍板　宋史卷一四二樂志一七無「大鼓」。
〔四二〕帶器仗　「帶」字原脱，據宋史卷一四二樂志一七補。
〔四三〕繫銀鞊鞢　「銀」字原脱，據宋史卷一四二樂志一七補。
〔四四〕簇花幞頭　「幞」原作「帽」，據元本、慎本、馮本及宋史卷一四二樂志一七改。
〔四五〕衣錦襦　「衣」字原脱，據宋史卷一四二樂志一七補。「襦」，同書作「襖」。
〔四六〕女弟子隊　「隊」下原衍「子」字，據宋史卷一四二樂志一七删。
〔四七〕衣緋生色窄砌衣　「衣」下原衍「生」，「色」下原衍「穿」，據宋史卷一四二樂志一七删。
〔四八〕衣紅仙砌衣　「紅」字原脱，據宋史卷一四二樂志一七補。

〔四九〕執旌節　「旌」原作「幢」，據宋史卷一四二樂志一七改。

〔五〇〕教坊高班都知郭延美又作紫雲長壽樂鼓吹曲　「美」字原脱，「鼓吹曲」原作「鼓笛」，據宋史卷一四二樂志一七補改。

〔五一〕因舊曲創新聲者　「曲」原作「典」，據宋史卷一四二樂志一七改。

〔五二〕而平晉普天樂者　「晉」原作「昔」，據局本及宋史卷一四二樂志一七改。

〔五三〕引舞四人　「四」原作「二」，據樂書卷一八五改。

〔五四〕故有催拍歇拍之異　「催」原作「摧」，據樂書卷一八五改。

〔五五〕二曰黄鍾宫中和樂　「中」字原脱，據宋史卷一四二樂志一七補。

〔五六〕此曲亦太宗所製　「亦」原作「並」，據宋史卷一四二樂志一七改。

〔五七〕箏笙　二字原脱，據宋史卷一四二樂志一七補。

〔五八〕淳化四年　「四」原作「三」，據局本及宋史卷一四二樂志一七改。

〔五九〕或巡方則夜奏於行宫殿庭　「行」字原脱，據宋史卷一四二樂志一七補。

〔六〇〕又諸軍皆有善樂者　「軍」原作「車」，據宋史卷一四二樂志一七改。

〔六一〕復有掉刀槍牌蕃歌等不常置　「槍」原作「搶」，「置」原作「其數」，據局本及宋史卷一四二樂志一七改。「蕃」，同書作「翻」。

〔六二〕令鈞容直教之　「教」原作「數」，據元本、慎本、馮本及宋史卷一四二樂志一七改。

〔六三〕又有親從親事樂　「又」字原脱，據宋史卷一四二樂志一七補。

〔六四〕色長　「長」字原脱，據宋史卷一四二樂志一七補。

〔六五〕榻案而復俎豆　「案」字原脱，據宋史卷一四二樂志一七補。

〔六六〕闕即補之　「之」原舛在「闕」上，據宋史卷一四二樂志一七乙正。

〔六七〕得工十六人　「工」原作「二」，據樂書卷一八八改。

〔六八〕雲韶諸院　「韶」原作「部」，據局本及樂書卷一八八改。

〔六九〕厥後至坐部伎　「部伎」二字原倒，據舊唐書卷二九音樂志二乙正。

〔七〇〕盛流於時　「流」字原脱，據舊唐書卷二九音樂志二補。

〔七一〕承平因舊曲創新聲　「曲」原作「典」，據宋史卷一四二樂志一七改。「承平」，同書作「自後」。

〔七二〕頒之天下　「頒」原作「頌」，據局本及宋史卷一四二樂志一七改。

〔七三〕而廷紳祝頌　「頌」原作「堯」，據宋史卷一四二樂志一七改。

〔七四〕曰正平調　「正平」二字原倒，據宋史卷一四二樂志一七乙正。

卷一百四十七　樂考二十

散樂百戲

散樂，非部伍之正聲，其來尚矣。其雜戲蓋起於秦、漢，有魚龍蔓延，假作獸以戲。高絙鳳皇，安息五桉，並石季龍所作，見鄴中記。都盧尋橦，今之緣竿，見西京賦。丸劍、丸一名鈴，見西京賦。戲車、山車、興雲動雷〔一〕，見李尤長樂觀賦。跟掛腹旋，並緣竿，所作見傅玄西都賦。吞刀、履索、吐火，並見西京賦。激水轉石，嗽霧扛鼎，並見李尤長樂觀賦。象人，見西漢書韋昭曰，今之假面。怪獸、舍利之戲。若此之類，不爲不多矣。然其詭怪百出，驚俗駭觀，非所以善民心，化民俗，適以滔堙心耳，歸於淫蕩而已。

後漢天子臨軒設樂〔二〕，舍利獸從西方來，戲於殿前，激水化成比目魚，跳躍嗽水，作霧翳日，而化成黃龍，長八丈，出水遊戲，輝耀日光〔三〕。以兩繩繫兩柱，相去數丈，二倡女對舞行於繩上，切肩而不傾。如是雜變，總名百戲。

江左猶有高絙紫鹿、跂行鼈食、齊王捲衣、笮鼠、夏育扛鼎、巨象行乳、神龜抃戲、背負靈岳、桂樹白雪、畫地成川之伎。

晉成帝咸康七年，散騎侍郎顧臻表曰：「末代之樂，設禮外之觀，逆行連倒。四海朝覲，言觀帝庭，而足以蹈天，頭以履地，反天地之順，傷彝倫之大。」乃命太常悉罷之。其後復高絙紫鹿。又有天台山伎。

齊武帝嘗遣主書董仲民，按孫興公賦造莓苔石橋、道士捫翠屏之狀〔四〕，尋省焉。

梁又設跳鈴、跳劍、擲倒、獮猴幢、青紫鹿〔五〕、緣高絙、變黄龍弄龜等伎。陳氏因之。

後魏道武帝天興六年冬，詔太樂、總章、鼓吹增修雜戲，造五兵、角觝、麒麟、鳳凰、仙人、長蛇、白象、白武及諸畏獸、魚龍、辟邪、鹿馬仙人車、高絙百尺、長趫、緣幢〔六〕、跳丸，以備百戲。大饗設之於殿前。明元帝初，又增修之，撰合大曲，更爲鐘鼓之節。角觝戲，本六國時所造，秦因而廣之。漢興雖罷，至武帝復采用之。元封中，既廣開上林，穿昆明池，營千門萬户之宫，設酒池肉林，以饗四夷之客，作巴渝都盧，海中碭極李奇曰：「碭極，樂名。」漫衍魚龍，角觝以觀示之。角者，角其伎也，兩兩相當，角及伎藝射御也，蓋雜伎之總稱云。或曰：蚩尤氏頭有角，與黄帝鬭，以角觝人。今冀州有樂名蚩尤戲，其民兩兩載牛角而相觝。漢造此戲，豈其遺象邪！

北齊武平中〔七〕，有魚龍爛漫、俳優、侏儒、山車、巨象、拔井、種瓜、殺馬、剥驢等，奇怪異端，百有餘物，名爲百戲。

後周武帝保定初，詔罷元會殿庭百戲。宣帝即位，鄭譯奏徵齊散樂，並會京師爲之。蓋秦角觝之流也。而廣召雜伎，增修百戲，魚龍漫衍之伎常陳於殿前，累日繼夜，不知休息。

隋文帝開皇初，周、齊百戲並放遣之。煬帝大業二年，突厥染干來朝，帝欲誇之，總追四方散樂，大集東都。於華林苑積翠池側，帝令宮女觀之。有舍利、繩柱等，如漢故事。又爲夏育扛鼎，取車輪、石臼、大盆器等〔八〕，各於掌上而跳弄之。並二人戴竿，其上舞〔九〕，忽然騰透而换易。千變萬化，曠古莫儔。染干大駭之。自是皆於太常教習。每歲正月，萬國來朝，留至十五日，於端門外、建國門内，綿絙八里，列爲戲場。百官起棚夾路，從昏達曙，以縱觀之，至晦而罷。伎人皆衣錦綉繒綵。其歌者多爲婦人服〔一〇〕，鳴環佩，飾以花髦者，殆三萬人。初課京兆、河南製此服，而兩京繒錦爲之中虚。六年，諸夷大獻方物，突厥啓人以下皆國主親來朝賀。乃於天津街盛陳百戲，自海内凡有伎藝，無不總萃。崇侈器翫，盛飾衣服，皆用珠翠金銀，錦罽絺繡。其營費鉅億萬。關西以安德王雄總之，東都以齊王暕總之〔一一〕，金石匏革之聲，聞數十里外。彈絃擫管以上，萬八千人。大列炬火，光燭天地，百戲之盛，近古無比。自是每年以爲常焉。

唐高祖即位，孫伏伽上言：「百戲散樂，大非正聲，隋末大見崇用，是謂淫風，不可不改。迺者，太常於民間借婦女裙襦五百餘具，以充散樂之服，欲於玄武門遊戲。臣竊思之，非詒厥孫謀之道也。論語曰：『樂則韶、武〔一二〕。』以此言之，散樂非功成之樂，請並廢之。」

高宗時〔一三〕，天竺獻伎，能自斷手足，刳剔腸胃，帝惡其驚人，敕西域關津，不得令入中國。大抵散樂雜戲多幻術，皆出西域，始於善幻人至中國後漢安帝時，自是歷代有之。

睿宗時，婆羅門獻樂，舞人倒行，而以足舞極銛刀鋒，倒植於地，抵目就刃〔一四〕，以歷臉中；又植於背下〔一五〕，吹篳篥者立其腹上〔一六〕，曲終而亦無傷。又伏伸其手，兩人躡之，旋身繞手，百轉無已。漢代有橦末伎，又有盤舞。晉代加之以杯，謂之杯盤舞。梁有長蹻伎〔一七〕、跳鈴伎、躑倒伎、跳劍伎，今並存。又有舞輪伎，蓋今之戲車輪者。透三峽伎，蓋今之透飛梯之類也。高絙伎，蓋今之戲繩者也。梁有獮猴幢伎，今有緣竿伎，又有獮猴緣竿伎，未審何者爲是。又有弄椀珠伎、丹珠伎〔一八〕。歌舞戲，有大面、撥頭、踏揺娘、窟礧子等戲。玄宗以其非正聲，置教坊於禁中以處之。婆羅門樂，用漆篳篥二〔一九〕，齊鼓一。散樂，用横笛一，拍板一，腰鼓三。其餘雜戲，變態多端，皆不足稱也。

大面〔二〇〕 出於北齊。蘭陵王長恭才武而貌美，常著假面以對敵。嘗擊周師金墉城下，勇冠三軍，齊人壯之，爲此舞以效其指麾擊刺之容，謂之蘭陵王入陣曲。

陳氏樂書曰：「象人之戲，始於周之優師；而百戲之作，見於後漢。故大予樂少府屬官承華令典〔二一〕，黄門鼓吹、百戲師二十七人。北齊清商令丞掌百戲及鼓吹樂。大業中，諸夷來貢方物，乃於天津街盛陳百戲，動以萬餘人。唐宣宗每幸十六宅，諸王無少長，悉命預坐，必大合樂，列百戲。則百戲之樂，其所從來久矣。然隋皇陳之天津街以咜夷人，唐帝用之内殿以宴百辟，非所以正百官而風天下也，君子無取焉。」

撥頭 出西域。胡人爲猛獸所噬，其子求獸殺之，爲此舞以象也。

踏揺娘生於隋末。河内有人醜貌而耽酒，常自號郎中，醉歸必毆其妻。妻美色善自歌，乃歌爲怨苦之詞。河朔演其曲而被之管絃〔二二〕，因寫其妻之容。妻悲訴，每揺其身，故號踏揺云〔二三〕。近代優人頗改其制度，非舊旨也。

窟礧子　亦曰魁礧子，作偶人以戲，善歌舞。本喪樂也，漢末始用之於嘉會。北齊後主高緯尤所好。高麗之國亦有之。今閭市盛行焉。若尋常享會，先一日具坐立部樂名，上太常，太常封上，請所奏御注而下〔二四〕。及會，先奏坐部伎，次奏立部伎，次奏蹀馬，次奏散樂。然所奏部伎，並取當時進止，無準定。

排闥戲　唐昭宗光化中，孫德昭之徒刃劉季述，帝反正，命樂工作樊噲排闥戲以樂焉。

角力戲　壯士裸袒相搏，而角勝負。每群戲既畢，左右軍雷大鼓而引之，豈亦古者習武而變歟！

瞋面戲　唐有此戲。其狀以手舉足加頸上，時劉吃陁奴能不用手而脚自加頸，何其妙邪！

衝狹戲　透劍門戲　漢世卷簟席以矛插其中，伎兒以身投，從中過之。張衡所謂「衝狹燕濯，胸突鋒鋩也。」後世攢劍爲門，伎者裸體擲度，往復不傷，亦衝狹之變歟！

蹴擟戲　蹴毬戲　蹋鞠之戲，蓋古兵勢也。漢兵家有蹴鞠二十五篇，李尤鞠室銘曰：「員鞠方牆，放象陰陽；法月衝對，二六相當。」霍去病在塞外，穿域蹋鞠，亦其事也。蹴毬蓋始於唐，植兩脩竹，高數丈，絡網於上爲門以度毬。毬工分左右朋以角勝負，豈非蹴鞠之變歟！

踏毬戲　踏毬用木，毬高尺餘，伎者立其上，圓轉而行也。

緪戲　漢世以大絲繩繫兩柱頭間，相去數丈，兩倡對舞，行於繩上，對面道逢，肩相切而不傾，張衡所謂「跳丸劍之揮霍，走索上而相逢」是也。梁三朝伎謂之高緪，或曰戲繩，今謂之踏索焉。

劇戲　宋朝戲樂鼓吹部雜劇員四十二，雲韶部雜劇員二十四，鈞容直雜劇員四十，亦一時之制也。

五鳳戲　唐明皇在東洛大酺於五鳳樓下，命三百里內守令率聲樂赴闕，較勝負而賞罰焉。時河內守令樂工數百人於車上，皆衣以錦綉。服箱之牛，蒙以猛獸皮，及爲犀象形狀，觀者駭目。時元魯山遣樂工數十人，聯袂歌「于蔿于」之文。明皇聞而嘆之曰：「賢人之言也。」其後謂宰臣曰：「河内之人，其在塗炭乎！」促命召還，授以散秩。每賜宴，設酺會，御勤政樓，昧爽陳仗，盛列旗幟，或被金甲，或衣短後綉袍。太常陳樂，衛尉張幕。後諸蕃酋長就食郡邑，教坊大陳山車旱船，尋橦走索、丸劍角觝、戲馬鬬鷄。又令宫嬪數百，飾珠翠，衣錦綉，自帷内出，擊雷鼓爲破陣、太平、上元等樂。又引大象犀牛入場拜舞，動中音律。每正月望夜，又御勤政樓作樂，達官戚里，並設看樓觀之。夜闌，遣宫嬪於樓前歌舞，何其盛歟！奈何不知好樂無荒，而君臣幾於同謔，卒墮天寶之禍，豈不誠有以召之邪！

猨騎戲　鳳凰戲　石虎鄴中記述虎正會殿前作樂，高絙、龍魚、鳳凰、安息、五桉之屬，莫不畢備。有額上緣橦，至上鳥飛，左迴右轉。又以橦著口齒上，亦如之。設馬車，立木橦，其車上長二丈，橦頭安横木，兩伎各坐木一頭，或鳥飛，或倒掛，又依伎兒作獮猴之形，走馬上，或在馬脅，或在馬頭，或在馬尾，走如故，名爲猨騎。初，晉中朝元會，設卧騎，倒顛騎，自東華門馳至神虎門，皆其類也。其術亦可謂妙矣。奈何戎狄之戲，非中華之樂也。在石虎樂之可也，若真主樂之，豈所宜哉！今軍中亦有馬戲伎者，其名甚衆，但不謂猨騎爾。

參軍戲　樂府雜録述弄參軍之戲。自後漢館陶令石聘有贓犯始也。蓋和帝惜其才，特免其罪。每遇宴樂，即令衣白夾衫，命優伶戲弄辱之，經年乃釋，謂之後爲參軍者誠也。唐開元中，有李仙鶴善爲此戲，明皇特授韶州同正參軍，是以陸鴻漸撰詞云韶州參軍，蓋由此矣。武宗朝，有曹叔度、劉泉水；咸通以來，有范博康、上官唐卿、吕敬儉、馮季皋，亦其次也。趙書謂石勒參軍周延爲館陶令，如此豈傳聞之誤邪！

假婦戲　唐大中以來，孫乾飯、劉璃瓶、郭外春、孫有態善爲此戲。僖宗幸蜀時，戲中有劉真者尤能之。後隨車駕入都，籍於教坊。

蘇葩戲　後周士人蘇葩嗜酒落魄，自號郎中。每有歌場，輒自入歌舞，故爲是戲者，衣緋袍，戴席帽，其面赤色，蓋象醉狀也〔二五〕，何其辱士類邪！唐鼓架部非特有蘇郎中之戲，至於代面、鉢頭、踏摇娘、羊頭、渾脱、九頭師子、弄白馬、益錢〔二六〕、尋橦、跳丸、吞刀、吐火、旋盤、筋斗，悉在其中矣。

都盧伎　緣橦之伎衆矣，漢武帝時謂之「都盧」。都盧，國名，其人體輕而善緣也。又有跟掛腹旋，皆因橦以見伎。張衡西京賦：侲童程材，上下翩翩，突倒投而跟掛，若將絶而復聯，百馬同轡，騁足並馳，橦末之伎態不彌，彎弓射乎西羌，又顧發乎鮮卑，此皆橦上戲作之狀。至梁時設三朝大會，四十九等，其二十三刺長。追華橦伎三十二，青絲橦伎三十三，一繖華橦伎三十四，雷橦伎三十五，金輪橦伎三十六，白虎橦伎三十八，獮猴橦伎三十九，啄木橦伎四十五。案橦兕顧伎，雖有異名，要之同爲緣橦之一戲也。唐曰竿木，今曰上竿，蓋古今異名而同實也。

鳳書伎　宋、齊以來，三朝設鳳凰啣書伎。是日，侍中於殿前跪取其書，舍人受書，升殿跪奏，皆有歌詞。梁武帝即位，克自抑損，乃下詔罷之。後魏有鳳凰伎，亦其類也。

藏挾伎　藏挾，幻人之術，蓋取物象而懷之，使觀者不能見其機也。

雜旋伎　蓋取雜器圓旋於竿標而不墜也。

弄槍伎　蓋工裸帶數環捲，一工立數十步外，連擲十餘槍以度之，既畢，乃以一捲受其槍也。

蹴瓶伎　蓋蹴其瓶，使上於鐵鋒杖端，或水精丸與瓶相植，回旋而不失也。

擎戴伎　蓋兩伎以首相抵戴而行也〔二七〕。

拗腰伎　蓋翻折其身，手足皆至於地，以口啣器而復立也。

飛彈伎　蓋置丸於地，反張其弓，飛丸以射之也。

宋朝雜樂百戲：有踏毬、蹴毬、踏蹻、藏挾、雜旋、弄鎗、鋺瓶、齪劍、踏索、尋橦、筋斗、拗腰、透劍門、飛彈丸、女伎百戲之類，皆隸左右軍而散居。每大饗燕，宣徽院按籍召之。錫慶院宴會，諸王賜會及宰相筵設，特賜樂者，即第四部克。

鼓吹

鼓吹者，蓋短簫鐃歌。蔡邕曰：「軍樂也，黃帝岐伯所作，以揚德建武，勸士諷敵也。」周官曰：「師有功則凱樂。」左傳晉文公勝楚，振旅，凱而入。司馬法曰：「得意則凱歌。」雍門周説孟嘗君「鼓吹於不測之泉」。説者云，鼓自一物，吹自竽、籟之屬，非簫鼓合奏，別爲一樂之名也〔二八〕。然則短簫鐃歌，此時未名鼓吹矣。應劭漢鹵簿圖，惟有騎執菰。菰即笳，不云鼓吹。而漢代有黃門鼓吹。漢享宴食舉樂十三曲，與魏代鼓吹長簫同。長簫短簫〔二九〕，伎録並云絲竹合作，執節者歌。又建初録云，務成、黃爵、玄雲、遠期皆騎吹曲，非鼓吹曲。此則列於殿庭者爲鼓吹，今之從行鼓吹爲騎吹，二曲異也。又孫權觀魏武軍，作鼓吹而還，應是此鼓吹。魏晉代給鼓吹甚輕，牙門督將五校，悉有鼓吹。晉江左初，臨川太守謝摛每寢，夢聞鼓吹。有人爲占之曰：「君不得生鼓吹，當得死鼓吹。」摛擊杜弢戰殁，追贈長水校尉，葬給鼓吹焉。謝尚爲江夏太守，詣安西將軍庾翼於武昌諮事，翼以鼓吹賞尚射，破便以其副鼓吹給之。齊、梁至陳則甚重矣，各製曲詞以頌功德焉。至隋，亡。

陳氏樂書曰：「隋大駕鼓吹有掆鼓，長三尺，朱髹其上，工人青地苣文。大業中，煬帝宴饗用之。唐開元禮儀羅曰：掆鼓，小鼓也。按圖，鼓上有蓋，常先作之，以引大鼓，亦猶雅樂之奏戚，與金鉦相應，皆有曲焉。律書樂圖云：掆鼓一曲十揲〔三〇〕：一曰驚雷震，二曰猛虎駭，三曰摯鳥擊，四曰龍媒蹀，五曰靈夔吼，六曰雕鶚争，七曰壯士奮怒，八曰熊羆哮吼，九曰石盪崖，十曰波盪壑，並各有辭，其辭無傳焉。太常鼓吹前部用之。中宗時，欲自妃主及五品以上母妻婚葬之日，特給鼓吹。宮官亦然。是不知鼓吹之作，本爲軍容也。昔黄帝涿鹿有功，以爲警衛。鉦鼓有靈夔、孔雀、雕鶚、争石墜崖、壯士怒之類，自昔功臣備禮得用之矣。今夫郊祀天地，唯有宮縣而無案架，則知軍樂之用，尚不給於神祀，况可接於閨闥者哉！」

又曰：「隋書鼓吹，車上施層樓，四角金龍，垂流蘇、羽葆。唐羽葆之制，縣於架上，其架飾以五采流蘇、植羽也。蓋鐃鼓、羽葆鼓皆飾以丹青，形制頗類掆鼓，今太常鼓吹後部用之。律書樂圖云〔三一〕：羽葆一部，五色十八曲：一太和，二休和，三七德，四騶虞，五基王化，六纂唐風，七厭炎精，八肇皇運，九躍龍飛，十殄馬邑，十一興晉陽，十二濟渭陰，十三應聖期，十四御宸極，十五寧兆庶，十六服遐荒，十七龍池，十八破陣樂。然則羽葆，其節奏如此而已，破陣終焉。豈後世賞軍功之樂邪？昔陶侃平蘇峻，除侍中、太尉，加羽葆鼓吹，則其爲賞功之樂可知矣。今鼓吹騎從者，自羽葆鼓等皆馬上擊之，其制與隋唐異也。」

唐文宗太和三年八月，太常禮院奏：「謹按凱樂，鼓吹之歌曲也。周官大司樂：『王師大獻，則奏凱樂。』註云：『獻功之樂也。』又大司馬之職〔三〕：『師有功，則凱樂獻於社。』註云：『兵樂曰凱。』司馬法曰：『得意則凱樂，所以示喜也。』左氏傳載晉文公勝楚，振旅，凱以入。魏、晉以來，鼓吹曲章，多述當時戰功。是則歷代獻捷，必有凱歌。太宗平東都，破宋金剛，其後蘇定方執賀魯，李勣平高麗，皆備軍容凱歌入東都。謹檢貞觀、顯慶、開元禮書，並無儀注。今參酌古今，備其陳設及奏歌曲之儀如後。凡命將征討，有大功獻俘馘者，其日備神策兵衛於東門外，如獻俘常儀。其凱樂用鐃吹二部，笛、篳篥、簫、笳、鐃、鼓，每色二人，歌工二十四人。樂工等乘馬執樂器，次第陳列，如鹵簿之式。鼓吹令丞前導，分行於兵馬俘馘之前，將入都門，鼓吹振作，迭奏破陣樂、應聖期、賀朝歡、君臣同慶樂等四曲。破陣樂詞曰：『受律辭元首，相將討叛臣。咸歌破陣樂，共賞太平人。』應聖期詞曰：『聖德期昌運，雍熙萬寓清。乾坤資化育，海岳共休明。闢土欣耕稼，銷戈遂偃兵。殊方歌聖澤，執贄賀昇平。』賀朝歡詞曰：『四海皇風被，千年德永清。戎衣更不著，今日告功成。』君臣同慶樂詞曰：『主聖開昌曆，臣忠奉大猷。君看偃革後，便是太平秋。』候行至太社及太廟門，工人下馬，陳列於門外。據周禮大司樂註云：『獻於祖。』大司馬云：『先凱樂獻於社。』謹詳禮義，則社廟之中，似合奏樂。伏以尊嚴之地，鐃吹讙嘩，既無明文，或乖肅敬，今請並各於門外陳設，不奏歌曲，俟告獻禮畢，復導引奏曲如儀。至皇帝所御樓前兵仗旌門外二十步，樂工皆下馬徐行前進。兵部尚書介胄執鉞，於旌門內中路前導。周禮：『師有功，則大司馬左執律，右秉鉞，以先凱樂。』註云：『律所以聽軍聲，鉞所以爲將威〔三三〕。』今吹律聽聲，其術久廢，惟請秉鉞〔三四〕，以存禮文。次協律郎二人，公服執麾，亦於門外分導。鼓吹令丞引樂工等至位立定。太常卿於樂工之前跪，具官臣某奏事，請奏凱樂。協律郎舉麾，鼓吹大振作，徧奏破陣樂等四曲。樂闋，協律郎偃麾，太常卿又跪奏樂畢。兵部尚書、太常卿退，樂工等並旌門外立訖，然後引俘馘入獻及稱賀如別儀。別有獻俘儀注。俟俘囚引出方退〔三五〕，伏請宣付當司，編入新禮，乃令樂工教習。」依奏。

陳氏樂書曰：「唐六典曰〔三六〕：凡軍鼓之制有三：一曰銅鼓，二曰戰鼓，三曰鐃鼓。其制皆五采爲重蓋。究觀樂圖，鐃鼓鼓吹部用之，唐朝特設爲儀而不擊爾。然劉巘定軍禮，謂鼓吹未知其始，漢以雄朔野而有之，鳴笳以和簫，非八音也。隋大業中，鐃鼓十二曲供大駕，六曲供皇太子，三曲供王公宴饗所用也。觀漢有鼓吹鐃歌十八曲，晉有鼓吹鐃歌古辭十六篇，宋有鼓吹鐃歌十篇，然則鐃鼓豈非鼓吹鐃歌之鼓邪！」唐自鐃鼓以下，屬鐃鼓部。律書樂圖云：「鐃，軍樂也，其部四色七曲：一曰破陣樂，二曰上車，三曰行車，四曰向城，五曰平安，六曰懽樂，七曰太平，各有詞也。」

宋朝鹵簿大駕六引官：開封令，無鼓吹；開封牧，二十三人，摑鼓、金鉦各一，大鼓十，鐃鼓一，簫、笳、大橫吹各二，笛及簫，篳篥及笳各一。太常卿，同上。司徒，六十四人：摑鼓、金鉦各一，大鼓、長鳴各十六，鐃鼓一，簫、笳、大鼓吹各四，節鼓一，笛及簫，篳篥及笳各四。御史大夫、兵部尚書並同開封牧〔三七〕。其大駕前部千六十四人：鼓吹令二員；府史四；主帥八，掆鼓、金鉦各十二；主帥二十，大鼓百二十，主帥二十〔三八〕，長鳴一百二十；主帥四，鐃鼓十二，歌，拱宸管或以篳篥充，簫、笳各二十四；主帥十，大橫吹百二十，節鼓二，笛、簫、篳篥、笳、桃皮篳篥各二十四；主帥四，掆鼓、金鉦各十二；主帥十，小鼓、中鳴各百二十；主帥四，羽葆鼓十二，歌，拱宸管或以笛充，簫、笳各二十四。後部四百八十人，鼓吹丞二員，典事四；主帥四，羽葆鼓十二，歌，拱宸管或以篳篥充，簫笳各二十四〔三九〕；主帥四，鐃鼓十二，歌，拱宸管或以笛充〔四〇〕，簫、笳各二十四；主帥八，小橫吹百二十，笛、簫〔四一〕、篳篥、笳、桃皮篳篥各二十四。若親祠，輿駕出宮，則宣德門太廟南郊警場千一百一十六人：鼓吹令、丞各二員，職掌四；府典史八，都知一，院官録事二〔四二〕；歌、篳篥、簫、笛共百八，金鉦二十四，奏嚴鼓、鳴角、大橫吹、小橫吹各百二十；歌、笛各九十六，節鼓三，笳百四十四，篳篥九十六，桃皮篳篥四十八。通主轄人員共千二百七十五。凡大駕鼓吹通五引，用工千五百三十，法駕三分損一，用二引。開封牧、御史大夫各十六工。小駕八百一十六工。初，太祖受命，承五代之後，損省浮長，而鼓吹局工多闕，每舉大禮，一切取於軍隸以足之。至一品以下葬，應給者亦取於營隸。後遂爲常。大禮、車駕宿齋所止，夜設警場，每奏，先作金鉦四，次大角四，次金鉦二十四，次大角鼓百二十，次橫吹等作一曲，如是者三疊，謂之一奏。三奏少止，五分其夜而奏之。乘輿至青城，祀前一日，御闕門觀嚴警，亦勞賜焉。若巡幸，則夜奏於行宮前〔四三〕，人數減於大禮，用八百八十人。

太祖皇帝建隆四年十一月，南郊，鹵簿使張昭言：「準舊儀，鑾駕將出宮入廟，赴南郊齋宿，皆有夜警晨嚴之制。唐憲宗親郊，時禮儀使高郢奏稱，據鼓吹局申，齋宿夜奏嚴。是夜警恐與搥鼓版奏三嚴事不同；況其時不作樂懸，不鳴鼓吹，務要清潔。其致齋夜奏三嚴〔四四〕，請不行。詳酌禮典，奏嚴之設，本緣警備，事理與作樂全殊〔四五〕；況齋宿之夜，千乘萬騎宿於儀仗之中，苟無鼓漏之徼巡，何以警衆多之耳目！望依舊禮施行。」從之。

乾德六年〔四六〕，判太常寺和峴言：「郊祀有夜警晨嚴，六州、十二時及鼓吹迴仗時，駕前導引三曲，見闕樂章。望差官撰進，下寺教習應奉。」詔諸樂章令峴修撰教習供應。

程氏演繁露曰：「六州歌頭，本鼓吹曲也。近世好事者，倚其聲爲弔古詞，如秦亡草昧、劉、項起吞併者是也。音調悲壯，又以古興亡事實之〔四七〕，聞其歌使人慷慨，良不與艷詞同科，誠可喜也。」

本朝鼓吹，止有四曲：十二時、導引、降仙臺並六州爲四。每大禮宿齋或行幸遇夜，每更三奏，名爲警場。真宗至自幸亳，親饗太廟，登歌始作，聞奏嚴，遂詔：「自今行禮罷，乃奏。」政和七年，詔六州改名崇明祀，然天下仍謂之六州，其稱謂已熟也。今前輩集中大祀大恤，皆有此詞。

先是，角工不足，常取於州縣及營兵以充。祥符中，命籍兵二百餘工，使長隸太常以閲習焉。凡大樂充庭，則鼓吹局設熊羆十二案於宮縣之外。率一案用十工，龍鳳鼓一、金錞一，羽葆鼓一，歌工三，簫二，笳二。凡大角三曲，警嚴用之。大梅花、小梅花曲。鼓吹五曲，御製奉禋歌，舊有六州、十二時、導引、降仙臺。真宗崇奉真聖，亦設儀衛，故别有導引二曲也。其餘大小鼓、横吹曲，悉不傳。唐末大亂，舊聲皆盡。國朝惟大角傳三曲而已。其鼓吹四曲，悉用教坊新聲。車駕出入，奏導引及降仙臺；警嚴，奏六州、十二時，皆隨月用宫。仁宗既定雅樂，並及鼓吹，且謂警嚴一奏，不應再用其曲。親製奉禋歌，以備三疊。又詔聶冠卿、李照造辭以配聲，下本局歌之，是年郊祀遂用焉。皇祐親饗明堂，御製合宫歌。熙寧親郊，導引，還青城，增降仙臺曲。

仁宗皇祐二年，帝謂輔臣曰：「明堂直端門，而致齋於内，奏嚴於外，恐失静恭之意。」因下太常禮院議〔四八〕。而議者言：「警場本古之鼓鼜，所謂夜戒守鼓者也。故王者師行、吉行皆用之。今乘輿宿齋，其儀衛本緣祀事，則警場亦因以警衆，非徒取觀聽之盛，恐不可廢。若以奏嚴之音去明堂近，則請列於宣德門百步之外，俟行禮時，罷奏一嚴，亦足以稱虔恭祀事之意。」帝復謂輔臣曰：「既不可廢，則祀前一夕邇於接神，宜罷之。」

神宗元豐中，獻言者論鼓吹樂以爲害雅，欲調治之，令與正聲相得。楊傑言：「正樂者，先王之德音，所以感召和氣、格降鬼神〔四九〕、移變風俗，而鼓吹者，軍旅之樂耳。蓋鼓角横吹，起於西域，聖人存四夷之樂，所以一天下也；存軍旅之樂，示不忘武備也。『鞮鞻氏掌四夷之樂與其聲歌，祭祀則龡而歌之，燕亦如之。』今大祀，車駕所在，則鼓吹與武嚴之樂陳於門而更奏之，以備警嚴。大朝會則鼓吹列於宫架之外，其器既異先代之器，而施設概與正樂不同。國初以來，奏大樂則鼓吹備而不作〔五〇〕，同名爲樂，而用實異。雖其音聲間有符合，而宫調稱謂不可淆亂。故大樂以十二律吕名之，鼓吹之樂則曰正宫之類而已。若以律吕變易胡部宫調，則名混同而樂相紊亂矣。」遂不復行。

徽宗政和七年，議禮局奏曰：「古者，王師克捷必奏凱，所以耀武事，旌勳伐。黄帝涿鹿有功，命岐伯作凱樂，以勸士諷敵，故其曲有靈夔吼[五一]、雕鶚争、石墜崖、壯士怒之名。周官：『王師大獻，則令奏凱樂。』樂師：『凡軍大獻，則教凱歌。』漢有朱鷺等十八曲。魏、晉而下，莫不沿尚[五二]，尚皆謂鐃歌鼓吹曲，各易其名，以紀功烈。今所設鼓吹，唯備警衛而已，未有鐃歌之曲，非所以彰休德而揚偉績也。乞詔儒臣討論撰述，因事命名，審協聲律，播之鼓吹，俾工師習之。凡王師大獻則令鼓吹具奏，以聳群聽。」從之。十二月，詔六州改名崇明祀，十二時改名稱吉禮[五三]，導引改名熙事備成，六引内者，備而不作。大禮：車駕宿齋所止，夜設警場，用一千二百七十五人，奏嚴，用金鉦、大角；大鼓樂[五四]，用大小横吹、篳篥、簫、笳、笛，歌六州、十二時，每更三奏之。

高宗紹興十三年，太常寺言：「將來郊祀大禮，排設大駕鹵簿儀仗並六引，共用鼓吹八百八十四人，内鼓吹令、丞二人，昨在京，本寺自有令、丞，如闕，以次充攝，自今並闕人。又府史、典史各四人，舊係本寺人吏充攝，緣人吏將來並充；贊者等已上，並乞差殿司指揮使以上充。又指揮使二人，舊係殿司差撥；又帥兵官四十六人，舊係殿前馬步三司差受宣人充。今乞並令逐司依舊歌色四十八人，金鉦十七人，掆鼓十七人，大鼓一百一十人，小鼓六十人，長鳴六十人，中鳴六十人，鐃鼓十七人，拱宸管三十六人，羽葆鼓十二人，䈰篥二十九人，桃皮䈰篥二十四人，笳八十七人，大横吹七十人，小横吹六十人，簫八十七人，笛二十九人，節鼓一名。已上舊係差本寺鼓吹局樂工一百餘人，不足，並於逐司貼差雜攢樂人充。今鼓吹局樂工節目並闕，其前項合用人數，並乞令逐司依名色人數，下諸軍及將下剗刷稍諳樂藝之人。」從之。

先是，在京排設嚴更警場，用奏嚴鼓一百二十四面，金鉦二十四面，鳴角一百二十隻。至是以地步窄狹，難以排設，止用鼓角各六十，金鉦二十，並差用殿前司中軍人物。

孝宗隆興二年，兵部言：「奉明詔，大禮乘輿服御，除玉輅、平輦等外，所用人數，並從省約。内鼓吹合用八百四十一人，止用五百八十八人；警場合用二百七十五人，止用一百三十人。」

按：漢志言，漢樂有四，其三曰黄門鼓吹樂，天子宴群臣之所用；四曰短簫鐃歌樂，軍中之所用。則鼓吹與鐃歌，自是二樂，而其用亦殊。然蔡邕言鼓吹者，蓋短簫鐃歌，而俱以爲軍樂，則似漢人已合而爲一。但短簫鐃歌，漢有其樂章，魏、晉以來因之，大概皆叙述頌美時主之功德；而鼓吹則魏、晉以來以給賜臣下，上自王公，下至牙門督將皆有之，且以爲葬儀。蓋鐃歌上同乎國家之雅頌，而鼓吹下儕於臣下之鹵簿，非惟所用尊卑懸絶，而俱不以爲軍中之樂矣。至唐、宋則又以二名合爲一，而以爲乘輿出入警嚴之樂。然其所用棡鼓、金鉦、鐃鼓、簫、笳、横吹、長鳴、觱篥之屬，皆俗部樂也。故郊祀之時，太常雅樂以禮神，鼓吹嚴警以戒衆，或病其雅、鄭雜襲，失齋肅寅恭之誼者此也。又鼓吹本軍中之樂，郊禋齋宿之時，大駕鹵簿以及從官、六軍、百執事，輿衛繁多，千乘萬騎，旅宿以將事，蓋雖非征伐，而所動者衆，所謂軍行師從是也。則夜警晨嚴之制，誠不可廢。至於册寶、上尊號、奉天書、虞主祔廟皆用之，則不類矣。

校勘記

〔一〕興雲動雷　「雲」字原脱，據樂書卷一八六、太平御覽卷五六九樂部七優倡補。

〔二〕後漢天子臨軒設樂　通典卷一四六樂典六同，舊唐書卷二九音樂志二無「後」字。

〔三〕輝耀日光　「耀」原作「輝」，據通典卷一四六樂典六、舊唐書卷二九音樂志二改。

〔四〕道士捫翠屏之狀　「屏」字原脱，據通典卷一四六樂典六補。

〔五〕梁又設跳鈴跳劍擲倒獮猴橦青紫鹿　後一「跳」字原脱，「鹿」原作「緑」，據通典卷一四六樂典六補改。

〔六〕緣幢　「緣」字原脱，據魏書卷一〇九樂志補。

〔七〕北齊武平中　原訛作「北齊神武平中山」，據隋書卷一五音樂志下删改。

〔八〕大盆器等　「盆」，隋書卷一五音樂志下作「瓮」。

〔九〕其上舞　隋書卷一五音樂志下作「其上有舞」。

〔一〇〕其歌者多爲婦人服　隋書卷一五音樂志下作「其歌舞者多爲婦人服」，多一「舞」字。

〔一一〕東都以齊王暕總之　「暕」原作「陳」，據隋書卷五九煬三子傳改。

〔一二〕論語曰樂則韶武　「論語」原作「傳」，據唐會要卷三四論樂改。又「韶武」，同書作「韶舞」。

〔一三〕高宗時　本節舛誤頗多。通典卷一四六樂典六作「大抵散樂雜戲多幻術，皆出西域。始於善幻人至中國。漢安帝時，天竺獻伎，能自斷手足，刳剔腸胃，自是歷代有之。大唐高宗惡其掠人，敕西域關津，不令入中國。」

〔一四〕抵目就刃　「抵」，舊唐書卷二九音樂志二作「低」。通典卷一四六樂典六同原刊。

〔一五〕又植於背下　「植」字原脱，「下」原作「上」，據舊唐書卷二九音樂志二補改。

〔一六〕吹篳篥者立其腹上　「者立」二字原脱，據舊唐書卷二九音樂志二補。

〔一七〕梁有長蹻伎　「蹻」原作「橋」，據隋書卷一三音樂志上、舊唐書卷二九音樂志二改。

〔一八〕又有弄椀珠伎丹珠伎　通典卷一四六樂典六同。舊唐書卷二九音樂志二「伎」下有「丹珠伎」三字，揣上下文意，當補。

〔一九〕婆羅門樂用漆篳篥二　「漆」原作「七」，據舊唐書卷二九音樂志二改。

〔二〇〕大面　「大」原作「代」，據舊唐書卷二九音樂志二、通典卷一四六樂典六改。

〔二一〕承華令典　「華」原作「革」，據樂書卷一八六改。

〔二二〕河朔演其曲而被之管絃　「朔」原作「翔」，據舊唐書卷二九音樂志二、通典卷一四六樂典六改。

〔二三〕故號踏揺云　通志卷一四六樂典六同原刊。舊唐書卷二九音樂志二「云」作「娘」。

〔二四〕請所奏御注而下　「請」原作「謂」，據通典卷一四六樂典六改。

〔二五〕蓋象醉狀也　「狀」原作「舞」，據樂書卷一八七改。

〔二六〕益錢　「益」，樂書卷一八七作「意」。

〔二七〕蓋兩伎以首相抵戴而行也　「首」原作「手」，據樂書卷一八七改。

〔二八〕别爲一樂之名也　「爲」原作「無」，據通典卷一四六樂典六改。

〔二九〕與魏代鼓吹長簫同長簫短簫　「同」原作「伎」，下「長」與「短簫」原脱，據宋書卷一九樂志一改補。

〔三〇〕一曲十揲　「曲」原作「面」，「揲」原作「捺」，據樂書卷一三八改。

〔三一〕律書樂圖　「書」字原脱，據局本補。

〔三二〕大司馬之職　「大」字原脱，據周禮大司馬注補。

〔三三〕鉞所以爲將威　「爲」原作「示」，據周禮大司馬注改。

〔三四〕惟請秉鉞　「惟」字原脱，「請」下原衍「以」字，據舊唐書卷二八音樂志一補删。

〔三五〕俟俘囚引出方退　「俟」原作「如」，據舊唐書卷二八音樂志一改。

〔三六〕唐六典曰　「典」原作「曲」，據唐六典卷一六衛尉寺改。

〔三七〕開封牧　「封」原作「府」，據宋會要輿服三之一六改。

〔三八〕大鼓百二十主帥二十　九字原脱，據宋史卷一四五儀衛志三補。

〔三九〕簫笳各二十四　「笳」字原脱，「四」下原衍「主帥二笳二十四」七字，據宋史卷一四五儀衛志三補删。

〔四〇〕或以笛充　「或」字原脱，據宋史卷一四五儀衛志三補。

〔四一〕簫　原脱，據宋史卷一四五儀衛志三補。

〔四二〕院官録事二　「二」原作「一」，據宋會要輿服三之一六改。

〔四三〕則夜奏於行宫前　「於」原作「以」，據宋會要輿服三之一八改。

〔四四〕其致齋夜奏三嚴　「三」，宋會要輿服三之一八作「四」。

〔四五〕事理與作樂全殊　「理」原作「體」，據宋會要輿服三之一八改。

〔四六〕乾德六年　「六」原作「四」，據宋會要輿服三之一八改。

〔四七〕又以古興亡事實之　「實」下原衍「文」字，據演繁露卷一六六州歌頭删。

〔四八〕因下太常禮院議　「院」字原脱，據宋會要輿服三之一九補。

〔四九〕格降鬼神　「鬼」，宋史卷一四〇樂志一五作「上」。

〔五〇〕奏大樂則鼓吹備而不作　「則」原作「作」，據宋史卷一四〇樂志一五改。

〔五一〕靈夔吼　按上文陳氏樂書引律書樂圖有「靈夔吼」。元本、慎本、馮本及宋會要輿服三之二〇作「靈夔競作」。

〔五二〕莫不沿尚　「尚」原作「存」，據宋會要輿服三之二〇改。

〔五三〕十二時改名稱吉禮　「時」字原脱，「吉」原作「告」，據宋會要輿服三之二〇補改。

〔五四〕大鼓樂　「樂」原作「角」，據宋會要輿服三之二〇改。

卷一百四十八　樂考二十一

夷部樂

周禮：「韎師掌教韎樂，祭祀則帥其屬而舞之，舞之以東夷之舞〔一〕。疏：「凡舞夷樂，皆門外爲之。」大饗亦如之〔二〕。」「旄人掌教舞散樂，舞夷樂。散樂，野人爲樂之善者，若今黃門倡矣。自有舞夷樂，四夷之樂亦皆有聲歌及舞。疏：「散樂，以其不在官之員内謂之爲散〔三〕。黃門倡者，漢倡優之人，亦非官樂之内〔四〕。」凡四方之以舞仕者屬焉。」疏：「即野人能舞者。」「鞮鞻氏掌四夷之樂，與其聲歌，四夷之樂，東方曰韎，南方曰任，西方曰株離，北方曰禁。詩云「以雅以南」是也。王者必作四夷之樂，一天下也，言與其聲歌，則云樂者主於舞。祭祀則歙而歌之，燕亦如之。」吹之以管，籥爲之聲。

白虎通云：「樂元語曰：東夷之樂曰朝離，萬物微離地而生。樂持矛舞〔五〕，助時生也。南夷之樂曰南，南，任也，任養萬物。樂持羽舞，助時養也。西夷樂曰味，味，昧也〔六〕，萬物衰老，取晦昧之義也。樂持戟舞，助時殺也。北夷樂曰禁，言萬物禁藏。樂持干舞，助時藏也。」又曰：「先王推行道德，和調陰陽，覆被夷狄，故製夷樂。何不製夷禮？禮者，身當履而行之，夷狄不能行禮也。」

陳氏樂書曰：「詩者民之情性，歌者民之歡心，是歌始於詩而樂又始於歌。凡此内自中國，外暨四夷，其風聲氣俗，雖因水土不同，至於所以爲情性，爲歡心，未始少異也。古人之於禽類，一載好其音，猶且取之，況夷歌乎？故周官：『鞮鞻氏掌四夷之樂與其聲歌，祭祀，則歠而歌之〔七〕。燕亦如之。』蓋四夷之民，異音而同歌，先王祭祀燕饗必用之者，以其中天下而立，定四海之民，服而役之，得其歡心，使鼓舞焉，以承祭祀，供饗燕，君子之所樂故也。傳曰：『王者必作四夷之樂，一天下也。』其此之謂乎！然王者製夷狄樂，不製夷狄禮，何也？曰〔八〕：樂者遠近所同，禮、樂異制而已。故製其樂不製其禮，恐其不能從中國禮故也。豈非五方之民皆有性不可推移然邪？臣觀契丹視他戎狄最爲强桀，然所用聲曲，皆竊取中國之伎，但不能和闡婉諧，彈絲擫管，趨於成音而已。耻其本俗所翫，禁止不傳，而中國第得其蕃歌與舞〔九〕，其制：小横笛一，拍鼓一，拍板一，歌者一二人和之〔一〇〕，其聲嘍離促迫，舞者假面，爲胡人衣服，皆効之〔一一〕，軍中多尚此伎。太宗雍熙中，惡其亂華樂也，詔天下禁止焉，可謂甚盛之舉矣。然今天下部落，效爲此伎者甚衆，非特無知之民爲之，往往士大夫之家亦喜爲之。誠推太宗禁止之制，凡朝廷作夷樂，特施於國門之外，以樂蕃使可也。苟用之燕饗，非所以示天下移風俗之意也。」

東夷

高麗　其國樂工人紫羅帽，飾以鳥羽，黄大袖，紫羅帶，大口袴，赤皮鞾，五色縚繩。舞者四人，椎髻於後，以絳抹額〔一二〕，飾以金鐺。二人黄裙襦，赤黄袴；二人赤黄裙，襦袴。極長其袖，烏皮鞾，雙雙並立而舞。隋、唐九部樂，有高麗伎。其樂器已見俗樂門，此不詳具。唐武后時，尚餘二十五曲。貞元末，唯能習一曲〔一三〕。衣服亦寖衰敗，失其本風。傀儡並越調夷賓曲，李勣破高麗所進也。宋乾德四年，鎮州進伶官二十八人，善習高麗部樂，賜衣服銀帶，遣歸本道。元豐間來臣求中國樂工教之。今之樂，大抵中國製。中國使至，嘗出家樂以侑酒。

百濟　其國之樂，有鼓、角、箜篌、箏、竽、篪、笛之樂，投壺、圍棋、樗蒲、握槊、弄珠之戲，宋朝初得之。至後魏太武滅北燕，亦得之而未具。周武滅齊，威振海外，二國各獻其樂，周人列於樂部，謂之國伎。隋文平陳，並與文康、禮畢而得之。唐貞觀中嘗滅百濟國，盡得其樂。至中宗時，工人亡散。開元中，岐王範爲太常卿，復奏置之，其器有箏、笛、桃皮觱篥、箜篌，其歌曲入般涉調〔一四〕，唐英公將薛仁貴破其國，得而進之也。歌者有五種焉。其舞用二人，紫大袖裙襦，章甫冠，皮履。章甫，商冠也，而東夷服之，豈亦得其遺制歟！古人嘗謂禮失求諸夷，信矣。

獩貊　常以歲十月祭天，晝夜飲酒歌舞，名爲「儛天」。其作樂大抵與夫餘國同，特所用月異耳。

三韓　其俗信鬼神，常以五月祭之。晝夜群飲，鼓瑟歌舞，踏地爲節。十月農功畢亦如之。瑟形如筑，彈之亦有音曲云。馬韓國：常以五月下田種，畢功，因祭鬼神，晝夜聚飲歌舞，數十人蹋地低昂，以手足相應爲節，有類鐸舞。農功畢亦如之。

夫餘　以臘月祭天，大會連日，飲食歌舞，名曰「迎鼓」。行人無晝夜，好歌吟，音聲不絕。

新羅　每歲八月十五日設樂，令群官射，賞以馬布。唐貞觀中，遣使獻女樂二人。

倭國　其樂有五絃、琴、笛。每至正月一日，必射戲飲酒爲樂。隋大業中，嘗遣裴世清使其國，其王設儀仗，鼓角歌舞迎之。

日本　自唐以來，屢遣貢使。三月三日，有桃花曲水宴。八月十五日放生會，呈百戲。其樂有中國、高麗二部，歌詞雖甚雕刻而膚淺。

勿吉　隋開皇中遣使朝貢，文帝厚勞宴之，率皆起舞，曲折多鬭容。

西戎

高昌　西魏與高昌通始，有高昌部之樂，以備宴饗。隋開皇中，嘗來獻聖明樂曲。唐太宗伐其國，盡得其樂。其器有竪箜篌、琵琶、五絃、笙、笛、簫、觱篥、毛員鼓、都曇鼓、答臘鼓、腰鼓、羯鼓、鷄婁鼓、銅鼓、銅鈸、貝等十五種爲一部〔一五〕，工二十人，舞人白襖錦袖，赤皮鞾，赤皮帶，紅抹額。

龜兹　自吕光滅龜兹，因得其聲。吕氏亡，其樂分散。後魏平中原，復獲之，其聲後多變易。至隋有西國龜兹、齊朝龜兹、土龜兹等，凡三部。開皇中列於七部樂，其器大盛於閭閈。唐以爲十部燕樂，奏安息樂以下雷大鼓，用龜兹樂，尤盛於開元之時，曹婆羅門累代傳其素業。大和初，有米未稼、米萬搥。樂色舞藝，並見俗部樂，唐十部下，兹不再録。樂工人皂絲布頭巾，緋絲布袍，錦袖，緋布袴。舞者四人，紅抹額，緋襖，白袴帑，烏皮鞾。其舞曲有小天、疏勒鹽焉。

疏勒　其樂有竪箜篌、琵琶、五絃、横笛、簫、觱篥、答臘鼓〔一六〕、腰鼓、羯鼓、提鼓〔一七〕、鷄婁鼓十種爲一部。工十二人，歌曲有兀利死讓樂，舞曲有遠服，解曲有鹽曲。蓋起自後魏平馮氏通西域時。隋、唐以備燕樂部。樂工人皂絲布頭巾，白絲布袍[一八]，錦衿褾[一九]，白絲布袴。舞二人[二〇]，白襖，錦袖，赤皮鞾，赤皮帶。曲調有昔昔鹽、一臺鹽之類。

容齋洪氏隨筆曰：「薛道衡『空梁落燕泥』之句，其詩曰昔昔鹽，凡十韵。唐趙嘏廣之爲二十章。按：樂苑以爲羽調曲。玄怪録載[二一]，籧篨三娘工唱阿鵲鹽。又有突厥鹽、黄帝鹽、白鴿鹽、神雀鹽、疏勒鹽[二二]、滿座鹽、歸國鹽。唐詩：『媚賴吴娘唱是鹽』，『更奏新聲刮骨鹽』。然則歌詩謂之『鹽』者，如吟、行、曲、引之類云。今南嶽廟獻神樂曲，有黄帝鹽，而俗傳以爲『黄帝炎』，長沙志從而書之[二三]，蓋不考也。」

康國　其樂器有長笛、正鼓、和鼓、銅鈸四種爲一部。工七人，歌曲有戢殿農和正[二四]，舞曲有賀蘭鉢鼻始、末奚波地、農慧鉢鼻始、前拔地慧地等四曲，蓋自周閔帝聘北狄女爲后，獲西戎伎樂也。隋、唐以備燕樂部。樂工人皂絲布頭巾，緋絲布袍，錦領。舞二人，緋襖，錦領袖，緑綾襠袴，赤皮鞾，白袴帑。舞急轉如風，俗謂之「胡旋」。

安國　其樂器有箜篌、琵琶、五絃、笛、簫、雙觱篥、正鼓、和鼓、銅鈸、歌簫、小觱篥、桃皮觱篥、腰鼓、齊鼓、檐鼓、貝等十四種爲一部。工十八人，歌曲有附薩單時、歌芝棲，舞曲有末奚舞芝棲，解曲有居柘。後魏平馮氏通西域，得其伎。隋、唐以備燕樂部樂。工人皂絲布頭巾，錦褾領[二五]，紫袖袴。舞二人，紫襖，白袴帑，赤皮鞾。

乞寒　本西國外蕃康國之樂[二六]。其樂器有大鼓、小鼓、琵琶、五絃、箜篌、笛，其樂大抵以十一月倮露形體，澆灌衢路，鼓舞跳躍而索寒也。

唐神龍時，并州清源令吕元泰上書曰：「洪範庶徵『謀時寒若』。禮曰：秋行夏令，寒暑不節。陰陽不調，政令之失，休咎之應，君臣之感〔二七〕。君能謀事則時寒順之，何必效胡俗而乞索哉！」先天二年，中書令張説諫曰：「乞寒、潑胡，未聞典故，裸體跳足，盛德何觀；揮水投泥，失容滋甚。法殊魯禮，褻比齊優。恐非干羽柔遠之義，罇俎折衝之道。願擇芻言，特罷此戲。」至開元元年十二月敕：「臘月乞寒，外蕃所出，漸浸成俗，因循已久。自今以後，無問蕃漢，即宜禁斷。」

西涼　晉末，中原喪亂，張軌據有河西，苻秦通涼州，旋復隔絶。其樂具鐘磬，蓋涼人所傳中國舊樂，雜以羌胡之聲也。自後魏傳隋及唐，以備燕樂部。樂工平巾幘，緋褶。方舞四人，假髻，玉支釵，紫絲布褶，白大口袴，五彩接袖〔二八〕，烏皮韡。白舞一人，史不載其服色。其器有編鐘、編磬、琵琶、五絃、豎箜篌、卧箜篌、箏、筑、笙、簫、竽、大小觱篥、豎笛、横吹、腰鼓、齊鼓、檐鼓、銅鈸、貝爲一部。工二十七人。其歌曲謂之涼州，又謂之新涼州，皆入婆陀調中。西涼府都督郭知運等所進也。唐坐、立二部，惟慶善樂獨用西涼，故明皇嘗命紅桃歌涼州，謂其詞貴妃所製，豈貴妃製之、知運進之邪！涼州進新曲，明皇命諸王於便殿觀之。曲終，諸王皆稱萬歲，獨寧王不賀。明皇詢其故，寧王曰：「夫曲者，始於宫，散於商，成於角、徵、羽。臣見此曲，宫離而少徵，商亂而加暴。宫者，君也；商者，臣也。宫不勝則君體卑，商有餘則臣事僭。臣恐異日臣下有悖亂之事，陛下有播越之禍，兆於斯曲矣。」洎禄山南犯，明皇西幸，始知寧王善音，而胡音適以亂華也，可不戒哉！

天竺　其樂器有鳳首箜篌、琵琶、五絃、橫笛、銅鼓、毛員鼓、都曇鼓、銅鈸、貝等九種爲一部。工十二人。歌曲有沙石疆，舞曲有朝天曲〔二九〕。蓋自張重華據有涼州，重譯來貢男伎者也。其後國王子爲沙門來遊〔三〇〕，又傳其方音。漢安帝時，天竺獻伎，能自斷手足，刳腸胃。唐高宗惡其驚俗，敕西域關津，不令入中國，亦一時英斷也。商調有大朝天、小朝天。樂工人皂絲布頭巾，白練襦，紫綾袴，緋帔。舞二人，辮髮，朝霞袈裟，行纏，碧麻鞋。其舞曲有小朝天。南蠻、北狄之俗，皆隨髮際斷髮。今舞者咸用繩維首，反約髮杪〔三一〕，内於繩下，此其本也。

大宛　其國多善馬，馬汗血，其先天馬種〔三二〕。其馬有肉角數寸，或解人語言及知音樂，其舞與鼓節相應。觀馬如此，其樂可知矣。

吐蕃　其俗以麥熟爲歲首。圍棋六博，吹蠡鳴鼓，以爲戲樂。

于闐　其俗以十二月一日肆筵設席，拍手撥胡琴唱歌，故隋代胡部舞曲，亦有于闐佛曲焉。宋開寶中有僧吉祥，以其國王書來上，自言破疏勒國得舞象一，欲以爲貢。詔從焉。

拂菻　其國每歲蒲桃熟時，造酒肆筵，彈胡琴，打偏鼓，拍手歌舞，以爲樂焉。

南蠻

九真徼外蠻　其俗尚銅鼓，以高大爲貴，方其初成，招致同類飲食，用金銀釵擊之。

扶南　隋煬帝平林邑，獲扶南工人及其匏琴，朴陋不可用，但以天竺樂轉寫其聲而不齒樂部。

赤土　扶南之别種。隋大業中遣常駿等使其國，其王遣婆羅門鳩摩羅以舶三十艘吹螺擊鼓以迓之。及使至，女樂迭奏，並用天竺樂。

婆利國　梁天監中遣使通朝貢。其王姓陳矯如〔三三〕，出則以象駕輿，施羽蓋珠簾，其導從吹螺擊鼓以爲樂。

林邑　其樂有琴、笛、琵琶、五絃，頗同中國制度。至於擊鼓以警衆，吹蠡以即戎，此其異也。南蠻之樂，多擊鼓吹螺。

附國　在蜀郡西北，其國俗好歌舞，其樂器則鼓簧吹長笛，有死者，則子孫帶甲舞劍，殺鬼報冤焉〔三四〕。

哥羅國　漢時聞於中國。其音樂有琵琶、横笛、銅鈸、鐵鼓。

闍婆　其樂有横笛、鼓板，亦能舞。

三佛齊　其樂有小琴、小鼓、崑崙奴、踏曲爲樂。

占城　其俗四月有游船之戲，七月集民作歌樂禳災〔三五〕，答謝天道。其樂器有胡琴、笛鼓、大鼓。

牂牁　其俗擊鼓、銅鑼以祀神。宋至道中來朝。太宗令作本國歌舞，一人吹瓢笙如蚊蚋聲。良久，十數輩連袂宛轉而舞，以足頓地爲節，詢其名，則曰水曲也。

張蕃　其王每歲正月一日、七月一日公衙會諸蕃飲宴，亦動蕃樂。上户女出嫁，亦用銅鼓、銅鑼焉。

龍蕃　其俗凡遇四序稱賀作樂，擊大鼓，吹長笛，批管笓律，杖鼓。其樂曲有賀聖朝、天下樂、應天長。至於有物故者，雷吉天鼓，或唱挽歌焉。

石蕃　其俗每遇四季節序，會官屬宴樂。其樂器有琵琶、觱篥、大鼓。其曲各有願天長、感天恩、感皇恩、天下樂云。

羅蕃　其王每日授衙，凡遇祭饗，管設只於平川坡野間。其作樂不過鳴大鼓〔三六〕，吹箭蘆笙，樂人踏舞而已。

撣國　漢安帝時來獻樂及幻人，能吐火，自支解，易牛馬頭。元會作之於庭〔三七〕，諫議大夫陳禪曰：「帝王之庭，不宜作夷狄之技〔三八〕。」

南詔　唐貞元中，南詔異牟尋作奉聖樂舞，因西川押雲南八國使韋皋以進，上御麟德殿閱之，是不知古夷樂作於國門右辟之義也。南詔調奉聖樂曲，用黃鍾之均〔三九〕，舞六成，舞伎六十四人，贊引二人〔四〇〕，序曲二十八疊，執羽而舞「南詔奉聖樂」字，曲將終，雷鼓作於四隅，舞者皆拜，金聲作而起，執羽稽首，以象朝覲。每拜跪，節以鉦鼓。又爲五均：一曰黃鍾，宮之宮；二曰太蔟，商之宮；三曰姑洗，角之宮；四曰林鍾，徵之宮；五曰南呂，羽之宮。其文義繁雜，不足復紀。德宗既閱於麟德殿，以授太常工人，自是殿庭宴則立奏，宮中則坐奏。有坐部伎、立部伎。

扶婁　周成王之時，南垂之南有扶婁國，或於掌中備百獸之樂，宛轉屈曲於指間，人形長數分，神怪欻忽〔四一〕，莫可名狀。後世樂府，猶存此伎。其歌舞之類，不可得而知。見王子年拾遺記。

渤泥　其國人宴會聚樂必鳴鼓〔四二〕，吹笛，擊鈸，批掌歌舞以爲樂。

彌臣　邊海之國。其主以木栅居海際水中，百姓皆樓居，俗好音樂，樓兩端各置鼓，飲酒即擊之，男女攜手樓中，踏舞爲樂。在永昌城之西南。

古奴　其俗晝夜作市舟中，皆鳴鼓、吹角以爲樂。其衣被頗類中國。

白狼　東漢明帝永平中，朱輔爲益州刺史〔四三〕，移檄西南夷，喻以聖德。白狼王唐菆等百餘國〔四四〕，重譯來庭，有歌詩三章，輔所獻也。東觀漢記備載其詞及夷人本語，皆重譯訓詁爲華言，使覽者易曉焉〔四五〕。歌三章：其一，遠夷樂德；其二，遠夷慕德；其三，遠夷懷德。

大食麻囉拔　其俗每年以二月爲歲首，歌樂多以胡琴、吹笛、鳴小鼓，無唱拍〔四六〕。

驃國　唐貞元中重譯來朝，獻樂凡一十曲，工三十五人。其國與天竺相近，故樂多演釋氏經論之詞。每爲曲，皆齊聲唱，各以兩手十指齊斂爲赴節之狀〔四七〕，一低一仰，未嘗不相對，有類中國柘枝舞焉。

獠蠻　獠蓋蠻之别種。其王各有鼓角一雙，使子弟自吹擊之，多執矛，用竹爲簧，群聚鼓之，以爲音節。

邈黎　其民俗七日一次禮佛作樂，動胡琴，打鼓子飲宴以爲節序。

陳氏樂書曰：「樂有歌，歌有曲，曲有調。故宫調胡名婆陀力調，又名道調，婆羅門曰阿修羅聲也。商調胡名大乞食調，又名越調，又名雙調，婆羅門曰帝釋聲也。角調胡名涉折調，又名阿謀調，婆羅門曰大辯天聲也。徵調胡名婆臘調，婆羅門曰郍羅延天聲也〔四八〕。羽調胡名般涉調，又名平調移風，婆羅門曰梵天聲也。變宮調胡名阿詭調也。李唐樂府曲調有：普光佛曲、彌勒佛曲、日光明佛曲、大威德佛曲、如來藏佛曲、藥師琉璃光佛曲、無威感德佛曲、龜茲佛曲，並入婆陀調也。釋迦牟尼佛曲、寶花步佛曲、觀法會佛曲、帝釋幢佛曲、妙花佛曲、無光意佛曲、阿彌陀佛曲、燒香佛曲、十地佛曲，並入乞食調也。大妙至極曲、解曲，並入越調也。摩尼佛曲，入雙調也。蘇密七俱陀佛曲、日光騰佛曲，入商調也。邪勒佛曲，入徵調也。觀音佛曲、永寧佛曲、文德佛曲、婆羅樹佛曲，入羽調也。遷星佛曲，入般涉調也。提梵，入移風調也。」

北狄

北狄之樂，本馬上樂。自漢以來，總歸鼓吹署〔四九〕。後魏樂府始有北歌，史所謂真人代歌是也〔五〇〕。代都時〔五一〕，命掖庭宫人晨夕歌之。周、隋代，與西凉樂雜奏〔五二〕。當時存者五十三章，其名可解者六章而已。慕容可汗、吐谷渾、部落稽、鉅鹿公主、白净王太子、企喻是也。梁樂府鼓吹又有大白净皇太子、小白净皇太子、企喻等曲。隋鼓吹有白净王太子曲，與北歌校之，其音皆異。豈皆傳聞不同邪？西凉節度蓋嘉運所進北庭伊州亦北歌之一也〔五三〕。唐開元中，歌工長孫元忠之祖，嘗受北歌於侯將軍貴昌〔五四〕。貞觀中，詔貴昌以其聲教樂府，能譯者亦不能通知其詞〔五五〕，蓋年歲久遠，失其真矣。豈非荀卿所謂節奏久而絶者乎！

大遼　有八部。其渤海俗，每歲時聚會作樂，先命善歌舞者數輩前行，士女隨之，更相唱和，回旋宛轉，號曰踏鎚焉。宋太宗雍熙四年，帝以北戎侵軼，惡軍中習蕃歌以雜華樂，詔諸道禁止之。至道元年，定州言新羅設番人二十人〔五六〕，自契丹亡歸，傳送闕下。帝召見便殿，皆手持大螺如五升器，稱在契丹十一年，教令學吹此者凡五十輩。帝令吹之，聲重濁奮厲，大率如角。問其曲，云單于。並賜衣服緡錢，隸軍籍。

鮮卑　周、隋世，北歌與西涼樂雜奏，其不可解者，多可汗之辭，是燕、魏之際鮮卑歌也。後世惟琴曲傳胡笳聲云。

陳氏樂書曰：「隋大業中，備作六代之樂，華夷交錯，其器千百，煬帝分爲九部，以漢樂坐部爲首，外以陳國樂舞玉樹後庭花也。西涼與清樂並龜茲、五天竺國之樂並合佛曲、法曲也。安國、百濟、南蠻、東夷之樂，並合野音之曲、胡旋之舞也。樂苑又以清樂、西涼、龜茲、天竺、康國、疏勒、安國、高麗、禮畢爲九部，必當損益不同，始末異制，不可得而知也。觀開皇中顏之推上言：『今太常雅樂，盡用胡聲，請憑梁國舊事，考尋古曲。』高祖曰：『梁亡國之音，奈何遣我用邪？』由此觀之，隋、唐之樂，雖有雅、胡、俗三者之別，實不離胡聲也。歷代沿襲，其失如此。聖朝宜講制作，削去而釐正之，實萬世利也。」

按：明堂位言：「味，東夷之樂也；任，南蠻之樂也。」周禮：「韎師掌教韎樂。」韎，即味也。獨西戎、北狄之樂不見於經。豈周之興也肇於西北，而化行及於東南，故必俟東夷、南蠻之樂盡入於王府，然後足以言聲教之遠被邪！然觀隋、唐所謂燕樂，則西戎之樂居其大半。鄭夾漈以爲雅、頌，亦自西周始。凡清樂妙舞，未有不自西出者。八音之音以金爲主，五方之樂惟西是承。雖曰人爲，亦莫非稟五行之精氣而然，是固一説也。愚又以爲：自晉氏南遷之後，戎狄亂華，如苻氏出於氐，姚氏出於羌，皆西戎也。亦既奄有中原，而以議禮制度自詭。及張氏據河右，獨能得華夏之舊音。繼以吕光、秃髮、沮渠之屬，又皆西戎也。蓋華夏之樂流入於西戎，西戎之樂混入於華夏，自此始矣！隋既混一，合南北之樂而爲七部伎。所謂清商三調者，本中華之樂，晉室播遷，而入於凉州，張氏亡而入於秦，姚氏亡而入於江南，陳亡而復入北。其轉折如此，則其初固本不出於西戎也。

徹樂

周官大司樂：凡日月食，四鎮五嶽崩，大傀異烖，諸侯薨，令去樂。四鎮，山之重大者，謂揚州之會稽，青州之沂山，幽州之醫無閭，冀州之霍山。五嶽，岱在兖州，衡在荆州，嵩在豫州，華在雍州，恒在并州。傀，猶怪也。大怪異災，謂天地奇變，若星辰奔霣及震裂爲害者。去樂，藏之也。春秋傳曰：「壬午猶繹，萬入去籥。」萬言入，則去者不入，藏之可知。傀，劉九靡反，舊音怪。大札，大凶，大烖，大臣死，凡國之大憂，令弛縣。札，疫癘也。凶，凶年也。烖，水火也。弛，釋下之，若今休兵鼓之爲〔五七〕。

魯宣公八年六月辛巳，有事於太廟。仲遂卒於垂。壬午，猶繹，萬入去籥。繹，又祭。陳昨日之禮，所以賓尸。萬，舞名。籥，管也。猶者，可止之辭。魯人知卿佐之喪不宜作樂，而不知廢繹，故内舞去籥，惡其聲聞。仲尼曰：「非禮也，卿卒不繹。」

昭公十五年二月癸酉，有事於武宮，籥入。叔弓卒，去樂卒事，禮也。

晉知悼子卒，未葬，悼子，晉大夫荀盈。平公飲酒，與群臣宴。師曠、李調侍。侍，與君宴也。燕禮記曰：「請旅侍臣。」李調，如字，左傳作外嬖之叔。鼓鐘。樂作也。燕禮：賓入門奏肆夏，既獻而樂闋，獻君亦如之。杜蕢自外來，聞鐘聲，曰：「安在？」怪之也。「杜蕢」或作「屠蒯」。曰：「在寢。」杜蕢入寢，歷階而升，酌曰：「曠飲斯！」又酌曰：「調飲斯！」又酌，堂上北面坐飲之，降，趨而出。三酌皆罰。平公呼而進之，曰：「蕢，曩者，爾心或開予，是以不與爾言。曩，向也，謂始來入時。開，謂諫争有所啓發。爾飲曠，何也？」曰：「子卯不樂。紂以甲子死，桀以乙卯亡，王者謂之疾日，不以舉樂爲吉事，所以自戒懼。知悼子在堂，斯其爲子卯也大矣。言大臣喪，重於疾日也。雜記曰：「君於卿大夫，比葬不食肉；比卒哭不舉樂。」曠也，太師也。不以詔，是以飲之也。」詔，告也。太師典奏樂。「爾飲調，何也？」曰：「調也，君之褻臣也。爲一飲一食，忘君之疾，是以飲之也。」言調貪酒食。褻，嬖也。近臣亦當規君疾憂。「爾飲，何也？」曰：「蕢也，宰夫也，非刀匕是供，又敢與知防，是以飲之也。」防，禁放溢。平公曰：「寡人亦有過焉，酌而飲寡人。」聞義則服。杜蕢洗而揚觶。舉爵於君也。禮，揚作騰。揚，舉也。騰，送也〔五八〕。揚近得之。公謂侍者曰：「如我死，則必毋廢斯爵也。」欲後世以爲戒。至於今，既畢獻，斯揚觶，謂之「杜舉」。此爵遂因杜蕢爲名，畢獻，獻賓與君〔五九〕。

左傳：「晉荀盈如齊逆女，自爲逆。還，六月，卒於戲陽，魏郡内黄縣。殯於絳，未葬，晉侯飲酒，膳宰屠蒯趨入，請佐公使尊，公之使人執尊酌酒，請爲之佐。許之，而遂酌以飲工，工，樂師師曠。曰：『女爲君耳，將司聰也。樂，所以聰耳。辰在子卯，謂之疾日。疾，惡也。注見前。君徹宴樂，學人舍業，爲疾故也。君之卿佐，是謂股肱。股肱或虧，何痛如之！言痛疾過於忌日。女弗聞而樂，是不聰也。』又飲外嬖嬖叔外，都大夫之嬖者。曰：『汝爲君目，將司明也。職在外，故主視。服以旌禮，旌，表也。禮以行事，事，政令。事有其物，物，類也。物有其容。容，貌也。今君之容，非其物也，有卿佐之喪而作樂歡會，故曰非其物。而女不見，是不明也。』亦自飲也，曰：『味以行氣，氣以實志，氣和則志完。志以定言，言以出令，臣實司味。二御失官，而君弗命，臣之罪也。』公説，徹酒。」

曲禮：君無故玉不去身，大夫無故不徹縣，士無故不徹琴瑟。憂樂不相干也。故，謂災、禍、喪、病。

陳氏樂書曰：「父有服，宫中子不與於樂；母有服，聲聞焉不舉樂；妻有服，不舉樂於其側。大功將至，辟琴瑟；小功至，不絶樂。蓋樂不止於琴瑟，而琴瑟特常御者而已。曲禮曰：『君子無故不徹琴瑟。』大功之親有服，其將至，則爲有故矣，雖辟琴瑟可也。未至，則不必辟矣。小功之親有服，雖至，不絶樂。其將至，又可知矣。若夫於己有小功之喪，議而及樂，又禮之所棄也。」

又曰：「魯人朝祥而暮歌，孔子以爲踰月，則其善也。孟獻子禫架而不樂，孔子以爲加於人一等矣。蓋朝祥暮歌者，於禮爲不及，故必踰月然後善。禫架而不樂者，於禮爲過，故不謂之知禮，特謂之加於人一等而已。祥而縞，是月禫，徙月樂，然則祥而外無哭者，禫而内無哭者，非樂當作之時也。祥而踰月，禫而徙月，樂作之時也。祥禫而樂作，豈先王因人情而爲之節文邪？」

後漢仲長統論散齋可宴樂。御史大夫郗慮奏改國家齋日從古制，諸祭祀皆十日，致齋七日，散齋三日。致齋、散齋之日内，有嘉慶之事，或言可賀會宴樂，或言不可。尚書令荀彧與臺郎董遇議曰：「禮志云：『三日齋，一日用之，猶恐不敬。二日伐鼓，何居。』音姬。又云：『君致齋於外，夫人致齋於内。』散齋則是事之漸。然則散齋未絶外内與宴樂之事。今一歲之内，大小祭祀，齋將三百日，如此，無復用樂之時。古今之制，當各從所宜。若外張多日，而内實犯禮，乃所以廢齋也。散齋宜從得會宴樂。」

晉有司下太常曰：「朝廷遏密則素會。」時云「應懸而不樂」。博士孔恢議曰：「素會宜都去懸〔六〇〕。設樂爲作，不作則不宜懸也。孟獻子懸，自是應作而不作耳，故夫子曰『加於人一等』，非爲不應作而應懸也。國諱尚近，謂金石不可陳於庭也〔六一〕。」於時不從恢議，正朝自懸而不作。

徐廣論曰：「魏武以正月崩，魏文以其年七月設伎樂百戲，是則魏不以喪廢樂也。晉武以來，國有大喪，輒廢樂終三年〔六二〕。惠帝太安元年，太子喪未除，及元會亦廢樂。穆帝永和中，爲中原山陵未修復，頻年元會廢樂。是時太后臨朝，后父褚裒薨，元會又廢樂。孝武太元六年，爲皇后王氏喪，亦廢樂。孝武崩，太傅録尚書會稽王道子議，山陵之行，通婚嫁不得作樂，以一期爲斷。」

漢魏故事：將葬，設吉凶鹵簿，皆有鼓吹。新禮以禮無吉駕導從之文，臣子不宜釋其縗麻以服玄黄，除吉駕鹵簿。又，凶事無樂，遏密八音，除凶服之鼓吹。摯虞以爲：「葬有祥車，曠左，則今之容車也。既葬，日中反虞，迎神而還。春秋傳：鄭大夫公孫蠆丑介反。卒，天子追賜大路，使以行。士喪禮，葬有槀車乘車〔六三〕，以載生之服。此皆不唯載柩，兼有吉駕之明文也。既設吉駕，則宜有導從，以象平生之容〔六四〕，明不致死之義。臣子縗麻，不得爲身而釋，以爲君父則無不可。顧命之篇，足以明之。宜定新禮，設吉服導從如舊，其凶服鼓吹宜除。」詔從之。

晉惠帝永寧元年冬〔六五〕，愍懷太子母喪，三年制未終。大司馬府參軍江統議，二年正會不宜舉樂。

引「春秋傳曰：『母以子貴。』而儒者謂傳重非嫡，服同衆子。經無明據，於義爲短。今太子正位東宮，繼體承業，監國嘗膳，既處其重，無復議其輕制也。二年正會，不宜舉樂。」

懷帝永嘉元年冬，惠帝三年制未終。司徒左長史江統議，二年正會不宜作樂，以爲：「自古帝王相承，雖生及有異，而受重同禮。禮，王侯尊殊，得臣諸父兄弟。故以僖嗣閔，左氏謂之逆祀。雖代變時殊，質文不同，至於受重尊祖敬宗，其義一也。書稱遏密諒闇之事，或以縗麻卒禮，或以心喪終制。故周景王有后嫡子之喪，既葬，除服而宴樂，叔向曰『王宴樂已早』。二年正會，不宜作樂。」

愍帝建興元年十二月，元帝時爲丞相，在建業。主簿熊遠議以：「懷帝梓宮未返，正會不宜作樂。謹按尚書，堯崩，四海遏密八音。禮，凶年，天子徹樂減膳。孝懷皇帝崩於虜廷，梓宮未返，人神同忿，兆庶怨嗟。公與國同體，憂容未歇。如矜黎庶塗炭之困，以廢歡悅伎樂之事〔六六〕，謂宜設饌，以賜群下而已。」

大將軍王敦時，南閣祭酒范堅白事云：「伏見每元會，衆樂備奏，倡伎兼作，愚淺多蔽，竊有未安。今國耻未雪，梓宮幽遐，不應備樂。」敦使州府博議。參軍周武議云：「禮古今不同，謂宜取則於朝廷。」敦從之。

晉符問：「章皇后雖哀限未終，后主已入廟，當作樂不？」博士徐虔議引：「周景王有后嫡子之喪，既葬，除服，而宴樂，叔向猶譏之〔六七〕。今宜不懸。」虔又引：「周禮『有憂則弛懸』。今天子蒙塵，攝主不宜作樂。但先人血祀不可廢耳。魯莊公主已入廟，閔公二年吉禘，猶曰『未可以吉』，是不係於入廟也。謂不宜設樂。」

晉征北將軍褚裒薨皇太后之父。未葬，太后居喪。符問：「皇帝元會，當作樂不？」尚書王彪之議：「今若鐘懸鼓吹皆可以作者，其餘羽毛絲竹，奚爲廢之？竊所未喻。元皇后秋崩，武帝咸寧元年饗萬國，設樂；恭皇后夏崩，成帝咸康八年饗萬國，不盡徹樂。未詳二帝故事，孰得孰失？且恭皇后崩，垂向周月，朝行權制，六宮煥然，故以即吉經時，雖尊於萬國，然於帝爲卑，不盡徹樂之詔，或指在於斯也。縱令咸康末不盡徹樂以爲合禮，亦非所以證今明喻也。禮云：『母有喪聲聞焉，則不舉樂。』夫人之事親尊，自王者達於庶人，不以貴賤異禮也。皇太后始居至哀，縗麻服在躬，號哭無時，鐘鼓歌簫之音，實聞於內殿，非禮所謂『不舉樂』之説。今所欲存者輕，所爲廢者重，略輕崇重，附禮合情，敦於體訓，於是乎在。意如前議，謂應設鼓懸鐘而不作。」

晉時，廣昌鄉君喪，御史中丞熊遠表宜廢小會。遠言：「被符，冬至後小會。廣昌鄉君喪殯日淺。禮，大夫死，廢一時之祭。祭猶可廢，况餘事乎？冬至唯宜群下奏賀而已〔六八〕，未宜便小會。」有詔，以遠表示太常賀循〔六九〕，曰：「咸寧二年武皇帝故事，三朝發哀，踰月舉樂；一朝發哀〔七〇〕，三日不舉樂。今舊事明文，卿詳疑處答。」循言：「臣按禮雜記，『君於卿大夫，比卒哭不舉樂』。今雖降而無服，三月之內，猶錫縗以居，不接吉事，如遠所啓。咸寧詔書雖不合古義，然隨時立宜，以爲定制〔七一〕，誠非群下所得讃論。」

穆帝升平元年，冬至節小會。廬陵公主未葬，符問應作樂不？博士荀訥、曹耽等言：「君於卿大夫〔七二〕，比卒哭不舉樂。公主加有骨肉之親，宜闕樂。」太常王彪之引晉武帝詔應作樂：「按武皇詔，三朝舉哀者，三旬乃舉樂；其一朝舉哀者，三日則舉樂。泰始十年春，長樂長公主薨，太康七年秋，扶風武王薨，武皇並舉哀三日而已。中興以來，更參論不改此制。今小會宜作樂。」

穆帝納后用九月，九月是康帝忌月，於時疑不定，下太常禮官。荀訥議稱：「禮只有忌日，無忌月語。若有忌月，即有忌時、忌歲，益無禮據〔七三〕。當時從訥所議。軍樂是軍容〔七四〕，與常樂不等，謂振作於事無嫌。」從之。

唐貞觀二十三年，高宗即位，詔宜以來年正月二日受朝，其樂懸及享群臣並停。永徽元年正月，有司言：「依禮，享祀郊廟並奏宮懸。比停教習，恐致廢忘。伏尋故實，漢魏祇祔之後，庶事如舊。國之大禮，祠典爲先。今既逾年，理宜從吉。若不肄習，即恐不調，誠敬有虧，致招罪責。」並從之。

代宗大曆十四年，禮儀使、吏部尚書顏真卿奏：「謹按周禮大司樂職云：『諸侯薨，令去樂。大臣死，令弛懸。』鄭注云：『去，謂釋下也。』是知哀輕者釋〔七五〕，哀重者藏。又晉元后秋崩，武帝咸寧元年饗萬國，不設樂。晉博士孔恢議，朝廷遏密，懸而不樂。恢以爲：『宜都去懸。設樂爲作，不作則不宜懸。國哀尚近，諸金石不可陳於庭。』伏請三年未畢，朝會都不設懸。如有大臣薨歿，則量事輕重〔七六〕，懸而不作。」敕付所司。

宋仁宗嘉祐七年，祕閣校理裴煜奏：「大祠與國忌同者，有司援舊制，禮樂備而不作。忌日必哀，志有所至，其不有樂，宜也。然樂所以降格神祇，非以適一己之私也。謹按，開元中，禮部建言忌日享廟應用樂。裴寛立議：廟尊忌卑則作樂，廟卑忌尊則備而不奏。中書令張説以寛議爲是。宗廟如此，則天地、日月、社稷之祀用樂明矣〔七七〕。臣以爲凡大祠天地、日月、社稷與忌日同者，伏請用樂。其在廟則如寛之議。所冀略輕存重，不失其稱。」下其章，禮官議曰：「傳稱祭天以禋〔七八〕，爲歆神之始，以血爲陳饌之始；祭地以埋爲歆神之始，以血爲陳饌之始；宗廟以灌爲歆神之始，以腥爲陳饌之始。然則天地、宗廟皆以樂爲致神之始，故曰『大祭有三始』，謂此也。天地之間，虚豁而不見其形者，陽也。鬼神居天地之間，不可以人道接也。聲屬於陽，故樂之音聲號呼召於天地之間，庶幾神明聞之，因而來格，故祭必求諸陽。商人之祭，先奏樂以求神，先求於陽也；次灌地求神於陰，達於淵泉也。周人尚臭，四時之祭，先灌地以求神，先求諸陰也。然則天神、地祇、人鬼之祀，不可去樂明矣。今七廟連室，難分廟忌之尊卑，欲依唐舊制及國朝故事，廟祭與忌同日，並縣而不作，其與别廟諸后忌同者作之。若祀天地、日月、九宫、泰一及䄍百神〔七九〕，並請作樂。社稷以下諸祠，既卑於廟，則樂可不作。」翰林學士王珪等以爲：「社稷，國之所尊，其祀日若與别廟諸后忌同者〔八〇〕，伏請亦不去樂。」詔可。

神宗熙寧元年冬至，親郊在諒闇内。音樂緣事神皆不可廢。於是禮院請郊廟及景靈宫用樂外，鹵簿鼓吹及樓前太常、鈞容等樂，皆備而不作。其警場但鳴金鉦鼓角而已。詔可。自後或有故則廢樂，則用以爲例。

高宗紹興十二年初，上居諒闇，臣僚有請明堂行禮，宜停罷奏樂、受胙等事。上亟諭禮官詳定。太常寺檢照景德、熙豐親郊典故，除郊廟、景靈宫並合用樂，其鹵簿鼓吹及樓前宫架諸軍音樂，皆備而不作，每處警場止鳴金鉦鼓角而已，即無去奏樂受胙之文。大饗爲民祈福，爲上帝、宗廟而作樂，禮不敢以卑廢尊。書斂五福，錫庶民，况熙寧禮尤可考。其赦文有曰「六樂備舞，祥祉來臻」是也，然後詔遵舊典行之。其後禮部侍郎施坰奏：「禮經蕃樂，出於荒政，蓋一時以示貶抑，昨内外暫止用樂。今徽考大事既畢，慈寧又已就養，其時節上壽，理宜舉樂，一如舊制。」禮部尋言：「太母還宮，國家大慶，四方來賀，自今冬至、元正舉行朝賀之禮，依國朝故事，合設大仗及用樂舞等，庶幾明天子之尊，舊典不至廢墜。」有詔俟來年舉行。

孝宗初踐大寶，立班設仗於紫宸殿，備陳雅樂。禮官尋請車駕詣太廟親行朝饗，用登歌金玉大樂及綵繪宮架樂舞，其於受終文祖之義有光，而在前朝亦爲闕典，獨鼓吹樂在仗内，以欽宗喪制而遏音。迨安穆皇后祔廟，禮部侍郎黄中首言：「國朝故事，神主亦祔，係用鼓吹導引，前至太廟，乃用樂舞行事。宗廟薦享雖可用樂，鼓吹施於道路，情所未安，請備而不作。」續給、舍詳議，謂：「薦享宗廟，爲祖宗也，故以大包小，則别廟不嫌於用樂。今祔廟之禮，爲安穆而行，豈可與薦享同日語？將來祔禮謁祖宗諸室，當用樂舞，至别廟奉安，宜停而不用，蓋用樂於前殿，是不以欽宗而廢祖宗之禮，停樂於别廟，是安穆爲欽宗喪禮而屈也。如此，則於禮順義允。」遂俞其請。既而右正言周操上言：「祖宗前殿，尊無二上。其於用樂，無復有嫌。然用之享廟行禮之日亦可，而用於今日之祔則不可。蓋祔禮爲安穆而設，則其所用樂，是爲安穆而用，雖曰停於别廟，而爲祔后用樂之名猶在也。孰若前後殿樂俱不作爲盡善盡美無可議哉！」詔從之。

隆興元年天申節，率群臣詣德壽宮上壽，議者以欽宗服除當舉樂，事下禮曹，黄中復奏曰：「臣事君，猶子事父也。春秋，賊未討不書葬，以明臣子之責。况欽宗實未葬，而可遽作樂乎？」上韙其言，事遂寢。

建炎以來朝野雜記：「故事，北使來朝，例錫花宴，如在大祀齋禁之中則不用樂〔八一〕。辭見亦然，行之久矣。乾道三年，虜使來賀會慶節上壽〔八二〕，在親郊散齋之内，陳正獻公時以副樞密兼參政預〔八三〕，請令館伴以禮諭之。而議者慮其生事〔八四〕，多請權用樂者。李文簡爲禮部郎官〔八五〕，建言：『漢唐祀天地，散齋四日，致齋三日。我藝祖初郊亦然。自崇寧、大觀間法周禮〔八六〕，分祭天地，故前十日受誓戒。今既合祭，宜復漢唐及本朝舊制，庶幾兩得。』上頗難之。陳公又奏：『必不得已，則上壽之日設樂，而宣旨罷之。及宴使客，然後復用，庶幾事天之誠，得以自盡，而所以禮使人者亦不爲薄，自當悦服矣。』上可其奏，且曰：『宴殿雖進御酒，亦毋用樂，唯於使人乃用之耳。』諸公顧，以爲紫宸上壽，乃使客之禮固執前議。陳公又不可，獨奏言曰：『適奉詔旨，有以見聖學高明，過古帝王遠甚！臣敢不奉詔。然猶竊謂更當先令館伴以初議諭使人，再三不從，乃從今詔，則於禮爲盡，而彼亦無詞，不可遽鄙夷人而遂自爲失禮以徇之也。』蔣子禮猶守前説，陳公争愈力，上顧陳公曰：『可。』即諭閤門行之。陳公退，復爲奏曰：『彼初未嘗必欲用樂，我乃望風希意而自欲用之，彼必笑我以敵國之臣而虧事天之禮，他時輕侮，何所不至！此尤不可不留聖慮。』上嘉納焉。既而卒詔垂拱殿上壽止樂〔八七〕，正殿爲北使權用。六年，生辰使當辭，復在親郊散齋之内，趙温叔丞相時以起居舍人爲館伴使，面奏決不可用樂。上然之。十月癸酉，北使辭，先一日，上遣中使諭温叔云：『來日已決意不用樂，萬一使人不順，不知如何結末，請舍人更加思慮，來日五更奏來。』温叔復奏：『殿陛之上，忽忽行酒，使人決不能省會。萬一省會，亦必不敢不順；萬一不順，臣恭備員館伴，當直前奏稟〔八八〕。乞宣諭使人，陛下寅畏上天，今既散齋，決不使樂。若使人必欲設樂〔八九〕，乞移此茶酒，就驛中管領。所謂結末，不過如此。』上納用焉。或謂值前郊〔九〇〕，虜使之來極恭順。上喜，思以異禮待之，故葉、魏二相皆主用樂之議。鄭景望、劉文潛時爲館職，嘗移書政府論之而不聽也。至是用趙公之義，始去樂。論者韙之。」

校勘記

〔一〕舞之以東夷之舞　「東夷之舞」原作「東夷之樂」，據周禮韎師注改。

〔二〕大饗亦如之　原舛在「疏」上，據周禮韎師注乙正。

〔三〕以其不在官之員内謂之爲散　「在」字原脱，據周禮旄人注補。

〔四〕亦非官樂之内　「之内」原作「也」，據周禮旄人注改。

〔五〕樂持矛舞　「持」原作「特」，據白虎通德論卷二禮樂改。下同。

〔六〕昧也　「也」原作「曰」，據白虎通德論卷二禮樂改。

〔七〕則歙而歌之 「之」原作「也」，據樂書卷一五八改。

〔八〕曰 原脱，據樂書卷一五八補。

〔九〕而中國第得其蕃歌與舞 「得」字原脱，據樂書卷一五八補。

〔一〇〕歌者一二人和之 「之」原作「人」，據樂書卷一五八改。

〔一一〕皆効之 疑「皆」上有脱文。

〔一二〕以絳抹額 「以」原作「有」，據通典卷一四六樂典六、樂書卷一七四改。

〔一三〕唯能習一曲 「習」原作「集」，據舊唐書卷二九音樂志二、唐會要卷三三東夷二國樂改。

〔一四〕其歌曲入般涉調 「入」原作「八」，據樂書卷一五八改。

〔一五〕貝等十五種爲一部 「貝」原作「具」，據新唐書卷二一禮樂志一一、樂書卷一五八改。下同。

〔一六〕答臘鼓 「鼓」字原脱，據局本及通典卷一四六樂典六、樂書卷一五八補。

〔一七〕提鼓 樂書卷一五八同。舊唐書卷二九音樂志二、通典卷一四六樂典六無。

〔一八〕樂工人皂絲布頭巾白絲布袍 「頭」上原衍「白」字，「白絲布」三字原脱，據通典卷一四六樂典六、太平御覽卷五六七樂部五四夷樂删補。

〔一九〕錦衿褾 「衿」字原脱，據通典卷一四六樂典六、太平御覽卷五六七樂部五四夷樂補。

〔二〇〕舞二人 「二人」原作「文」，據通典卷一四六樂典六、太平御覽卷五六七樂部五四夷樂改。

〔二一〕玄怪録載 「玄怪」原作「元恠」，據容齋續筆卷七昔昔鹽改。

〔二二〕疏勒鹽 「鹽」字原脱，據容齋續筆卷七昔昔鹽補。

〔二三〕長沙志從而書之　「沙」原作「河」，據容齋續筆卷七昔昔鹽改。

〔二四〕歌曲有戢殿農和正　「戢」原作「二」，「正」原作「去」，據隋書卷一五音樂志下改。

〔二五〕錦褾領　「領」字原脱，據舊唐書卷二九音樂志二、樂書卷一七四補。

〔二六〕本西國外蕃康國之樂　「康」原作「唐」，據樂書卷一五八改。通典卷一四六樂典六無「康國」二字。

〔二七〕君臣之感　「之」原作「所」，據通典卷一四六樂典、太平御覽卷五六七樂部五四夷樂改。

〔二八〕白大口袴五彩接袖　「口」字與「袖」字原脱，據舊唐書卷二九音樂志二補。

〔二九〕歌曲有沙石彊舞曲有朝天曲　樂書卷一五八同原刊。隋書卷一五音樂志下無「朝」字。

〔三〇〕其後國王子爲沙門來遊　「王」字原脱，據樂書卷一五八補。

〔三一〕反約髮杪　「杪」原作「折」，據舊唐書卷二九音樂志二改。

〔三二〕其先天馬種　「天」原作「大」，據元本、慎本、馮本、局本改。

〔三三〕陳矯如　局本同。「矯」，元本作「憍」，慎本作「嬌」，馮本作「嶠」。「陳矯如」，本書卷三三一與太平御覽卷七八六四夷部七扶南國作「憍陳如」。

〔三四〕有死者則子孫帶甲舞劍殺鬼報冤焉　「甲舞」二字原脱，據樂書卷一五九補。

〔三五〕七月集民作歌樂禳災　「樂」字原脱，據樂書卷一五九補。

〔三六〕其作樂不過鳴大鼓　「鼓」字原脱，據樂書卷一五九補。

〔三七〕元會作之於庭　「元」原作「大」，據後漢書卷五一陳禪傳改。

〔三八〕不宜作夷狄之技　「技」原作「樂」，據後漢書卷五一陳禪傳改。

〔三九〕用黄鍾之均　「均」原作「宫」，據新唐書卷二二禮樂志一二改。
〔四〇〕贊引二人　「二」原作「六」，據新唐書卷二二禮樂志一二改。
〔四一〕神怪歘忽　「歘」，樂書卷一五九作「倏」。
〔四二〕必鳴鼓　「鳴」原作「坎」，據樂書卷一五九改。
〔四三〕朱輔爲益州刺史　原作「宋鋪」，據後漢書卷八六南蠻西南夷傳改。
〔四四〕白狼王唐菆等百餘國　「唐」原作「搪」，據後漢書卷八六南蠻西南夷傳改。
〔四五〕使覽者易曉焉　「者易」二字原脱，據樂書卷一五九補。
〔四六〕歌樂多以胡琴吹笛鳴小鼓無唱拍　「樂」原作「者」，「無」原作「舞」，據樂書卷一五九改。
〔四七〕各以兩手十指齊斂爲赴節之狀　「手十指」三字原脱，據舊唐書卷一九七南蠻西南蠻傳補。
〔四八〕婆羅門曰郍羅延天聲也　「聲」原作「連」，據樂書卷一五九改。
〔四九〕總歸鼓吹署　「署」原作「部」，據舊唐書卷二九音樂志二、新唐書卷二二禮樂志一二改。
〔五〇〕史所謂真人代歌是也　「真」原作「貢」，據魏書卷一〇九樂志、通典卷一四六樂典六改。
〔五一〕代都時　魏書卷一〇九樂志、通典卷一四六樂典同。新唐書卷二二禮樂志一二作「都代時」。
〔五二〕周隋代與西凉樂雜奏　「周」原作「用」，據魏書卷一〇九樂志、通典卷一四六樂典六、新唐書卷二二禮樂志一二改。
〔五三〕亦北歌之一也　「亦」原作「一」，據樂書卷一五九改。
〔五四〕嘗受北歌於侯將軍貴昌　「受」原作「授」，據舊唐書卷二九音樂志二、通典卷一四六樂典六改。

〔五五〕能譯者亦不能通知其詞　「能」，舊唐書卷二九音樂志二、樂書卷一五八作「雖」。

〔五六〕定州言新羅設番人二十人　據文義，疑「設」爲「没」之誤。

〔五七〕若今休兵鼓之爲　「休」原作「體」，據周禮大司樂改。

〔五八〕騰送也　「騰」原作「又」，據禮記檀弓注改。

〔五九〕獻賓與君　「獻」原作「之」，據禮記檀弓注改。

〔六〇〕素會宜都去懸　「去」字原脱，據元本、慎本、馮本及通典卷一四七樂典七補。

〔六一〕謂金石不可陳於庭也　「石」字原脱，據通典卷一四七樂典七補。

〔六二〕輒廢樂終三年　「終」字原脱，據晉書卷二〇禮志中補。

〔六三〕葬有槀車乘車　上「車」字原脱，據晉書卷二〇禮志補。

〔六四〕以象平生之容　「象」字原脱，據晉書卷二〇禮志補。

〔六五〕晉惠帝永寧元年冬　「晉」字原脱，據通典卷一四七樂典七補。

〔六六〕以廢歡悦伎樂之事　「以」原作「久」，據通典卷一四七樂典七改。

〔六七〕叔向猶譏之　「譏」原作「議」，據通典卷一四七樂典七改。

〔六八〕冬至唯宜群下奏賀而已　「宜」原作「其」，據通典卷一四七樂典七改。「宜」，晉書卷二〇禮樂中作「可」。

〔六九〕以遠表示太常賀循　「表」下原衍「議」字，據晉書卷二〇禮志中删。

〔七〇〕踰月舉樂一朝發哀　八字原脱，據晉書卷二〇禮志中補。

〔七一〕以爲定制　「以」，通典卷一四七樂典七作「已」。

〔七二〕君於卿大夫　「卿」字原脱，據晉書卷二〇禮志中補。

〔七三〕益無禮據　「禮」，通典卷一四七樂典七作「理」。

〔七四〕軍樂是軍容　按通典卷一四七樂典七載「軍」上有「大唐武太后天册萬歲二年，請邊道大總管建安王攸宜平契丹凱旋，欲以十二月詣闕獻俘，内史王及善以爲：『軍將入城，例有軍樂。今既屬先帝忌月，請備而不奏。』鸞臺侍郎王方慶奏曰：『臣按禮經，但有忌日而無忌月』」八十四字，此處脱落。

〔七五〕是知哀輕者釋　「是」原作「且」，據通典卷一四七樂典七改。

〔七六〕則量事輕重　「量」字原脱，「重」原作「宜」，據通典卷一四七樂典七改。

〔七七〕則天地日月社稷之祀用樂明矣　「祀」原作「祠」，據長編卷一九七嘉祐七年八月乙亥條改。

〔七八〕傳稱祭天以禋　「禋」原作「煙」，據長編卷一九七嘉祐七年八月乙亥條改。

〔七九〕若祀天地日月九宫泰一及禇百神　「祀」原作「祠」，據長編卷一九七嘉祐七年八月乙亥條改。

〔八〇〕其祀日若與别廟諸后忌同者　「祀」原作「祠」，據長編卷一九七嘉祐七年八月乙亥條改。

〔八一〕如在大祀齋禁之中則不用樂　「禁」字原脱，據朝野雜記乙集卷四北使宴見齋禁不用樂條補。

〔八二〕虜使來賀會慶節上壽　「賀」原作「朝」，據朝野雜記乙集卷四北使宴見齋禁不用樂條改。

〔八三〕陳正獻公時以副樞密兼參政預　「密」字與「政」字原脱，據朝野雜記乙集卷四北使宴見齋禁不用樂條補。

〔八四〕而議者慮其生事　「其」字原脱，據朝野雜記乙集卷四北使宴見齋禁不用樂條補。

〔八五〕李文簡爲禮部郎官　「禮」原作「吏」，據朝野雜記乙集卷四北使宴見齋禁不用樂條改。

〔八六〕自崇寧大觀間法周禮　「間」字原脱，據朝野雜記乙集卷四北使宴見齋禁不用樂條補。

〔八七〕既而卒詔垂拱殿上壽止樂　「殿」字原脱，據朝野雜記乙集卷四北使宴見齋禁不用樂條補。

〔八八〕當直前奏稟　「當」下原衍「乞」字，據朝野雜記乙集卷四北使宴見齋禁不用樂條删。

〔八九〕若使人必欲設樂　「設」原作「使」，據朝野雜記乙集卷四北使宴見齋禁不用樂條改。

〔九〇〕或謂值前郊　「值」字原脱，據朝野雜記乙集卷四北使宴見齋禁不用樂條補。